新政治經濟學

經濟學

理論與政策的解析

美國耶魯大學政治學博士 **林佳龍**

朝陽科大財金系副教授 **洪振義**

————————————編著

自序

　　兩年來的國際局勢產生巨大的變化，其中以美中貿易戰和 COVID-19 大流行影響最鉅，前者改變了國際分工體制，後者造成對全球經濟與生命健康的重大威脅。台灣雖然處於動盪不安的環境當中，但對於 COVID-19 的有效控制減輕了國內經濟損害，以及創造產業安定的生產條件，適時提供國際上的貿易需求，進而帶動我國的經濟成長，甚至成為全球經濟表現的角落生物。

　　佳龍有幸參與其中為國家效力，在取得美國耶魯大學博士學位後，經歷國立中正大學教職，並長期服務於公部門，將畢生所學專業致力於台灣經濟社會的發展。從大學時代及留學期間除了建立政治學專業之外，更在陳博志教授的提攜以及已故經濟學家林鐘雄教授的指導下，涉及各家學派的經濟學理論，並醉心於經濟思想的哲學世界，也因為深刻體認政治學與經濟學密不可分的交互關係，故在耶魯大學攻讀博士學位期間選讀政治經濟學為輔修學門。

　　本書的出版起源於 2019 年 2 月起與志同道合的洪振義教授及台灣智庫同仁組成了「政治經濟研究室」，起初是以「讀書會」形式討論關於當今的政治與經濟議題，思考如何以計量模型或是數理模型分析政治與經濟政策。直到 2020 年初的疫情爆發，深感這將對未來的台灣經濟產業將帶來重大變化，經過幾次討論，決定以「政治經濟研究室」為學術發展基地，將討論成果依序出版成書或以期刊形式發表，這本書是其中的一部分，並作為建構新政治經濟學的起跑點。

　　經濟學的學習魅力在於理論的多樣性，嚴密的邏輯性以及生活的實用性。蘇格蘭的經濟學家亨利（Henry Dunning Macleod, 1821-1902）甚至稱經濟學為「社會科學的女王」。在日常生活當中，我們可以從經濟理論觀察到一個經濟現象背後存在著眾多經濟因素，也能夠從單純因素裡推論出包含著各種的現象反應。誠如劍橋經濟學家馬夏爾（Alfred Marshall, 1842-1924）在《Industry and Trade》（1919）書中所言：「The Many in the One, and the One in the Many」，我們認為理論是建立實務理解的基礎，學生透過經濟學理論的學習過程，做為日後分析實際課題的重要工具是極為重要的訓練，這也是作者開始撰寫本書的重要目的之一。為了讓讀者能夠有系統的了解經濟學理論，故將本書內容分為以下六大部分：

　　Part1「緒論」：主要說明政治經濟學的視野，研究課題以及分析基礎工具。

　　這個單元介紹過去的政治與經濟的變化過程，加上近年國內外政治經濟環境的

劇變，顯示台灣已經面臨一個新時代的挑戰。在這裡我們強調在學習傳統經濟理論之際，需明白我們已經進入一個嶄新的政治經濟框架內，有其必要具備「新政治經濟學」的視野來理解理論架構。

Part2「需要與供給的市場經濟理論」：說明市場機制以及消費者和生產者的最適選擇行為。

經濟學理論的核心在市場機制，本書在這個單元從介紹供需曲線開始，再進一步分析兩條曲線背後的消費者與生產者如何在有限資源之下做最適當的選擇行為。價格機能是引導市場機制的「飛行石」，讀者透過馬夏爾的「黃金十字架」的學習將可以應用在各種市場的分析，這有助於對日常生活，事業經營以及投資理財等活動的邏輯思考，作為建立自身的組織力與判斷力之基礎。

Part3「個體政治經濟學的展開」：分析各種市場型態特徵與市場失靈的原因。

延續 Part2 的市場供需理論，本單元將依不同的競爭條件區分市場型態。現實的生活當中，不管是消費者或生產者都必須面對各種不同型態的市場，市場價格是左右市場活動的信號燈，價格理論成為分析個體經濟學最主要的分析手法。讀者在本單元學習價格理論可以提高對不同市場型態的認知，這將有助於制定決策的參考資料。另一方面，價格機能有時候並非萬能，有時候市場機制無法有效解決或是無法順利提供必要財貨，這將造成市場失靈。本單元將探討市場失靈的問題將如何看待？政府將如何處理這類問題？這些問題往往都與我們的生活密切相關，透過理論的分析將可以明確相關參與者的社會責任。

Part4「總體政治經濟學的展開」：介紹各種決定國民所得理論模型的適用性。

本單元的重點在於整體社會與國家的國民所得和經濟發展，這是近代政治經濟學的發展重心。在民主體制下的政黨政治所關心的是一國就業人數，所得水準以及經濟成長，這些都是政治體系中提出的各種經濟政策目標。總體經濟理論的重心在就業規模，而所得水準高低決定就業人數的多寡，所以本單元介紹的主要內容為國民所得決定理論。在不同條件前提假設下，國民所得決定理論包含了 45 度線分析法、IS-LM 模型以及 AD-AS 模型三種，讀者可以利用這些模型分析經濟政策效果，再結合 Part2 的市場分析結果作為推估未來市場發展的判斷資訊。

Part5「國際政治經濟學」：討論國際貿易與國際金融的形成理論與現狀。

經濟發展受到國內外的影響，前面 4 個單元分析範圍主要是針對國內的經濟社會活動，而本單元則是延伸到國際市場的貿易與金融。近 20 幾年來的全球化潮流，使得我國經濟結構偏向對國際市場的依賴，讀者具備個體與總體的政治經濟理論的訓

練之後，比較能夠理解國際貿易與國際金融的理論形成，例如匯率市場，國際資本移動等經貿活動產生的影響。Part4 與 Part5 的學習將形成總體政治經濟理論的一體化，從封閉的經濟體制到開放的經濟體制的充分掌握。

Part6「政治經濟學說史」：介紹主要經濟學理論的發展與演變。

一套經濟理論的形成是建立在經濟學家一生的成長過程，這包含了家庭背景、教育學習以及職涯生活等階段，不同時期的經歷都可能影響其經濟思想及其理論主張，所以「政治經濟學說史」也可以說是經濟學家的「政治經濟思想史」。本單元除了介紹傳統政治經濟學家之外，也選擇具有代表性其他流派經濟學家做比較說明，讀者經過 Part1 到 Part5 的理論學習之後，本單元希望透過經濟學家的成長過程所形成的思想與理論之間的介紹，讓讀者能夠感受到冷冰冰的理論之下還是有溫暖人性的一面。同時能夠讓讀者對政治經濟學理論產生較有體系化的掌握。

佳龍回想撰寫此書過程中，常回憶起自己歷經了台灣的經濟起伏，90 年代初期市泡沫的市場衝擊，2000 年初期生產據點外移的產業空洞化，2008 年的金融風暴，乃至現今的 COVID-19 危機，這些都實實在在對我國經濟社會產生重大的傷害，政府為了降低衝擊也都提出各種的經濟政策因應。我們認為經濟政策的背後都存在著理論邏輯，因此希望學生可以應用政治經濟理論分析政策，具備以理論解釋時事的分析能力，這也是本書對台灣年輕人的期許。

本書大部分是在佳龍與洪教授的工作空檔之餘討論，其間參考洪教授曾經出版的《經濟學——理論與生活橋樑》（2012）一書的內容，但畢竟是在時間匆匆的兩人三腳合作下完成的，總是有些不盡人意的地方，內容如有錯誤與疏漏之處，尚祈讀者先進，不吝指正。

林佳龍　謹誌

2022 年 1 月於台灣智庫

編著者簡介

林佳龍

學歷：
耶魯大學政治學博士

經歷：
聯合國大學高等研究所訪問學者
國立中正大學政治學系助理教授
國安會諮詢委員
行政院新聞局長
總統府副祕書長
立法委員
台中市長
交通部長

現職：
中華民國無任所大使
財團法人台灣智庫、大肚山產業創新基金會、光合基金會、青年基金會共同創辦人

主要著作：
奔海：台灣智庫二十年（2021，總策劃）
李登輝學與學李登輝：民主台灣的時代精神、歷史意識與政治領導（2021，總策劃）
交通彩繪家：林佳龍與人本交通的創新治理（2021，增修版）
城市裁縫師：改變臺中的 15 個關鍵決策（2018 年，編著）
零與無限大：許文龍 360 度人生哲學（2018，修訂版）
以民為本的創造性財政（2014，主編）
打破悶經濟：新區域主義的動力學（2013，編著）
未來中國：退化的極權主義（2004，編著）

洪振義

學歷：
東京大學農業暨資源經濟學博士

經歷：
日本早稻田大學台灣研究所東亞區域研究團隊
台灣綜合研究院研究顧問

現職：
朝陽科技大學財務金融系副教授

主要著作：

"Rebound effect with energy efficiency determinants: a two-stage," Sustainable Production and Consumption (SSCI).

"Taiwanese Consumers' Willingness to Pay for Broiler Welfare Improvement," Animals (SCI-E).

"On Measuring the Effects of Fiscal Policy in Global Financial Crisis: Evidences from an Export-oriented Island Economy," Economic Modelling (SSCI).

"An Industry-related Spillover Analysis of the impact of Chinese tourists on the Taiwanese economy," Tourism Management (SSCI).

"Effects of unusual R&D expenditures on stock returns-evidences from TAIEX-listed companies," Applied Economics Letters (SSCI).

目錄

Part 1

緒論

Chapter
01

序論：新政治經濟學的視野

熊彼得
（**Joseph Alois Schumpeter**, 1883-1950）

There are 5 types of innovation
(1) The introduction of a new good
    - or a new quality of a good.
(2) The introduction of a new
    method of production.
(3) The opening of a new market.
(4) The conquest of a new
    source of supply of raw-
    materials or half-
    manufactured goods.
(5) The carrying out of a new
    organization.

▌前言：從經濟學、政治經濟學到新政治經濟學的時代變化

政治經濟學（political economy）涵蓋了傳統經濟學，也包含了政治的或政策的（political）的一套理論。從古典與新古典的經濟學家發現他們既是經濟學家也是政治學家，例如李嘉圖（David Ricardo, 1772-1823）、李士特（Friedrich List, 1789-1846）、約翰米爾（John Stuart Mill, 1806-1873）。早期古典經濟學家都稱之政治經濟學，直到馬夏爾（Alfred Marshall, 1842-1924）才採用經濟學（economics）名稱沿用至今。而在那些年代裡，將政治與經濟分開思考是不可能的，即使近代經濟學家熊彼得（Joseph Alois Schumpeter, 1883-1950）和凱因斯（John Maynard Keynes, 1883-1946）都是在經濟學與政治學上具有相當成就的政治經濟學家，並沒有改變其本質。但是隨著時代潮流的進展逐漸分離了政治與經濟的研究領域，但還是很難將兩者之間的關聯性劃分界線，主要的原因是政治經濟學分析政黨政策如何影響經濟；政治經濟學也評價經濟對政黨政治的影響。

基於這樣的理由，作者認為以政治經濟學作為書名更能符合本書的介紹內容，可以將經濟的理論與政策視為同一架構思考，期待理論與實務結合有助於讀者的理解。然而，政治經濟學的分析視角也因為近40年來國際環境的變遷以及科技產業的發展，討論的內容也需要有所調整。在這個期間前半，80年代中國的經濟改革開放，90年代舊蘇聯聯邦體制崩解，進入21世紀網路半導體科技發展引導世界的經濟活動趨勢，帶動全球化的風潮。

2008年夏天國際經濟有了動盪，以衍生性金融商品的創造與交易引發世界金融風暴，侵襲各國的金融與財政，重創各國經濟。全球歷經將近12年後的恢復之際，在2019年底爆發武漢肺炎（COVID-19），病毒大流行（Pandemic）席捲全球。COVID-19的爆發之後，病毒大流行改變人們的生活方式與消費習慣，衝擊社會多個層面，與阻礙經濟活動，造成的健康傷害與經濟損失可說前所未有。台灣面對這樣的環境背景之下，本書所討論與規劃的章節內容也必須重新調整，迎合時代變遷下的新政治（政策）與新經濟（產業）取得理論與實務的一致性思考，並以後COVID-19時代的政治經濟學定位為新政治經濟學（New Political Economy），這也是將書名定為《新政治經濟學》的主要理由。

圖 1.1 為新政治經濟學的視野，第一層的新政治經濟學可以分為個體政治經濟學與總體政治經濟學（第二層），前者偏向個體經濟學與產業政策的結合；後者則以總體經濟學融入政黨政治的財政與金融政策的實踐分析（第三層）。因此，本書所掌握的政治經濟學可以從三個層面來理解。

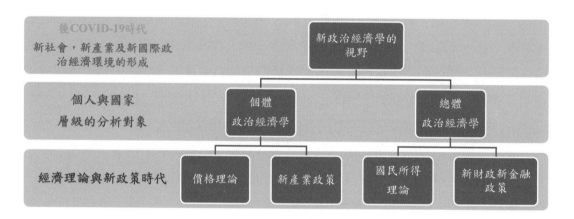

圖 1.1　本書的新政治經濟學視野

　　圖 1.1 說明新政治經濟學之理論與實務政策的現代意義，構成新政治經濟學的分析方法包含了三套經濟學系統的基礎理論與三套政黨政治系統的經濟政策，分別說明如下。

1.1 三套經濟學系統的基礎理論

　　早期經濟學的基礎理論是建立在稀少性的前提條件之下，由於資源的有限性，人們必須透過交換來獲得物質，以追求效率，進而形成了市場。這套系統是透過市場機制的價格信號燈自動引導消費者與生產者採取最合理的行為，以傳統價格理論分別建立交換經濟學與生產經濟學分析市場如何達到均衡狀態。直到 1936 年凱因斯提出《就業，利息以及貨幣的一般理論》（*The General Theory of Employment, Interest, and Money*）之後，經濟理論的重心由交換經濟學與生產經濟學移轉到總體經濟學的國民所得決定理論，開啟近代經濟學的理論發展。本書將在不同議題的各章節當中，首先會以上述的經濟理論作為論述的基礎，希望能夠提供給讀者逐漸具備理論的分析能力，再依此養成具備評估政黨政治的政策效果之論述依據。

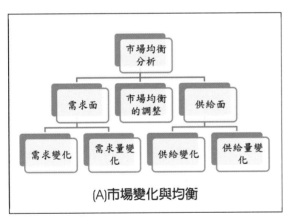

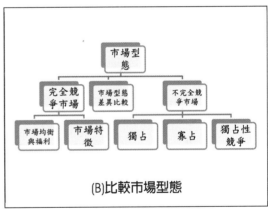

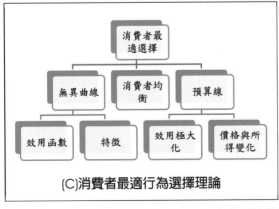

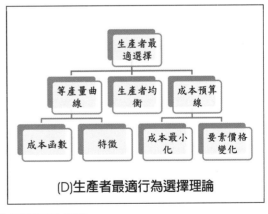

圖 1.2　古典經濟學的價格理論架構

現代經濟學包含了傳統古典經濟學與近代經濟學的理論，前者的理論架構如圖1.2 所示是以價格理論作為分析市場的基本手法，其中又可區分為（一）交換經濟學與（二）生產經濟學。第一套經濟理論系統與第二套經濟理論系統共同的基本課題在於三個市場，即商品市場、貨幣市場以及勞動市場。圖 1.2(A)與圖 1.2(B)的經濟架構適用於這三個市場之分析。而後者則以凱因斯經濟學為代表的第三套經濟理論系統，以國民所得決定理論建立近代經濟學模型，如圖 1.3 所示。這套理論隨著經濟環境的變化被其他學者加以修正，如圖 1.4 所示的三組分析模型。

本書將提供傳統古典經濟學與近代經濟學的理論基礎以滿足讀者在學理知識上之養成，而在尚未詳細介紹經濟學理論之前，本章將先就此部分做以下簡單說明，這將有助於日後對經濟理論架構的整體掌握。

1.1.1 第一套經濟理論系統——交換經濟學

圖 1.2(B)陳列出經濟學的各種的市場型態，但大部分的傳統經濟理論都建立在完全競爭市場之上，以「賽伊法則」（Say's Law）的供給創造需求與勞動市場的「充分就業」作為理論建構之前提最具代表。在此假設之下，消費者在有限資源下追求商品的效用極大化，以價格與商品的交換形式完成了市場均衡，創造最大的社會福祉。這是以價格機能形成的交換經濟學。

在交換的經濟理論裡，價格是唯一判斷的指標，消費者以理性態度追求對消費商品所能獲得的滿足作為是否交換的決定依據。圖 1.2(C)的消費者最適行為選擇理論就是在這樣的情況下形成的。

1.1.2 第二套經濟理論系統——生產經濟學

市場機制是傳統古典經濟學與新古典經濟學的分析重心，上面陳述的交換經濟學是分析市場需求面的消費者選擇與交換行為，而本節將從供給面的生產者選擇與交換行為說明基礎經濟理論。在「賽伊法則」的世界裡，市場供需是由供給面的生產者來決定的，此觀點主導古典經濟學理論超過 100 年，這意味著市場問題只要改善生產成本，就能夠促進經濟繁榮，其中特別是投入勞動量的交易成本。圖 1.2(D)就是基於這樣思維所建構的生產者最適行為選擇理論。

從經濟理論發展歷史來看，以 1776 年亞當斯密發表的《國富論》（*An Inquiry into the Nature and Causes of the Wealth of Nations*）確立了古典經濟學派以來，歷經李嘉圖、馬爾薩斯（Thomas Robert Malthus, 1766-1834）、約翰米爾等古典經濟學家，以及 1870 年代的邊際效用革命的新古典經濟學家們，他們的價格理論都是建立在交換經濟學與生產經濟學之上，而形成主流經濟學。

以上，傳統經濟系統的價格理論還可以擴大到政府部門的公共經濟學領域，做為改善市場失靈（Market Failure）的理論依據，這也是本書探討政府部門提供公共財，解決外部性以及規範獨占企業時所需的經濟理論。

1.1.3 第三套經濟理論系統──國民所得決定理論

國民所得水準是近代經濟學所關心的問題，主要原因在於國民所得水準高低與就業、物價以及經濟成長率等密切相關。凱因斯的經濟學就是提供決定國民所得水準的理論依據，從圖 1.3 可以知道影響國民所得水準受到那些因素的影響。其實凱因斯經濟理論真正要解決的問題是失業，而決定就業量水準高低在企業的生產水準。因此，要增加就業減少失業就需先提供給企業生產（供給面）的機會，凱因斯認為這需要從消費與投資著手，這即是有效需求理論。凱因斯的有效需求理論掀起戰後總體經濟理論的風潮，國際重視焦點也從價格理論轉向到國民所得理論，提供世界各國政府推動經濟政策的理論依據，也為政治經濟學建立一政黨政治施政的理論基礎。

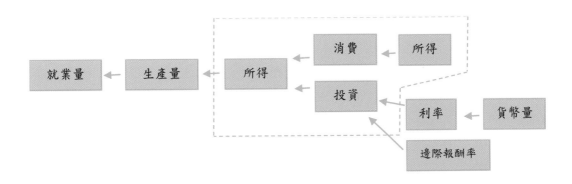

圖 1.3　近代經濟學──凱因斯經濟學基本架構

經濟理論常常是時代產物，會隨社會經濟環境的變遷而調整，國際貿易的擴大與金融市場發達，利率因素成為商品市場與貨幣市場的價格指標。到了 1970 年代 2 次石油危機，通貨膨脹的價格問題成為經濟發展必須優先解決的問題，於是過去凱因斯經濟學已經無法有效提供經濟成長的理論依據，透過模型的修正以符合時代之所需，如圖 1.4 所示。修正的凱因斯經濟模型以 45 度線分析法、IS-LM 模型再到 AD-AS 模型最為有名。這三種國民所得決定理論在分析經濟政策時非常有效，能夠提供政策所產生的經濟效果，在本書將會有更詳細的介紹。

簡單凱因斯模型	修正的凱因斯模型	再修正凱因斯模型
・前提假設：價格與利率皆不變 ・45度線分析法	・前提假設：價格不變，利率變動 ・IS-LM模型分析法	・前提假設：價格變動，利率不變 ・AD-AS模型分析法

圖 1.4　國民所得決定理論的三種模型

1.2　三套政黨政治系統的新經濟時代來臨

1.2.1 從政治經濟學到新政治經濟學時代課題

觀察世界經濟發展史，政府與經濟活動之間存在著一定關係，政府會以某種公權力的政治（政策）方式介入經濟（產業）活動。因此，政治經濟學經常扮演著推動經濟發展的一定角色。本書以政治經濟學的角度介紹經濟理論的基礎，並順應政治體制與國際環境變化提升到「新・政治經濟學」層次，這之間的轉換理由不只是在於經濟理論調整，更存在於因國內外政治經濟環境與科技產業技術變化所造成的結果。當今新政治經濟學正面臨的是一個新的時代、新的世界以及我們的新台灣，這是由於 COVID-19 疫情的大流行與新興科技產業發展創造過去所沒有的政治與經濟局勢，這提供新時代的政治經濟學理論也需要做適度的調整。這種巨大變化至今依然持續進行，未來所呈現轉變所產生的機會與風險已經超出我們過去方式所能理解與預測。所以我們需要在思考方式與因應手段上，應依現實環境變動而有所調整。本書基於這樣的理由，在本節將說明這種轉變如何納入未來政治經濟的必要考量，

這是本書作者提出新政治經濟學的主要目的。本節將我國的政治經濟學到新政治經濟學的轉換分成以下三個時期，分別為：

一、民主化前政治經濟學的時代（1945 年～1996 年）

二、民主政黨政治經濟學的時代（1996 年～2020 年）

三、新政治經濟學時代（COVID-19 大流行～現在）

一、民主化前政治經濟學的時代（**1945** 年～**1996** 年）

戰後台灣的政治與經濟的發展過程中，將近 50 年期間是在「開發獨裁」（Developmental Dictatorship）（Gregor, 1979; O'Donnell et al., 1986; White ed., 1988; 恒川, 1983; 藤原, 1992; 末廣, 1994）體制下完成的。此時期，台灣的政治處是在戒嚴時期體制下，剛開始是從第一級產業的輸出形態，逐漸轉換成進口替代（Import Substitution）、出口替代（Export Substitution）以及出口擴張（Export Expansion）等各種階段。此時期的台灣經濟發展特徵是農業與工業之間的產品、勞動力以及金融市場的相互關聯所建立的「雙重經濟模式」（Dual Economy Model）下進行。因此，民主化前台灣的政治經濟學與歐美等國在經濟理論上的應用存在不同的發展形式，最明顯的差異在於產業政策的實施。產業政策具備經濟理論的論點基礎，但是卻是典型政治經濟學的實踐象徵，戰後日本的經濟發展最具代表性。政治經濟學的基本元素在於「政治的」與「經濟的」的組合，世界各國雖然或多或少都存在政治經濟的操作，但是在近代經濟發展史裡，亞洲各國早期的經濟發展模式確實明顯偏向大政府下的經濟體制。

二、民主政黨政治經濟學的時代（**1996** 年～**2020** 年）

政黨政治的經濟政策實施是一直以來台灣政治經濟學的發展模式。只是過去威權體制下創造幾波的高度經濟成長，這經歷在上述的民主化前政治經濟學時期。然而真正的民主政黨政治是從 1996 年的總統直選開始，台灣才真正進入民主政黨時期。之後，國際政治經濟也有些變化，1997 年 7 月 1 日香港回歸中國統治，隔天在泰國爆發了東亞貨幣危機，從東南亞到東北亞各國的匯率市場產生巨大的震撼，歷經了將近 2 年才逐漸回穩。我國在 2002 年初加入 WTO（World Trade Organization），中國與台灣先後加入 WTO 之後，除了擴大國際貿易規模之外，同時也寬鬆了金融市場的限制，貿易與金融同時進入更自由化，更國際化的全球性規模，這是來自世界的強大趨勢所致。2008 年的世界金融危機就是在這樣的背景之下爆發的，創下人類

發展史上最大規模的金融海嘯，這波衝擊歷經將近 12 年才看到一道曙光。在此之前，台灣在民主政黨政治與經濟體制是建立在傳統的政治經濟學的架構之下，所實施的經濟政策也是在傳統經濟理論的框架內推動，本書在各章節將會做更詳細介紹，並配合過去政府實施各種政策做案例說明。

三、新政治經濟學的時代（COVID-19 大流行～現在）

2019 年底中國大陸武漢爆發新冠狀病毒傳染病震驚全世界。2003 年台灣歷經類似的 SARS 侵襲，造成國人生命與經濟的嚴重損失，然而 COVID-19 大流行對國內外的政治與經濟所造成影響規模則難以估計，也對民間生活與消費的行為模式產生了變化。換言之，COVID-19 大流行對世界帶來政治與經濟的「質量」變化，同時也可能衝擊現存的國際政治與經濟體制，台灣已經面對一個新政治經濟學時代。

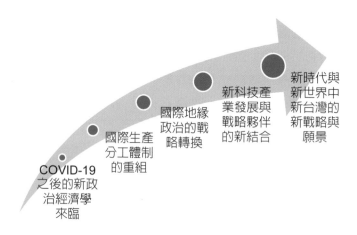

圖 1.5　後疫情時代新政治經濟學的新課題

到目前為止，由圖 1.5 可知 COVID-19 之後的新政治經濟學具有以下幾點特徵（林佳龍和洪振義，2020[1]; 林佳龍, 2021[2]）：

（一）國際生產分工體制的重組。

（二）國際地緣政治體制的改變。

---

[1]　林佳龍和洪振義（2020），〈新型コロナ（COVID-19）が台湾経済に与える影響と経済政策の評価──動学的な産業連関モデルによるアプローチ─〉，《問題と研究》，第 49 卷 4 号，35-76。

[2]　林佳龍（2021），「科技諮詢顧問委員會籌辦構想計畫」。

（三）高科技產業的創新與戰略夥伴的結合。

（四）新世界經濟體制的形成。

（五）新台灣政治經濟的轉換。

上述的幾點特徵，我們將在以下章節更進一步說明。

1.2.2 新時代與新世界的新國際政治經濟體制

由於突發性的 COVID-19 疫情衝擊，使得一直以來的國際生產分工體制無法順利運轉，其中以扮演世界製造工廠的中國大陸最為明顯。特別是醫療相關產品的嚴重缺乏，造成短時間疫情的快速蔓延，以及死亡人數的激增。中國從 80 年代開始積極參與世界經濟，建立了將近 40 年的國際分工體制，這改變了世界貿易方式，以及促成各國產業結構的調整。世界各國深深痛感在疫情爆發時無法獲得必要的醫療物資經驗，促成了國際生產分工體制的再重組的政策轉變。國際生產分工體制的再重組表現在生產供應鏈的重組、國際生產據點的轉移（包含經貿專區的設置）以及本國戰略產業重新定義等行動上。由於 COVID-19 蔓延衝擊國際之間的信賴感，也促使一些國家強化彼此的政治與經濟之間的關係，並隨著疫情擴大加速了國際地緣政治體制的現狀改變與高科技產業供應鏈戰略夥伴的結合，最具代表為美、日、澳、印四國組成的印太戰略「四方同盟」，以及台、美、日的半導體晶片的設廠投資案等。

後疫情時代的國際地緣政治體制與國際分工體制的轉換所形成的新世界經濟體制將會深深影響台灣政治與經濟的發展模式，台灣需要提出新的產業策略架構，規劃新的國家發展藍圖。由於美國與中國之間關係已經產生巨大變化，台灣應該以追求更高品質的自由民主與「優勢產業」重回國際舞台。透過既有的高科技產業生產鏈的完整性，以半導體、供應鏈兩大優勢做為戰略基礎強化「深化國際市場」、「引進國際人力」以及「提升台灣國際話語權」等目標（林佳龍，2021[3]；台灣智庫，2021[4]）。關於台灣在後疫情時代應該如何面對新世界政治經濟局勢，將會在下一節提出具體說明。

---

[3]　同註解 2。

[4]　台灣智庫（2021），「數位新南向（新南向 2.5）計畫構想」，財團法人台灣智庫。

1.2.3 新台灣經濟體制下的新政治經濟政策

　　COVID-19 大流行除了造成無數生命損失與重創各國經濟發展之外，也攪亂過去長期的安裕社會與和平生活，並隨著疫情危機的擴大引發一些國家對國際政治經濟戰略的思考與反省。台灣處在國際政治經濟的巨變洪流之中，面對一個新世界時代的來臨，以及國內因這次疫情衝擊所造成的社會經濟發展模式的變化，進入另一個發展階段的新台灣經濟體制。面對一個全新的政治與經濟格局，新台灣政治經濟的轉換需要有一套完整的新經濟政策，其內涵如圖 1.6。

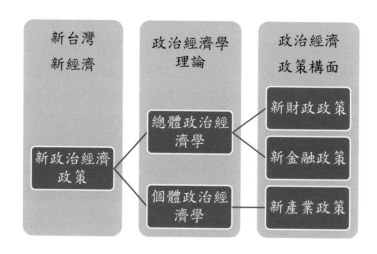

圖 1.6　新政治經濟政策內涵

　　書中的新台灣新經濟政策涵蓋個人（家庭）、企業（產業）以及全體社會（國家）為對象，配合各章節個體與總體的政治經濟理論檢驗過去與評估現在經濟政策的具體成果，進而討論新台灣如何在國際政治經濟發展下，提出新政治經濟政策主張。為了結合傳統的經濟理論，本書將新政治經濟政策分成三大部分，分別為新財政政策，新金融政策以及新產業政策，前兩者屬於總體政治經濟的分析，第三部分則是個體政治經濟理論的範疇。以下分別就其政策方向簡述說明。

一、新財政政策

財政是國家發展的神經（Jean Bodin），從古至今並沒有改變這個角色功能。現代化國家追求國民的高品質生活，提供完整的公共財與建立完善的社會體制，需要透過財政政策來完成。傳統經濟理論的財政主張常建立在財政均衡的思維之中，近代經濟學則強調社會經濟發展無法避免赤字財政。而累積的財政赤字將造成國家債務過度負擔，降低未來的財政支出彈性。過去台灣的經濟發展以及生活品質提升很多也是在眾多的財政政策下達成的，為了避免財政債務過度膨脹，「創造性財政」成為必要的思考方向（林佳龍和呂桔誠, 2014）[5]。

關於財政政策的經濟理論說明適用在凱因斯經濟學的學習上，可以透過理論架構與幾何圖形分析財政政策，讀者透過理論實務的結合已理解政策的有效性。而新財政政策是討論台灣面對 COVID-19 危機之後，因應新政治經濟體系必要的財政手段。由於 COVID-19 危機對國內的消費模式與生活方式都產生變化，這些變化對台灣經濟造成衝擊（林佳龍和洪振義, 2021）[6]，因應這些的改變，財政政策的推動是無法避免。傳統的財政政策都是由財政部主導，面對新經濟時代的來臨，新財政手段轉為多元部門的政策組合推動，這次 COVID-19 疫情即是展現跨部門的財政政策[7]。新財政政策的特徵在於跨部門結合的財政手段應用，唯有如此方能解決日益複雜新政治經濟產生的課題。

二、新金融政策

金融被視為經濟社會發展的血液，而金融體系則是推動國家進步的血液管道。因此，政治經濟的穩定發展與金融政策的推動確實存在著密切相關。金融政策與財政政策被視為經濟政策的兩支大黑柱，雖然實施手法與目標不同，但常相互運作，就像汽車的加油檔與剎車檔，交叉使用才能使得政治經濟走得更加穩定與安全。新金融政策是建立在金融數位創新與社會經濟活動模式的改變，尤其經過世界金融危機與武漢肺炎疫情對政治經濟產生的衝擊，傳統的金融政策手段已經很難處理巨大規模的政治經濟的動盪，需要有更積極與更具彈性的新金融政策的導入。

---

[5] 林佳龍和呂桔誠（2014）《以民為本的創造性財政》，遠景出版社。

[6] 林佳龍和洪振義（2021）「COVID-19 大流行對台灣的食物消費與生活方式的改變：結合 DEMATEL-ANP 模型之應用」（COVID-19 Pandemic Changes the Food Consumption and Lifestyle Patterns in Taiwan: Using a Combined DEMATEL-ANP Approach），新政治經濟學研究室（New Political Economy Research Office, NPERO）NPERO Working paper。

[7] 同註解 1。

金融政策的理論應用可以透過修正的凱因斯經濟學（IS-LM 分析法與 AD-AS 分析法）解釋與說明。邁入新金融時代之後，由於金融政策的守備範圍擴大，必要金融法規的修正與建立關係著金融體系的健全性，也關係著能否適應國際政治經濟體制的變化。例如，透過信賴的國際夥伴合作方式建立私募基金產業的發展以及證券交易所轉型促成台灣金融市場發展契機，並帶動其他金融相關領域的發展（柯承恩，2021）。

三、新產業政策

經濟產業的轉型常與產業政策的實踐相互輝映，這表現在過去日本與台灣的經濟發展。如以政治經濟學的基本觀點來看，依其動機目的之不同可以區分以下的產業政策（伊藤等, 1988）[8]。

（一）調整一國之產業結構的產業政策。
（二）充實產業的技術研發與資訊的完全性的產業政策。
（三）扶植個別產業提升經濟福祉的產業政策。
（四）改善區域城鄉差距或是其他的產業政策。

透過來自政府補助金與政策性金融調和資源分配的公權力介入所形成的產業政策，這與新古典經濟學派的主張不同。戰後產業政策的推動與實踐以經濟後進的亞洲各國較為明顯，因為西方先進國家在產業競爭力上處於極大優勢，無需政府的介入。長期以來，台灣的經濟結構與產業結構嚴重失衡，需要透過技術創新調整產業結構與經濟結構，當面臨新世界與新經濟時代時，需要有別於過去新產業政策的規劃。台灣產業發展型態逐漸形成區域性特徵，產業聚落分布在北、中、南的科學園區，落實了生態學上的產業「棲息地區隔理論」（Habitat Segregation Theory），新產業政策的區域發展可以從此觀點來思考台灣產業的未來發展趨勢。

新的國際政治經濟體制逐漸形成，台灣也需要融入數位轉型時代，特別是面臨後疫情時代的國際供應鏈競爭當中，我國應該注重在綠色能源、循環經濟相關產業、軟體與半導體等各項產業的發展。創新研究是產業發展的酵母（leaven），在發

---

[8]　伊藤元重、奧野正寬、清野一治、鈴村興太郎（1988）《產業政策の經濟分析》，東京大學出版社。

展過程需要透過創新轉型與提升產業供應鏈的質量競爭力，創造更多隱形冠軍企業才能累積成果，吸引更高階人才進入新產業的核心（林佳龍，2021）[9]。

經過 COVID-19 疫情造成國際政治經濟的動盪，這更加凸顯我國在科技產業的優異性，而晶片半導體已經成為新經濟與新產業發展不可或缺的「糧食」。

上述的新財政政策，新金融政策以及新產業政策都是新國際政治經濟框架下的產物，本書致力於政治經濟理論融入於新經濟政策的適用性，提高理論學習以拉近對實務政策的距離，能夠更加精準對現實的政治經濟運作提出客觀的評價。

本書在內容上對於經濟學與政治經濟學名稱的使用會有所區別，在理論的介紹上會以經濟學來稱呼，這主要的原因是近代經濟學已經習慣用經濟學一詞稱呼，為了方便與理論發展同一步驟。另一方面，在政策的說明上，因政治經濟學偏向政策的解釋，本書就以政治經濟學來強調，這是考量近代經濟理論的經濟學與現代政黨政治的政策實踐的結合，唯有如此才能顯示本書名所強調的新政治經濟學的實質內涵。

1.3　後疫情時代我國產業創新的新思維

誠如在本章的 1.2 節中所言，新經濟時代必須面臨 COVID-19 疫情的考驗，台灣面對數位轉型的潮流、疫情的衝擊，接下來產業怎麼創新？這是一個重要的課題，而且關係到我國未來的產業的競爭力。由於創新科技從問世到被採用的時間越來越短，種類越來越多，亦即創新越來越快，產品週期越來越短，跟不上就等著被淘汰。台灣過去靠長供應鏈，擁有許多中堅企業，在製造上占了優勢，但是現在不能快速反應、矩陣創新，只有特定產品而缺乏下游應用，就會對企業構成嚴重挑戰。因此，疫情對企業帶來的挑戰包含以下幾項要點：

一、短期挑戰

對企業來說，數位轉型帶來挑戰，疫情又加速挑戰的到來，必須掌握靈活應變的原則，而大概可以分成這些幾個層次。短期來說，需要快速導入成熟的產線數位轉型，提高管理和人力運用效率。

二、中期挑戰

中期來說，因疫情關係引發的斷鏈供應問題，採取產業基地的遷移以及導入各種數位雙生，自動化技術與智慧生產的升級問題。

---

[9]　引用林佳龍（2021）「大肚山和台灣智庫的課程小組的建言」。

三、長期挑戰

　　長期來說，產品設計和生產型態會完全改變，轉為強韌而可重組的生產，而AI、遠距協同、彈性布局變成必要技術。如此，才能逐漸健全生態系。

四、中小企業的困境

　　生態系是透過定義市場與建立合理誘因機制下形成的，生態系的建立過程，其實就是一個共創與共好的過程。台灣的挑戰是大部分是中小企業，只能在大廠客戶明確的規格下做局部創新，但製造經驗也有它的優勢，只要有更多的產業共創平台機制出現，不管是透過併購，或是透過如 MIH 這種開放式參與模式，而且公平地給中小企業合理的利潤，台灣還是很有機會發展出更寬廣的生態系。

五、政府角色

　　中小企業是台灣內需供應端也是市場，是創造穩定就業的關鍵角色。而數位轉型涉及到的跨領域合作，也絕對牽涉政府跨部會的協調、中央跟地方的合作。儘管數位發展部即將成立，也不代表能夠位中小企業解決所有轉型需求，它建構起數位轉型的基礎環境，還需要有經濟部來輔導中小企業和傳統產業的轉型，需要科技部活絡北中南科技新創生態系，更要縣市政府建設城鄉的智慧生活空間。

1.4　未來展望：數位新南向政策的經濟新契機

　　產業政策扮演台灣新政治經濟發展關鍵因素，其中又以數位新南向政策提供產業發展的契機。過去產業南向驅動力來自於實體製造的成本考量，未來應該強化南向內需市場與數位驅動服務之拓展，虛實整合，進一步鞏固製造業台商在新南向國家的價值。此外，南向國家屬於台灣實體運籌能力可及的合理範圍，加上未來歐美實體貿易重視淨零排放，台灣產業建淨零轉型、立分散生產基地，建構以日、韓、台灣與南向國家的信賴製造供應鏈，仍有必要。

　　台灣可在美中對抗情勢下，以「小國『巧實力』與大戰略」的思維，提出台灣版的印太戰略，以資通訊產業科技與數位應用為核心，落實下階段的新南向政策。運用數位與資料科技延伸的各領域服務，將鞏固多邊關係，發揮由下而上，經濟力與社會力所形塑與鞏固的非傳統安全力量，我們必須走出國門，建立自己的話語權。台灣對南向國家需求與趨勢掌握度，仍不及日韓等國家，未來可建立在雙邊官方或產業公協會機構合作的基礎上，持續深化平台，了解其供應鏈與終端消費需求。

目前台灣正積極佈署的五加二、六大核心戰略產業，並且應該聚焦數位經濟、軟硬結合、依靠矩陣創新的新興應用領域，例如智慧城市，電動車，智慧交通，智慧醫療，信賴供應鏈管理（智慧製造與運籌），以及背後的半導體與通訊技術應用與運籌。

上述的經驗，領導者真的要放眼未來才能思考現在。台灣這幾年面對數位轉型、美中角力、疫情衝擊，再加上越來越緊迫的氣候議題，我們學到了什麼？台灣的國力，如果從國家規模來看，不是數一數二，但從國家的巧實力 smart power 切入，台灣在世界裡面可以說是前段班，甚至可以做領航。而且面對危機和威脅，世界已經看到台灣拿出實力應對，有很豐富的經驗，我們的防疫被肯定、我們的產業是經濟的發電機，就連應對中國的文攻武嚇，我們都比別人多 30 年經驗，台灣不再是問題，甚至是國際的解答。台灣開始要有這樣的志氣，然後善用優勢，在危機與挑戰中創造新的契機，每個領域可以共學、共創、共好，這是我們的優勢的關鍵。一個強大的國家，不在於一個強大的政府，而是一個堅韌和諧的治理關係，這也是台灣新政治經濟所要努力的目標。

Chapter 02

政治經濟學的課題與方法

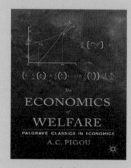

皮古
（Arthur Cecil Pigou, 1877-1959）

我們的衝動不像哲學家是為知識而追求知識的衝動，而是追求借助知識可以帶來治療知識之生理學者的衝動。……起初，經濟學者是對生活在破舊髒亂不堪的街道與頹廢生活忿忿不平的社會熱情。

黛安・科伊爾
（Diane Coyle, 1961- ）

經濟學正經歷……一個探索的黃金時代。這不是誇大其辭。實證經濟學家正在勘查經濟與社會，已經發現大量詳細的應用結果，足以和其他科學的其他重大發現時期相提並論。

前言

在第一章的序論當中我們已經介紹了經濟學與政治經濟學的在名稱使用的差異，但是在課題與方法上，政治經濟學隨著世界經濟發展與時代演進而有所不同。因為不同時期的政治經濟學所關心的議題不同，同時因科學觀點與數學發明在研究的方法上也與時俱進。然而，並沒有改變政治經濟學本質。如果從亞當斯密出版《國富論》的 1776 年算起，經濟學獨立成為一門學術領域至今也不過 200 多年，這也是美國的獨立建國之年。這並非偶然，從君主專政的政治解放，同時也象徵國家價格干涉的鬆綁，邁向自由市場。從此以來，經濟學的發展，百家爭鳴，豐富了經濟學的世界。經濟學被視為「社會科學的女王」。

2.1　生活中的政治經濟學

在社會的每一天，經濟學理論與我們的日常活動息息相關，也與政府的公共政策密切結合，如此一來政治經濟學的關心課題涵蓋了個人與公部門的經濟活動。有人說這個世界是平的，拜經濟與科技發展之賜，人與人之間的接觸比以往更加頻繁，國與國之間的交流也變得更快速。這些的接觸與交流會表現在社會文化上，也會表現在政治經濟上，經濟學的世界也因此變得更多采多姿。當我們走進書局，玲瑯滿目的新書中，可以感受到經濟學相關的書籍不會令人感覺是門「硬書」，它和我們日常生活是息息相關，不再只是「冷冰冰」的理論，這是否意味經濟學已經脫離卡萊爾（Thomas Carlyle）眼中的「憂鬱科學」（dismal science）枷鎖了呢？走進經濟學的世界裡，其實就是我們的生活，很多的生活看得到經濟邏輯，也都寫在經濟理論裡。所以，經濟學的課題即是生活的課題；經濟學的方法就是生活的方式。我們希望透過經濟學的學習可以來瞭解生活，也能夠來觀察這個社會，這是魅力之所在。

我想很多老師有這樣的感受，「現在」大學生的行為模式和「那個年代」的我們好像不大一樣了！？從學生對「教室」定義可以稍微知道「現在」和「那個年代」的差別在哪裡。「教室」被定義是學習專業的舞台？睡覺的地方？是餐廳？是滑手機？或是像到朋友家裡坐坐的感覺？不管是哪一種，都是經濟學所關心的一部分。學習、睡覺、吃東西、滑手機或是翹課都需要透過自己的「選擇」來做決定，學生之所以要「選擇」，很大原因是他們面臨時間上的「稀少性」。資源有限，欲望無窮，所以才要「選擇」學習、睡覺、吃東西或翹課來滿足自己。當然「選擇」認真聽課的學生也大有人在，不管哪種的「選擇」，其本質原因並沒有改變，還是建立在「資源有限，欲望無窮」這幾個字的前提之下。可見經濟學所要探討的課題，有時候不會因現象差別而不同，某種程度而言，人們生活行為模式的背後藏匿著共通前提條件的經濟理論。

科學家常在生活當中，透過觀察發現了許多的定理，尤其是自然科學中的物理學與生物學。牛頓從蘋果落地的觀察，提出引力理論，經濟學者凱因斯稱他是「最後的魔術師」；達爾文的進化論也是在觀察收集的標本當中領悟出來的道理。人們活動於社會，並組成一個國家，每天生活的行為創造了市場。經濟學家也仿效自然科學方式，觀察「人的生活行為」提出各種經濟理論，亞當斯密的經濟學就是以

「人」為出發點。所以，經濟學界的普遍共識，認為經濟學就是一門研究人類行為的社會科學。換言之，經濟學兼具人文科學與自然科學的魅力，融入於雙方的文化系統之中。

當我們走進超市或是百貨公司時；或是省吃儉用存了一筆錢想投資到金融市場時；或是面對一堆健康食品的銀髮族們……。這些人們往往必須面臨困難的抉擇，經濟學家就扮演起傳達訊息的人，於是建構經濟理論，提供人們如何來觀察這些訊息。我們必須在安全的環境與充裕的核電、寬廣的綠林青山與便利的高速公路、更多的工作與更多的便宜進口商品之間做抉擇。在經濟學課題研究的選擇上，經濟學家不見得需要告訴我們應該怎麼選擇，但是透過經濟學的學習，可以幫助我們更加了解選擇的可能結果，這將會讓我們獲得更好的滿足。

經濟學關心人們的生活，但是經濟學往往與真實世界最深的聯繫卻在政治。所以，經濟學在二十世紀之初被稱為政治經濟學，名稱雖然沒有「政治」，所關心的課題與本質並沒有因此而改變。在我們生活當中，似乎無法遠離政治，特別在台灣這麼頻繁的選舉活動，競選口號與政見都深深地影響著我們，稱它為「生活」的政治經濟學更顯得貼切。經濟學家最怕遇見政客，所以選舉活動往往是最令經濟學相當傷腦筋的時刻，因為政見口號與具體實現總是存在一段的距離。但是當我們無法避開這樣的問題時，將政治經濟學融入於你我的社會生活當中，更凸顯它的必要性，因為當您不關心政治時政治也會來關心您。

政治經濟學中涵蓋著各家學派的經濟理論，雖然這些理論探討不同主題或是採用不同研究手法，但是多元的經濟思維反映了我們生活多元性，這是現實經濟社會的特點。有時一套經濟思維可以解釋在多元的生活當中，顯示經濟學的包容性與實用性。我次走進書店時，書架上陳列著各個領域的經濟相關書籍，例如《情感經濟學》（Motterlini）、《蘋果橘子經濟學》（Levitt）、《父母經濟學》（Gans）、《美麗有價》（Daniels）等，從這些書的出版就可以感受到經濟學的世界，竟然與我們的生活是那麼親近與自然。

2.2 經濟學的課題

經濟學所設定的課題之前需要有一些假設，而假設是將問題簡單化，方便分析。但是有時過度理想化的假設往往容易陷入與事實過大的距離。想像一下，如果我們置身於柏拉圖「理想國」的世界裡，消費什麼東西都能夠取之不盡，生產什麼

也無需考慮成本與預算，不管怎麼浪費，或是所得再怎麼分配不平均都不會產生任何問題，因為是我們是處在要一個資源無限的國度中。如果「理想國」是真的存在，那麼經濟學這門領域的價值就大大降低了，經濟學家可能將面臨失業了。事實上，在我們的生活當中，很少東西能夠讓我們無盡享用，財貨、金錢、時間等都必須在有限的範圍之內做選擇，也就是說，能夠滿足消費或生產的商品是稀少的。因此，經濟學面臨第一個問題就是研究如何選擇與分配稀少資源與勞務的一門學問，而它所面臨的第一個課題就是稀少性（scarcity）問題。但是隨著經濟發展與社會文明愈加成熟，也擴大經濟學的研究層面，研究課題也呈現越來越多元的趨勢。我們常看到對經濟學的定義有[1]：

一、經濟學就是研究如何選擇人們利用稀少或有限的生產資源（土地、勞動、機械以及技術知識等），生產各式各樣的商品，並將這些財貨分配給社會消費者的一門學問。

二、經濟學就是隨著人們之間交換（交易）活動的研究。

三、經濟學就是賺錢維持生活，以及關於人們快樂過日子的生活實踐之研究。

四、經濟學就是關於人們消費活動與生產活動的實踐做法之研究。

五、經濟學就是關於財富之研究。

上述的定義可以看出近代的經濟學觸及其他眾多的相關領域，諸如社會學、政治學、心理學或是人類學等，因經濟學和這些眾多的研究具有重疊性關係，所以被認為是一門社會科學。而近代經濟學理論重點在生產、失業、價格，乃至於其他各種社會現象的變動，運用敘述或是模型分析，說明尋找相互之間的關聯性。由於人類社會充滿複雜性，經濟學即使能夠像自然科學那樣精準地計算出結果，也無法斷定為絕對的答案或結論。因為經濟學無法像化學，生物學或物理學那樣可以很容易就控制在一定的條件下做觀察，更無法以置身在實驗室裡做常溫常態的環境下從事研究。一般而言，天文學家透過對天空宇宙的觀測即能滿足普通的研究，但是經濟學觀察經濟現象與統計數據時，無法獲得像天文學觀察天體的規律運行再進一步分析。幸好，經濟學對問題研究可以不必拘泥在數十位小數點的精確度，只要著重在經濟問題的因果關係之間的推論，並能夠定出正確的「方向」就算是往前邁進一大步。

然而，我們也必須注意自然科學和社會科學在「精密性」與「主觀性」上存在先天差異性的客觀事實，科學家喜歡將自然科學視為「精密自然科學」，儘管如

---

[1]   Paul A. Samuelson（1970）, *ECONOMICS*, McGraw-Hill Book Company, New York。

此，當我們觀察在一些事實時，不知不覺就已經戴著「某個理論」眼鏡所產生的認知。這就如同剛出生嬰兒的眼睛所看到光線尚未成形一樣，嬰兒雖然看到光線，但是沒有像我們大人一般的知覺，近代的科學史學者從這個教訓學習到「型態心理學」，很多學者認為牛頓提出的力學理論，在眾多科學家之間對相同事實觀察的認知就存在不同的觀點[2]。這說明某種程度上，我們很容易讓自己陷入了「某個理論」的先入為主的觀點。這和其他領域相比，經濟學是一門尚未成熟的社會科學領域，不需要將各種現象的觀察視為「理所當然」，也不能強行套在未成熟的理論之上。經濟學更甚於其他科學容易陷入主觀要素之中，並戴上「有色眼鏡」討論政治經濟問題。經濟學在探討經濟現象的過程中，常討論「論理學」上一個重要概念，即「合成的謬誤」（Fallacy of composition），這是研究經濟學課題必須考慮而且相當重要的一項任務。「合成的謬誤」較為人熟悉的例子有：

一、曼德維爾（Bernard de Mandeville, 1670-1733）的《蜜蜂的寓言——個人惡德，公共利德》（*The Fable of the Bees-OR, Private Vices, Public Benefits*）一書中，強調社會遵循儲蓄與節儉的「美德」的結果，百業蕭條，百萬人失去工作；但當大家浪費、奢侈、違法亂紀的「惡德」盛行時，竟帶來經濟的繁榮與就業機會。

二、亞當斯密（Adam Smith, 1723-1790）在《國富論》中說，人們基於「利己心」，於是有了「交易」行為，進而創造社會的「分工體制」，提高生產效率，最後帶來了經濟的「繁榮」。因為個人「利己心」的惡德，結果造就「繁榮」的公共利德，說明亞當斯密已經洞察出經濟社會普遍存在「逆向命題」的因果關係。

在經濟學「合成的謬誤」所產生逆向命題的思維，我們可以這麼說，乍看之下對個人是「好的事情」，但對全體而言未必是「好的事情」；反之，對全體是「好的事情」，但對個人來說可能是「不好的事情」，這在經濟學領域當中往往是可以觀察到的一種現象。經過經濟學說史的考察，亞當斯密的「一隻看不見的手」係受到曼德維爾的影響，200多年後，這個思維邏輯又影響到凱因斯的經濟理論。

---

[2] 同註解1。

接下來我們思考這個問題，「為何要學習經濟學？」，「經濟學學習的目的在哪裡？」上述的說明提供一個思考，誠如英國經濟學家馬夏爾所言，經濟學是一門分析的工具箱，工具箱內放置經濟學家所提供的各種經濟理論，我們可以從箱子裡面拿起「聽診器」做為診斷經濟問題的工具，也可以取出一只「尺」衡量政策的是否有效果，並推論經濟問題的因果關係。

2.3　經濟社會的中心問題

當經濟學討論的對象是社會主義國家，或資本主義國家，還是《魯賓遜漂流記》中的未成熟的經濟社會（原始社會或以物易物的社會）時，不管是哪種的經濟體制，都必須面臨以下的三個基本且相互關聯的經濟問題。

一、應該生產「什麼」（what）商品？應該生產「多少」（how much）？也就是說能夠選擇的財貨與勞務之各種組合，應該生產「多少」的問題。

二、這些商品應該「如何」（how）生產？

三、這些商品是「為誰」（for whom）生產？

上述三個課題存在於全體經濟社會的日常當中，也是時時刻刻都需面對的基本問題，只是在不同的經濟體制下，會以不同的形式解決這些問題。當我們遇到生產「什麼」、生產「多少」、「如何」生產以及「為誰」生產的一連串問號時，資源如能無窮無限的供應時，這些都將不構成問題。簡言之，當經濟社會的全部財貨能夠無限生產，人們的欲望能夠無窮盡獲得滿足，即使商品的生產超過社會所需，或是資源組合不合理，那麼生產「什麼」、生產「多少」、「如何」生產以及「為誰」生產都不會對經濟帶來困擾。例如，像空氣、陽光等財貨，既取之不盡，又無需負擔費用，所以被稱「自由財」。但是，大部分財貨和人類的欲望相比，相對稀少，幾乎無法滿足人們的欲望。當我們的想要的商品與勞務的生產在既有的資源和技術的限制下，人們的欲望隨著經濟發展，生活品質與消費水準的提升，有逐漸增加的趨勢。日常生活中的機車、汽車、冰箱、手機、電腦等商品，都代表著人們對生活欲望追求所產生的財貨。這些財貨需要透過市場交易才可獲得，支付取得所有權之後成為個人的財貨，所以被稱為「私有財」。

　　當一國經濟社會的生產活動，受制於既有的資源，既有的技術，既有的資本累積，只要在效率的生產條件之下，某個商品產量的增加，必然帶來其他某個商品生產量的減少。因此，發生了上述所述的生產「什麼」、生產「多少」、「如何」生產以及「為誰」生產等選擇問題。滿足經濟社會所能夠生產各種商品的總量被限制在現有的技術上，只能生產一定程度的商品，經濟稀少性的本質變成必須在相對不足的財貨之間做選擇。現實的生活中，農民正為農作物問題盤算著，為今年要生產「什麼」（稻米或蔬菜水果）、生產「多少」（是 3 分地的稻米或是 2 分地的蔬果的選擇）、「如何」生產（是雇用人力或或機械耕種的生產要素投入選擇）以及「為誰」生產（個人或餐廳）等問題傷腦筋；政府正規劃能源政策，將來的要生產「什麼」能源（火力電力或再生能源）、生產「多少」（50%火力電力或 30%綠能）、「如何」生產（核能發電或太陽能發電）以及「為誰」生產（家庭生活或企業生產）。

　　而選擇問題延伸到在各種有限的經濟資源上，這些資源將如何被「分配」去從事生產哪種商品。經濟學從「稀少性」→「選擇」→「分配」，逐漸擴大其研究範圍。在資源分配上，不單是在消費財之間的生產做選擇，也包含了為將來生產消費財的資本財（如機器設備）之間做選擇；除了在私有財之間的生產做選擇，也需要在公共財之間做選擇。經濟學探討的課題因為存在資源稀少問題所以要做選擇，耶因為有選擇問題所以對資源必須做更有效率的分配。但是，資源即使能夠有效率的分配，並不保證能夠引導到社會所期待的所得分配。雖然，經濟社會所創造出來的總產量越多，這個社會就會越富裕，但是創造出來的財富與滿足如何分配，這將會牽連到個人的主觀感受與客觀分配制度問題上。當所得分配產生偏差時，社會階層的對立將會更嚴重，這在馬克思筆下的 19 世紀資本主義所引發資本家與無產階級之間的鬥爭最能顯現出利潤分配不均產生的種種矛盾。另外，資產分配的不平等會引導所得分配的不平等。但是「平等」與「公正」的概念並不在於事實認識的問題上，而是透過經濟社會尋求「平等」與「公正」的調和方法。

　　除了上述之外，經濟學試圖所要解決的問題會隨經濟發展逐漸浮現出新的課題。價格持續上漲，通貨膨脹使得貧窮之人買不起東西；中小企業經營陷入困難；獨占企業日益壯大；失業與恐慌隨之蔓延；國際之間的貿易衝突等。這些現象都曾經發生或是正在發生，將來也難以避免，種多經濟問題接二連三發生，政府想辦法解決，採取各種經濟手段，這些現象說明了經濟與政治之間存在著密切關係，兩者之間相互影響。

2.4　經濟學研究方法

　　眾多的經濟理論是以透過觀察經濟現象，樹立法則建立其課題。然而，經濟現象極為複雜，不能單憑直覺做為法則依據。所以為了發現或建立經濟法則，必須遵從一定的程序，樹立此經濟法則的程序就是經濟學的方法。所謂法則是指存在於經濟現象之間，呈現一定關係的規則反覆現象。儘管如此，經濟現象還是無法如同自然現象那樣地可以呈現能夠進行「比較」的規律與確實的反覆現象。因為，經濟現象充滿個別歷史的性格，相同的關係無法再次反覆的出現，總是存在差異的時空背景與社會經濟條件。

　　做為發現經濟法則的程序，通常分為演繹法與歸納法兩種。演繹法是以「一般的」、「普遍的」前提出發，在特殊的條件下，推論會產生什麼結論的方法。演繹法首先將複雜的經濟現象分解出各種可能的單純原因，再從這些原因之中選擇最具基本的少數因素，以這些少數因素做為「一般的前提假設」，將經濟現象與經濟理論之間關係「理想化」。歸納法則是實驗或是蒐集各種事實，尋求其共通性，以此做為法則所建立的方法。歸納法雖然對尋找經濟法則有用，但是僅運用此法並非能夠發現法則。因為，引導出法則需要蒐集龐大的資料，並且需要透過實驗的驗證，經濟法則以此方是很難達成，存在一定的困難度。加以歸納法無法導出因果必然的法則。因此，戰後在統計學與電腦的運用下，計量經濟學（econometrics）扮演對經濟理論發展的重要角色，將具體的數值建立在經濟理論上，檢定經濟歸納結果，做為導出經濟法則的有效手法。

　　近代經濟學的方法可以透過各種經濟理論與其應用的觀點，可區分為說明現實變動的實證理論與嘗試設計最佳的經濟做為的規範理論。前者稱為「實證經濟學」（positive economics），後者稱為「規範經濟學」（normative economics）。「實證經濟學」是指對經濟現象或問題，透過各項數據做客觀的分析，僅就事實的陳述與推論，找出問題「是什麼」（what it is）原因造成的，並提出解釋。而「規範經濟學」是指對經濟現象或問題，雖然也會利用各種數據分析，但是對問題的解決方法上，強調「應該如何」（what it should be）去做會比較好，加入個人的主觀意識對問題的看法。兩者之間的研究方法各有其優缺點，實證分析以數據強調科學的客觀性，但過分強調或錯誤的數據解讀容易失去對問題的解決彈性和扭曲真實的一面；規範分析以主觀建議提出解決方案，較具彈性，但也容易偏向個人的意識形態，失

去客觀的立場。因此，面對經濟問題的分析時，這兩種方式並非相互排斥，而是相輔相成，這是因為經濟問題兼具社會性與科學性所使然，「經濟學無法和精密的物理科學相比，因為它處理的是人類本質上變動無常的微妙力量」[3]。

2.5 經濟學分析：個體經濟學與總體經濟學

現代的經濟學常依不同的研究對象將理論分為個體經濟學（Microeconomics）與總體經濟學（Macroeconomics）。前者以個體（個人家庭或是廠商）的行為與市場之間反應做為分析的對象，即探討個人、家庭與企業在市場上的經濟活動。而在從事經濟活動時，不管是消費或是生產對個體單位而言，價格是一個重要的考慮因素。因為價格是引導市場變動的信號燈，價格機能改變個人、家庭與企業在市場上的經濟行為，包含了消費與生產。所以個體經濟學被稱為價格理論。後者以整體經濟體系作為分析的對象，即探討一個社會、國家的層級在市場上的經濟活動。這些經濟活動以就業為主要目的，而與就業高低密切相關的是國民所得水準，所以總體經濟學被稱為國民所得決定理論。

2.5.1 個體經濟學的焦點

個體經濟學主要目的是明確市場的資源分配機制是否能夠達到最適效率，而其中扮演關鍵角色的是價格因素。例如，探討「為什麼德國的高級轎車在台灣能夠賣得比美國、日本等國家還要高？」、「為什麼經濟不景氣，台北的房屋價格依然那麼貴？」、「台幣一升值，會造成進口商品的價格怎麼變動？」、「國際原油不斷上升，消費者購買汽車的意願是否會因此產生改變？」、「颱風過後，蔬菜價格為何會飆高？」解釋這些議題的價格變化都是個體經濟學探討的對象。個體經濟學分析不只是在商品市場，其他如勞動市場、貨幣市場、資本市場、外匯市場等都是在探討的範圍之內。個體經濟學可以透過工資、利率、匯率的變動，產生市場供需調整；或是由市場供需調整，也會對工資、利率、匯率帶來變動。這些都是個體經濟學考察的對象。因此，個體經濟理論的分析手法應用在很多領域上。例如，在財政學上，當稅制改變時，對生產與消費會產生多少影響？為了使資源的分配更具效

---

[3] Robert L. H.（1999），*The Worldly Philosophers: The Lives, Times, and Ideas of the Great Economic Thinkers*, Business Weekly Publishing。唐欣偉（2010）《世俗哲學家》商周出版，P.351。

率，應該採取哪種稅率？在國際經濟學上，討論國際資源的分配時，國際貿易與國際金融就成為分析的對象。

由上述可知，財政、金融、貿易、勞動等各研究領域，這些都和現實的經濟政策緊密結合。而健全的經濟政策的實施，必須能夠掌握各個政策對經濟產生的影響程度，個體經濟學提供了有效之分析手法。當經濟政策的評估納入在個體經濟學領域之中，更能結合政治與經濟之間的關聯性，強化了個體政治經濟學的性格。

傳統的個體經濟分析集中在消費者（個人、家庭）和企業等經濟主體的行動結果，透過市場交換的形式，進行消費、生產與分配的經濟活動。市場交換比率（即商品價格）是促成消費、生產等行為的重要經濟變數，這些經濟變數是在經濟主體追求最大利益的理性行動的假定之下成立。

2.5.2 總體經濟學的焦點

眾所周知，現代經濟體制的市場機構並非處在完全競爭的狀態，無法實現資源的完全利用。而經濟全體使用多少資源？能夠維持多少的生產量？這些成為經濟學的中心課題是在 1930 年代經濟大蕭條時期。就經濟理論發展來說，在 1936 年經濟學家凱因斯出版《就業‧利息及貨幣的一般理論》之前，經濟理論是以個體經濟的價格分析為主流，探討消費者與生產者在有限的資源之下，如何達到效用最大與成本最小。並且巧妙利用微積分等高等數理手法，持續在效用‧利潤的極大化與成本的極小化的市場分析。雖然個體經濟分析在資源分配與所得分配上極為有效，但是欠缺對經濟全體的掌握，總體經濟學就成彌補這方面的不足，也成為戰後經濟理論發展的主流。特別是在政黨政治的時代裡，經常透過政策的實踐以爭取選舉的支持，總體經濟學與經濟政策的結合能夠符合時代的需求，作為政策的理論依據並能提供總體政治經濟學推動的合理性。

而凱因斯經濟學的出現，開啟總體政治經濟學新的里程碑。從經濟全體變數的勞動雇用量、產出量、國民所得、總消費、總投資之間的關係式，分析有效需求與產出量的均衡。透過這些變數之間關係分析經濟全體的變動，故稱之為總體經濟學或宏觀經濟學。

2.5.3 個體經濟學與總體經濟學的關係

從上述的說明個體經濟學與總體經濟學之間存在密不可分的關係，這兩者都與各種市場之間存在密切的關係，而在分析時皆著重於「最適化決策」、「市場均衡」，即消費者追求效用的極大化，生產者則是利潤極大化，經濟社會全體在尋求沒有通貨膨脹下完成充分就業的最佳結果。然而個體分析與總體分析之最大差異在於分析對象上的不同。前者探討個別消費者與生產者在單一商品市場、單一要素市場的價格分析。後者則以個別加總之總合經濟變數或以經加總之總體市場（如產品市場、貨幣市場、勞動市場或外貿部門）作為分析對象。因此，為了掌握總體經濟的變動，必須對相對應的個體經濟行為有深入的了解。可以這麼說，總體經濟學的研究依賴在對個體經濟學的掌握。所以，也有一些經濟學家認為經濟學無需區別個體經濟學與總體經濟學，特別在思考經濟問題時，因為個體經濟是總體經濟的基礎，分析角度與解決方式有逐漸走向「總體經濟學的個體經濟學化」之趨勢。

2.6 經濟政策的理論

經濟理論的實現就是經濟政策，而經濟政策是檢驗經濟理論的一種方式。所以經濟政策理論可以說就是政治經濟學。200 多年來經濟理論的發展，從古典，新古典的傳統經濟學到近代的凱因斯經濟學都歷經了無數的經濟問題，在不同經濟社會的時空背景裡，各國政府所提出的政策所產生的效果也不盡相同。經濟學雖說無法像自然科學一樣，透過實驗來驗證其可信性。但是一直以來，古今中外毫無例外，很多政治人物總是喜歡將經濟學以經濟政策的形式「實驗」在我們所處的社會之中，而且樂此不疲。

經濟問題誠如前面所提，在有限的資源下的各種目的之間，應該如何才能達成最適分配。而各種目的之重要性要如何評價？當設定價值判斷之後，資源分配的目標也將被決定，如果經濟政策的目標必須在評價資源分配各種目的之重要性才可決定的話，那用什麼基準來評價此重要性？這些將是經濟政策首先要解決的事情。最適資源的分配以各種形式出現，例如在經濟的安定或是完全就業的實現等問題上的政策目標，牽扯到勞動時間的休閒，教育等與生產活動之間的最適分配問題。姑且不談休閒與生產物之間的價值判斷如何，有必要先釐清勞動生產性和教育等之間的

關係。另外，最適經濟成長的實現與最適經濟成長率確保的政策目標關鍵在現在消費與將來消費之間的最適分配問題上。

近代經濟發展的背後是政黨政治的民主制度存在，透過政府與議會的運作，實施各項的經濟政策。然而，民主體制常為人所詬病的是沒有效率。民主主義下的政策形成，容易受到各種力量的影響，市民、壓力團體、民意代表，甚至官僚機構的公務人員都可能成為經濟政策與目標的最後關鍵。因此，資本主義下的經濟政策不是從可能且最適的資源分配來選擇，反而是介入市場機構，以間接形式達成資源分配。換言之，經濟政策今後將成為公共經濟學所關心的主要問題。

✧ 經濟政策的解析：新政治經濟學時代的來臨

本書強調政黨政治與經濟政策之間的關係，故以政治經濟學取代經濟學的稱呼。在第一章的序論中說明，為了因應國際地緣政治所產生的國際政治經濟體制的變化，以及 COVID-19 大流行產生國內生活方式以及消費模式的改變，這些因素帶來新的局勢，新政治新經濟和新台灣的時代來臨，本書以此定位為新政治經濟學時期。新政治經濟學包含的經濟政策有新財政政策，新金融政策以及新產業政策。

▶▶ 實力測驗

☆ **選擇題**

( )1. 所謂「一隻看不見的手」是指：
(A)政府管制市場
(B)機會成本
(C)比較利益法則
(D)市場機能

【97 年普考】

( )2. 下列何者是規範性敘述（normative atatement）？
(A)教育投資促進經濟成長
(B)教育投資提高社會流動性
(C)廣設大學，降低教育平均報酬率
(D)多數大學生學非所用，政府必須管制系所設立

【97 年關務特考】

( )3. 下列何者不是總體經濟學的研究範疇？
(A)降低重貼現率
(B)工業生產指數連續數月呈現負成長，顯示台灣景氣持續低迷
(C)稻米進口關稅調降，銷售增加
(D)失業率不斷上升

【95 年普考】

( )4. 經濟學是一門討論自由經濟社會中人類的經濟行為的科學，人類經濟問題基本上是一種：
(A)選擇問題
(B)消費問題
(C)政府問題
(D)技術問題

【86 年五等特考】

( )5. 經濟學是一門討論自由經濟社會中人類的經濟行為的科學，而人類經濟問題基本上是一種：
(A)選擇問題
(B)自然資源貧乏
(C)缺乏有效的行政組織
(D)缺乏資本

【85 年乙等特考】

( )6. 以經濟問題的產生而言，下列何者有誤？
(A)人類慾望無窮
(B)資源稀少
(C)資源無限
(D)每一種資源都有多種用途

【82 年高等檢定】

( )7. 下列敘述何者是為規範經濟學（normative economics）？

(A)印製太多貨幣導致通貨膨脹

(B)當工資上漲時，人們工作時間增長

(C)失業率應該降低些

(D)大量的政府預算赤字造成經濟成長緩慢

【90 四等特考】

( )8. The question "Should movies or compact discs be produced?" is an example of the

(A) where question

(B) what question

(C) who question

(D) how question

【93 政大金融】

( )9. The statement "An increase in the price of gasoline will lead to a Decrease in the amount purchased" is

(A) a positive statement

(B) a normative statement

(C) a political statement

(D) a scientific statement

【93 政大經濟】

Chapter
03

政治經濟學的
分析基礎

薩繆森
（**Paul Anthony Samuelson,**
1915-2009）

數學不是從事經濟理論研究能夠
成功的必要條件，也不是充分條
件。它能夠對從事這種研究的人
有所裨助，但也能成為一種障
礙，因為它很容易使一位優秀的
以文字來表達的經濟學家變為一
位平庸的數理經濟學家。

▍前言

經濟學使用的分析方法隨著數學理論的發展而有
所變化，例如，庫諾（Antoine Augustin Cournot,
1801-1877）運用數學分析獨占廠商的均衡；吉
逢斯（William Stanley Jevons, 1835-1882）用微
積分從事邊際分析；華爾拉斯（Léon Walras,
1834-1910）利用聯立方程式解釋市場經濟的一
般均衡；李昂地夫（Wassily Leontief, 1906-
1999）開發了「I-O 數理模型」分析產業關聯；
薩 謬 森 （ Paul Anthony Samuelson, 1915-
2009）更以高等數學提出顯示性偏好理論、效率
市場理論、大道定理（turnpike theorem）；而柏
雷托（Vilfredo Federico Damaso Pareto, 1848-
1923）、馬夏爾、熊彼德、費雪（Irving Fisher,
1867-1947）、凱因斯等經濟學家，他們都具備

了優異的數學能力，常利用數學的觀念分析各種的經濟事理。薩謬森甚至說：「數學就是語言」。是在近代經濟學的發展史當中，將無法忽略數學與模型的重要性，本章將介紹經濟學的基本法則、經濟學常用的數學概念以及經濟學的基本思考架構，由這些構成了政治經濟模型。

3.1 經濟學基本法則

在進入政治經濟學各個單元探討之前，先行了解經濟學的基本法則有助於今後我們各章節學習的理解。在第 2 章中已經介紹政治經濟學的課題與研究方法，在本章節我們將透過一些專有名詞做為連結經濟學的基本法則，而這些觀念也會在後面的各章中陸續出現。由於經濟學常存在一些抽象的概念，本節之目的是希望讀者在進入政治經濟學之前，能夠先對經濟學上保有基本的認識，這將有助於之後各章節的理解。

3.1.1 經濟學中對「均衡」概念

經濟學的發展深受物理學與生物學的影響，其中「均衡」（equilibrium）則來自物理力學的平衡概念。「均衡」是一種靜止的狀態，如果沒有外力的介入，均衡狀態就不會自發性改變目前的狀態。經濟學基於「均衡」的想法，每一個經濟行動主體都在這種狀態下獲得最大滿足，社會則會得到最大福利，資源能夠達成最有效率的分配。因此，不管是在個體經濟學或是總體經濟學上，當探討效用、利潤與效率等議題時，常會以「均衡」做為分析的重要概念。現實經濟處在不間斷的變化當中，經濟會在各個階段之間處於均衡狀態，而經濟學更進一步透過「時間」的變數做「均衡」的分析。以「時間」之有無做為理論區分，又可分為「動學均衡理論」與「靜學均衡理論」。

經濟學以「市場」做為分析的戰場，借用力學的「均衡」概念探討財貨、勞動的需求與供給這兩股力量，當只以特定財貨市場，且在「在其他條件不變之下」為前提的「均衡」稱之為「部分均衡」（partial equilibrium）；如果以全部的財貨市場「均衡」做為分析對象者稱之為「一般均衡」（general equilibrium）。

一、部分均衡

很多的經濟學教科書前半段，常以個體經濟學作為介紹的內容，以設定一個市場、一種財貨、消費者與生產者的經濟行為法則。為了簡化複雜的經濟環境，更容易掌握經濟現象，才以「在其他條件不變之下」做為前提。因此，很多的經濟學都是以「部分均衡」做為分析，其中以英國經濟學者馬夏爾著作《經濟學原理》做為代表。

二、一般均衡

「部分均衡」只以特定市場為分析對象，而「一般均衡」是同時考慮所有市場、所有財貨、消費者對財貨購買與生產者對財貨之生產等經濟活動，在彼此的相互影響下，分析經濟調整的法則。以「一般均衡」分析市場最為有名的代表著作，是法國經濟學家華爾拉的《純粹經濟學要義》。

不管是「部分均衡」或是「一般均衡」，主要是利用「均衡」的思考手法，對於經濟調整過程中，在經濟量之間尋求一定的關係。當經濟量產生變化時，遵循此一定法則做出最可能的預想結果。

3.1.2 經濟學中「邊際」概念

1870 年代的歐洲，在經濟學史上出現了「邊際革命」，從此經濟理論的分析很難脫離「邊際」（marginal）這個概念。在經濟學上採用「邊際」做為分析的手法，與當時數學微積分的發展有著密不可分的關係。「邊際」代表「微量的變化」，當消費者消費某種商品時，隨著使用量的增加，對該財貨的滿足感會產生「微量的變化」；當生產者生產某種商品時，隨著要素投入量的增加，對該商品的產量也會產生「微量的變化」。經濟學分析消費者，生產者乃至整體經濟的變化時，「邊際」很容易就成為分析方法。而在經濟學上利用「邊際」概念所形成法則例如：

一、**邊際效用遞減法則**（principle of diminishing marginal utility）：假定消費者在其他財貨或勞務保持消費量不變前提下，當消費者從連續消費某一特定財貨或勞務中所得到的滿足程度，隨著對該財貨或勞務消費量的增加而呈現遞減現象。

二、**邊際報酬遞減法則**（law of diminishing marginal returns）：在生產技術不變的條件下，當隨著該可變的生產要素投入量增加，起初每增加一單位的可變生產要素所帶來的產量增量是呈現遞增，但到達一定程度之後，再增加投入一單位的可變生產要素所帶來的產量增加量則呈現遞減狀態。

3.1.3 經濟學中「機會成本」概念

我們常聽說「天下沒有白吃的午餐」，它訴說著凡事皆需付出代價，不管是直接代價或間接代價，它是一種「成本」。經濟學存在意義是因為它是建立在資源

「稀少性」之下,如何做「效率性」的「選擇」,有了「選擇」之後,就會出現「機會成本」(opportunity cost)。「機會成本」是以其他放棄的用途來衡量生產某種商品的成本,即人們以有限的資源必須做出選擇時,放棄其他生產可能的價值代價。現實生活中充滿「機會成本」的情況,可以這麼說經濟學幾乎每天和我們的在一起。例如,小華大學畢業後,應徵 A、B、C 三家公司都獲得錄取,這三家分別開出每一個月薪資條件為 28,000 元、30,000 元與 32,000 元。最後小華決定這三家公司都不去,「選擇」繼續讀研究所,放棄工作,那麼小華上研究所每一個月的「機會成本」為 32,000 元。所以,「機會成本」是某項特定資源用途一旦做出「選擇」之後,必須放棄其他的「最佳」用途的價值。這樣的概念在探討消費者的購買行為、生產者的製造行為或是投資者的資金運用行為時,被視為做決策的重要關鍵。甚至,政府實施各種政策方案時,「機會成本」也是必須納入考慮評估。

3.1.4 經濟學中「彈性」概念

在分析市場時,常常會觀察商品的價格與所得變化對消費者購買產生多大影響?生產要素價格變化對生產者的商品產生量又會產生多大的影響?匯率的變動對一國進出口帶來多大程度的影響?……。不勝枚舉的經濟生活當中,我們很想知道這些答案,經濟學就以「彈性」概念來告訴我們。近來我們常聽到的是,「星期一午夜起,95 汽油價格每公升將上升 3.2 元,台塑石油跟進」,「家庭用電將在 5 月中即將調升」,「最低工資擬調整為 20,000 元」……,這些議題馬上就會令人聯想到人們的生活消費會產生多少程度的影響?「彈性」就是代表所產生的影響「程度」。「彈性」是一個量度(measure),它用來衡量當解釋變數變動百分之一時,會相對地造成被解釋變數多少百分比的變動程度,常用「彈性」的概念表現在經濟學上,例如:

一、**需求的價格彈性**(price elasticity of demand):需求的價格彈性是衡量消費者對價格變動的敏感程度,當財貨價格變動百分之一時,該財貨需求量變動多少的百分比。

二、**供給的價格彈性**(price elasticity of supply):供給的價格彈性是衡量消費者對價格變動的敏感程度,當財貨價格動百分之一時,會使該財貨供給量變動多少的百分比。

3.1.5 經濟學中「理性行為」假設

經濟學討論人們的消費與生產行為時，都假設在人們都是「理性行為」的前提假設。一切的經濟活動都是透過「理性選擇」（rational choice）做最佳的決策。消費者的最佳決策是追求效用最大化，生產者的最佳決策則是尋求利潤極大化，這一切都需建立在他們都是以「理性行為」做為前提。

3.2 政治經濟學基礎工具

上述介紹經濟學基本法則的各種概念，為了使這些法則概念得以更明確說明，經濟學常借助數學公式與幾何圖形工具。以下就常見的數學式與幾何圖形介紹說明。

3.2.1 經濟學上常用的數學式

一、函數（function）

經濟學在問題的分析上可以用函數來表示，而建構函數時，需要先設定相關的變數（variable），變數是代數中最基本的元素。例如：

（一）需求函數（demand function）：

假設影響消費者對商品（X）需求量（Q_d^X）的唯一因素為該商品的價格（P）時，需求量與價格變數之間的關係可以用函數表示：

$$Q_d^X = f(P_X, Z = 其他條件不變之變數) = a + b \times P_X \qquad (3.1)$$

Q_d^X是P_X的線性函數（linear function），在（3.1）式中，各變數的性質為：

Q_d^X：應變數（dependent variable）。

P_X：自變數（independent variable）。

Q_d^X與P_X：內生變數（endogenous variable）。

Z（=其他條件不變之變數）：外生變數（exogenous variable）。

a 值：受到外生變數數值的影響。

$b \times P_X$值：受到內生變數P_X的影響。

（二）生產函數（production function）

假設生產者商品 X 的生產量（Q_S^X）會隨著生產要素投入量多寡而改變。在眾多的生產要素之中，為了簡化複雜的生產過程，將投入的生產要素假定只有勞動（L）與資本（K）兩種。產量與價格變數之間的關係可以用函數表示：

$$Q_S^X = f(L, K) \tag{3.2}$$

二、反函數（inverse function）

根據（3.1）式中的需求函數：$Q_d^X = a + bP_X$，則其反函數為：

$$P_X = g(Q_d^X) = -\frac{a}{b} + \frac{1}{b}Q_d^X \tag{3.3}$$

三、經濟學上微分的應用

在經濟學上，利用微積分解釋經濟問題相當普遍，往往在公職考試或研究所的考試裡也常出現。當我們探討極大值或極小值時，會利用微分來計算。例如，在固定的所得水準下，當商品價格不變時，計算消費者對效用極大化的商品消費組合；在固定的產量水準下，當要素價格不變情況下，計算生產者對成本極小化的要素投入組合。

（一）微分之極大值與極小值應用

當函數為 $Y = f(X)$ 時，如圖3.1(A)、(B)利用微分可分別求出極大值與極小值。

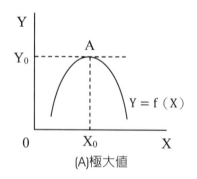
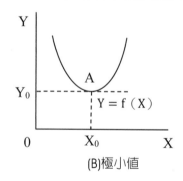

(A)極大值　　　　　　　　　　　(B)極小值

圖 3.1　微分應用

圖3.1(A)極大值計算：在圖中的 A 點，一階條件為 $Y' = \dfrac{dY}{dX} = f'(X) = 0$，且二階條件為 $Y'' = \dfrac{d^2Y}{dX^2} = f''(X) < 0$。因此當 $X = X_0$ 時，$Y = Y_0$ 達到極大值。

圖 3.1(B)極小值計算：在圖中的 A 點，一階條件為$Y' = \frac{dY}{dX} = f'(X) = 0$，且二階條件為$Y'' = \frac{d^2Y}{dX^2} = f''(X) > 0$。因此當 $X=X_0$ 時，$Y=Y_0$ 達到極小值。

（二）微分之彈性值應用

1.「需求的價格彈性」（Price elasticity of demand）

假設需求函數（demand function）：

$$Q_d^X = f\,(P, P_r, I, F, ...\,) \tag{3.4}$$

其中，X 財貨價格（P_X），其他相關財貨（替代品、互補品）價格（P_r），所得水準（I），偏好程度（F）。

「需求的價格彈性」之計算為：

$$E^d = -\frac{\frac{\Delta X}{X}}{\frac{\Delta P}{P}} \text{ or } \left|\frac{\frac{\Delta X}{X}}{\frac{\Delta P}{P}}\right| \tag{3.5}$$

（3.5）式如以微分表示時，如下：

$$E^d = \frac{\partial Q_d^X}{\partial P_X} \times \frac{P_X}{Q_d^X} \tag{3.6}$$

2.「邊際效用」（marginal utility：MU）

「邊際效用」（MU）：當其他財貨的消費量一定時，每追加某財貨 1 單位的消費所增加出來的效用。

$$U=U\,(X,Y) \tag{3.7}$$

（3.7）式為消費組合（X,Y）對應到滿足程度 U 的函數，稱為效用函數（utility function），累積所有效用總和稱為總效用（total utility：TU）。

「邊際效用」以微分表示：

$$MU_x = \frac{\partial TU}{\partial X} \tag{3.8}$$

3.3 政治經濟模型

　　從上述當中我們知道經濟學存在很多的經濟法則，它是構成政治經濟理論的一部分，所以有很多經濟問題的分析會利用這些法則做為解釋的「橋樑」。眾多的經濟變數由這些「橋樑」連結成完整的「經濟架構」，也就是建立經濟模型，每個經

濟學說都有其經濟模型。在緒論當中，我們提及政治經濟學理論可以區分個體政治經濟理論與總體政治經濟理論，所探討的重點與分析的對象不同，因此構成的經濟模型也會有所差異。在經濟學的學習上，有其必要對個體政治經濟學與總體政治經濟學的理論模型做充分的了解。接下來我們將以「家計單位的經濟行為模型」與「廠商的經濟行為模型」做為個體政治經濟學的理論架構，它探討的主題是家庭與廠商的個別決策的經濟行為模式；另以「國民所得決定模型」做為總體政治經濟學的理論架構，它探討的主題是全體社會的總產出、國民所得的決定模式。基本上，國內外的經濟學教科書在章節編排上，也會以這些作為基本課程的教授內容。

3.3.1 家計單位的經濟行為模型

家庭在經濟體制中扮演的角色為提供生產要素（勞動力）以換取所得薪資，並以這些所得作為支付財貨的購買，以滿足個人的欲望（效用）。所以在家計個人的消費目的在經濟行為模型上，是以追求滿足的最大化（maximization of satisfactions）做為前提的假設。圖 3.2 是家庭經濟行為的理論結構，從圖中可以看出家庭個人的經濟行為的影響因素。

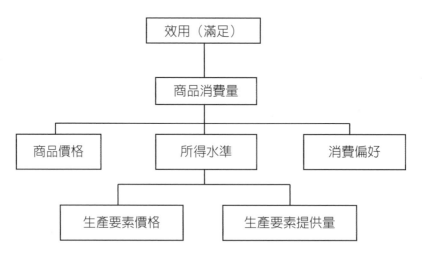

圖 3.2　家計經濟行為模型

圖中可知，影響個人對商品消費量的因素有 1.商品價格，2.所得水準與 3.消費偏好。經濟學以最直接的因素做為建構理論的基礎，從「經濟環境」（economic environment）與「心理環境」（psychological environment）的觀點做為分析家庭的消費行為，前兩項的商品價格與所得水準是屬於「經濟環境」層次，而第三項的消費偏好則是屬於「心理環境」層次問題。

家庭的所得水準高低受生產要素價格與要素所提供得數量多少有關，所以要素市場也是經濟學探討的重要部分。

3.3.2 廠商的經濟行為模型

廠商的生產活動以追求最大利潤為目標，而利潤的最大化（maximization of profits）受財貨的價格、銷售量與生產成本高低所左右。廠商的利潤為總收入扣除總成本，總收入＝財貨價格×銷售量，總成本＝生產要素價格×要素投入量，如圖 3.3 所示。經濟學探討廠商的生產行為就是以 1.商品價格，2.商品銷售量，3.生產要素價格與 4.生產要素提供量等四項做為架構的基本變數。

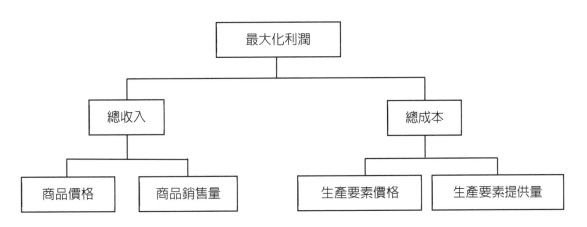

圖 3.3　**廠商經濟行為模型**

如果將圖 3.2 與圖 3.3 整合，並加入政府部門時，可以得出圖 3.4 的循環經濟流程圖。家庭、廠商與政府部門必須同時面對兩個市場，即要素市場與商品市場。

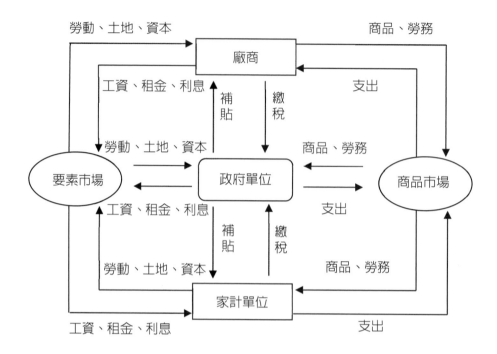

圖 3.4 經濟循環圖：家庭與廠商

3.3.3 國民所得決定模型

上述兩個模型為個體經濟學的基本思考架構，總體經濟學所關心對象更擴大至對金融市場的探討。總體經濟學以一國的經濟成長、就業、物價、國際收支等做為理論架構，這些任何議題都會牽動國民所得水準。故國民所得的決定就成為總體理論的重心。

圖 3.5 中，所得高低受制於就業及產出量水準，而就業及產出量水準需視總需求支出規模大小而定。構成總需求支出有：消費、投資、政府支出與貿易等四個部門。在總體的模型裡，消費大小與所得水準相關；投資水準受到利率與資本邊際效率大小的影響；貿易量與匯率、國內外所得水準有密切關係。這些變數構成總體經濟的有效需求模型。然而，政府部門當中還存有中央銀行，變演執行貨幣政策的推手，以補財政政策的不足，以穩定物價並透過利率水準影響實體經濟活動，影響所得水準與就業的提高。

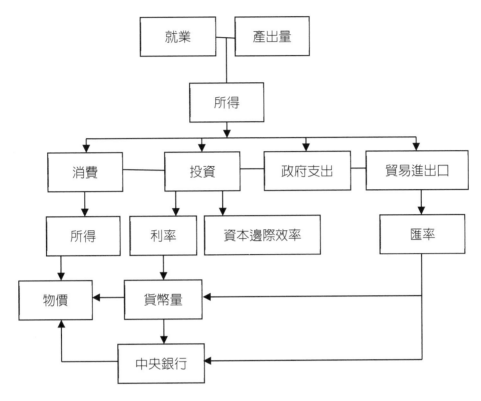

圖 3.5　總體經濟模型

✧ 經濟政策的解析：新政治經濟學分析的數理應用

　　分析政治經濟學時常會使用數理模型，不同的政治與經濟議題也會採用不同的數理模式。本書在經濟理論上的說明是以簡單的幾何學圖形與數學式為主，並沒有採用大量微積分與統計學，主要的原因在於不要過度強調數學以致讓數學成為阻礙一些學生對政治經濟學的學習。在此強調的是，數理確實能夠幫助我們學習經濟學，但不是唯一的方式，如果對數學領域有興趣的讀者想要藉此分析經濟議題，那也會帶您進入經濟學的另一境界的體驗，值得嘗試與訓練。

　　進入新政治經濟學的時代，我們在分析時巧妙應用科技的方便與計算能力軟體，可以透過數理模型的分析獲得意想不到的結果，有助於我們對政治與經濟問題的掌握。

筆記欄

Part 2

需要與供給的
市場經濟理論

Chapter 04

市場的供給與需求

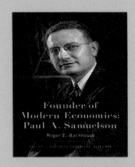

薩繆森
（**Paul Anthony Samuelson,**
1915-2009）

你可以使一隻鸚鵡成為經濟學
家，但前提必須是讓鸚鵡學習
「供給」和「需求」兩個字。
You can make even a parrot into
a learned political economist-all
he must learn are the two words
"supply" and "demand."

前言

經濟學與人們日常相關，而在經濟學的世界裡，
透過「市場」機制的分析建立其理論。每種財貨
都存在一個「市場」，而構成的前提是該財貨必
須存在著「供給」（supply）與「需求」
（demand），否則就無法形成市場。在經濟理
論上，我們常接觸「財貨市場」、「金融市
場」、「勞動市場」、「土地市場」……等各種
市場，主要是透過這些市場的「供給」與「需
求」分析與解釋市場的變化過程。「供給」與
「需求」成為分析市場的最佳利器，這是由劍橋
經濟學者馬夏爾（Alfred Marshall, 1842-1924）
所發明的兩條曲線，被稱為「黃金的十字架」。
本章節將以需求曲線與供給曲線做為市場形成與
變動的思考工具，透過這兩條曲線說明市場價格
與數量之間的關係，並從中觀察經濟活動所產生
的各種現象。因此，我們透過需求曲線與供給曲
線的介紹，讓讀者可以更加了解市場價格的決定
本質，這會有助於市場機制形成的理解，並能夠
更進一步的掌握市場經濟的變動過程。

4.1 需求曲線與需求函數

4.1.1 需求曲線

　　人們日常的生活當中需要從事消費各種商品，而價格扮演重要的角色。每當9月時節學校開學之際，各科教授將會開出各種指定教科書，往往有些學生心中會稍微盤算一下，新書的價錢與舊書攤或網路的二手書店比一比，到底要買新書或舊書時而陷入天人交戰；家庭主婦走進超市，今天要買多少的魚肉或蔬菜也常會受到這些價格高低所左右；新婚夫妻想要有間溫暖的家，到處打聽各家銀行的房貸利率，因為利率是借款的價格，衡量手中的存款與薪水後，再決定是否購買。學生購買書籍、家庭主婦採購菜餚與夫妻訂購房屋等消費行為往往會受制於個人與家庭的薪資所得。薪資是勞動的價格，他們盡可能往高收入的公司上班，會為了進入這樣企業所需要具備的那些專業而拼命努力。

　　當每一個人或家庭在一定期間對某種財貨或勞務所願意且能夠購買的數量，我們稱之為需求量。而需求曲線（*demand curve*）是某財貨的價格水準與其所對應需求量所形成的組合呈現的軌跡。典型的需求曲線通常是一條向右下方傾斜（負斜率）的曲線，這表示價格與需求量之間的關係呈現相反方向在變動，而這種的變動關係稱之為「需求法則」（*the law of demand*），這可由圖 4.1 來說明。

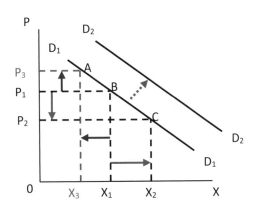

圖 4.1　需求曲線

圖 4.1 中的$\overline{D_1D_1}$與$\overline{D_2D_2}$為標準需求曲線，當 B 點為 X 財貨價格為 P_1 時，需求量是X_1；而 C 點是價格下跌至 P_2 時，X 財的需求量增加到 X_2。反之，當 X 財貨的價格由 P_1 上升至 P_3 時，需求量由 X_1 減少到 X_3（A 點）。

4.1.2 需求函數

影響消費者對財貨需求量多寡因素主要有：財貨本身價格（P）、其他相關財貨（替代品、互補品）價格（P_r）、所得水準（I）、偏好程度（F）……等。需求量（Q_d^X）與以上的變數間關係可以函數表示，如（4.1）式

$$Q_d^X = f\ (P, P_r, I, F, \dots)\tag{4.1}$$

（4.1）式為需求函數（*demand function*），表示因變數Q_d^X的大小受 P，P_r，I，F，……等自變數的大小影響。但是，眾多的自變數無法與因變數逐一地探討，「假定其他條件不變之下」（*other things being equal*）就成為經濟學中常用的詞句。

當假定 P_r，I，F，……不變之下，影響Q_d^X財貨的唯一因數為 P，所以（4.1）式的需求函數可以寫成

$$Q_d^X = f\ (P)\tag{4.2}$$

（4.2）式為價格需求函數（*price demand function*）。另外，

一、當假定 P，I，F，……不變之下，影響Q_d^Y的唯一因數為 P_X，（4.2）式的需求函數可以寫成

$$Q_d^Y = f\ (P_X)\tag{4.3}$$

（4.3）式稱為交叉需求函數（*cross demand function*）。

二、當假定 P，P_r，F，……不變之下，影響Q_d^X的唯一因數為所得 I，（4.2）式的需求函數可以寫成

$$Q_d^X = f\ (I)\tag{4.4}$$

（4.4）式稱為所得需求函數（*income demand function*）。

4.1.3 需求曲線的需求量變動與需求變動的差異

從（4.1）式變為（4.2）式是在「假定其他條件不變」的前提之下，某財貨的需求量與其價格變動的關係，此財貨的價格變動是唯一變數，稱為「內生變數」。而其他的變數（$P_r, I, F, \dots$）不做為財貨需求量變動之考慮因素，這些因素稱為「外生變

數」。需求曲線就是描述當這些「外生變數」一定的前提下，價格與需求量的關係。像圖 4.1 的 $\overline{D_1D_1}$ 曲線上的 A 點、B 點、C 點之間的變動稱為需求量變動（*change in quantity demand*）。需求量變動是在同一條曲線上（內）的移動，當價格下跌，需求量增加；當價格上升，需求量減少（需求法則）。如是由 $\overline{D_1D_1}$ 移動至 $\overline{D_2D_2}$ 是描述當「內生變數」一定的前提下，「外生變數」的變化所產生需求曲線整條線的移動，這種移動稱為需求變動（*a change or shift in demand*）。

4.2 需求的價格彈性

從圖 4.1 的需求曲線得知，價格變化與需求量變化的關係，兩者的關係程度受到曲線斜率大小的影響。越是具有彈性的需求曲線（較平坦），當價格微量變化就會引起需求量大幅度的增減。反之，越不具彈性的需求曲線（較傾斜），價格即使大幅的變化，需求量只有微量的增減。

圖 4.2(A)是較具彈性的需求曲線，當 X 財貨價格小幅度的下跌（P_1 時→P_2），需求量會較大幅度的增加（$X_1→X_2$）。另一方面，圖 4.2(B)需求曲線彈性較小，即使 X 財貨價格有較大幅度的下跌（P_1 時→P_2），但需求量只是小幅度的增加（$X_1→X_2$）。價格與需求量呈現相反方向的變動。即價格上升時，需求量會下降。反之，當價格下降時，需求量則會增加。

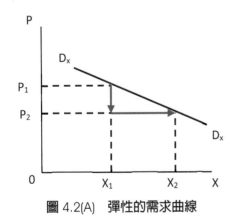

圖 4.2(A)　彈性的需求曲線

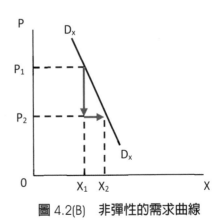

圖 4.2(B)　非彈性的需求曲線

為了進一步探討價格與需求量的相對變化程度，接下來將以「彈性」（*elasticity*）的概念說明。「彈性」是指任一函數之中，自變數相對之變動相對於因

變數相對變動之程度。定其他條件不變之下，影響 X 財貨的唯一因數為 P 時，彈性值的大小可以用公式測定之。依據需求法則得知，普通財貨的需求價格彈性會是負值，有些學者為了方便觀測變數間的變化，會在前面加上負號或取絕對值，使其成為正值。本章以取絕對值做為說明彈性，如（4.5）式

$$E^d = -\frac{\frac{\Delta X}{X}}{\frac{\Delta P}{P}} \; or \; \left|\frac{\frac{\Delta X}{X}}{\frac{\Delta P}{P}}\right| \tag{4.5}$$

X 為變動之前的需求量

ΔX（$= X_1 - X_2$）為 X 財貨的絕對需求變量

P 為變動之前的價格

ΔP（$= P_1 - P_2$）為 X 財貨的絕對價格變量

$\left|\frac{\Delta X}{X}\right|$ 為需求量的變動百分比

$\left|\frac{\Delta P}{P}\right|$ 為價格的變動百分比

E^d 為需求的價格彈性（*Price elasticity of demand*），表示當財貨價格變動百分之一時，使得需求量變動多少的百分比。

將（4.5）式可以改為（4.6）式

$$E^d = \left|\frac{\Delta X}{\Delta P}\right| \cdot \left|\frac{P}{X}\right| \tag{4.6}$$

（4.6）式右邊的 $\left|\frac{\Delta X}{\Delta P}\right|$ 為直線需求曲線斜率的倒數，$\left|\frac{P}{X}\right|$ 表示如圖 4.3(A) 中所示，直線需求曲線上 A 點至 E 點之間的移動，彈性從無限大（$E^d = \infty$）到零（$E^d = 0$）。

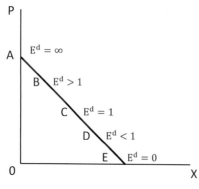

圖 4.3(A)　彈性的分類

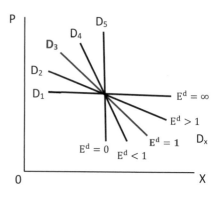

圖 4.3(B)　彈性的分類

　　需求曲線各點分別代表著不同的彈性值。*A* 點的彈性值為無窮大，稱之為完全富於彈性（*perfectly elastic*）；*C* 點的彈性值等於 1，稱為恒一彈性（*unitarily elastic*）；*B* 點介於 *A* 點與 *C* 點之間，其彈性值大於 1，稱之富於彈性（*elastic*）。*D* 點的彈性值小於 1，稱為不富彈性（*inelastic*）；因為 *E* 點彈性值為 0，所以稱為完全缺乏彈性（*perfectly inelastic*）。

　　從圖 4.3(B)可知，需求曲線的斜率與彈性值大小的關係。平行需求曲線 D_1 的彈性值為∞，依順時鐘方向旋轉的需求曲線彈性值會逐漸變小，當轉至垂直需求曲線 D_5 時，其彈性值為 0。決定需求彈性大小的因素很多，茲列舉主要因素如下：

一、視該財貨替代品強弱的影響

　　財貨需求的價格彈性大小與替代品存在與否有著密切的關係。依據需求法則，當某財貨的替代品越多時，其價格彈性值就越大，需求曲線的斜率就越小。替代效果會使得消費者在某財貨的價格上升時，減少對此財貨購買，轉而購買相對較便宜的替代品，取而代之。並隨替代品的增多（或替代能力提高），其取代的程度就愈大，因此需求彈性就會愈大。

二、視該財貨的消費支出占消費者所得比例的影響

　　消費者購買財貨的多寡與其所得水準有關。當財貨的支出占其所得的比例甚小時，對財貨價格的改變不會有太大的反應，需求量不大會改變（彈性值小）。反之，當財貨支出占所得的比例很高時，財貨價格一旦產生變動，那此消費者的需求量會有很大的反應（彈性值大）。換言之，在其他條件不變之下，消費財貨的支出占所得比例越小，需求的價格彈性就越小，支出愈大的財貨，需求價格彈性就愈大。例如，一般人對食用鹽價格改變不會有太大的反應，需求量不大會改變，因為鹽實在便宜，其支出占所得的比例甚小的關係。

三、視該財貨的消費調整時間的長短影響

　　消費者對財貨之消費會受到該財貨性質的影響。一般而言，消費需求的調整時間愈長，則需求的價格彈性會愈大。在「短期」時，面對著財貨價格的變動，消費者還來不及調整消費模式，所以彈性值較小。反之，「長期」可以讓消費者以較充足的時間來改變消費模式，所以彈性質較大。因此，在其他條件不變下，長期需求的價格彈性通常會比短期來得大。例如，近年來國際原油價格飆漲，汽油調漲後，

消費者無法即時大幅度減少對汽油的依賴，但一段時間後，消費者可更換較省汽油的汽車（或油電兩用的汽車），也會多使用大眾交通運輸，時間越長，需求彈性就越高。

四、視該財貨是奢侈品或必需品的影響

當財貨價格所產生同一比例變動時，該財貨對消費者是屬於奢侈品或必須品，需求量產生的變動幅度亦有所不同。一般而言，奢侈品的需求量變動幅度較大，必需品的需求量變動幅度則較小。換言之，奢侈品的需求價格彈性較大，必需品的需求價格彈性較小。

五、視該財貨是耐久財或非耐久財的影響

財貨的使用年限長短不同，消費者對其價格變動與需求量的增減幅度亦有所差別。當財貨價格所產生同一比例變動時，非耐久財的需求量變動幅度較大，耐久財的需求量變動幅度則較小。也就是說，非耐久財需求的價格彈性較大，耐久財需求的價格彈性較小。

六、視該財貨的用途大小的影響

用途的大小也會對財貨需求的價格彈性產生影響。用途越大的財貨對需求量變動幅度較大，所以其需求的價格彈性較大。反之，用途越小的財貨對需求量變動幅度較小，其需求的價格彈性也會較小。

以上說明了財貨性質的差異，反映財貨在需求的價格彈性上的不同。還有其他影響彈性值大小的因素。例如，習慣使用的財貨，與眾不同的財貨，或是會上癮的財貨等，這些需求的價格彈性都會比較小。所以需求的價格彈性大小在某些時候也受消費者主觀意識與客觀意識所左右。不同國家人民的生活水準存在落差，即使他們對相同財貨的彈性值也會存在極大的差異。因為經濟發展階段與成熟度對財貨的定位是不同的。在老一輩的記憶裡，台灣從物質的缺乏年代到豐衣足食，歷經了財貨的「演進」，我們也逐漸改變與這些財貨的關係，這種改變也反映在這些財貨的需求彈性上。

4.2.1 弧彈性

　　若價格變動幅度不是很大時，可以用上述的點彈性來計算。但是，當價格變化幅度較大時，則採用弧彈性（*arc elasticity*）來計算。所謂弧彈性是指某一函數之不連續變動（*discrete change*）所測定的彈性，是以平均價格和平均數量計算需求彈性。利用（4.5）式整理後，得出弧彈性公式為：

$$E^d = \frac{\frac{X_1-X_2}{X_1+X_2}}{\frac{P_1-P_2}{P_1+P_2}} = \frac{\frac{X_1-X_2}{X_1+X_2}}{\frac{P_1-P_2}{P_1+P_2}} = \frac{P_1+P_2}{X_1+X_2} \times \frac{\Delta X}{\Delta P} \tag{4.7}$$

　　圖 4-4 以（4.6）式與（4.7）式分別計算點彈性與弧彈性，如表 4-1 與表 4-2。

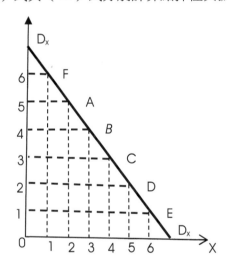

圖 4.4　需求曲線上的彈性係數

一、由 $E^d = \left| \frac{\frac{\Delta X}{X}}{\frac{\Delta P}{P}} \right|$ 計算的彈性值

　　圖 4-4 需求曲線的點 A 移動至點 B（A→B）時，X 財貨價格從 5 下降到 4，需求量也由 2 個單位增加 3 個單位，所測得的彈性值為 2.5。同理亦可測得其他點的彈性值，如下表的左側。如果改變點的移動方向，例如點 B 移動至點 A（B→A）時，X 財貨價格從 4 上升至 5，需求量也由 3 個單位減少至 2 個單位時，所測得的彈性值為 1.33。同理，其他點移動的彈性值，如下表的右側。從表中得知，A→B 與 B→A 計算而得的彈性值並不相同。經濟學家為了解決這種差異，提出各種的折衷計算方式，以「財貨變動前的價格與變動後的價格之算術平均數」計算的弧彈性取而代之。

表 4-1　彈性係數

$\Delta X\ (=X_1-X_2)$ $\Delta P\ (=P_1-P_2)$	$E^d=\left|\dfrac{\Delta X}{\Delta P}\right|\cdot\left|\dfrac{P}{X}\right|$	$\Delta X\ (=X_1-X_2)$ $\Delta P\ (=P_1-P_2)$	$E^d=\left|\dfrac{\Delta X}{\Delta P}\right|\cdot\left|\dfrac{P}{X}\right|$
$F{\to}A$	6.00	$A{\to}F$	2.50
$A{\to}B$	2.50	$B{\to}A$	1.33
$B{\to}C$	1.33	$C{\to}B$	0.75
$C{\to}D$	0.75	$D{\to}C$	0.40
$D{\to}E$	0.40	$E{\to}D$	0.17

二、由 $E^d=\dfrac{\frac{X_1-X_2}{X_1+X_2}}{\frac{P_1-P_2}{P_1+P_2}}$ 計算的彈性值

　　弧彈性是以「財貨變動前的價格與變動後的價格之算術平均數」計算而得，由圖 4-4 需求曲線的點 A 移動至點 B（A→B）的弧彈性為負 1.8。同理亦可測得其他點的彈性值，如下表的左側。如果改變點的移動方向，例如點 B 移動至點 A（B→A）時，X 財貨價格從 4 上升至 5，需求量減少為 2 個單位時，所測得的彈性值同為負 1.8。同理，計算其他點移動的彈性值，如下表的右側所示。從表 4-2 可知，各點間移動的弧彈性，即使移動方向相反，其弧彈性值是一致的，這和表 4-1 計算結果不同。

表 4-2　弧彈性係數

$\Delta X\ (=X_1-X_2)$ $\Delta P\ (=P_1-P_2)$	$E^d=\dfrac{\frac{X_1-X_2}{X_1+X_2}}{\frac{P_1-P_2}{P_1+P_2}}$	$\Delta X\ (=X_1-X_2)$ $\Delta P\ (=P_1-P_2)$	$E^d=\dfrac{\frac{X_1-X_2}{X_1+X_2}}{\frac{P_1-P_2}{P_1+P_2}}$
$F{\to}A$	-3.67	$F{\to}A$	-3.67
$A{\to}B$	-1.80	$B{\to}A$	-1.80
$B{\to}C$	-1.00	$C{\to}B$	-1.00
$C{\to}D$	-0.55	$D{\to}C$	-0.55
$D{\to}E$	-0.27	$E{\to}D$	-0.27

4.2.2 彈性與消費支出的關係

價格變化所產生的消費支出多寡會受價格彈性大小的影響。圖 4.5(A)當需求為不具彈性（彈性值小於 1）時，即使香菸的價格上升（P→P+△P），並不會引發需求量相對幅度的減少，所以對香菸的消費總支出增加。反之，圖 4.5(B)當需求為富於彈性（彈性值大於 1）時，櫻桃的價格上升（P→P+△P）的結果，所引發櫻桃需求量減少幅度大於價格的上漲幅度，所以對櫻桃的消費總支出減少。

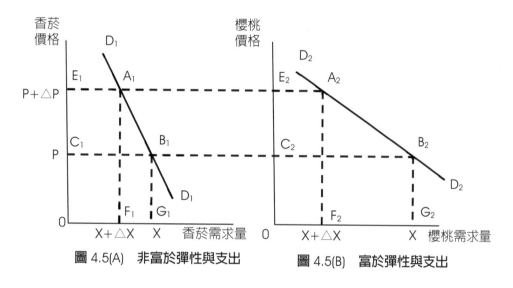

圖 4.5(A)　**非富於彈性與支出**　　圖 4.5(B)　**富於彈性與支出**

彈性大小與價格變化的總支出之間的關係也可以用以下的數學式說明：

$$1 - E^d = 1 + \frac{\frac{\Delta X}{X}}{\frac{\Delta P}{P}} = 1 + \frac{P\Delta X}{X\Delta P} = \frac{X\Delta P + P\Delta X}{X\Delta P} = \frac{(P+\Delta P)(X+\Delta X) - PX - \Delta X\Delta P}{X\Delta P} \qquad (4.8)$$

假設（4.8）式中的價格變化△P 與需求量變化△X 非常小，則△X×△P 的值小至可以忽視時（趨近於 0），那麼可將上式改成（4.9）式

$$1 - E^d = \frac{(P+\Delta P)(X+\Delta X) - PX}{X\Delta P} \qquad (4.9)$$

（4.9）式中 PX 相當於圖 4.5(A)與圖 4.5(B)的市場價格 P 時的總消費支出，分別為□$0C_1B_1G_1$ 與□$0C_2B_2G_2$ 面積；當市場價格上升了△P 的總消費支出，分別為□$0E_1A_1F_1$與□$0E_2A_2F_2$面積，不具彈性的需求曲線的總支出變多，富於彈性的需求曲線的總支出較價格上升之前為少。反之，價格下跌時的總消費支出變化方向，與上述的情況相反，整理如表 4-3。

表 4-3 　彈性與總消費支出

需求彈性值	價格上升時 總消費支出	價格下降時 總消費支出
$E^d < 1$	增加	減少
$E^d = 1$	不變	不變
$Ed > 1$	減少	增加

4.2.3 其他需求彈性

　　我們也可以將前述（4.3）與（4.4）式的交叉需求函數，所得需求函數分別以數學的彈性概念做進一步的表示，整理如表 4-4。

表 4-4 　需求函數與需求彈性

函數	點彈性公式	弧彈性公式
價格需求函數 $Q_d^X = f(P_X)$	$\dfrac{\Delta X / X}{\Delta P_X / P_X}$	$\dfrac{\dfrac{X_1 - X_2}{X_1 + X_2}}{\dfrac{P_1 - P_2}{P_1 + P_2}}$
交叉需求函數 $Q_d^Y = f(P_X)$	$\dfrac{\Delta Y / Y}{\Delta P_X / P_X}$	$\dfrac{\dfrac{Y_1 - Y_2}{Y_1 + Y_2}}{\dfrac{P_{X1} - P_{X2}}{P_{X1} + P_{X2}}}$
所得需求函數 $Q_d^X = f(I)$	$\dfrac{\Delta X / X}{\Delta I / I}$	$\dfrac{\dfrac{X_1 - X_2}{X_1 + X_2}}{\dfrac{I_1 - I_2}{I_1 + I_2}}$

4.3 　供給曲線與供給函數

　　供給與需求是構成一個市場不可或缺的要素，本節要介紹與上述需求的另一個相對概念供給。

　　供給量（*quantity supplied*）是指市場中廠商對某財貨在一定期間內，在一定的市場價格之下，願意且能夠提供的數量。供給所關心的是市場價格的變動與供給量之間的關係，為了更進一步說明這兩者的關係，以下將以供給曲線與供給函數說明之。

4.3.1 供給曲線

　　廠商是否提供財貨，利潤多寡是重要的決定因素。而利潤是受市場價格與生產成本水準大小所左右。當成本固定時，市場價格越高利潤就越多，廠商就願意繼續生產，增加提供財貨至市場；市場價格越低利潤就越少，廠商不願意繼續生產，減少提供財貨至市場銷售。市場價格與供給量的變化方向一致，當價格上升供給量增加，價格下跌供給量減少，兩者之間的關係呈現正相關。

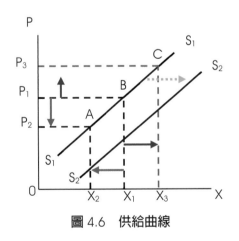

圖 4.6　供給曲線

　　圖 4.6 中$\overline{S_1S_1}$為供給曲線，當 X 財貨市場價格為 P_1 時，廠商願意提供的數量為 X_1。當價格下跌至 P_2 時，廠商願意提供的數量也下降到 X_2；反之，當價格上升為 P_3 時，廠商願意提供的供給數量提高到 X_3。當其他條件不變之下，財貨價格上升，其相對應的供給數量會增加；當財貨價格下跌，其相對應的供給數量則會減少，此種現象稱之為供給法則（*the law of supply*）。

4.3.2 供給函數

廠商提供到市場的財貨常受到財貨本身的價格（P）、生產該財貨的投入成本（C）、廠商所追求的目標（B）、技術進步（T），以及競爭廠商數（N）……等因素的影響。當以函數的形式表示時，我們可以依照前述的需求函數來說明供給函數（*supply function*）。

$$Q_S^X = f \ (P, C, B, T, N, ...)\tag{4.10}$$

在（4.10）式中，當假定 C、B、T、N，……不變前提下，影響Q_S^X財貨的唯一因數為 P 時，（4.10）式的需求函數可以寫成

$$Q_S^X = f \ (P)\tag{4.11}$$

（4.11）式稱為價格供給函數（*price supply function*）。價格供給函數表示：假定其他因素不變前提下，廠商供給量大小受財貨本身價格之大小所支配。

4.3.3 供給量變動與供給變動

（4.11）式為假定其他條件不變之下，當財貨本身價格產生變動時，使得供給量在同一條曲線上點的移動，稱為供給量變動（*change in quantity supplied*）。圖 4.6 的 $\overline{S_1 S_1}$供給曲線上，B 點→C 點與 B 點→A 點的移動是因價格變動（$P_1{\to}P_3$，$P_1{\to}P_2$）所造成的供給量變動（$X_1{\to}X_3$，$X_1{\to}X_2$）。

另一方面，當財貨本身價格不變，其他條件產生變動時，使整條供給曲線的移動之現象，稱為供給變動（*change or shift in supply*），如圖 4.6 中的供給曲線由$\overline{S_1 S_1}$移動至$\overline{S_2 S_2}$。

4.4 供給彈性

接下來本節將討論財貨價格的變化對廠商供給量的影響程度，與前述的需求曲線一樣，引進彈性值的概念。當財貨市場價格變動 1%時，會使得廠商願意提供至市場的供給量產生多少百分比的變動，即稱為供給的價格彈性（*price elasticity of supply*）。供給的價格彈性與需求的價格彈性相同，彈性值大小與供給曲線的斜率有著密切關係。所以，供給彈性的測定可以引用前述需求彈性公式，只是供給彈性的符號為正（依據供給法則）。

$E^S = \dfrac{\frac{\Delta X}{X}}{\frac{\Delta P}{P}}$（或以微積分表示：$\dfrac{dX}{dP} \cdot \dfrac{P}{X}$）　　　　　　　　　（4.12）

X為變動之前的供給量

ΔX（$= X_1 - X_2$）為X財貨的供給變量

P 為變動之前的價格

ΔP（$= P_1 - P_2$）為X財貨的價格變量

$\dfrac{\Delta X}{X}$為供給量的變動百分比

$\dfrac{\Delta P}{P}$為價格的變動百分比

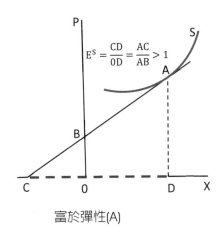

富於彈性(A)

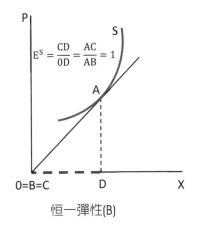

恒一彈性(B)

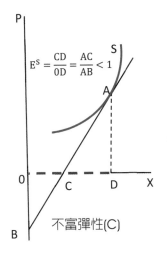

不富彈性(C)

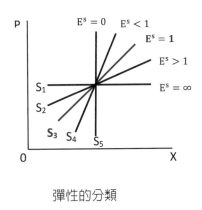

彈性的分類

圖 4.7　供給彈性

圖 4.7(A)～(D)為不同斜率的供給曲線，用這四個圖形來說明供給彈性。

圖 4.7(A)為彈性值大於一的供給曲線。計算線上 A 點之彈性時，描畫出一條相切於供給曲線之 A 點。切線相交於橫軸與縱軸的 B 點與 C 點，A 點到橫軸與縱軸之距離分別為 $\overline{AC}$，$\overline{AB}$，此兩段之距離比（$= \overline{AC}/\overline{AB}$）為 A 點之彈性。因為 $\overline{AC} > \overline{AB}$，所以供給彈性 $E^S > 1$，此供給曲線是富於彈性。而圖 4.7(B)為彈性值等於一的供給曲線。同樣地，描畫出一條相切於供給曲線之 A 點，切線相交於橫軸與縱軸的 B 點與 C 點剛好在原點（0），A 點到橫軸與縱軸之距離相等（$\overline{AC} = \overline{AB}$）。所以供給彈性 $E^S = 1$，因此，圖 4.7(B)是恒一彈性的供給曲線。圖 4.7(C)是較為傾斜的供給曲線，A 點切線相交於橫軸與縱軸的 B 點與 C 點的距離比為 $\overline{AC}/\overline{AB}$。因為 $\overline{AC} < \overline{AB}$，所以 A 點之供給彈性 $E^S < 1$，此供給曲線是不富彈性。

圖 4.7(D)為不同斜率的供給曲線，其彈性值也不相同。水平的供給曲線（S_1）的彈性為無窮大；垂直的供給曲線（S_5）的彈性為 0。彈性值大於 1 的供給曲線（S_2）表示價格上漲幅度小於供給量的增加幅度。反之，彈性值小於 1 的供給曲線（S_4）表示價格上漲幅度大於供給量的增加幅度。而影響供給彈性大小的主要原因有：

一、製造財貨之生產要素的取得途徑越困難，則供給彈性越小。

二、財貨生產受自然環境支配越大者，則供給彈性越小。

三、財貨越不容易保存，則供給彈性越小。

四、財貨生產所需要花費時間越長者，則供給彈性越小。

4.5 市場均衡的分析

市場透過價格的傳達，廠商與消費者各自決定其供給量與需求量。圖 4.8 中，當價格為 P_1 時，對財貨的需求量為 D_1，供給量為 S_1，$S_1 > D_1$ 產生 $\overline{AB}$ 數量的超額供給（*excess supply*），廠商財貨生產過剩（需求不足）；當價格為 P_2 時，對財貨的需求量為 D_2，供給量為 S_2，$D_2 > S_2$ 產生 $\overline{CD}$ 數量的超額需求（*excess demand*），消費者需求過多（供給不足）。市場在供給曲線與需求曲線相交於 E^* 時，$SS = DD$（X^*, P^*）達到均衡（*equilibrium*），X^* 稱為均衡數量，P^* 稱為均衡價格。

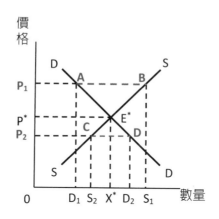

圖 4.8　**市場均衡**

在市場均衡的問題上，究竟是供給或是需求決定市場價格水準？經濟學者馬夏爾認為這個問題就如同剪刀雙刃，裁剪紙張必須靠上下兩刃的運作才能完成，市場均衡也一樣需要靠供給與需求兩條曲線共同運作才能決定價格。

然而，達成市場均衡之前的調整過程究竟是由價格來調整？或是由數量來調整呢？在經濟理論史上，主張以價格調整的是「華爾拉斯的調整過程」（*Walrasian adjustment process*），主張以數量調整的是「馬夏爾的調整過程」（*Marshallian adjustment process*）。以下就這兩種調整過程做說明。

4.5.1　華爾拉斯的價格調整過程

上述當消費者需求過多（供給不足）時，財貨價格上升；廠商財貨生產過剩（需求不足）時，財貨價格下跌。像這樣價格的調整過程稱為「華爾拉斯的價格調整過程」。在價格調整過程中，如果市場價格高於均衡價格時，會產生超額供給；低於均衡價格時，則會產生超額需求。如圖 4.9 所示，價格越接近均衡價格，越能達成市場均衡的安定性。安定性的華爾拉斯價格調整條件為：

$$\frac{1}{SS斜率} > \frac{1}{DD斜率}$$

（4.13）

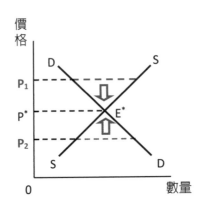

圖 4.9　**價格調整過程**

在華爾拉斯價格調整過程的假定是當財貨價格產生變化時，供給量與需求量會分別沿著供給曲線與需求曲線做調整，供需量的反應速度比價格調整速度更快。

4.5.2 馬夏爾的數量調整過程

與華爾拉斯調整過程不同，馬夏爾數量調整的假設是財貨價格的調整速度遠較市場供給量為快（例如，住宅市場）。圖 4.10 中，當房屋數量 X_1 較均衡數量 X^* 為少，因為房屋數量無法在短暫時間內調整，所以房屋 X_1 會在 P^d_1 價格水準下銷售一空。住宅市場的價格會決定在比 P^s_1 更高的水準上。如此一來，建築商人會增加未來房屋數量的供給；當房屋數量 X_2 較均衡數量 X^* 為多，住宅市場的價格 P^d_2 會決定在比建築商人所希望的 P^s_2 更低的水準上。如此一來，建築商人會逐漸減少房屋數量的供給。

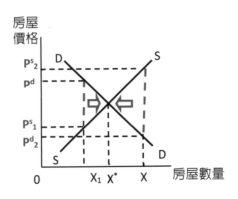

圖 4.10　**數量調整過程**

安定性的馬夏爾數量調整條件為：

SS斜率 > DD斜率　　　　　　　　　　　　　　　　　　　　　　（4.14）

4.5.3 蛛網調整過程

　　上述的華爾拉斯調整過程與馬夏爾數量調整的假設都是建立在：需求量的變化是沿著需求曲線移動，也就是說需求對於價格可以「瞬間」達成調整。華爾拉斯調整過程更強調供給量亦可以在供給曲線上得到「瞬間」的調整，價格對應供需的差額做調整。另一方面，馬夏爾數量調整過程則強調市場供給量的調整比需求量與價格的變化調整為慢。換言之，馬夏爾數量調整過程中，「瞬間」（短期）的供給曲線是一條垂直線，長期的供給曲線才是一條正斜率的形狀。所以馬夏爾的經濟理論涵蓋短期與長期的概念。

　　蛛網理論（*cobweb theory*）[1]調整過程假定與馬夏爾數量調整一樣，需求對價格能夠「瞬間」的反應，且供給量短期上是固定的。圖 4.11 中的$\overline{SS}$為長期的供給曲線，但與馬夏爾的數量調整也有些不同。解釋蛛網調整常常以農產品做為說明的對象，我們也常聽到農作物產銷失衡，造成市場價格的大跌，以下將以芒果市場做為說明蛛網理論的調整過程。

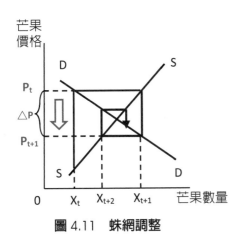

圖 4.11　**蛛網調整**

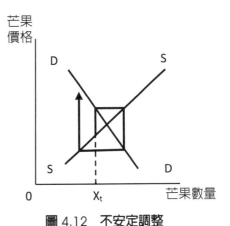

圖 4.12　**不安定調整**

---

[1]　荷蘭經濟學者 Jan Tinbergen（1903-1994）提出「**蜘網理論**」（**cobweb theory**），「蜘網理論」是說明生產者面對市場變化與經濟活動中往往產生了「**時間落後**」（time lag），在農業生產上「蜘蛛網」現象特別明顯。次期生產量是建立在當期的價格上，產生者都這麼想，集體採取相同的行動，結果次期產生不是太多就是生產不足，市場供需失調，價格不穩，所以相較於工業產品，農產品的供給就顯得不穩，原因就是農產品的「**時間落後**」（time lag）程度較工業品嚴重。

假設當期（t 期）的芒果產量為 X_t 時，生產者在價格水準下將芒果全部銷售完畢。由於 P_t 水準的好價格，使得果農決定將明年的產量增加到 X_{t+1}。一年之後，當芒果產量在 X_{t+1} 水準時的市場價格（消費者願意購買價格）只有 P_{t+1}，如果要銷售全部的芒果，那麼價格必須往下調整，和去年（t 期）相比下降了△P（$=P_t - P_{t+1}$），果農和原先期待的價格產生落差，農業收入也不如預期。同樣的情況不斷地試行錯誤的結果構成蛛網理論。蛛網理論就是建立了需求曲線與供給曲線分別決定市場價格與市場產量的調整過程。圖 4.11 的調整過程是收斂的，而圖 4.12 是屬於不安定的調整過程。所以構成安定的蛛網調整（cobweb process）條件為：

$$|SS斜率| > |DD斜率|$$

(4.15)

4.6 供給曲線與需求曲線的移動

上述的市場均衡分析皆在固定的供需曲線之下，探討價格與數量變動的調整過程。但是當供需函數的「外生變數」產生變化時，那供需會整條線的移動，均衡點的位置也會改變，帶來新的價格與數量水準。價格與數量的變化幅度會受到供需曲線斜率（彈性）大小的影響，本節舉例子說明之。

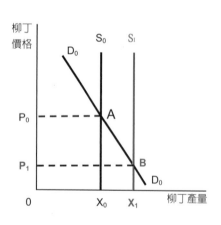

圖 4.13　價格與農家收入

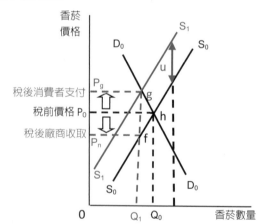

圖 4.14　租稅的歸宿

4.6.1 豐收的穀賤傷農

台灣農業生產技術具有很高的國際水準，不僅提高單位生產量，也提升了品質。但是，農產品和工業產品的特質不同，農產品在供需彈性上都很小，不具彈性

的農產品對農民的收益很不利。農作物的供給彈性值之所以比較低，乃是農作物從栽種至收穫需要長時間，加上農產品儲藏保存不易，所以無法在短時間內提供；農作物受天氣的自然因素所左右，難以控制市場供需，對價格變動無法有效掌握。圖 4.13 為柳丁市場，需求曲線為 $\overline{D_0 D_0}$，供給曲線為彈性值為零的垂直供給曲線 $\overline{S_0 S_0}$。柳丁價格為 P_0，供需量為 X_0，農家收入為 □$0 P_0 A X_0$。隔年因為風調雨順，柳丁大豐收，供給曲線往右移動至 $\overline{S_1 S_1}$，造成價格慘跌至 P_1，農家的收入大幅減少到 □$0 P_1 B X_1$。柳丁豐收的結果，生產過剩價格大跌，造成農家收入較去年為少。

4.6.2 稅的轉嫁

課稅與所得分配是現代國家財政的重要課題。約翰・洛克（*John Locke*）曾經說過：「不管政府多麼努力和費盡心思，不管政府如何認真課稅，商人總是可以將它從他們的獲利中**移轉**」，課稅的結果是由誰來承當呢？針對這個問題也可用供需曲線的移動來說明。圖 4-14 為香菸市場，香菸的供給曲線為 $\overline{S_0 S_0}$，需求曲線為 $\overline{D_0 D_0}$，此時廠商與消費者對香菸的收取價格與支付價格皆為 P_0。假設政府居於國人健康與改善公共空氣品質，希望減少台灣社會對香菸的消費，決定對廠商課取香菸的單位稅 u。香菸供給曲線由 $\overline{D_0 D_0}$ 左移至 $\overline{D_1 D_1}$，均衡點也由原先的 h 點變動到 g 點。稅後消費者對香菸的支付價格提高為 P_g，廠商支付單位稅後所取得的實際收入為 P_n，在政府課取 u 的稅額中消費者與廠商個別分擔了 $\overline{p_0 p_g}$，$\overline{p_0 p_n}$ 的金額。換言之，政府對廠商的課稅額中，廠商將一部分轉嫁給消費者來承擔，承擔額大小視供需曲線彈性大小而定。

📖 **應用問題**

（一）設需求曲線為一條直線，請說明這條曲線上的中點與中點左上方、中點右下方等三部分的價格需求彈性。

（二）設廠商面對此條需求曲線，在何種需求彈性下，廠商採取降價措施會使總收益增加？為什麼？【90 普考】

📁 **提示**

（一）設需求曲線為一條直線，請說明這條曲線上的中點與中點左上方、中點右下方等三部分的價格需求彈性。

利用（4.5）式的需求彈性（E^d）$= -\frac{\frac{\Delta X}{X}}{\frac{\Delta P}{P}}$ or $\left|\frac{\frac{\Delta X}{X}}{\frac{\Delta P}{P}}\right|$（亦可用微積分表示$\frac{dX}{dp} \times$

$\frac{p}{X} = \frac{1}{dp/dX} \times \frac{p}{X} = \frac{1}{斜率} \times \frac{p}{X}$），需求曲線如下圖所示為直線時，任何一點的點斜

率相等，所以彈性值大小視點的位置座標（點座標P/點座標X）而定。即直線上任一點的點斜率相等，但點位置不同，所以點彈性也不同，通常價格愈高的點，該點的點彈性就愈大。

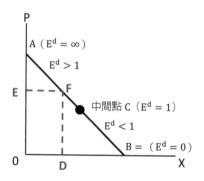

圖 4.15　需求曲線彈性分布

由上圖說明彈性的幾何關係：如（4.16）式

$$E_f^d = \frac{1}{EA/EF} \times \frac{EO}{EF}$$

$$= \frac{EO}{EA}（縱軸比例）= \frac{FB}{AF}（斜邊比例）= \frac{DB}{OD}（橫軸比例） \qquad （4.16）$$

由（4.16）式可依其所在位置的不同，計算直線型需求曲線上各點的彈性係數分成五種。所以，中間點 C 的彈性=1；中點左上方的點彈性>1；中點右下方的點彈性<1。

（二）設廠商面對此條需求曲線，在何種需求彈性下，廠商採取降價措施會使總收益增加？為什麼？

　　彈性大小與總收入的關係和前述的彈性與消費支出的關係是一樣的，亦可利用圖 4.5 來理解，本節則另外以圖 4.16(A)、(B)來說明本題。

　　圖 4.16(A)的 A 點坐落在中間點 C 的左上方，財貨價格為 P_0，需求量（銷售量）為 X_0，此時廠商的總收入（即消費者的總支出）為 $\square O\,P_0A\,X_0$（$=P_0\times X_0$）。如果廠商將價格下降至 P_1 來銷售時，此時廠商的總收入有 $\square O\,P_1B\,X_1$（$=P_1\times X_1$）的規模。因為 $\square O\,P_1B\,X_1 > \square O\,P_0A\,X_0$，所以廠商調降價格，增加財貨銷售，所得到的總收入也增加了。

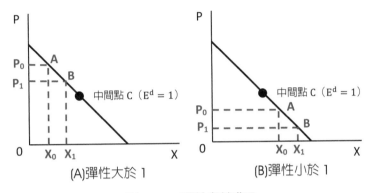

(A)彈性大於 1　　　　　　　(B)彈性小於 1

圖 4.16　彈性與總收入

　　圖 4.16(B)的 A 點坐落在中間點 C 的右下方時，財貨價格為 P_0，需求量（銷售量）為 X_0，廠商的總收入為 $\square O\,P_0A\,X_0$。廠商將市場價格 P_0 調降至 P_1，廠商會由 $\square O\,P_0A\,X_0$ 的總收入轉為 $\square O\,P_1B\,X_1$。而 $\square O\,P_0A\,X_0 > \square O\,P_1B\,X_1$，所以廠商調降價格，雖然增加了財貨銷售，但所得到的總收入卻減少了。

　　上述可知，圖 4.16(A) 的彈性大於 1，當廠商調降財貨價格時，因為需求量增加幅度超過價格下降幅度，使得總收入增加。反之，當廠商提高價格，會因為需求量減少幅度超過價格上升幅度，使得總收入比價格變化前為少。因此坐落於彈性大於 1 的需求曲線區間，價格與總收入的變動方向相反。圖 4.16(B)的彈性小於 1，價格下降時，因為需求量增加幅度小於價格下降幅度，使得總收入也較先前為少。反之，當價格上升時，則會因為需求量減少的幅度小於價格上升幅度，使得總收入增加，所以坐落在彈性小於 1 的需求曲線區間內，財貨價格與總收入的變動呈現相同的方向。所以，當彈性大於 1 時，廠商如果採取降價策略會因為更多的銷售而增加其總收益。

📖 **應用問題**

下表告訴我們臺灣消費者對電漿電視的需求。

價格（單位：萬元）	6	8	10	12	14	16	18	20	22	24	26	28
數量（單位：千臺）	12	11	10	9	8	7	6	5	4	3	2	1

（一）請計算 8 萬元到 10 萬元之間的價格彈性（計算弧彈性 Arc Elasticity）。

（二）請說明需求彈性大小與廠商總收入的關係。

（三）假設廠商的目的是增加總收入，現在市價是 8 萬元時，廠商應提高或降低價格？現在市價是 26 萬元時，廠商應提高或降低價格？

（四）請解釋你在（三）小題的答案。

【93 年地方三等考】

📁 **提示**

（一）請計算 8 萬元到 10 萬元之間的價格彈性（計算弧彈性 Arc Elasticity）。

利用（4.7）式

$$E^d = \frac{\frac{X_1-X_2}{X_1+X_2}}{\frac{P_1-P_2}{P_1+P_2}} = \frac{(11-10/11+10)萬}{(8-10/8+10)萬} = -\frac{3}{7}（取絕對值 = \frac{3}{7}）$$

（二）請說明需求彈性大小與廠商總收入的關係。

參考上題的（二）。

（三）假設廠商的目的是增加總收入，現在市價是 8 萬元時，廠商應提高或降低價格？現在市價是 26 萬元時，廠商應提高或降低價格？

當市價為 8 萬元時，彈性值E^d（$= \frac{1}{2} \times \frac{8}{11} = \frac{4}{11}$）$< 1$，所以廠商提高售價才能增加收入。市價是 26 萬元時，E^d（$= \frac{1}{2} \times \frac{26}{2} = \frac{13}{2}$）$> 1$，所以應降價才能增加收入。

（四）請解釋你在（三）小題的答案。

將上表的價格與需求量計算廠商的總收入結果如下：

臺灣消費者對電漿電視的需求。

價格 （單位：萬元）	6	8	10	12	14	16	18	20	22	24	26	28
數量 （單位：千臺）	12	11	10	9	8	7	6	5	4	3	2	1
廠商總收入	72	88	100	108	112	112	108	100	88	72	52	28

由上表可知，當價格從 8 萬上升至 14 萬時（$E^d = \frac{1}{2} \times \frac{8}{11} = \frac{4}{11} < 1$），或價格由

26 萬下降至 14 萬時（$E^d = \frac{1}{2} \times \frac{26}{2} = \frac{13}{2} > 1$）的總收入會達到 112 萬最大。

📖 **應用問題**

巧克力糖的需求與供給如下表所示：

價格	需求量	供給量
50	5	3
60	4	4
70	3	5
80	2	6
90	1	7

（一）巧克力糖的市場均衡價格和數量分別是多少？

（二）試寫出巧克力糖的需求與供給函數。

（三）如果政府對每單位巧克力糖課徵\$20 的稅，則市場的均衡價格和數量將變為多少？又政府的總稅收是多少？生產和消費者分別負擔多少？

【98 年地方三等考】

📁 **提示**

（一）巧克力糖的市場均衡價格和數量分別是多少？

當 $P=60$ 時，$Q_d^X = Q_s^X = 4$，巧克力糖的市場均衡價格（P_0^*）和數量（Q_0^*）分別為 60，4。

（二）試寫出巧克力糖的需求與供給函數。

設需求函數為$Q_{d0}^X = a - bP$，將 P_1=50，Q_1=5 及 P_2=60，Q_2=4 代入得

$$Q_{d0}^X = 10 - \frac{1}{10}P \text{。}$$
（4.17）

設供給函數為$Q_{s0}^X = -C + dP$，將 P_1=50，Q_1=5 及 P_2=60，Q_2=4 代入得

$$Q_{s0}^X = -2 + \frac{1}{10}P \text{。}$$
（4.18）

（三）1.如果政府對每單位巧克力糖課徵\$20 的稅，則市場的均衡價格和數量將變為多少？2.又政府的總稅收是多少？3.生產和消費者分別負擔多少？

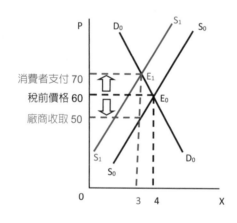

圖 4.17　稅的轉嫁

　　可將（4.17）與（4.18）兩式以圖 4.17 的$\overline{D_0D_0}$，$\overline{S_0S_0}$表示，E_0 為稅前均衡價格（60元），均衡數量（4）的均衡點，均衡價格（60元）為消費者購買 4 單位巧克力的支付價格，與廠商銷售 4 單位巧克力的收取價格。現在，政府對每單位巧克力糖課徵 20 元的稅，巧克力供給曲線由原來的$\overline{S_0S_0}$平行左移至$\overline{S_1S_1}$。稅後的供給函數為

$Q_{s1}^X = -2 + \frac{1}{10}P - \frac{1}{10} \times 20$ 元，與原先需求曲線$Q_{d0}^X = 10 - \frac{1}{10}P$相交於新的均衡點

E_1。E_1為新均衡價格（70元）與新均衡數量（3）的稅後均衡點，均衡價格（70元）為消費者購買 3 單位巧克力的支付價格，與廠商銷售 3 單位巧克力的收取價格（繳稅後只有 50 元）。計算如下：

$$10 - \frac{1}{10}P^* = -2 + \frac{1}{10}P^* - \frac{1}{10} \times 20 \ \text{元}，P_1^* = 70 \ \text{元}，Q_1^* = 3$$

單位稅額 20 元中，消費者負擔每單位 10 元，生產者負擔每單位 10 元。此時政府稅收為$20 \times 3 = 60$，總稅收 60 元當中，消費者負擔 30 元，生產者負擔 30 元。

✦ 經濟政策的解析：時事議題與政治經濟政策的應用

本章所學習的供給與需求曲線有助於讀者分析政治與經濟議題，特別是政治經濟政策的討論，例如上述所提政府的課稅所產生價格轉嫁問題。除了課稅之外，補助政策也可以透過供需曲線的移動觀察價格與數量的變化。

在時事議題的應用上，還有近年來台灣常常被媒體提及的農產品生產過剩價格暴跌問題；COVID-19 疫情爆發時，對醫療相關產品的供需變化產生的價格問題，口罩的嚴重不足造成市場價量的混亂，這也可以透過黃金十字架的供需曲線來分析。

▶▶ 實力測驗

☆ 選擇題

( )1. 某廠商面對的生產可能曲線為 $2x^2 + 3y^2 = \frac{70}{3}$，其中 x 和 y 是兩種產品，

原先兩產品的價格分別是 $p_x = 2$，$p_y = 2$。假設現在 x 產品的價格上升到
$p_y = 4$，廠商最適產量會如何調整？

(A)多生產 x，少生產 y (B)多生產 y，少生產 x

(C)多生產 x，y 產量不變 (D)多生產 y，x 產量不變

【109 年公務人員普考】

( )2. 當新聞預報今年夏天將創高溫新紀錄，最有可能帶來的影響為：

(A)冷氣的需求減少 (B)涼感衣的需求增加

(C)防曬產品的需求量不變 (D)綿綿冰的需求減少

【108 年公務人員普考】

( )3. 假設家事機器人的供需法則成立。現若市場上對於家事機器人的需求增
加，同時生產家事機器人的技術有革命性的進步，使生產成本降低，則
家事機器人市場的均衡價格與均衡數量會有何影響？

(A)均衡價格下降，均衡數量不確定

(B)均衡價格上升，均衡數量不確定

(C)均衡數量下降，均衡價格不確定

(D)均衡數量上升，均衡價格不確定

【108 年公務人員普考】

(　　)4.「薄利多銷」指的是廠商藉由降價吸引顧客多買之策略，試問廠商對產品降價能增加收入的條件為：

(A)該產品之市場需求的價格彈性絕對值小於 1

(B)該產品之市場需求的價格彈性絕對值大於 1

(C)該產品之市場需求的價格彈性絕對值等於 1

(D)該產品之市場需求的價格彈性絕對值等於 0

【108 年公務人員普考】

(　　)5. 消費者對葡萄之反需求函數為 $p=518-5q$，其中 p 為每公斤之葡萄價格（以新臺幣元計），q 為每星期之葡萄需求量（以公斤計）。當價格 38 元時之需求價格點彈性為：

(A) -190/96　(B) -5/518　(C) -96/38　(D) -38/480

【98 年公務人員高考】

(　　)6. 消費者對葡萄之需求函數為：$Q=1,000-150P+20I$，P 為每公斤之葡萄價格（以新臺幣元計），Q 為每星期之葡萄需求量（公斤）。假設每人可支配所得 I 為 900 元。當葡萄價格 40 元時之需求所得彈性為多少？依所得彈性判斷財貨之性質為何？

(A) -0.46；劣等財　(B) 1.38；正常財

(C) -1.38；劣等財　(D) 2.00；正常財

【98 年公務人員三等考】

(　　)7.假設冷氣機的需求曲線為 $Qd=20,000-5P$，供給曲線為 $Qd=2,000-10P$，試問市場均衡價格與數量分別為（Q 表示供給與需求量，P 表示價格）

(A) P＝1,200，Q＝14,000 (B) P＝1,600，Q＝12,000

(C) P＝1,500，Q＝12,500 (D) P＝1,000，Q＝15,000

【88 高等檢定】

(　)8. 價格由$3.0 上升至$5.0，需求量從 230 降至 170，則需求的價格彈性為若干？

(A) -1.2　(B) -0.6　(C) -1.7　(D) -2.0

【88 四等特考】

(　)9. 古人常說：「穀賤傷農」，他的理由是：

(A)稻米的供給彈性高　　(B)消費者的需求彈性高

(C)稻米的品質差　　　　(D)消費者的需求彈性小

【86 年五等特考】

(　)10. 下列何者不是決定需求彈性的因素？

(A)替代品的多寡　　(B)該物消費支出占所得的比例

(C)時間的長短　　　(D)價格的高低

【85 年丁等特考】

(　)11. 以下有關彈性（Elasticity）的敘述，何者為真？

(A)不論下從供給面還是由需求面來看、代替品越少，價格彈性越大

(B)不論是需求或供給彈性，時間越長，價格彈性越大

(C)占所得比例很大的商品，需求的價格彈性較小

(D)以上皆是

【85 年高等檢定】

(　)12. 已知需要函數為 $Q^0 = 100 - 2P$，則當價格為 30 時的需要彈性為（以絕對值表示）：

(A) 3/5　(B) 4/6　(C) 3/2　(D)按題目之資料無法判斷

【83 年丙等銓定資格考】

( )13.假如電視機的需求彈性大於一，那麼電視機的價格下跌將使電視機生產廠商的：

(A)總收益增加　(B)總收益降低　(C)總產量減少　(D)總產量增加

【85 年乙等特考】

( )14.在哪種情況下，產品價格下降，一個公司的總收益會上升？

(A)需求彈性小於一　　　　(B)需求彈性大於一

(C)尋求彈性為一　　　　　(D)政府同時對廠商課稅

【85 年高等檢定】

( )15.雲林縣西螺的張先生是個菜農，他不曾讀過經濟學，一直不了解在蔬菜大豐收時他應該賺錢卻沒錢，颱風過境時，有時賺有時不賺。這是因為：

(A)命苦　　　　　　　　　(B)天公不作美

(C)蔬菜的供給與需求彈性很小　(D)蔬菜的供給與需求彈性很大

【85 年乙等特考】

( )16.若價格直線下跌，則邊際收益遞減。只要產品的需求彈性大於一，總收益就會：

(A)最大　(B)最小　(C)遞增　(D)遞減

【84 年丙等特考】

☆ **申論題**

一、本國對牛肉的需求與供給分別為：

$Q^D = 120 - P$　　$Q^S = -60 + 2P$

式中 P 是牛肉的價格，Q^D、Q^S 分別是需求量與供給量。請回答下列問題：

（一）牛肉的均衡價格與數量分別是多少？（4 分）

（二）假設政府開放牛肉自由進口，外國對本國的供給完全彈性。已知國際價格是 35 元，則國內牛肉市場新的均衡價格是多少？牛肉進口量是多少？（6 分）

（三）假設政府對進口牛肉課徵從量關稅 10 元，則課稅後本國牛肉市場新的均衡價格是多少？牛肉進口量是多少？（6 分）

（四）進口關稅造成的效率損失為何？請說明，並具體衡量。（9 分）

【108 年公務人員高考】

二、假設需求曲線為 Q=200-P，供給曲線為 Q=P，若此時政府對供應商課徵 t=10 的從量稅，則：

（一）新的供給曲線為何？

（二）新的均衡價格和消費量各為多少？

（三）消費者負擔的稅是多少？

【98 年稅務三等考】

三、如果市場上熱狗的供給函數與需求函數分別為：

供給：$Q^s = 100 + 6P$

需求：$Q^d = 300 - 10I - 4P$

其中 Q^s 與 Q^d 分別為供給與需求量，I 為所得，I=10。

（一）請解出均衡價格。

（二）請問熱狗是正常財或劣等財。

（三）所得由 I=10，增加到 I=12，請計算熱狗需求的所得弧彈性。

【91 年調查局考】

筆記欄

Chapter 05

消費者行為的分析

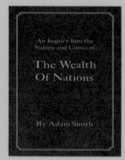

亞當斯密
（**Adam Smith,** 1723-1790）

充裕和廉價在某個層面上是同義
詞，廉價是充裕的必然結果。因
此我們看到，維繫人類生存絕對
必需的水，因為取之不盡，所以
一文不值；但是鑽石與其他寶石
雖然沒有什麼實際用處，價格卻
無比昂貴。

▌ 前言

消費者與生產者是構成市場最基本的元素，當市
場產生變動時，我們會觀察是來自消費者或是生
產者的行為造成的現象，經濟學理論是解釋其中
的道理。

當經濟學在探討競爭市場時，市場中的各財貨的
價格與產量是由需求曲線與供給曲線同時決定
的。然而，需求曲線與供給曲線背後所隱藏著個
人和企業的行為模式，透過雙方行為模式的分析
有助於對市場變化的理解。本章將透過消費者行
為理論作為說明需求曲線所隱含的行為模式。

市場的需求曲線是由每個人需求曲線的全體加總
所導出，所以明瞭個別消費者的消費行為是有助
於對整體市場變動的掌握。就消費者而言，消費

者並非單純只在意對財貨的需求，而是如何從消費財貨所能獲得滿足極大化為目的。所以購買財貨所產生的滿足感，對消費者的消費行為的決定有著密切關係，本章首先要介紹的就是什麼能夠代表消費者的滿足程度。同時也會對消費者面對市場價格發生變化時，以及不同水準所得的條件下，為追求最大的消費效用應該如選擇其消費行為。

5.1 效用與消費者剩餘

消費者購買商品的最大目的在追求滿足，而且希望獲得最大的滿足水準，在經濟學上常用效用來表示滿足。為了分析消費者的效用大小，經濟學提出消費者剩餘的概念，透過需求曲線的價格與數量來衡量其大小。以下章節先從效用的概念介紹給讀者。

5.1.1 效用的概念

日常生活當中，我們扮演消費者角色時，透過購買東西滿足生活的需求，而消費者追求最大滿足的合理行為是傳統經濟學理論的基本假設。消費者的滿足會因各種財貨與勞務消費而提高，這些「滿足」在經濟學上稱之為「效用」（utility）。英國社會學者邊沁（Jeremy Bentham, 1748-1832）提出效用量尺（utilometer）的概念作為衡量消費活動帶給人們的滿足程度。每個人內在都存在著屬於自己效用的量尺，這個量度可用來做為快樂、痛苦的感覺程度。例如當學子們為了準備學校的作業與考試時，肚子餓了認為吃一碗泡麵的快樂會有 100 單位的效用，此種效用稱為基數效用（cardinal utility），是可以用數字來表示的滿足主張。但也有一些經濟學家認為基數效用做為衡量滿足是不夠客觀，所以提出序數效用（ordinal utility）的概念，因為他們認為對東西的滿足會因人而不同，包含主觀喜好無法用數字來衡量。序數效用只能作為排列偏好大小的一種衡量方式。為了說明財貨‧勞務與效用之間的關係，假定某人消費財 1 與財 2，其消費量分別為 X、Y，則消費者所獲得的效用 U 可以用函數表示，

$$U=U\ (X,Y) \tag{5.1}$$

（5.1）式是指消費組合（X,Y）對應到滿足程度 U 的函數，稱為效用函數（utility function），累積所有效用總和稱為總效用（total utility：TU）。

效用函數包含有以下幾個特徵：

特徵 1： 效用是滿足的指標，無法以基數方式加以測定，消費者只能從消費各財貨‧勞務所獲得的效用，依其個人主觀偏好對財貨‧勞務做大小之排序。（序數性）

特徵 **2：** 消費者增加對財貨‧勞務之消費量，因為可以得到更大的滿足，所以越多的財貨‧勞務之消費，就會有更高的效用對應著。

特徵 **3：** 效用是表示每個人對財貨‧勞務的滿足程度，每個人對同一產品的偏好不一，所以個人與個人之間無法比較其效用的大小。（主觀性）

5.1.2 邊際效用函數

在經濟學上，效用概念更進一步發展，將「邊際」的概念引進其中，形成新古典經濟學派的重要象徵。「邊際」代表微量的變化，當其他財貨的消費量一定時，每追加某財貨 1 單位的消費所增加出來的效用，稱為「邊際效用」（marginal utility：MU）。X 與 Y 財貨之邊際效用的定義分別為表示如下，

$$MU_x = \frac{\partial TU}{\partial X} \tag{5.2}$$

$$MU_y = \frac{\partial TU}{\partial Y} \tag{5.3}$$

（5.2）式表示：假定其他條件不變之下，X 財的消費量微量變動所引起的總效用（*TU*）變化量。（5.3）式代表 Y 財貨的消費變動對總效用（*TU*）的影響程度。邊際效用概念應用在經濟學之後，對市場分析的重心逐漸由供給面轉向需求面，在經濟學史的發展上，具有重大的意義。另外，從邊際效用可以延伸出「邊際效用遞減法則」（principle of diminishing marginal utility），此法則觀念也影響到福利經濟學的發展。

5.1.3 「邊際效用遞減法則」

在其他條件不變之下，在一定期間內，消費者消費某種財貨的邊際效用會隨著消費量的增加而逐漸降低。當邊際效用等於零時，總效用會達到最大，所以邊際效用之大小可以決定消費者對財貨的消費數量。當邊際效用為負數之前，總效用是消費者消費財貨的遞增函數，隨著財貨消費數量的增加，總效用會隨之增加，但是總效用增加的速度則呈現遞減狀態。像這樣消費者在消費某一特定財貨所得到的滿足程度，將會隨著對該財貨消費量的增加而遞減，這樣現象稱為邊際效用遞減法則。

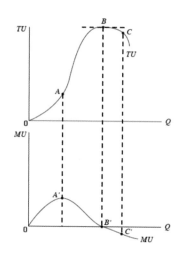

圖 5.1　說明總效用與邊際效用之間的關係

接下來我們可以透過上面的圖 5.1 來說明總效用與邊際效用之間的關係。隨著對某一財貨消費量的增加，從消費該財貨所獲取的總效用（*TU*）會隨著消費數量增加而增加，邊際效用（*MU*）會隨著額外增加一單位的消費而遞增（0→A），但消費量到達某一水準之後，若再繼續增加該財貨的消費量時，邊際效用遞減法則開始發揮作用，在 *A* 點到 *B* 點區間中，總效用（*TU*）增加的速度趨緩。但隨著該財貨消費量的持續增加，在 *B* 點的總效用（*TU*）將達到最大（邊際效用 *MU*=0）。若是消費量持續增加，在 *B* 點以後的總效用將開始下降，此時邊際效用由正轉為負，即 *MU*<0。

5.1.4　邊際效用導出需求曲線

由前面章節得知，連結財貨價格變化與需求量的變動之各組合點可以求出需求曲線，但也可以透過上述的邊際效用分析法，導出消費者對某財貨的需求曲線。

當 *X* 財貨的市場價格為p_1，邊際效用為MU_1時，消費者的消費量為 X_1，可以標出圖 5.2 中的 A 點與 a 點。當 *X* 財貨的市場價格下降至p_2，邊際效用也會隨之下降到MU_2（依據邊際效用均等法則），可以找到 *B* 點，所對應 *X* 財貨的購買量為 X_2，由p_2與 X_2可以找到 b 點座標。以此類推，當 *X* 財市場價格又下降至p_3，可以找到相對的點 C 與點 c，連接 a、b、c 得到一條曲線，這條曲線代表當 *X* 財的市場價格依次下

跌時（$p_1 \rightarrow p_2 \rightarrow p_3 \cdots\cdots$），消費者的購買量隨之依次增加（$X_1 \rightarrow X_2 \rightarrow X_3 \cdots\cdots$），是一條向右下方傾斜的需求曲線$d_x$。

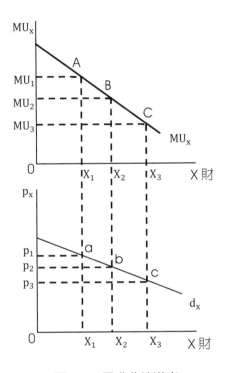

圖 5.2　需求曲線導出

　　邊際效用是屬於基數效用分析法，當以這種分析法所導出的需求曲線，學界間還存在著幾點的質疑：

　　一、效用能夠以具體數據衡量之假設過於模糊。

　　二、以貨幣做為效用衡量依據不完全適當。

　　三、貨幣所得之邊際效用固定不變之假設與現實偏離。

　　四、邊際效用遞減法則不必然能夠適用於需要法則的成立。

5.1.5 消費者剩餘

　　上述效用的論點說明消費者消費行為存在主觀的價值判斷，而支付市場價格則是屬於客觀的價值判斷。所以，我們推測消費商品帶來「總經濟價值」或是生產者

總收入（價格×數量）的方法，與「社會總福祉」的判斷方式是無法等同視之。例如水，空氣，陽光的「總經濟價值」是零，但是所帶來的「社會總福祉」是非常大，借用亞當斯密的習慣說法，這些商品的使用價值很大，交換價值則非常微小，總效用與「總經濟價值」之間會存在著一些落差。經濟學家為了分析這些落差，提出「剩餘」的概念來說明。

馬夏爾（Alfred Marshall, 1842-1924）在《經濟學原理》（1890）書中提出消費者剩餘（consumer surplus）。消費者剩餘是指消費者對某財貨或勞務所願意支付的金額（主觀價值）與他實際支付的金額（客觀價格）之間的差額。在圖 5.3 中，AD 為消費者的需求曲線，當價格為 P 時，消費者實際支付的金額為□$OPBX$（$=OP×OX$），願意支付的金額為□$OABX$（需求曲線與雙軸圍成的面積），消費者剩餘為□$OABX$-□$OPBX$=$\triangle PAB$。所以，當價格 P 下降時，消費者剩餘 $\triangle PAB$ 的面積將擴大。換言之，消費者剩餘隨財貨價格的下跌而增加。

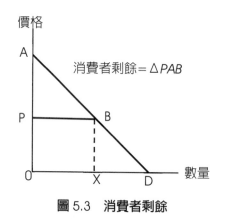

圖 5.3　消費者剩餘

5.1.6 水與鑽石的價值矛盾問題

上述的消費者剩餘概念是建立在價值與價格之上，價值與價格並不相等，造成這樣的現象，早在亞當斯密的《國富論》中第一篇第 4 章就曾經分析過，書中寫著：

……，價值一詞有兩種含意，有時候代表著特定物品的效用，有時候則表示由所擁有特定物品具備購買其他商品之能力，前者稱為「使用價值」（value in use），後者或許可稱為「交換價值」（value in exchange）。具有很高使用價

值的商品，往往沒有交換價值；反之，具有最大交換價值的商品，卻往往幾乎或完全沒有什麼使用價值。幾乎沒有什麼東西比水的用途更廣，但是我們無法用水去購買任何東西，也不會用其他商品來交換水。相反的，鑽石幾乎沒有使用價值，但卻需要大量的其他商品才能和它交換。……

　　這種價格與價值的差異，稱之為價值的矛盾（paradox of value），或稱之為水與鑽石的矛盾（water-diamond paradox），但亞當斯密在書中並沒有完全解釋清楚價值與價格之間的差異問題。分析水與鑽石的矛盾問題，可由兩方面來探討，從成本面來說，鑽石是非常稀少的，每追加一單位獲得之費用相當高，而水則分布於世界各地，且相對豐富，取得費用很低，所以鑽石會很貴，水則非常便宜，這個觀點在 200 年前的古典經濟學派就有此認識，只是亞當斯密當時不知如何區別總效用（TU）與邊際效用（MU）的方法，並且當時的學界也尚未提出供給與需求曲線的分析工具，所以無法更深層地論述水與鑽石的矛盾問題。直到 1870 年以後由吉逢斯（William Stanley Jevons, 1835-1882）、孟格（Carl Menger, 1840-1921）與華爾拉（Leon Walras, 1834-1910）三位經濟學家，幾乎同時間提出邊際效用理論，邊際效用理論利用當時最先進的物理學與數學做為分析工具，強調商品價值是建立在主觀的邊際效用上，有別於古典學派的勞動價值論，水與鑽石的矛盾問題才獲得比較有效的說明，也因此被稱為「邊際效用革命」（Marginal revolution）。水無法以總效用（TU）來決定價格或消費量，決定水的價格是由最終單位之相對的邊際效用（MU）與費用，原因是消費者在水的最終單位買與不買都無所謂時，當水的價格如果高於邊際效用（MU）時的最終單位，生產者的水是賣不出去的，所以水的價格會在剛好等於最終單位的效用水準時被決定。根據邊際效用遞減法則，水的邊際效用（MU）遠低於鑽石的邊際效用（MU），而邊際效用（MU）是決定價格的重要因素，如果消費者為追求商品的效用極大化，消費者必須花費在水與鑽石的最後一塊錢所獲得的邊際效用都應該相等（即邊際效用均等法則，後面會詳細說明）。因此，水的價格會遠低於鑽石的價格。

　　邊際效用理論將古典經濟學派長期主張價格的決定在勞動價值，轉為對需求面的重視，並且強調需求面的考量是邊際效（MU）用而不是總效用（TU）。消費者對消費財貨所願意支付的價格多寡視對該財貨的邊際效用（MU）大小而定。若邊際效用（MU）愈大，消費者願意支付較高的價格購買。反之，當邊際效用（MU）較小，則消費者只願意支付較低的價格來消費。

5.2 無異曲線基本假設與特質

5.2.1 無異曲線的意義

　　生活當中我們常會面臨選擇，而傳統經濟學是假設人們的行為是以滿足達到最大為前提。例如，聖誕節我們常收到禮物，如果兩個袋子分別裝著 2 支 *iphone* 與 3 支 *iphone* 讓你挑，一般情況下，沒有特別原因的話，會選擇 3 支 *iphone* 的那個袋子，因為 3 支 *iphone* 的滿足程度會比 2 支 *iphone* 的持有較大。現在如果改成兩個袋子內的東西，第一袋裝著 2 支 *iphone* 和 3 台 *ipad*，第二袋裝的是 3 支 *iphone* 和 4 台 *ipad* 讓你選，恐怕不須思索地選擇第二個袋子，因為第二袋帶來的滿足感會高於第一袋。如果將袋子內的東西組合再做個改變，第一袋裝著 2 支 *iphone* 和 3 台 *ipad*，第二袋裝著 4 支 *iphone* 和 2 台 *ipad* 讓你選時，喜歡 *iphone* 的人會選第二袋，喜歡 *ipad* 會選擇第一袋，這樣的選擇結果是受個人嗜好所左右。

　　消費者對各種財貨‧勞務組合所帶來的效用是相同的時候，這些組合的滿足程度對消費者來說是「沒有差異的」，將這些相同效用水準的所有各種組合點所連結而成的軌跡稱為「**無異曲線**」（indifference curve：*IC*）。換言之，在同一條無異曲線上任意一點所代表的是消費者之滿足程度都是相同的，這是無異曲線的基本特質。

　　在圖 5.4 中，*A* 點的（30，60）與 *B* 點的（60，30）分別表示消費者對 *X*、*Y* 這兩種財貨的消費組合，對消費者而言這兩種消費組合的效用是沒有差別的，因此無異曲線亦可稱之為等效用曲線（iso-utility curve）。

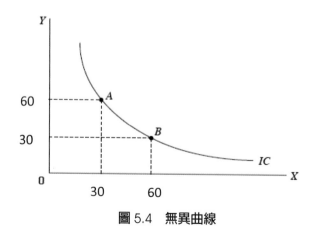

圖 5.4　**無異曲線**

5.2.2 無異曲線的基本假設

消費者行為理論的發展歷經了柏拉圖（Vilfredo Pareto, 1848-1923）、史勒斯基（E. E. Slutsky, 1880-1948）、希克斯（Sir John R. Hick, 1904-1989）等經濟學家，將序數效用代入無異曲線提出消費者最適選擇理論。綜合這些學者提出無異曲線的基本假設是以下列的五點為前提：

一、理性的行為

在特定所得與財貨價格的限制下，假設消費者都是以追求效用最大的理性行為。

二、序數效用

消費者對財貨的消費雖然無法以具體數據來衡量效用強度，但是可從財貨的消費所獲得的滿足依序排列大小。

三、邊際替代率遞減

消費者從財貨消費獲得的效用會隨消費量的增加，對該財貨對另一財貨之邊際替代率呈現逐漸下降。之所以產生邊際替代率遞減，是因為消費者為維持總效用不變前提下，如果持續增加消費某種商品，心中所願意放棄另種商品的數量將會越來越少。

四、消費者的總效用取決於財貨消費量的多寡

消費者每增加一單位財貨之消費所產生的邊際效用為正時，隨財貨消費量增加，消費者對該財貨之總效用也會跟著增加。

五、消費者的偏好具備著完整性（completeness）、遞移性（transitivity）與一致性（consistency）

（一）完整性：

偏好具有完整性，消費者能夠將所有財貨或勞務的消費組合進行比較及排列偏好高低順序。例如在 X 與 Y 兩種財貨當中，雖然無法確實說出 X 與 Y 財貨效用數值多寡，但是能夠清楚地指出以下三種可能的情況之一。

(A)對 X 財貨之偏好大於對 Y 之偏好。

(B)對 Y 財貨之偏好大於對 X 之偏好。

(C)對 X 與 Y 兩種財貨之偏好無差異。

當消費者對 X 與 Y 財有兩組消費組合，分別為 $A=(X_1,Y_1)$ 和 $B=(X_2,Y_2)$ 時，消費者也能夠明確指出對這兩組的偏好，$A>B$，$A<B$ 或 $A=B$。

（二）遞移性：

偏好具有遞移性，偏好的遞移性是指當消費者對 X 與 Y 財貨之消費組合 A 的偏好優於 B 消費組合，而 B 消費組合的偏好優於 C 消費組合時，那麼對 A 的消費組合偏好也會優於對 C 的消費組合偏好。換言之，當 C＝(X_3,Y_3) 時，若，A＞B，B＞C，則 A＞C。

（三）一致性：

消費者會偏好擁有較多消費的財貨，對數量較大消費之偏好會大於對較小消費的偏好，且消費者消費財貨不會滿足，所以當消費愈多時，滿足就愈大。換言之，當 A＝(X_1,Y_1) 和 B＝(X_2,Y_1) 且 X_1＞X_2 時，則 A、B 兩組消費組合的偏好為 A＞B，即 (X_1,Y_1) ＞ (X_2,Y_1)。

5.2.3 無異曲線的基本特質

除此之外，無異曲線尚有以下幾個特質：

特質 1：無異曲線向右下方傾斜（負斜率）。

消費 X、Y 兩種財貨，當增加對 X 財的消費量會帶來總效用的提升，但為了回到原來無異曲線上，那必須以減少 Y 財的消費為代價，X、Y 兩種財貨的消費數量呈現反向變動關係。

特質 2：無異曲線凸向原點。

一般財貨消費組合所繪製而成的無異曲線呈現凸向原點，主要理由是 X、Y 兩種財貨消費變動的邊際替代率（marginal rate of substitution：MRS_{xy}）呈現遞減現象所致。

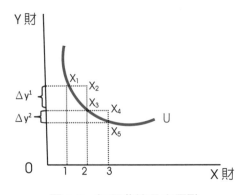

圖 5.5　無異曲線凸向原點

圖 5.5 中，當消費組合 X_1 增加 1 單位的購買，消費組合會移動到 X_2，如果要維持原來的效用，必須減少 Y 財的 $\triangle y^1$ 的購買，才能回到無異曲線 U 的 X_3 座標上。同理，由 X_3 移動至 X_5 必須減少 Y 財的 $\triangle y^2$ 購買為代價。所以當增加 1 單位 X 財消費是以 Y 財減少為替代的比例關係呈現逐漸下降（$\triangle y^1 > \triangle y^2 > \cdots\cdots$）。消費者為了維持相同的滿足程度時，當獲得更多的其他商品，就必須放棄其他商品的消費做為代價，可以用消費邊際替代率（MRS_{xy}）來衡量。換言之，X 財對 Y 財的消費邊際替代率遞減（MRS_{xy}）意味著消費者為獲得額外一單位 X 財貨或勞務所願意放棄最大數量的 Y 財貨或勞務的比率是逐漸下降的。無異曲線上的每一點可以衡量出消費的邊際替代率（MRS_{xy}），邊際替代率（MRS_{xy}）相等於無異曲線在該點切線斜率的絕對值，以數學式表示為：

$$MRS_{XY} = \left| \frac{dY}{dX} \right| = \frac{MU_X}{MU_Y}$$

（5.4）

若 $MRS_{xy}=3$，則表示消費者將放棄 3 單位的 Y 財貨以換取增加額 1 個單位的 X 財貨，若 $MRS_{xy}=1/2$，則會只有 1/2 單位的 Y 財貨的放棄以換取增加 1 單位的 X 財貨。因此，MRS_{xy} 是用以表示消費者對 Y 財貨換取 X 財貨的主觀交換價值。

而消費邊際替代率遞減則為：

$$\frac{dMRS_{XY}}{dX} < 0$$

（5.5）

特質 3：兩條無異曲線不相交。

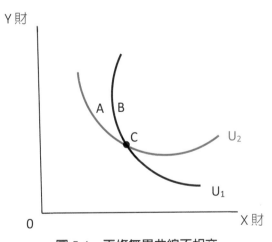

圖 5.6　兩條無異曲線不相交

圖 5.6 有兩條不同的無異曲線分別為 U_1 與 U_2，U_1 線上的 A 點與 B 點因在同一線上，所以效用相等。另一方面，U_2 線上的 B 點與 C 點因在同一線上，所以效用也相

等。但是就效用大小而言，$A=C$，$B=C$，但 $A \neq B$ 產生矛盾，不同的無異曲線不相交。

特質 **4**：越往右上方移動的無異曲線，其效用就越大。

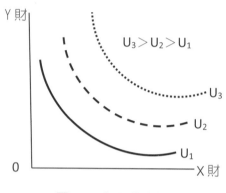

圖 5.7　無異曲線效用

圖 5.7 表示無異曲線座落越高其效用就越大，三條無異曲線的效用大小依序為 U_3 $>U_2>U_1$。

5.2.4 消費者剩餘的另一解釋

上節提及的消費者剩餘是利用需求曲線與價格來說明，而馬夏爾的消費者剩餘理論是建立在貨幣的邊際效用不變前提下，利用無異曲線，貨幣所得與財貨消費關係進一步說明消費者剩餘。圖 5.8 的橫軸與縱軸分別代表 X 財貨與貨幣所得，當無異曲線 U_1 與 $\overline{ML}$ 線相切於 P 時，X 財貨的消費量為 ON，PF 則是支付 X 財的貨幣價格。P 點座落於 M 點的上方（$U_1>U_2$），所以 P 點的效用大於 M 點的效用。此時，消費者實際支付 X 財貨的貨幣為 PF，心中願意支付的價格則為 RF，兩者差額為 PR，以貨幣形式的線段 PR 為消費者的剩餘，這相等於圖 4.7 中的 ΔPAB。

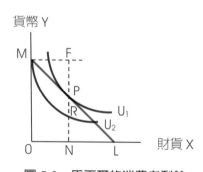

圖 5.8　馬夏爾的消費者剩餘

5.2.5 特殊的無異曲線

上述的無異曲線是一般的形狀，但是各財貨之間如果存在著特殊關係時，那麼無異曲線的形狀也會不同。以下就各式各樣的無異曲線分別說明。

一、完全互補財與完全替代財的無異曲線：MUx＞0 且 MUy＞0

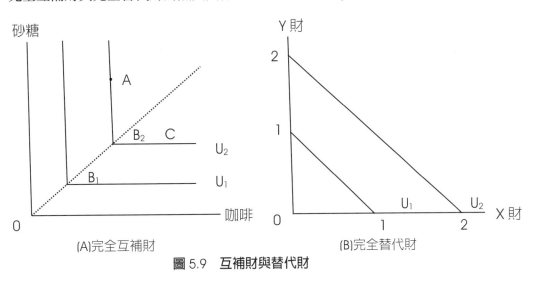

圖 5.9　互補財與替代財

完全互補財著重在「**消費比例**」下的共同消費型態，在某個消費比例下一起消費才能產生效用，兩者之間不存在著替代關係。一般而言，X 財與 Y 財是為完全互補財時，其效用函數可表示為：

$$U\ (X,\ Y)\ =min\ \{aX,\ bY\}\ 。\tag{5.6}$$

由於完全互補財在消費上要求為 $aX=bY$，$Y/X=a/b$，因此其財貨消費比例為 a/b。所以完全互補財之消費著重在「消費比例」上，在 MRS_{xy} 上則無多大意義。

在日常生活中常見的互補才有：鋼筆與墨水，右手套與左手套，手機與電池，砂糖與咖啡等。例如，隨台灣經濟發展，社會結構的改變，生活消費習慣也起了變化，其中喝咖啡的人有增加的趨勢，有人習慣什麼都不加的「黑咖啡」，也有人習慣咖啡與砂糖或牛奶並須一起使用。圖 5.9(A)中假定砂糖與咖啡為完全互補財，U_1 與 U_2 代表喝咖啡時必須同時加入一定比例砂糖才會消費的無異曲線。U_2 無異曲線上的 B_2 與 A、C 組合點的效用都相等，A 點與 C 點雖然分別增加對砂糖和咖啡的消費，但是沒有同時做一定比例消費，故無法提升效用，所以會坐落在同一條無異曲線

上。無異曲線越往右上方移動，其效用就越大。圖中圖 5.8(A)的 U_2 無異曲線在 U_1 的右上方，所 B_2 的效用較 B_1 為高。

二、完全替代財的無異曲線：$MUx > 0$ 且 $MUy > 0$

圖 5.8(B)的 U_1 與 U_2 為完全替代財的無異曲線，是一條直線，線上的任何一點表示兩種財貨在「消費比例」下皆可以完全替代，這和上述的完全互補財情況相反。具有完全替代性質的財貨，例如 1 張千元鈔票與 2 張五百元鈔票。當然完全替代財不是絕對的，需視消費者的「主觀替代比例」而定，有些人肚子餓，1 個麵包與 1 饅頭效果相同時，那就麵包與麵就構成完全替代關係。一般而言，若是消費者認為 b 單位 X 可完全替代 a 單位 Y，其效用函數為：

$U(X, Y) = aX + bY$。 （5.7）

完全替代財的 $MRS_{xy} = a/b$。

三、邊際替代率遞增的無異曲線：凹向原點（$MUx < 0$ 且 $MUy < 0$）

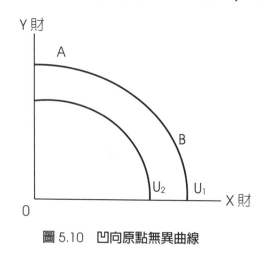

圖 5.10 凹向原點無異曲線

一般的無異曲線是凸向原點，因為邊際替代率遞減的結果，而當無異曲線是凹向原點時，是邊際替代率遞增所產生的。在圖 5.9 中，A 點對 Y 財的評價相對較 X 財為高的消費組合，越往縱軸方向移動對 Y 財之評價就越高（邊際替代率越大）。反之，B 點是對 X 財的評價相對較 Y 財為高的消費組合，越往橫軸方向移動對 X 財之評價就越高（邊際替代率越大）。但是，當 X 財與 Y 財一起消費時，無法提升此消費者的效用，這就是無異曲線是凹向原點的特色。

四、垂直（$MU_x>0$ 且 $MU_y=0$）或平行（$MU_x=0$ 且 $MU_y>0$）的無異曲線

圖 5.11 中的無異曲線呈現垂直與平行，圖(A)表示對 X 財是越多越好（$MU_x>0$），而 Y 財則不重要（$MU_y=0$）。消費者消費 X 財的效用會隨無異曲線越往右移會越大，即 $U_2>U_1$。另一方面，圖(B)表示對 Y 財的消費是越多越好（$MU_y>0$），X 財消費與否則不重要（$MU_x=0$）。消費者的效用程度會隨對 Y 財消費增加而提升，無異曲線越往上方移動，滿足感就越大，即 $U_2>U_1$。

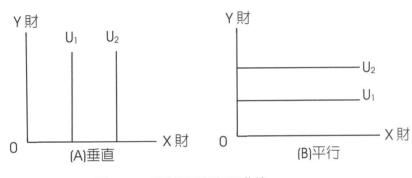

圖 5.11　垂直與平行無異曲線

總之，無異曲線代表的是消費者的滿足度，滿足度則是建立在個人的嗜好上，嗜好會因人而異，所以隱含著消費者「主觀價值」判斷。因此，每位消費者對財貨之消費，心中存在的無異曲線也很多樣，不一定是呈現相同的形狀。

5.3　預算限制線與消費者最適選擇

所得限制代表資源是有限的，如果沒有預算限制時，每個人心中存在著無線多條的無異曲線，代表的是「無窮的慾望」。但事實上，每個人的財富是有限的，無法「為所欲為」地消費財貨。在這節中，將透過預算限制線（budget constraint）來介紹此觀念。

5.3.1 預算限制線的經濟意義

預算限制線是指用全部的錢所能購買各財貨的組合，將這些組合點所連結的軌跡。

假設經濟社會中消費者只有兩種財貨可作選擇，即 X 財貨與 Y 財貨，且 X 財貨的價格是Px，Y 財貨的價格為Py；消費者的所得為 I，此時消費者的預算限制方程式表示如下：

$$Px \cdot X + Py \cdot Y = I \tag{5.8}$$

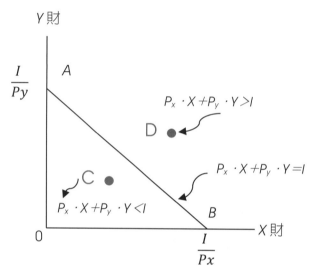

圖 5.12　預算限制線

一、預算限制方程式斜率與截距：

在圖 5.12 中，（5.8）式是$\overline{AB}$的預算限制方程式，整理後可得直線的斜率為 $-\frac{Px}{Py}$，也是 X 財貨與 Y 財貨的價格比率。所以預算限制線斜率表示消費者為增加 1 單位 X 財貨在客觀上所必須放棄 Y 財貨的數量。

$$Y = -\frac{Px}{Py}X + \frac{I}{Py} \tag{5.9}$$

當$Y = 0$ 時，$X = \frac{I}{Px}$ $\tag{5.10}$

（5.10）式表示 Y 財貨一個都不消費時，X 財貨所能購買的最大數量，如$\overline{OB}$的距離。

當$X = 0$ 時，$Y = \frac{I}{Py}$ $\tag{5.11}$

（5.11）式表示 X 財貨一個都不消費時，Y 財貨所能購買的最大數量，如$\overline{OA}$的距離。

預算限制線之截距為：$\frac{I}{Py}$（$=\overline{OA}$）與$\frac{I}{Px}$（$=\overline{OB}$）。

二、預算限制線內外點的經濟意義

預算限制線上任何一點（如 A、B 點）表示消費者用全部貨幣所得購買 X 財與 Y 財，一塊錢不剩（即，$P_x \cdot X + P_y \cdot Y = I$）。

預算線內的 C 點：表示所得＞支出（$= P_x \cdot X + P_y \cdot Y < I$），消費者沒有將錢用完，尚有餘款。

預算線外的 D 點：表示所得＜支出（$= P_x \cdot X + P_y \cdot Y > I$），消費者以現有的錢無法購買的消費水準。

5.3.2 預算限制線的移動

一、相對價格改變的移動：價格變化

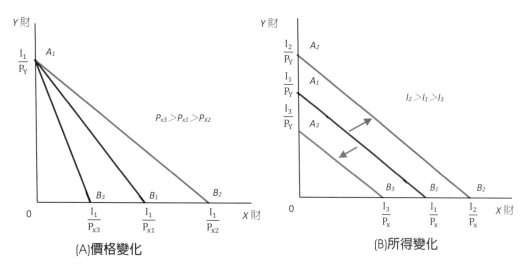

圖 5.13　預算限制線的移動

在其他條件不變的情況下，X 財與 Y 財的相對價格改變時，會使預算線的斜率產生變化。圖 5.13(A)中，當 X 財價格下跌時（$P_{x1} > P_{x2}$），全部所得用於購買 X 財貨的數量增加，但由於 Y 財的價格（P_y）不變，故全部的貨幣所得用於購買 Y 財貨的數量維持不變（OA_1），因此預算限制線由 A_1B_1 外移至 A_1B_2。反之，如果 X 財價格上升（$P_{x3} > P_{x1}$）上升，預算線由 A_1B_1 內縮至 A_1B_3。

換言之，財貨價格發生變化後，預算限制線的移動為：

（一）當 **X** 財價格下跌，預算線向右外移，斜率變小。

（二）當 **X** 財價格提高，預算線向左內縮，斜率變大。

二、相對價格不變的移動：所得變化

若消費者的貨幣所得改變，而兩財貨或勞務的相對價格不變時，則預算線斜率不變，預算線只會平行移動，可用圖 4.12(B)加以說明。原先預算線為 A_1B_1，所得為 I_1，當所得提高（$I_2 > I_1$）時，則預算線平行往外移動至 A_2B_2。反之，當所得減少（$I_1 > I_3$）時，則預算線平行往內移動至 A_3B_3。

5.3.3 消費者的均衡

上述說明主觀效用的無異曲線與客觀消費能力的預算限制線，而消費者的均衡在無異曲線與預算限制線相切處決定。其條件為：

在預算限制線為 $Px \cdot X + Py \cdot Y = I$ 與 $max.TU = U\ (X，Y)$ 前提下，

$$MAS_{XY} = \frac{MU_X}{MU_Y} = \frac{Px}{Py} 或 \frac{MU_X}{P_X} = \frac{MU_Y}{P_Y} \tag{5.12}$$

擴大（5.12）式，可寫成：

$$\frac{MU_A}{P_A} = \frac{MU_B}{P_B} = \frac{MU_C}{P_C} = \frac{MU_D}{P_D} = \cdots = \frac{MU_N}{P_N} \tag{5.13}$$

（5.13）式說明在特定期間內，消費者對各種財貨的消費所支出的最後一元所獲得的邊際效用皆相等，此時總效用達到最大，故消費者均衡的條件又稱為「邊際效用均等法則」（law of equal marginal utilities per dollar）。

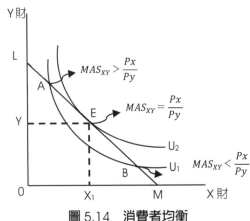

圖 5.14　消費者均衡

在圖 5.13 中，消費者的無異曲線（U_1 與 U_2）與預算限制線（LM）相切於點 E（X_1,Y_1），E 點表示消費者的效用達到最大。即，消費者將有限的貨幣所得消費到（X_1,Y_1）組合時，表示在消費者主觀偏好下達到最大的效用水準。此時，E 點的無異曲線 U_2 的斜率與預算限制線（LM）的斜率相等，即 $MAS_{XY} = \frac{Px}{Py}$。

從另一個角度來看，在所得與 P_x 與 P_y 不變之下，消費者欲達到無異曲線 U_2 滿足水準的最少支出也是在 E 點。所以消費者的效用極大化與支出極小化消費選擇點為點 E（X_1,Y_1）的消費組合，而 A 點與 B 點都不是消費者的最適選擇，因為在 A 點上時 $MAS_{XY} > \frac{Px}{Py}$，在 B 點上時 $MAS_{XY} < \frac{Px}{Py}$，兩點皆非最佳的效用狀態。

5.4 消費者行為選擇的變化

消費者均衡說明在一定的效用水準與特定價格和所得下的均衡消費量。

假設消費者對財貨 X 及 Y 的偏好，可用效用函數 U（X, Y）表示，此消費者的預算線為 $Px \cdot X + Py \cdot Y = I$。按預算限制下求效用極大之最適選擇，我們可求出消費者需求函數為：

$X = X$（Px，P_y，I）

$Y = Y$（Px，P_y，I）

（5.14）

消費者對 X 及 Y 的需求取決於財貨價格 Px、P_y 與所得 I。

由（5.14）式可知探討消費者購買行為時，可從以下兩點分析：

一、當 X 財的價格 Px 產生變動，另一財貨 Y 的價格 P_y 與所得 I 不變情況下，對均衡消費量所產生的影響。

二、當所得 I 產生變動，X 財的價格 Px 與財貨 Y 的價格 P_y 不變情況下，對均衡消費量所產生的影響。

一、價格 Px 變動，價格 P_Y 與所得 I 維持不變情況：

財貨 Y 的價格 P_y 與所得 I 不變時，隨著 X 財貨的價格 Px 下降（$P_X^1 > P_X^2 > P_X^3$），預算線會由 AB_1（$B_1 = \frac{I_1}{P_X^1}$）往外移動至 AB_2（$B_2 = \frac{I_1}{P_X^2}$），AB_3（$B_3 = \frac{I_1}{P_X^3}$），消費均衡點分別坐落於 E_1 點、E_2 點及 E_3 點，將這些點連結起來，形成 X 財的價格消費曲線（price-consumptioncurve：PCC）。

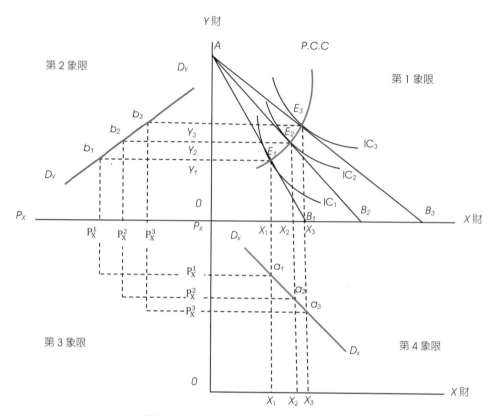

圖 5.15　P.C.C 與需求曲線（互補財關係）

　　假設價格消費曲線呈現 X 財貨與 Y 財貨的變動是相同方向時，從價格消費曲線可以導出消費財的需求曲線。圖 5.15 中的第 2 象限 $D_Y D_Y$ 線表示價格P_y與所得 I 維持不變情況下，X 財貨的價格P_x變動時，消費者所面對 Y 財貨需求量的組合軌跡，所以 $D_Y D_Y$ 線又稱為交叉需求曲線。交叉需求曲線 $D_Y D_Y$ 為負斜率，表示 X 財貨的價格下跌，消費者不只是在 X 財需求量增加，對 Y 財的需求量也增加，X 財與 Y 財之間具有互補財的關係。由第 1 象限的點 E_1（X_1，Y_1）與第 2 象限的點 b_1（P_x^1，Y_1）可得第 4 象限的點 a_1（X_1，P_x^1）。同理可找出 a_2、a_3……，連結各點可得 X 財的需求曲線 $D_X D_X$。如果價格消費曲線呈現 X 財貨與 Y 財貨的關係為替代財時，此時交叉需求曲線 $D_Y D_Y$ 為正斜率，那麼所導出的需求曲線 $D_X D_X$ 則較為平坦（即 X 財貨需求的價格彈性大於 1）。

二、所得 *I* 產生變動，價格*Px*與價格*Py*維持不變情況：

當 *X* 財貨與 *Y* 財貨的（相對）價格不變，所得 *I* 產生變動時（$I_3 > I_2 > I_1$），預算線平行的往外側移動，消費者的均衡點分別相切於 E_1、E_2 與 E_3，將這些切點連結形成的軌跡稱為所得消費曲線（Income Consumption Curve：ICC）。

價格*Px*與價格*Py*維持不變所產生的所得消費曲線亦可導出財貨的需求曲線，連結 X 財貨需求量與 I 所得組合的 a 點（X_1，I_1）、b 點（X_2，I_2）、c 點（X_3，I_3）……，可得出需求曲線 $D_X D_X$。這條需求曲線 $D_X D_X$ 是由德國統計學家恩格爾（Ernst Engel, 1821-1896）提出的概念，所以又稱為恩格爾曲線（Engel curve）。恩格爾曲線為正斜率（$\frac{dX}{dM} > 0$）時，表示消費者對 X 財貨的購買隨所得的增加（減少）而增加（減少），X 財貨對消費者而言為正常財（normal good）。反之，恩格爾曲線為負斜率（$\frac{dX}{dM} < 0$）時，即消費者對 X 財貨的購買隨所得的增加（減少）而減少（增加），X 財貨對消費者而言為劣等財（inferior good）。

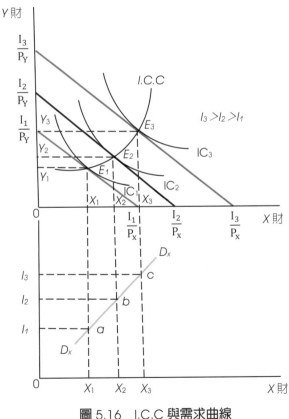

圖 5.16　I.C.C **與需求曲線**

5.5　所得效果與替代效果

依照需求法則在其他情況不變下，當某財貨的價格上升，其需求量下跌；或價格下跌，則需求量上升。原因是當財貨的價格提高，人們可能轉向替代品的購買，或同樣的預算下人們無法負擔過高的價格，因此消費者會減少購買。為了說明價格與需求量的關係，前面提及過英國經濟學者希克斯在《價值與資本》一書中，利用所得效果（income effect）與替代效果（substitution effect）等概念說明當某財貨價格產生變動時，消費者對該財貨的消費量也產生變化。

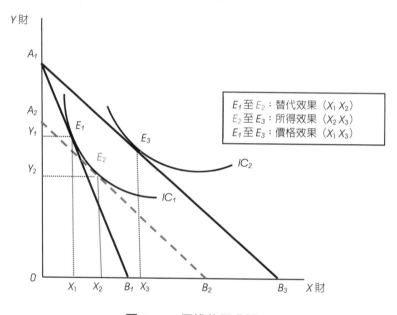

圖 5.17　價格效果分解

在圖 5.17 中，X 財貨價格在 P_{x1} 水準時，預算限制下的效用極大化會在 E_1 點上。當 X 財貨的價格從 P_{x1} 下降至 P_{x2} 時，而 Y 財貨的價格不變，此時 X 財貨與 Y 財貨的相對價格也產生了變化，預算線的斜率也隨之改變。預算限制線由 A_1B_1 外移至 A_1B_3，預算線之斜率變小，並與新的無異曲線（IC_2）相切於 E_3 點。均衡點由原來的 E_1 移動到 E_3。而 X 財消費量的增加（X_1X_3）是因為價格下降所帶來的價格效果，事實上價格效果是由替代效果與所得效果兩者所構成。為衡量價格變動的替代效果之大小，須先將 X 財貨價格下跌所引起的實質所得增加部分剔除，剔除的所得金額為

在新相對價格下只維持價格改變前的效用水準。換言之，價格下跌前消費者的效用水準為 IC_1 無異曲線，價格下跌之後無異曲線升高至 IC_2，所以剔除的所得金額會使得預算線平行移動與 IC_1 無異曲線相切為止，所以這條虛擬補助預算線 A_2B_2 又稱為受補償預算線（compensated budget line）。虛擬的補助預算線 A_2B_2 會與原來的無異曲線（IC_1）相切在 E_2 點，因為 E_1 與 E_2 同在一條無異曲線上，所以滿足程度相同。因此，消費組合由 E_1 點到 E_2 點是實質所得維持不變下，相對價格變動所產生的替代效果（X_1X_2）。

接下來說明 E_2 點如何移動至 E_3 點。將先前的虛擬的補助預算線 A_2B_2 移回到原來的 A_1B_1 線，因為兩財貨的相對價格比率並沒有改變，平行移動代表著貨幣所得的增加，也代表實質所得的增加，而實質所得提高的結果是帶來對 X 財貨需求量增加了 X_2X_3，這就是 X 財貨價格下跌的所得效果。以圖 5.17 來看，消費者因 X 財貨價格的下降，對 X 財貨需求量的增加，表示 X 為正常財貨，正常財的價格變動所引發的替代效果與所得效果朝同一個方向變動。換言之，當 X 為正常財貨時，消費者對該財貨之消費受需求法則所支配。

如果圖 5.17 的無異曲線（IC_2）與 A_1B_3 相切的 E_3 點是座落在 E_2 與 E_1 之間的話，那表示 X 為劣等財貨，X 財貨價格變動所引發的替代效果（正值）與所得效果（負值）將朝相反方向變動而相互抵消一部分的價格效果，由於正的替代效果大於負的所得效果，所以儘管 X 為劣等財，消費者還是會因 X 財貨價格的下降，對 X 財貨需求量的增加，依然遵循著需求法則的消費型態。

接下來介紹一種季芬財（Giffin good），這種財比較不常見，如以圖 5.17 來說，它的新選擇點 E_3 會座落在 E_1 的左側時，表示 X 財貨價格變動所引發的所得效果會大於替代效果，所以當 X 財貨價格的下降，對 X 財貨需求量的反而減少的特殊現象。

📖 應用問題

水的有無攸關人的生命，其價值相當重要，但是水的價格一般而言卻相當低廉；鑽石的有無與人的生命無相關，其價值無舉足輕重，但是鑽石的價格一般而言相當昂貴；請解釋其中原因。

【88 年委任升等】

📁 **提示**

　　現實的生活中，水的用途大但價格低，鑽石的用途小但價格高，參考本章提及「水與鑽石的矛盾」，價格高低決定在邊際效用非總效用，加上水與鑽石的供給量大小不同，兩者供需曲線的位置不一樣，產生了用途很大價格卻很低、用途小，價格卻很高的矛盾現象。

（1）邊際效用高低來決定價格

　　　　水用途大→使用量多→邊際效用低→價格低。

　　　　鑽石用途小→使用量少→邊際效用高→價格高。

（2）考慮水與鑽石的供需曲線位置決定價格

　　　　水的供給量大→價格相對較低。

　　　　鑽石的供給量小→價格相對較高。

（3）利用供需曲線說明水與鑽石的矛盾問題

　　1776 年亞當斯密的《國富論》當時，經濟學尚未開發出供需曲線，但現代經濟理論可以用圖 5.18(A)、(B)說明水與鑽石價格矛盾問題。從圖中可知，水價格 P^w_1 低於鑽石 P^d_1 的價格水準。

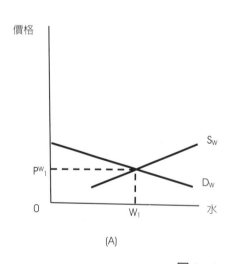
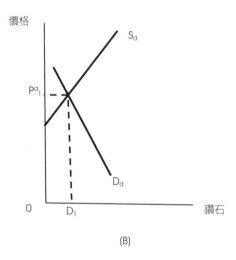

圖 5.18　水與鑽石的矛盾

　　請依下列的敘述，說明各組商品的關係。並畫出其無異曲線。

（一）我不能忍受只吃燒餅或油條，但燒餅油條合起來吃則十分美味可口。

（二）我不在乎喝可口可樂或百事可樂，它們對我而言完全相同。

【92 年地方三等特考】

📁 提示

（一）「我不能忍受只吃燒餅或油條，但燒餅油條合起來吃則十分美味可口」

消費者喜歡吃燒餅（X）油條（Y），但是一個前提，他習慣一塊燒餅配合一根油條吃（不能忍受只吃燒餅或只吃油條），燒餅與油條對這位消費者而言是完全互補財，可由圖 4.18 中的(A)來說明。

由 a 點到 b 點表示如果燒餅（X）是單獨增加時，因為無法增加邊際效用，所以總效用不變（$MU_X = 0$）。

由 a 點到 c 點表示油條（Y）是單獨增加時，因為無法增加邊際效用，所以總效用不變（$MU_Y = 0$）。連結 a、b、c 可得一條偏好一樣 90°直角的無異曲線。

由 a 到 d 表示同比例增加消費（$U_2 > U_1$）。

（二）「我不在乎喝可口可樂或百事可樂，它們對我而言完全相同」

消費者喜歡喝可口可樂（X）與百事可樂（Y），且越多越好。這位消費者根本不在乎是百事可樂或可口可樂，兩種飲料對消費者而言，滿足程度都是一樣的，二者可以完全代替。可口可樂（X）與百事可樂（Y）對消費者來說都是越多越好，他根本不在乎是百事可樂或可口可樂，則其無異曲線將為下圖(B)所示，無異曲線為負斜率的直線。因為兩種飲料的邊際效用皆為正（$MU_X > 0$，$MU_Y > 0$），且可完全替代（MRS_{XY} 不變），所以無異曲線越高效用越大，故 $U_2 > U_1$。

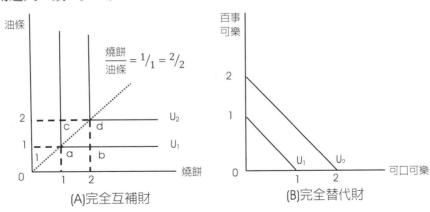

圖 5.19　**互補財與替代財**

✦ 經濟政策的解析：政治經濟政策能否提高國人的滿足

　　本章所介紹的影響滿足與選擇過程當中，消費者會因為價格與所得的變動而改變效用結果，透過無異曲線與預算線的分析能夠更加了解其中的道理。這樣的分析方法可以應用在政策的實施，對國人在效用上會產生怎麼樣的改變。例如，課稅之後的價格變化或是政府的補貼政策的實施將會對當事人造成怎樣的影響。

▶▶ 實力測驗

☆ 選擇題

( )1. 假設一消費者之效用函數為 U（x,y）=xy，預算限制式為 2x+3y=60，下列
何者為此消費者效用極大化下之最適財貨組合？

(A) x=30, y=0　(B) x=12, y=12　(C) x=15, y=10　(D) x=0, y=2

【109 年公務人員普考】

( )2. 若某一消費者僅消費兩財貨，且兩財貨為完全替代品，請問下列敘述何
者錯誤？

(A)兩財貨之邊際替代率固定

(B)不滿足無異曲線凸向原點

(C)效用函數為線性

(D)效用極大之最適解為無異曲線與預算線之切點

【109 年公務人員普考】

( )3. 今年氣候異常致使稻米減產，在給定其他條件不變下，下列有關稻米市
場的敘述，何者正確？

(A)價格上升，消費者剩餘增加　(B)價格上升，消費者剩餘減少

(C)價格下降，消費者剩餘增加　(D)價格下降，消費者剩餘減少

【109 年公務人員普考】

( )4. 假設葡萄酒的價格為 3 元，奶酪的價格為 1 元，小民有 20 元所得。當她
消費 2 瓶葡萄酒及 14 塊奶酪時，最後一瓶葡萄酒的邊際效用為 6，最後
一塊奶酪的邊際效用為 3，則在消費均衡時小民會：

(A)多買奶酪少買葡萄酒　(B)多買葡萄酒少買奶酪

(C)全部所得都買葡萄酒　(D)維持原消費組合

【109 年公務人員高考】

( )5. 小明、小華、小強、小米對某商品的願付價格（willingness to pay）分別為：50、30、20、10。假設該商品的價格為 18，則總消費者剩餘（consumer surplus）為多少？

(A) 32　(B) 44　(C) 46　(D) 82

【108 年公務人員普考】

( )6. 無異曲線會凸向原點，與下面何者的性質有關？

(A)總效用遞減　　　(B)規模報酬遞增

(C)邊際替代率遞減　(D)偏好的遞移性

【107 年公務人員普考】

( )7. 當規模經濟存在時，下列敘述何者錯誤？

(A)此時為規模報酬遞減階段

(B)長期邊際成本小於平均成本

(C)長期平均成本屬於遞減階段

(D)隨著廠商擴增生產規模時，長期平均成本將下降

【106 年公務人員普考】

( )8. 消費者購買物品，其主觀願意支付之價格與市場價格二者間的差額，稱為：

(A)價格的矛盾　(B)利潤　(C)顯著性偏好　(D)消費者剩餘

【86 年高等檢定】

( )9. 阿惠每個月花費 1500 元看 6 場電影。每場電影對她的價值分別是，第 1 場為 400 元，第 2 場為 370 元，第 3 場為 340 元，第 4 場為 310 元，第 5 場為 280 元，及第 6 場為 250 元。阿惠看第 4 場電影的消費者剩餘為：

(A) 0　(B) 450　(C) 60　(D) 150

【92 年五等特考】

(　)10.假設 TU_i，MU_i 與 P_i 分別代表商品 i 的總效用，邊際效用與價格，則下
列哪一條件顯示消者購買 A、B、C 商品的均衡？

(A) $TU_A = TU_B = TU_C$　　　　(B) $MU_A/P_A = MU_B/P_B = MU_C/P_C$

(C) $TU_A/P_A = TU_B/P_B = TU_C/P_C$　(D) $P_A \times MU_A = P_B \times MU_B = P_C \times MU_C$

【82 年公務人員普考】

(　)11.下列何者會產生價值的矛盾現象：

(A)商品的價值決定於該商品的總效用

(B)商品的價值決定於該商品的邊際效用

(C)商品折扣愈多，消費者購買的意願愈低

(D)商品的價格

【82 年公務人員普考】

(　)12.由下列何者的差異，可以明瞭「鑽石與水的矛盾」之原因？

(A)實用價值與交換價值　(B)報酬遞減與機會成本

(C)固定成本與邊際成本　(D)供給量與需求量

【84 年公務人員普考】

(　)13.需求曲線是指在各種不同價格下消費者願意而且能夠購買的數量（一定
期間，其他條件不變），所以需求曲線背後的最適組合點為：

(A)無異曲線與預算線相切點　　(B)無異曲線與成本線相交點

(C)等成本線與等量曲線相切點　(D)等成本線與等產量線相交點

【85 年乙等特考】

(　)14.當其他條件不變，所得增加時，消費者之預算線：

(A)往內平行移動　(B)往外平行移動　(C)不變　(D)斜率改變

【90 年初等考試】

（　）15.一個正常（wellbehaved）的無異曲線必須凸向原點，以下何者為其因？

(A)任何兩條無異曲線不能相交

(B)無異曲線斜率不能為正

(C)邊際替代率遞減法則

(D)愈靠近右上方的無異曲線其代表的效用水準愈高

【90 年公務人員普考】

（　）16.若無異曲線上的邊際替代率遞減時，則表示無異曲線的形狀為：

(A)凹向原點　(B)凸向原點　(C)不一定　(D)通過兩軸的直線

【86 年公務人員普考】

（　）17.夏季颱風時節，每當多數葉菜類價格上漲，造成豆芽菜的需求增加，這表示：

(A)葉菜類青菜與豆芽菜是互補品　(B)葉菜類青菜與豆芽菜是替代品

(C)豆芽菜是正常財　　　　　　　(D)豆芽菜是劣等財

【93 年四等特考】

（　）18.當所得增加時，對漢堡的需求增加，則漢堡為：

(A)正常財　(B)劣等財　(C)替代品　(D)互補品

【86 年高等檢定】

☆申論題

一、請畫出下列各狀況下的無異曲線，並說明為何如此畫法？

（一）X 財為鋼筆，Y 財為墨水管。

（二）X 財為投資報酬率，Y 財為投資風險。

（三）X 財為奶昔（設有一飽和消費量），Y 財為漢堡。

【86 年退除役】

二、經濟學家使用無異曲線（Indifference Curve）來代表消費者的偏好。請問無
　　異曲線有何特性及如何使用無異曲線來說明消費者的選擇問題？為了讓消
　　費者能達到最適的選擇，模型需要的假設條件也請敘述。

【95 年國際經濟商務三等考】

Chapter 06

生產者行為與成本結構

熊彼德
（**Joseph Alois Schumpeter,**
1883-1950）

利潤歸於新事物的創造，是未來
價值體系的實現。利潤同時是經
濟發展的兒女與祭品，沒有發展
就沒有利潤，沒有利潤就沒有發
展。在資本主義制度下，沒有利
潤就沒有財富的累積；而創造性
破壞的過程是資本主義的根本事
實，是資本主義賴以為生，是企
業生存的寄託。

▋ 前言

延續前一章的消費者行為，市場分析的另一個主
角是生產者，也就是企業（廠商）。企業（廠
商）被視為自由經濟體制生產活動的主體，在傳
統經濟理論的基本假設下，這些企業的生產活動
目的是以追求利潤極大化，成本極小化的選擇過
程。而生產主體可以是個人，也可以是公司的企
業型態，不管是哪一種型態都是透過生產部門與
消費部門從事經濟活動，追求利潤。以現在資本
市場體制來說，上市企業發行股票從事資金融
通，透過投資與生產過程產生利潤，將一部分的
利潤分配給股東。近代資本主義的公司經營型
態，「所有與經營」的分離體制越加明顯，以分
紅和資本利得（capital gain）的型式，將股東
利益極大化。一直維持低水準利潤率的企業將會

被其他企業所淘汰，退出市場的競爭行列。然而，企業利潤的高低會受到生產與銷售所產生的經常利益，與企業擁有的存貨和土地等價格變動帶來的資本利得之影響。本章將介紹生產者在生產過程中，如何透過生產過程當中的成本結構思考成本（費用）的極小化，利潤的極大化之經濟理論。

6.1　長期與短期的生產函數

生產者的財貨 X 生產量（Q^X）會隨著生產要素投入量多寡及技術水準高低而改變。在眾多的生產要素之中，為了簡化複雜的生產過程，將投入的生產要素假定只有勞動（L）與資本（K），廠商為達到最佳的生產狀態的生產函數（production function）為：

$$Q^X = f\ (L, K) \tag{6.1}$$

（6.1）式表示在一定的期間內，廠商生產財貨 X 的水準受到勞動（L）與資本（K）之使用量大小所左右，顯示財貨 X 生產量（Q^X）與投入要素勞動（L）、資本（K）的技術關係。換言之，生產函數為財貨的產出與要素投入之間關聯的技術法則。財貨的生產是一種迂迴費時過程，所以生產函數含意亦會隨著經濟學者所界定的時間單位差異有所不同[1]。經濟理論的發展過程中常有爭論，很大部分癥結在「時間」問題上，從古典到新古典的「邊際革命」或由傳統經濟學到凱因斯經濟學的「凱因斯革命」，都是與「時間」要素有密切的關係。經濟學在時間上常以「極短期」，「短期」，「長期」來區分。時間的區分沒有一定的標準，端看經濟學者對問題分析角度而定。例如，馬夏爾將時間區分「極短期」、「短期」、「長期」與「超長期」解釋財貨「價值」的形成。大部分的經濟學教科書只以「短期」、「長期」分析經濟理論，做解釋問題經緯的時間區分。

廠商在「極短期」生產過程是無法調整投入要素，所以財貨生產量是固定的。以（6.1）式表示「極短期」的生產函數，可以寫成

$$\overline{Q^X} = f\ (\overline{L}, \overline{K}) \tag{6.2}$$

（6.2）式中的 $\overline{Q^X}$，$\overline{L}$ 與 $\overline{K}$ 分別表示產量（Q^X）、投入要素勞動（L）、資本（K）的數量為固定不變。

當廠商處於「短期」時，投入變數中的勞動（L）為可變，而資本（K）數量則無法變動。前者稱為可變要素（variable factors），後者稱為固定要素（fixed factors）。「短期」的生產函數，可以寫成（6.3）式

$$Q^X = f\ (L, \overline{K})\ 或 Q^X = f\ (L) \tag{6.3}$$

---

[1]　鄧東濱、林炳文（1982）《個體經濟理論（第三版）》，自行出版（三民書局經銷），p254。

另一方面，「長期」的生產要素是可以調整的，即投入要素勞動（L）、資本（K）等投入要素皆可以變動，產量（Q^X）也是可以改變。所以「長期」的生產函數為前式（6.1）$Q^X = f(L, K)$。以下，以「短期」與「長期」生產函數說明廠商的財貨產出與要素投入之間關係。

6.1.1 其他生產函數

生產函數除了（6.1）式外，比較常見的其他形式生產函數還有固定投入比例生產函數，線性生產函數與 Cobb-Douglas 生產函數。固定投入比例生產函數是指生產過程中兩種生產要素不能替代，只有兩種生產要素同時變動，產量才會變動，呈現完全互補關係；而線性生產函數是指生產過程中生產要素之間存在某種比例是可完全替代關係。前者的生產函數為（6.4）式，後者生產函數為（6.5）式。

$$Q^X = min.(\alpha L, \beta K), \alpha, \beta 為常數 \tag{6.4}$$

$$Q^X = \alpha L + \beta K, \alpha, \beta 為常數 \tag{6.5}$$

Cobb-Douglas 生產函數是描述生產函數的常用函數，最早由威克塞爾（Knut Wicksell, 1851-1926）[2]提出，於 1900 年至 1928 年間經過 Charles Cobb 和 Paul Douglas 的統計驗證後確立，並因而得名。Cobb-Douglas 生產函數常以（6.6）式表示

$$Q^X = AL^\alpha K^\beta \tag{6.6}$$

Q^X代表產量，L 和 K 分別代表投入要素勞動和資本投入量，其中，A、α、β 為正的參數。如果將（6.6）的 Cobb-Douglas 生產函數取對數形式，可寫成

$$logQ^X = logA + \alpha logL + \beta logK \tag{6.7}$$

透過Q^X，L 和 K 的資料可以容易地取得 A、α、β 參數值，以（6.6）或（6.7）皆可從事經濟的實證分析。當 $\alpha + \beta = 1$ 時，表示「規模收穫一定」（constant returns to scale）。例如，$Q^X = AL^{1/3}K^{2/3}$；當 $\alpha + \beta > 1$ 時，表示「規模收穫遞增」（increasing returns to scale）例如，$Q^X = AL^{2/3}K^{2/3}$；當 $\alpha + \beta < 1$ 時，表示「規模收穫遞減」（diminishing returns to scale）例如，$Q^X = AL^{1/3}K^{1/3}$。

---

[2]　威克塞爾（Knut Wicksell, 1851-1926）是瑞典經濟學派的創始人，其貨幣理論與利息理論對奧地利學派與劍橋學派有著深刻的影響，其中包括了熊彼德與凱因斯的經濟理論。

6.1.2 廠商的短期生產活動

本節利用（6.3）式 $Q^X = f(L, \overline{K})$ 的短期生產函數中的總產量，邊際產量與平均產量等概念說明廠商的財貨生產活動。

（1）總產量（total physical product, *TPL*）

X 財貨（Q^X）代表在固定資本數量（$\overline{K}$）下，廠商隨著可變要素勞動（L）的變化所能生產的總產量（TP_L）。

（2）平均產量（average product, *APL*）

廠商投下每一個單位的勞動數量（L）平均所能產生的 X 財貨量稱為勞動的平均產量（AP_L），即

$$AP_L = \frac{TP_L}{L} \tag{6.8}$$

同理，平均所投入的資本（K）所能產生的 X 財貨量稱為資本的平均產量（AP_K），也可用（6.9）式表示

$$AP_K = \frac{TP_K}{K} \tag{6.9}$$

（3）邊際產量（marginal product, *MPL*）

廠商微量改變對勞動（L）量的投入時，X 財貨之總產量（TP_L）所產生的變化量稱為邊際產量（MP_L）。可用（6.10）式表示

$$MP_L = \frac{dTP_L}{dL} \tag{6.10}$$

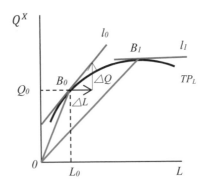

圖 6.1　邊際產量與平均產量

以原點為起點與總產量（TP_L）曲線相交的直線和切線，可分別測出平均產量（AP_L）與邊際產量（MP_L），如圖 6.1。平均產量（AP_L）可用（6.11）式表示

$$AP_L = \frac{Q_0}{L_0} \qquad (6.11)$$

邊際產量（MP_L）可用（6.12）式表示

$$MP_L = \frac{\Delta Q}{\Delta L} \qquad (6.12)$$

$\overline{0B_0}$ 比 l_0 直線的斜率大，所以廠商的平均產量（AP_L）比邊際產量（MP_L）為大。同時，隨廠商可變要素勞動（L）投入量的增加，直線（原點為起點的直線）與切線（相切於總產量曲線）的斜率越小。即是平均產量（AP_L）與邊際產量（MP_L）會越來越小。

圖 6.2(A)(B)為總產量（TP_L）、邊際產量（MP_L）與平均產量（AP_L）三者之間的關係，這種關係可分為三個階段，分別為I時期、II時期與III時期，不同階段廠商的總產量，邊際產量與平均產量呈現轉變上的差異。

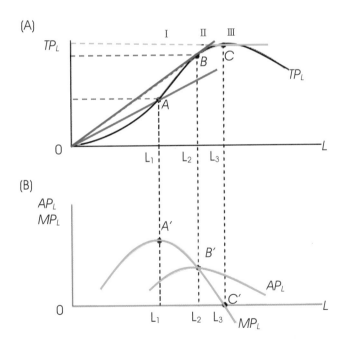

圖 6.2　總產量（TP_L）、邊際產量（MP_L）與平均產量（AP_L）三者的關係

一、總產量（**TP**$_L$）與邊際產量（**MP**$_L$）的變動

勞動（L）的投入量在 $0 < L < L_1$（O→A）時，總產量（TP_L）隨著勞動（L）投入量的增加而呈現更快速的增加。當勞動（L）投入量追加到 L_1，所對應的是總產量（TP_L）曲線上的 A 點（反折點），此點的斜率最大，是邊際產量（MP_L）曲線的最高點 A'，此時廠商的邊際產量（MP_L）達到最大。而勞動（L）的投入量在 $L_1 < L < L_3$（A→C）時，總產量（TP_L）隨著勞動（L）投入量的增加所呈現增加的速度趨緩。另一方面，廠商的勞動（L）的投入量超過 L_1 水準時，邊際產量（MP_L）逐漸減少，達到 L_3 的邊際產量（MP_L）為 0，廠商的總產量（TP_L）達到最高點。但是超過 L_3 之後的邊際產量（MP_L）則為負數，廠商的總產量（TP_L）逐漸減少，曲線軌跡呈現往右下方的走勢。

二、總產量（**TP**$_L$）與平均產量（**AP**$_L$）的變動

在 $L_1 < L < L_2$（A→B）之間的勞動（L）投入量，由原點為出發點與總產量（TP_L）相交或相切直線的斜率皆為正數，且隨著勞動（L）投入量增加而變大。這段區間的平均產量（AP_L）也隨勞動（L）投入量增加而增加，呈現遞增狀態。在總產量（TP_L）曲線相切於 B 點是平均產量（AP_L）曲線的最高點（B'），這一點也是廠商的平均產量（AP_L）曲線與邊際產量（MP_L）曲線相交之處，即 $AP_L = MP_L$。勞動（L）投入量在 L_2 之後，廠商的平均產量（AP_L）會隨勞動（L）投入量的增加而減少。

三、邊際產量（**MP**$_L$）與平均產量（**AP**$_L$）的變動

圖 6.2(B)中，廠商的勞動（L）投入量在 L_2 之前，邊際產量（MP_L）曲線會在平均產量（AP_L）曲線的上方（$MP_L > AP_L$），平均產量（AP_L）呈現遞增。而當廠商的勞動（L）投入量超過 L_2 之後，邊際產量（MP_L）曲線處在平均產量（AP_L）曲線的下方（$MP_L < AP_L$），平均產量（AP_L）轉為遞減狀態。

以上三者關係說明廠商在生產函數設定下所呈現的生產現象。如果從圖 5.2 的生產階段來看，在第I時期的廠商會持續增加可變要素勞動的投入量，不斷提升生產效率。進入第II時期廠商的總產量（TP_L）處於減速遞增狀態，平均產量（AP_L）則呈現遞減狀態。因此可說，在第II時期的生產情況為可變要素的生產效率隨投入量增加而下降，但是固定要素的生產效率隨可變要素的投入量增加而提高。廠商進入第III時

期之後，總產量（TP_L）開始減少，邊際產量（MP_L）變成負數，可變要素與固定要素的生產效率均處於遞減狀態。

　　廠商應該如何決定可變要素與固定要素的投入組合以達到有效率的生產呢？廠商的生產決定和可變要素與固定要素的價格有關。一般而言，當固定要素價格很低可變要素很高時，廠商大部分的投入支出為勞動（L）薪資，所以第II時期是合理的生產階段，廠商要將可變要素勞動（L）投入量增加至第I時期與第II時期以發揮最高的生產效率。相反地，當固定要素價格很高可變要素很低時，廠商大部分的投入支出為資本（K）利息，此時廠商追求的是固定要素的最高效率，那麼廠商需要將可變要素勞動（L）投入量增加至第II時期與第III時期的交界點。

　　上述可知，短期間廠商的財貨生產隨著勞動投入量增加，勞動的邊際產出量呈現遞增後遞減，最後可能出現負值。這種現象稱為邊際報酬遞減法則（law of diminishing marginal returns）。邊際報酬遞減法則是指在生產技術不變的條件下，隨著可變生產要素投入量的增加，最初每增加一單位的可變生產要素所帶來的財貨增加量是呈現遞增的，但過了另一生產階段後，每增加一單位的可變生產要素所帶來的產量增加量則呈現遞減現象。

　　然而，廠商生產利潤的追求除了與要素成本有關之外，還會考慮財貨的市場價格水準。所以上述的生產合理階段只是個原則，需視廠商銷售財貨的收入多寡而定。

6.2 廠商的長期生產活動

　　在上一章的消費者行為分析裡，我們提出了無異曲線與預算線說明最適選擇，在這裡我們也會在說明廠商的生產活動時，以相同的思維利用等量曲線（iso-quant curve）與等成本曲線（iso-cost curve）作為生產者在生產過程當中的最適選擇。從（6.1）式 $Q^X = f(L, K)$ 是廠商長期生產函數，假定勞動（L）與資本（K）都是可以調整的投入要素。所以，廠商在生產的過程中，財貨產量會隨生產要素之投入量水準而變化。在此將介紹等量曲線概念，用於說明廠商的長期生產現象。

6.2.1 廠商的等量曲線

　　所謂等量曲線是指在各個不同生產要素組合之下（如勞動、土地與資本），廠商所生產出財貨數量均呈現相同水準。換言之，產量曲線是在某特定產量水準下，

廠商依所須投入各種生產要素的可能組合，由這些可能組合所形成的一條軌跡。所以等量曲線與前章所提及的無異曲線有點類似，其性質也很接近。

圖 6.3(A)(B)為等量曲線，(A)圖為三度空間的等量曲線，$\overline{AB}$高度為產量（Q），雙軸為投入要素的勞動（L_1）與資本（K_1）。等量曲線像似地圖標是高山的等高線，表示廠商生產相同產量（Q）時，所投入不同水準的勞動（L）與資本（K）的組合要素。而 A 點的等量曲線（I_1）為 B 點等量曲線（I_2）的投影，如(B)圖中的等量曲線 l_1，A 點則表示投入的勞動（L_1）與資本（K_1）要素水準。等量曲線為一條像又下方傾斜，是基於凸向原點的假設，是因為廠商生產活動呈現邊際技替代率遞減法則（law of diminishing marginal rate of technical substitution）的關係所致。

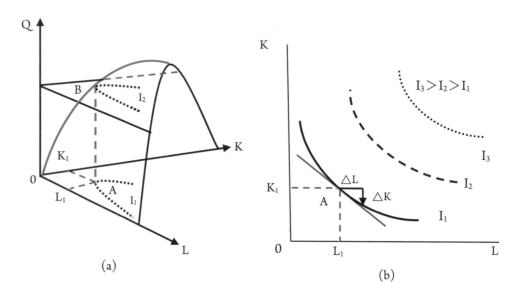

圖 6.3　等量曲線

邊際技替代率（$MRTS_{LK}$）表示廠商為了維持一定的產量水準，改變原先的生產要素投入量，並取代另一種生產要素的投入比例（$=-\frac{\Delta K}{\Delta L}$）。換言之，邊際技替代率（$MRTS_{LK}$）表示投入要素之間在生產過程中可以互相替代的關係程度。邊際技替代率可以用（6.13）式表示[3]

---

[3]　邊際替代率為生產投入要素的替代關係，因為投入要素之間的替代關係為相反方向，所以也有些書籍會取絕對值。$MP_L * \Delta L + MP_K * \Delta K = 0$，$-\frac{\Delta K}{\Delta L} = \frac{MP_L}{MP_K} = MRTS_{LK}$。

$$MRTS_{LK} = -\frac{\Delta K}{\Delta L} = -\frac{dK}{dL} = \frac{MP_L}{MP_K} \qquad (6.13)$$

　　圖 6.4 的等量曲線表示廠商投入不同水準的勞動（L）與資本（K）生產要素所獲得相同財貨產量（假設為 600 單位的 X 財）的組合軌跡。雖然圖中的曲線（由曲線圍成的圓形）的各個組合均由勞動（L）與資本（K）投入產生 600 單位的財貨，但是其中的有些勞動（L）與資本（K）的組合點顯然是不合理，且沒有效率的。所以圖 5.4 的等量曲線並非全部符合經濟的範圍。

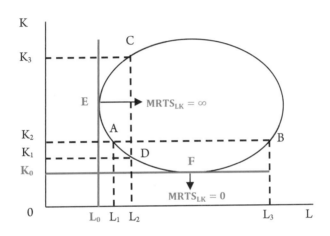

圖 6.4　等量曲線的經濟範圍

　　假設要生產 600 單位的財貨，最少需投入勞動（L）與資本（K）的生產要素組合為（L_0,K_0）。圖中廠商要同樣生產 600 單位的 X 財，A 點勞動（L）與資本（K）的生產要素組合為（L_1,K_2），B 點勞動（L）與資本（K）的生產要素組合為（L_3,K_2），B 點所投入的勞動（L）卻遠大於 A 點（$L_3>L_1$），廠商的合理選擇應該在 A 點。同樣地，C 點（L_2,K_3）與 D 點（L_2,K_1）相較之下，廠商所投入的資本（K）量，C 點就遠比 D 點為大（$K_3>K_1$），對廠商而言，C 點顯然在生產上的要素投入是不具效率的。所以廠商等量曲線的經濟合理範圍為 EF 段的曲線。

　　以上的等量曲線可以歸納以下幾點特徵：

一、等量曲線與無異曲線不同，它可以採用基數數量的客觀方法衡量產量水準與生產要素之間的合理性與效率性。

二、在等量曲線合理經濟的範圍內，曲線的斜率為負。

依據（6.1）$Q^X = f(L,K)$ 生產函數，對左邊 Q^X 微分得（6.14）式[4]

$$\frac{dK}{dL} = -\frac{\partial Q/\partial L}{\partial Q/\partial K} = -\frac{MP_L}{MP_K}$$
（6.14）

$\frac{dK}{dL}$ 為等量曲線的斜率。一個理性的生產者需在財貨的邊際產量為正值時才會從事生產活動，所以勞動的邊際產量（MP_L）與資本的邊際產量（MP_K）均大於 0。即是，$MP_L > 0$，$MP_K > 0$。因此，$\frac{dK}{dL}$（$= -\frac{MP_L}{MP_K}$）< 0，等量曲線的斜率為負數。

三、等量曲線凸向原點。

$-\frac{MP_L}{MP_K}$（$= \frac{dK}{dL}$）是廠商的斜率，事實上也是廠商在生產財貨時，勞動對資本的邊際技術替代率（$MRTS_{LK}$）。等量曲線凸向原點是因為邊際技術替代率（$MRTS_{LK}$）呈現遞減的緣故[5]。

四、等量曲線愈往右上方移動，產量水準愈高。

等量曲線高低代表不同產量水準。圖 6.3(B)中的等量曲線 I_1，I_2 與 I_3，各自代表不同的產量水準。離原點愈遠的等量曲線代表廠商生產財貨量愈多，反之則愈少（$I_3 > I_2 > I_1$）。

五、兩條等量曲線不相交。

如果廠商的等量曲線相交，表示等量的投入要素勞動（L）與資本（K）會產生不同財貨產量，違反等量曲線的基本假設：廠商採取效率最高技術從事生產活動[6]。

6.2.2 廠商的等成本曲線

消費者在有限的預算內消費，並追求最大滿足。同樣地，廠商在有限的費用預算內生產，並追求最小成本。本節將以廠商的等成本曲線（iso-cost curve）概念說明。

前面所述，在一定的生產技術之下，產量水準主要受到要素投入量多寡所決定。而廠商能夠支配的生產要素數量視其所擁有的資本與要素價格水準高低而定。P_L 與 P_K 分別表示投入要素勞動（L）與資本（K）的價格，並假設價格不會受到勞動（L）與資本（K）投入量多寡的影響。廠商所能支配的費用成本額度為 C，成本函數為（6.15）式

---

[4]　$dQ = \frac{\partial Q}{\partial L}dL + \frac{\partial Q}{\partial K} \cdot \frac{\partial Q}{\partial L} = MP_L$，$\frac{\partial Q}{\partial K} = MP_K$。因在同一條等量曲線上，所以 $dQ = 0$。$\frac{\partial Q}{\partial L}dL + \frac{\partial Q}{\partial K} = 0$，整理得，$\frac{dK}{dL} = -\frac{\partial Q/\partial L}{\partial Q/\partial K} = -\frac{MP_L}{MP_K}$。

[5]　$\frac{D}{dL}\left(-\frac{dK}{dL}\right) = -\frac{d^2K}{dL^2} < 0$，可寫成 $\frac{d^2K}{dL^2} > 0$。

[6]　參考鄧東濱、林炳文（1982），P268。

$$C = P_L L + P_K K \qquad\qquad (6.15)$$

圖 6.5 中的 $\overline{AB}$（$C = P_L L + P_K K$）線為廠商的等成本曲線。如果廠商在有限的成本預算下，全部購買其中的投入要素的最大數量分別在 A 點與 B 點的 $\frac{C}{P_K}$、$\frac{C}{P_L}$。在等成本曲線上任何一點，表示廠商購買任何要素的投入組合之費用皆相同。而在等成本曲線外側的 D 點（$C < P_L L + P_K K$）則表示超過廠商對財貨生產的成本預算；在等成本曲線內側的 E 點（$C > P_L L + P_K K$）表示處於廠商的成本預算之內，尚有餘力購買投入要素的能力。

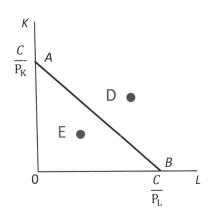

圖 6.5　等成本曲線

6.3　廠商成本的最小化條件

　　如將上述的等量曲線與等成本曲線結合來看，可以找出廠商生產財貨時的最佳選擇點，也就是廠商生產成本最小化的成立條件，透過圖 5.6 說明之。$\overline{A_1 B_1}$ 與 $\overline{A_2 B_2}$ 為產商不同水準的等成本曲線，I_1（＝100 單位）與 I_2（＝200 單位）廠商的等量曲線。在等量曲線 I_1 上的 C 點組合為廠商投入要素的最小成本組合。即，等量曲線與等成本曲線相切的點。因為廠商生產 100 單位財貨數量的 D 點與 E 點的組合成本皆高於 C 點。同理，等量曲線 I_2 與 $\overline{A_2 B_2}$ 的 F 點也是廠商生產 200 單位時的最小成本組合。

　　等量曲線與等成本曲線的切點是廠商生產財貨的最小成本之要素投入組合。在要素投入價格不變的前提假設之下，廠商要達到成本極小化可藉由「廠商在一定的成本預算線下，所能獲得最大的財貨產量」或「廠商在一定的財貨產量水準下，達

成最小化的成本支出」兩方面來達成。這樣成本最小化也可由下列之條件方程式來
表示。

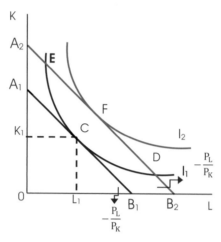

圖 6.6　成本最小化

廠商在一定的成本預算線下，所能獲得最大的財貨產量

$Max.$　　$Q^X = f(L, K)$

$s.t.$　　$C = P_L \cdot L + P_K \cdot K$　　$(P_L = \overline{P_L}, P_K = \overline{P_K})$　　　　　（6.16）

廠商在一定的財貨產量水準下，達成最小化的成本支出。

$Min.$　　$C = P_L \cdot L + P_K \cdot K$　　$(P_L = \overline{P_L}, P_K = \overline{P_K})$

$s.t.$　　$Q^X = f(L, K)$　　　　　$(Q^X = \overline{Q^X})$　　　　　（6.17）

利用拉格蘭茲乘數法（method of Lagrange multipliers）以（6.16）與（6.17）分
別導出廠商生產最有效率的必要條件一致，如（6.18）式

$$\frac{MP_L}{MP_K} = \frac{P_L}{P_K} \ \ \text{或} \frac{MP_L}{P_L} = \frac{MP_K}{P_K}$$　　　　　（6.18）

將（6.18）式擴大，廠商生產需要多種的投入要素時的必要條件可寫成

$$\frac{MP_L}{P_L} = \frac{MP_K}{P_K} = \cdots = \frac{MP_n}{P_n}$$　　　　　（6.19）

上式代表第一項的 $\frac{MP_L}{P_L}$ 是勞動的邊際生產量 MP_L 與 $\frac{1}{P_L}$ 的積。因為 P_L 是投入要素的

勞動價格（及工資），所以 $\frac{1}{P_L}$ 是每一單位的貨幣所能夠購買勞動（L）的數量。例

如，勞動價格為 98 元時，每一元所能購買的勞動量為 1/98。另一方面，勞動邊際生

產量 MP_L 代表微量勞動增加（減少）的財貨生產增加（減少）量。所以，$\frac{MP_L}{P_L}$ 意味著

廠商增加（減少）每一元的勞動投入量所產生的財貨增加（減少）量。同理，$\frac{MP_K}{P_K}$ 代

表廠商增加（減少）每一元的資本投入量所產生的財貨增加（減少）量。因此可

知，（6.19）式代表廠商成本最小化條件是須在廠商追加每一元的各個要素投入量所

產生的財貨增加量均達到相等時成立。因為如果廠商處於（6.20）式的生產狀態，表

示生產成本並非達到最小化。

$$\frac{MP_L}{P_L} > \frac{MP_K}{P_K} \tag{6.20}$$

（6.20）式表示廠商改變投入要素組合也不會造成財貨產量的減少，可以達到生

產成本最小化狀態。當廠商減少資本（K）一元的投入，造成財貨產量 $\frac{MP_K}{P_K}$ 的減少。

廠商如果要維持先前的財貨量水準，廠商必須增加勞動（L）量的投入來填補減少資

本（K）投入所造成財貨生產的減少。此時，廠商不需花費到一元的勞動（L）量降

可以達到填補效果，顯然 $\frac{MP_L}{P_L} > \frac{MP_K}{P_K}$ 的狀況下，廠商尚未處於財貨成本的最小化。所

以只有在（6.19）式條件下，才是產商生產成本的最小化。

上述的成本最小化是假定要素價格不變的前提下。以下就要素價格產生變化

時，廠商最小成本要素的最適組合。

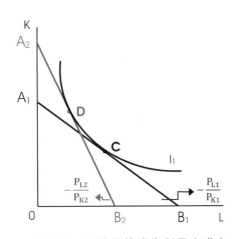

圖 6.7　要素價格變化與最小成本

圖 6.7 的曲線 I_1 為 100 的等產量曲線，等產量曲線 I_1 與最小成本要素組合 C 點的斜率 $-\frac{P_L}{P_K}$ 相等。而與 C 點相切的 $\overline{A_1B_1}$ 為廠商的等成本線。要素勞動（L）相對價格變得比資本（K）昂貴時，則最小成本的投入要素組合將由 C 點左移至 D 點，勞動（L）的投入量減少，資本（K）的投入量則增加了。像這樣投入要素勞動（L）的相對價格變貴結果，廠商的等成本曲線之斜率絕對值變得更大（$\left|-\frac{P_{L2}}{P_{K2}}\right| > \left|-\frac{P_{L1}}{P_{K1}}\right|$）。

6.4　廠商的成本結構

在本章第一節我們談論過生產函數，說明財貨生產與投入要素之間的關係。而要素的投入量也會受到要素價格變化的影響。所以，接下來要進一步介紹成本函數（cost function），它代表著廠商在生產過程中，財貨的生產量與投入成本之間的函數關係。成本函數可由（6.21）表示

$$C = C\ (Q^X)$$
(6.21)

在（6.21）式成本函數中，Q^X 的生產水準受到（6.1）式 $Q^X = f\ (L,K)$ 生產函數所影響，兩者之間關係可參考上述的（6.16）式，在此不多論述。以下，從成本函數討論廠商的短期與長期的生產成本結構，而在這之前，我們先就短期與長期的定義做一些的說明。

短期成本的主要假定是要素價格不變，且固定要素不變而可變要素可變為前提。因為要素價格不變（例如，$P_L = \overline{P_L}, P_K = \overline{P_K}$），所以廠商生產成本的高低視要素投入量多寡而定。我們知道在生產要素中可以分為固定要素（K）與可變要素（L）兩大類。短期上，因為固定要素（K）無法改變，所以廠商如果欲改變財貨產量，必須透過改變可變要素（L）不可。基於此，學者為求簡單起見，常常將短期成本以下列方式表示：

$$Q^X = f\ (L,\overline{K})$$
$$C = \overline{P_L} \cdot L + \overline{P_K} \cdot \overline{K}$$
(6.22)

另一方面，長期成本的主要假定也是建立在要素價格不變，但是所有的生產要素（固定要素與可變要素）都是可以改變。所以長期之下的成本可以用下列程式表示：

$$Q^X = f\ (L,K)$$
$$C = \overline{P_L} \cdot L + \overline{P_K} \cdot K$$
(6.23)

6.4.1 廠商的短期生產成本

廠商的短期生產成本定義可由（6.22）式表示，總成本（total cost ,TC）中包含了總固定成本（total fixed cost ,TFC）與總變動成本（total variable cost ,TVC），分別為方程式中的$\overline{P_K} \cdot \overline{K}$與$\overline{P_L} \cdot L$。所以將（6.22）的總成本方程式改為：

$$TC = TFC + TVC \tag{6.24}$$

上式可以用圖 6.8 來說明。總固定成本（TFC）不受產量多寡的影響，所以呈現平行於橫軸的直線，當$Q^X = 0$或其他產量水準時，TFC是一個正常數。另外，總變動成本（TVC）會隨財貨產量水準而變動，當$Q^X = 0$時，$TFC = 0$。但是，當產量在Q_1^X之前（TVC曲線向下凹入處），總變動成本（TVC）會隨財貨產量增加而減速遞增；但是，當產量在Q_1^X之後（TVC曲線向上凹入處），則總變動成本（TVC）會隨財貨產量增加而加速遞增。

另一方面，從平均與邊際的角度來看廠商的成本，將（6.24）式左右兩邊除於Q^X，可以得到各項的平均值，平均總成本（average total cost, ATC）等於平均固定成本（average fixed cost, AFC）加上平均變動成本（average variable cost, AVC）。

$$ATC = AFC + AVC \ (\ = \frac{TC}{Q^X} = \frac{TFC}{Q^X} + \frac{TVC}{Q^X} \ ) \tag{6.25}$$

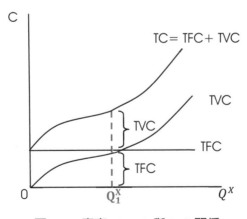

圖 6.8　廠商 TC,TFC 與 TVC 關係

關係廠商利潤的重要成本還有邊際成本。邊際成本（marginal cost, MC）是衡量廠商每增加財貨一單位生產時，所導致的總成本的增加量，也是總成本曲線（TC）

或總變動成本曲線（*TVC*）上任何一點的切線斜率。亦即

$$MC = \frac{\Delta TC}{\Delta Q^X} = \frac{dTC}{dQ^X}$$

（6.26）

圖 6.9(A)(B)為廠商的各成本曲線。圖 6.9(A)中，由原點出發分別與*TC*曲線和*TVC*曲線相切於 *G*、*E* 點，$\overline{OG}$ 與 $\overline{OE}$ 之斜率分別代表廠商生產 *X* 財在Q_3^X與Q_2^X水準的平均變動成本（*AVC*），同時也是廠商的邊際成本（*MC*）。當產商的產量在Q_3^X之前時，與*TC*曲線相切的斜率是隨產量的增加而降低（*ATC*逐漸下降）。一旦超過Q_3^X之後，斜率是隨產量的增加而遞增（*ATC*逐漸上升）。另外，當產商的產量在Q_2^X之前時，與*TVC*曲線相切的斜率是隨產量的增加而降低（*AVC*逐漸下降）。一旦超過Q_2^X之後，斜率是隨產量的增加而遞增（*AVC*逐漸上升）。所以，*ATC*與*TVC*曲線式呈現「*U*」字形。而平均固定成本（*AFC*）是一條向右下方傾斜曲線，代表廠商的生產是隨財貨產量的增加所分攤的固定成本也就逐漸越少。

因此，從上述的*ATC*與*TVC*曲線形狀的變化可知，廠商的MC曲線依序通過*TVC*曲線與*ATC*曲線的最低點，這一點亦可以從圖6.9(B)中得到確認。

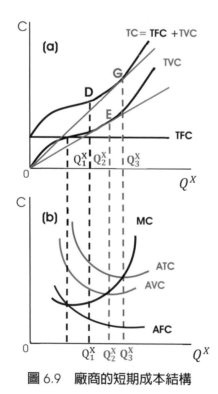

圖 6.9　廠商的短期成本結構

綜合以上廠商的短期成本結構特徵有以下兩點：

一、當邊際成本（MC）曲線高於平均總成本（ATC）與平均變動成本（AVC）曲線時，則平均總成本（ATC）與平均變動成本（AVC）呈現遞增。

二、當邊際成本（MC）曲線低於平均總成本（ATC）與平均變動成本（AVC）曲線時，則平均總成本（ATC）與平均變動成本（AVC）呈現遞減。

另外，將（6.1.2）節的生產函數與成本函數結合來看，透過圖 6.10 可以清楚地知道兩者之間的關係[7]。

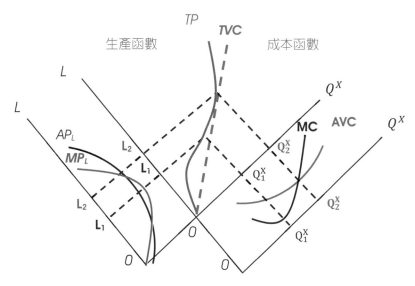

圖 6.10　生產函數與成本函數的關係

圖 6.10 右邊由產量（Q^X）與勞動要素（L）構成了總變動成本曲線（TVC），代表廠商的成本函數關係。而左邊的勞動要素（L）與產量（Q^X）則構成總產量曲線（TP），代表廠商的生產函數關係。當廠商的產量在Q_1^X之前的邊際成本（MC）是遞減的，邊際產量（MP_L）是遞增，這個階段對生產者的邊際報酬是遞增狀態。一旦超出Q_1^X的產量時，邊際成本（MC）轉為遞增，邊際產量（MP_L）則是遞減。廠商邊際成本（MC）達到最小化與邊際產量（MP_L）最大化是在產量Q_1^X與勞動要素 L_1 時決定。而廠商平均變動成本（AVC）達到最小化與勞動的平均產量（AP_L）最大化是在產量Q_2^X與勞動要素 L_2 時決定的。

---

[7]　參考鄧東濱、林炳文（1982），P334。

6.4.2 廠商的長期生產成本

上一節說明了廠商短期生產成本。因為，廠商生產時是追求單位成本達到最低化，所以可以透過短期總成本曲線求得廠商的長期總成本曲線（LTC）與長期平均成本曲線（LAC）。圖 6.11 中，當產量在Q_1^X之前的長期總成本曲線（LTC）為STC_1，在Q_1^X與Q_2^X之間的長期總成本曲線（LTC）則為STC_2，在Q_2^X與Q_3^X之間的長期總成本曲線（LTC）則為STC_3，……。以此類推，連結Q_1^X、Q_2^X、Q_3^X所對應短期總成本曲線（STC）的轉折點 F、G、H，……，可以找到廠商的長期總成本曲線（LTC）。換言之，長期總成本曲線（LTC）係由各產量下最低的短期總成本曲線（STC）所包絡而成的曲線。所以LTC是由STC的包絡曲線（envelope curve）。

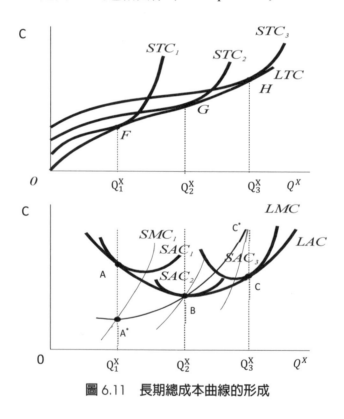

圖 6.11　長期總成本曲線的形成

另一方面，典型的長期平均成本（LAC）和短期平均成本（SAC）曲線一樣也是一條 U 型的曲線，它隨產量的增加成本呈現遞減，之後再遞增的一條曲線。長期平均成本（LAC）是在各種特定產量之下，連結所對應最低的短期平均成本（SAC）組合所成的軌跡，如圖 6.11 中的 A、B、C，……。

在平均成本曲線與邊際成本曲線關係中，長期邊際成本曲線（LMC）是由長期平均成本（LAC）與短期成本（SAC）曲線相切所對應的短期邊際成本曲線（SMC）所連結而成。圖 6.11 中，當產量在Q_1^X時，長期平均成本（LAC）$= SAC_1 = A$，而$LMC = SMC_1 = $ A*；產量在Q_2^X時，長期平均成本（LAC）$=SAC_2 = B$，而$LMC = SMC_2 = $ B；產量在Q_3^X時，長期平均成本（LAC）$=SAC_3 = C$，而$LMC = SMC_3 = $ C*。所以，LAC與SAC相切的產量所對應的LMC與SMC也是相交，但LMC並非SMC的包絡曲線。

6.4.3 生產的規模報酬與成本函數

當廠商所有生產要素之投入量作同一的比例變動時，產量會產生何種的變動？這可由要素的產出彈性（output elasticity, ε）概念來說明。

$$\varepsilon = \frac{\frac{dQ}{Q}}{\frac{dL}{L} \left(=\frac{dK}{K}\right)} \tag{6.27}$$

$\frac{dL}{L}$與$\frac{dK}{K}$分為表示勞動與資本兩要素的變動時，所產生的產量比例變動為$\frac{dQ}{Q}$。當$\varepsilon < 1$時，則生產函數處於規模報酬遞減（decreasing returns of scale）；$\varepsilon = 1$時，則生產函數處於規模報酬不變（constant returns of scale）；$\varepsilon > 1$時，則生產函數處於規模報酬遞增（increasing returns of scale）狀態。

反之，亦可用成本彈性（elasticity of cost, E_C）說明產量變動與長期總成本（LTC）的關係程度，並可透過長期邊際成本（LMC）與長期平均成本（LAC）的比較下，找出廠商的生產效率。

$$E_C = \frac{\frac{dLTC}{LTC}}{\frac{dQ}{Q}} = \frac{\frac{dLTC}{dQ}}{\frac{LTC}{Q}} = \frac{LMC}{LAC} \tag{6.28}$$

上式，當長期平均成本（LAC）處於遞減狀態時，成本彈性$E_C < 1$，稱之為規模經濟（economies of scale），如圖 6.11 的$\overset{\frown}{AB}$段（$LMC < LAC$）；當長期平均成本（LAC）處於最低點時，成本彈性$E_C = 1$，稱之為規模經濟不變，相當於圖中的 B 點（$LMC = LAC$）；當長期平均成本（LAC）遞增時，則成本彈性$E_C > 1$，稱之為規模不經濟（diseconomies of scale），相當於$\overset{\frown}{BC}$段（$LMC > LAC$）。

📖 **應用問題**

某工廠的生產函數如下：

勞動量（L）	產量（Q）	TC	TVC	TFC	ATC	AVC	AFC	MC
1	1							
2	3							
3	6							
4	10							
5	15							
6	21							
7	26							
8	30							
9	33							
10	35							

假設每單位勞動的工資為$400，廠商的總固定成本（Total Fixed Cost）為$1000：

（一）請計算廠商的總成本（TC，Total Cost）、總變動成本（TVC，Total Variable Cost）和總固定成本（TFC，Total Fixed Cost）填入上表。

（二）請計算廠商的平均總成本（ATC，Average Total Cost）、平均變動成本（AVC，Average Variable Cost）、平均固定成本（AFC，Average Fixed Cost）與邊際成本（MC，Marginal Cost）填入上表。

（三）當AVC下降時，MC是否一定小於AVC？

（四）當AVC上升時，MC是否一定大於AVC？

【91 高考】

📁 **提示**

可以利用下列公式計算某工廠的各種生產成本：

TC = TFC + TVC

$ATC = \dfrac{TC}{Q} = AFC + AVC$

L	Q	TC	TVC	TFC	ATC	AVC	AFC	MC
1	1	1,400	400	1,000	1,400	400	1,000	400
2	3	1,800	800	1,000	600	266.7	333.3	200
3	6	2,200	1,200	1,000	366.7	200	166.7	133.3
4	10	2,600	1,600	1,000	260	160	100	100
5	15	3,000	2,000	1,000	200	133.3	66.7	80
6	21	3,400	2,400	1,000	161.9	114.3	47.2	66.7
7	26	3,800	2,800	1,000	146.2	107.7	38.5	80
8	30	4,200	3,200	1,000	140	106.7	33.3	100
9	33	4,600	3,600	1,000	139.4	109.1	30.3	133.3
10	35	5,000	4,000	1,000	142.9	114.3	28.6	200

（一）由上表的資料中可知，當工廠的產量低於 30 單位時，廠商的平均變動成本（AVC）是呈現下降傾向。而且，除了廠商的產量為 1 個單位時，平均變動成本與邊際成本相等，皆為 400（AVC ＝ MC ＝ 400）之外，其餘的邊際成本（MC）皆小於平均變動成本（AVC）。

（二）再觀察上表中的資料，當廠商的產量超過 30 單位時，廠商的平均變動成本（AVC）再度上升趨勢，此時廠商的邊際成本（MC）轉為大於平均變動成本（AVC）。

📖 **應用問題**

請說明為何廠商的長期邊際成本（LMC）會通過長期平均成本（LAC）的最低點？

【90 國安局】

📁 **提示**

參考本章的 5.4.2 節，長期平均成本曲線（LAC）的最低點是在長期平均成本曲線（LAC）與長期邊際成本曲線（LMC）相交之處。這一點代表廠商長期的最適生產規模（optimum scale of plant）。

由數學證明長期邊際成本曲線（LMC）一定通過長期平均成本曲線（LAC）的最低點：

廠商的長期平均成本為$LAC = \frac{LTC}{Q}$。對 Q 微分得，$\frac{dLAC}{dQ} = \frac{\frac{dLTC}{dQ} \cdot Q - LTC}{Q^2} = \frac{1}{Q}$（LMC − LAC）

（一）當$\frac{1}{Q}$（LMC − LAC）＜ 0，廠商的長期平均成本LAC處在下降階段，但長期邊際成本曲線（LMC）低於長期平均成本（LAC），LMC ＜ LAC。

（二）當$\frac{1}{Q}$（LMC − LAC）＝ 0，廠商的長期平均成本LAC處在最低階段，長期邊際成本曲線（LMC）等於長期平均成本曲線（LAC）。即LMC ＝ LAC。

（三）當$\frac{1}{Q}$（LMC − LAC）＞ 0，廠商的長期平均成本LAC處在上升階段，廠商的長期邊際成本曲線（LMC）高於長期平均成本曲線（LAC）。即LMC ＞ LAC。

我們從前面章節知道，廠商的邊際成本曲線是長期平均成本曲線與短期平均成本曲線相切點所對應的短期邊際成本曲線連接而成的，所以長期平均成本曲線與短期平均成本曲線相切時的產量所對應的長短期邊際成本曲線也會相交。圖形說明LMC一定通過LAC最低點：

圖 6.12 中，當廠商生產水準在最低成本組合下的產量Q_f的左邊時，即$Q < Q_f$，此時雖然LMC ＜ LAC，但長期平均成本曲線（LAC）是呈現下降走勢；當廠商生產水準在最低成本組合下的產量剛好為產量Q_f時，即$Q = Q_f$，廠商的長期邊際成本曲線（LMC）通過長期平均成本曲線（LAC）最低點。當產量高於Q_f時，長期邊際成本曲線在長期平均成本曲線上方（LMC ＞ LAC），LAC呈現上升走勢。

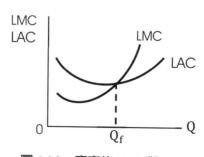

圖 6.12　廠商的 LMC 與 LAC

✦ **經濟政策的解析：新政治經濟體下的企業生產成本結構的影響**

90 年代台灣的股市泡沫與資金外移，國內很多企業將生產基地移轉到中國大陸或東南亞國家等地區，造成國內投資不足，產業空洞化等問題。在這樣得時空背景的環境下，台灣無法有效地推動產業結構調整，造成經濟結構的失衡，高強度的經濟成長依賴在貿易部門。貿易體質的經濟體制非常不穩定，風險高，這在 2008 年的世界金融危機爆發後，很明顯看到我國經濟是脆弱的。2019 年 COVID-19 疫情以及美中之間的貿易戰爭所引發新的國際政治體制重組，對台灣而言影響的層面是國際政治局勢以及國內經濟產業都產生了質與量的變化。國際政治體制的重新布局，台灣參與其中；以及國內廠商生產據點的海外回流，國內經濟產業結構將可能產生變化，這些變化包含了 1.成本改變 2.附加價值的變 3.政治風險的降低 4.創新技術的提升等。

本章分析企業廠商的生產活動，過程當中的成本結構以及生產量水準之間存在選擇的生產要素投入理論，當上述的國際政治局勢以及國內經濟產業產生變化時，生產函數以及各種生產成本曲線將會相應地發生改變。我們可以利用本章的學習來分析未來我國企業在生產要素選擇與技術創新之間可以對產業發展產生的影響。

▶▶ 實力測驗

☆ 選擇題

(　)1. 若勞動是廠商唯一的生產要素，當該廠商的產量在其生產函數上反曲點的左側，下列敘述何者正確？
(A)勞動邊際生產力與平均生產力均為遞增
(B)勞動邊際生產力與平均生產力均為遞減
(C)勞動的邊際生產力遞增，平均生產力遞減
(D)勞動的邊際生產力遞減，平均生產力遞增

【109 年公務人員普考】

(　)2. 總固定成本下降對平均變動成本與平均成本的影響，下列敘述何者正確？
(A)可能使平均成本與平均變動成本相交
(B)平均成本最低點與平均變動成本最低點距離變小
(C)平均成本線與平均變動成本間的垂直距離變小
(D)平均成本線與平均變動成本均往下平行移動

【109 年公務人員普考】

(　)3. 假設在香香果園勞力是唯一的變動成本，已知當勞力為 0，產出為 0。此外，當勞力為 2，總成本為 100；當勞力為 3，總成本為 120。若每單位勞力的成本是一樣的，試問固定成本為何？
(A) 40　(B) 60　(C) 80　(D) 100

【108 年公務人員普考】

( )4. 在其他條件不變下，追求利潤極大的廠商會調整其勞動需求量，直到下
列何項條件成立為止？

(A)邊際生產收益等於實質工資率　　(B)勞動邊際產量等於實質工資率

(C)邊際成本等於產品價格　　　　　(D)勞動需求量等於勞動供給量

【107 年公務人員普考】

( )5. 當規模經濟存在時，下列敘述何者錯誤？

(A)此時為規模報酬遞減階段

(B)長期邊際成本小於平均成本

(C)長期平均成本屬於遞減階段

(D)隨著廠商擴增生產規模時，長期平均成本將下降

【106 年公務人員普考】

( )6. 判斷廠商是在短期或長期生產期間，下列條件何者正確？

(A) 必須所有生產要素都不能變動的期間才是短期；必須所有生產要素都
能變動的期間才是長期

(B) 必須所有生產要素都不能變動的期間才是短期；只要有兩種或兩種以
上生產要素能變動的期間即是長期

(C) 只要有一種或一種以上生產要素不能變動的期間即是短期；必須所有
生產要素都能變動的期間才是長期

(D) 只要有一種或一種以上生產要素不能變動的期間即是短期；必須超過
一年以上的期間才是長期

【98 高考】

( )7. 若兩要素並非完全替代，則等成本線（isocost line）上各點的產量水準有
何特性？

(A)都相同　　　　　　　　　　　(B)都不相同

(C)至少可找到一個產量極大的點　(D)至多可找到一個產量極大的點

【98 鐵路考】

( )8. 某電子工廠去年僱用勞動力 10 單位及機器設備 5 單位，產量為 80 單位；今年調整為勞力 5 單位及機器設備 10 單位，產量維持不變。該廠明年計劃擴張為勞力 10 單位及機器設備 20 單位，預估產量增加至 150 單位。請問其生產技術型態為何？

    (A)規模報酬遞增　(B)規模報酬不變

    (C)規模報酬遞增　(D)規模報酬先遞增，再遞減

【98 鐵路考】

( )9. 光碟片製作時，以勞力代替資本之邊際技術替代率為 $\frac{1}{2}$，且勞力的邊際產量為 60，則資本的邊際產量為何？

    (A) 12　(B) 30　(C) 60　(D) 120

【98 地方三等考】

( )10.當邊際產量達到極大時，平均產量將會如何？

    (A)低於邊際產量　(B)等於邊際產量

    (C)高於邊際產量　(D)與邊際產量的關係不一定

【98 地方三等考】

( )11.假設生產函數為 Cobb-Douglas 形式，則勞動力僱用之增加會使實質之資本租賃價格（Real Rental Price of Capital）如何改變？

    (A)上升

    (B)不變

    (C)以比勞動力僱用之增加比例更大之幅度下降

    (D)以比勞動力僱用之增加比例略小之幅度下降

【98 地方三等考】

( )12.有關廠商長期生產函數$Q = f(L, K)$的敘述，下列何者正確？

(A)如果廠商使用固定比例的生產技術，等產量線為直線

(B)如果廠商使用變動比例的生產技術，等產量線為凸向原點的曲線

(C)如果廠商使用要素，完全替代的生產技術，等產量線為L型

(D)如果一單位資本可以替代越多單位的勞動，則在$L - K$平面圖上，等產量線的切線斜率越大，邊際替代率越大

【99 高考】

( )13.假設某廠商使用的生產技術，其勞動對資本的邊際技術替代率為$\frac{2}{5}$，若每單位勞動的價格是 90 元，每單位資本的價格是 150 元，則下列何者正確？

(A)廠商的生產函數為$Q = \min\{2L, 5K\}$

(B)廠商會選擇多使用資本

(C)廠商會選擇多使用勞力

(D)廠商使用的勞力與資本比例為 2:5

【99 高考】

( )14.假設廠商生產僅使用勞動一種生產要素，且勞動的價格為一固定值，則下列何者正確？

(A)當生產的邊際成本遞增時，勞動的平均產量遞減

(B)當生產的邊際成本遞減時，勞動的邊際產量遞減

(C)當生產的平均成本遞減時，勞動的邊際產量遞增

(D)當生產的平均成本遞增時，勞動的平均產量遞減

【93 初等考】

( )15.令 MC 代表邊際成本，AC 代表平均成本，則當 AC 上升時：

(A) MC＝0　(B) MC>AC　(C) MC<AC　(D) MC=AC

【93 初等考】

（　）16.假設廠商追求成本極小化，該廠商的生產函數 $Q=L^{1/2}K^{1/2}$，要素價格 $P_L=4$，$P_K=1$；如果廠商決定生產 $Q=10$，請問應使用多少 L 與 K，才能達成本極小？

(A) L＝K＝10　　(B) L＝5，K＝20　　(C) L＝4，K＝1　　(D) L＝2.5，K＝10

【92 初等考】

（　）17.設 MP 為邊際產量，而 AP 為平均產量，下列情況何者為正確？

(A)當 AP 下降時，AP＞MP　　　　(B)當 AP 上升時，AP＞MP

(C) AP 與 MP 交於 MP 之最高點　　(D) AP 與 MP 交於 AP 之最低點

【89 四等特考】

（　）18.廠商用 500 元雇用二種因素，勞動（置於橫軸）與資本（置於縱軸）。勞動價格為 20，資本價格為 25，則等於成本線的斜率為：

(A) 500　　(B) 25÷500　　(C) -4/5　　(D) 25÷20

【86 年高等檢定】

☆**申論題**

一、設生產函數為柯布・道格拉斯（Cobb-Douglas）形式：$Q = AL^{\alpha}K^{\beta}$，A 為常數係數，α、β 都是正數，Q 為產量，K 為資本，L 為勞動：

（一）若 $\alpha + \beta = 1$，請證明此生產函數為固定規模報酬。

（二）資本和勞動的產出彈性為何？

（三）若 $\alpha + \beta = 1$，請證明此生產函數符合尤拉定理（Euler's Theorem）。

【90 國安局】

Part 3

個體政治經濟學的
展開

完全競爭市場
的廠商

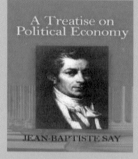

賽伊
（**Jean-Baptiste Say**, 1767-1832）

如果許多財貨過多了，這是因為
其他財貨沒有生產到足夠的水
準。……，某財貨能夠超過生產
成本而銷售時，就會吸引其他財
貨的生產者加入此財貨之生
產……。一直到兩者的生產情勢
都得到相等報酬為止。

▌前言 ──────────────

我們每天都可能會購買日常用品，廠商則提供這些
他們生產商品，這就是市場活動的一環。然而，當
我們在購買眾多產品當中，我們消費者與生產者之
間對該產品的影響能力不盡相同，這意味著每種商
品可能分屬在不同的市場型態之中。在第 5 章與 6
章中我們所探討的是需求面的消費者行為與供給面
廠商的生產行為。在本章我們將結合需求與供給，
探討供需之間的市場交易行為。日常生活中我們無
法避免對商品的依賴。生產者為生產財貨而絞盡腦
汁，消費者則為消費財貨必須斤斤計較，兩者的目
標一致，皆希望獲得較好的結果。但是，在我們的
經驗中，到賣場買包洗衣粉，或到便利商店買一份
報紙，都不會因為你購買數量多寡而影響價格。消
費者無法以自身的購買數量來左右價格，消費者是
價格的接受者（price takers）。而另一方面，當廠
商無法以他的生產量來控制價格時，必須在既有的
價格水準下提供產品，我們也同樣稱他們是價格的
接受者。

7.1 完全競爭市場的特徵

　　經濟學分析市場時常分為部分均衡與一般均衡，而部分市場均衡是探討每種產品所構成的市場作為分析對象，如果從競爭程度的大小來區分市場型態可以分為完全競爭市場與不完競爭市場，其中不完競爭市場又分為獨占市場（monopoly market）、寡占市場（oligopoly market）與獨占性競爭市場（monopolistic competition market）。廠商（firm）生產產品在市場銷售，各廠商的經濟活動在市場上共同形成一個產業（industry）。然而每一種產業的各廠商之間的市場占有率，產品的同質性等程度上存在很大的差異，這些差異反映出某商品的產業的市場結構（market structure），本章先將介紹完全競爭市場。

　　需求曲線與供給曲線相交時決定市場的均衡價格。一般的教科書對市場結構的常以市場占有率或品質差異性來說明。基於此，所謂完全競爭市場（perfectly competitive market）是指具有以下的特徵：

一、生產同種類廠商的產品具有同質性。

二、家庭與廠商為數眾多，個別的消費與生產占市場全體交易量微乎其微。

三、個別家庭與廠商在決定消費和生產時，不會考慮對其他消費者與生產者產生影響。

四、個別家庭與廠商對市場價格與產品性質的資訊完全自由。

五、長期而言，廠商進出市場是完全自由，沒有障礙。

　　從以上的特徵可以導出完全競爭市場下廠商所面臨的需求曲線、平均收入曲線、總收入曲線以及邊際收入曲線。圖 6.1(A)的 $\overline{D_1 D_1}$ 曲線代表由眾多消費者所構成的市場需求曲線，$\overline{S_1 S_1}$ 曲線為眾多廠商所形成的市場供給曲線，在 $\overline{D_1 D_1}$ 與 $\overline{S_1 S_1}$ 相交的均衡點上決定了市場價格 P_1。P_1 為各廠商與消費者所接受的市場價格，生產者與消費者在完全競爭市場皆為價格的接受者，不是價格決定者（price makers）。

　　圖 7.1(B)為個別廠商所面臨的需求曲線，式呈現水平彈性值無窮大的需求曲線。這條水平的需求曲線代表在既定的市場價格 P_1 下，個別廠商生產與銷售其商品，所以也是廠商的平均收入曲線（AR_1），同時也是個別廠商的邊際收入曲線（MR_1）。如果廠商欲將銷售價格提高 P_1 以上時，那產品將一個也賣不掉，因為消費者在資訊是完全自由前提下，會轉向其他的廠商購買。另一方面，由圖 6.1(B)的平均收入曲線

（AR₁）與邊際收入曲線（MR₁）可導出圖 7.1(C)的總收入曲線，當 P₁ 為市場價格時，廠商的銷售量為 Q 的總收入曲線為 TR₁（=P₁*Q）。

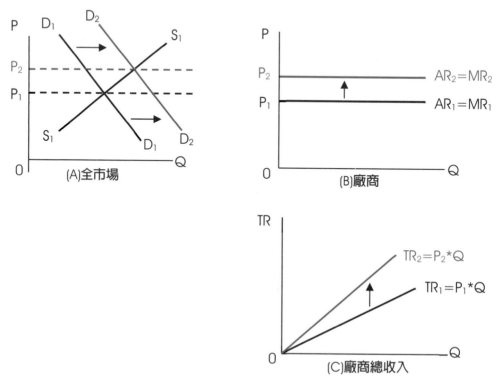

圖 7.1　完全競爭市場的 AR,MR 與 TR 曲線

　　如果圖 7.1(A)的需求曲線由 $\overline{D_1 D_1}$ 又移至 $\overline{D_2 D_2}$ 時，市場價格由 P₁ 提高 P₂，圖 7.1(B)的平均收入曲線與邊際收入曲線往上移動（AR₂=MR₂），而圖 7.1(C)的總收入曲線也會左移為 TR₂（=P₂*Q）。

7.2　市場的均衡

7.2.1 部分均衡分析的效率性

　　在第三章中，我們初步了解市場均衡的概念。然而，在一般的理解上，在市場的部分均衡分析中，當需求曲線與供給曲線相交時即達到均衡。但是，即使需求曲

線與供給曲線沒有相交時，均衡也能存在。[1]在我們的現實生活中，例如，被稱為自由財（free goods）的空氣、陽光……等，對每個人來說這些自由財是不可或缺的需求，但是人們不需購買也能使用。像這樣自由財價格為 0，因為能夠滿足市場的需求，也能夠源源不絕地供給，可視為這些自由財的均衡價格為 0。

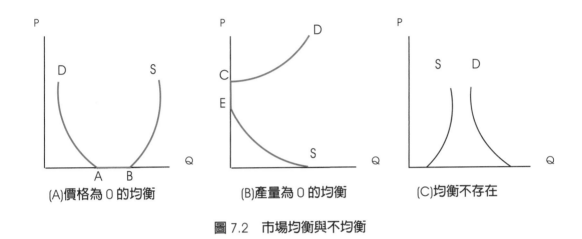

圖 7.2　市場均衡與不均衡

自由財的均衡如圖 7.2(A)，空氣，陽光在一般人眼中，不需花錢也能享受，在 $\overline{AB}$ 段的數量之間價格為 0，供需達到一致。另一方面，圖 7.2(B)在 $\overline{CE}$ 段的價格之間，供需達到一致，此財貨產量為 0 的均衡，這種商品的特質是「有行無市」。例如，計算機剛發明之初，因為生產成本昂貴，一台超過百萬元。即使市場對計算機的需求很高，但是太貴了，所以在市場上沒有交易量。

如果在任何價格都會產生需求大於供給時，那會如同圖 7.2(C)所示，兩者之間沒有交集，價格與數量之間達不到一致性，均衡不存在，這種現象在理論上可以說明，但現實的生活上似乎很難用例子來解釋。

市場的競爭與到達均衡的最後結果，經濟學會從社會福利的變化來看。市場均衡的轉變所產生社會福利的變化，進而解釋競爭市場效率性的高低是傳統經濟學的主要重點。這樣的解釋美化自由競爭市場體制，容易造成一種觀念，以為市場是萬能的，唯有遵循市場機制就能夠解決問題的樂觀想法。但是不管贊成與否，以社會福利（效率性）來做為分析市場是一項值得學習的工具。

---

[1]　西村和雄（1998）《ミクロ経済学入門—第 2 版》，pp.184-185，岩波書店。

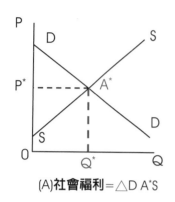 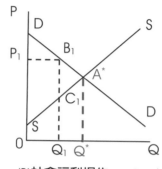 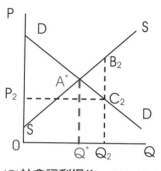

(A)社會福利＝△D A*S　　(B)社會福利損失＝△B₁ A* C₁　(C)社會福利損失＝△B₂ A* C₂

圖 7.3　競爭均衡與社會福利

　　圖 7.3 為競爭市場在均衡與非均衡時社會福利的差異。圖(A)是市場達到均衡時所產生的社會福利為△DA*S（＝消費者剩餘△P*DA*+生產者剩餘△P*A*S），這是最有效率時的總剩餘。如果偏離均衡點 A*，那麼社會福利會減少，形成資源的浪費，如圖(B)，圖(C)。圖(B)是當商品數量坐落在均衡數量的左邊時，社會福利為□SDB₁C₁（＝消費者剩餘△P₁DB₁+生產者剩餘□SP₁B₁C₁），和圖(A)的社會福利為△DA*S 相比，社會福利減少了△B₁ A* C₁；反之，市場的數量坐落在均衡數量的右邊時的社會福利減少了△B₂ A* C₂。

　　上述部分均衡的分析的基本假設是忽視各種財貨之間的相互依賴關係；消費者剩餘是建立在消費者貨幣邊際效用一定的假設之下；社會福利是假設各個需求曲線下的消費者剩餘的加總是合理的。這些的假設前提也是很多經濟學者所批評的地方。

7.2.2　一般均衡的交換模型

　　因為部分均衡無法說明複數市場之間的相互依賴關係，背離實際市場間存在的緊密性。因此，解決這樣疑慮的分析模型為一般均衡理論（general equilibrium theory）。在一般均衡分析上，還是以市場效率說明資源是否充分利用，經濟學家常以艾吉渥斯箱型圖（Edgeworth box diagram）分析市場的最適分配。

　　經濟學常簡化經濟活動以順利分析所關心的議題，所以當分析消費的效率性，假設只有兩位消費者對兩種商品做購買。假設經濟社會的交易模型只有 A、B 兩人，

他們將所得全部只用於購買財貨 1 與財貨 2 兩種商品上。在已知財貨 1 與財貨 2 的價格下，A、B 兩人分別在各自的預算限制線基礎上，追求消費效用的極大化。圖 7.4 為 A、B 兩人對財貨 1 與財貨 2 兩種商品所獲得無異曲線的集合體，左下方為 A 消費者對財貨 1 與財貨 2 的購買，右上方則為 B 消費者對財貨 1 與財貨 2 的購買，兩人分別存在著無限多條不同水準的無異曲線。兩人的無異曲線有的是呈現相交，有的則是相切。A、B 兩人之無異曲線相切的地方是柏雷托最適（Pareto optimum），如圖中的 a 點、b 點與 c 點都是柏雷托的最適點。這表示要提高 A 的滿足必須以減少 B 的效用為代價，已經達到任何人的消費改變都可能損及他人利益的水準境界，而連結 a 點、b 點、c 點等無異曲線的切點稱之消費契約曲線（consumption contract curve: C.C.C.）。所以，契約曲線上任何一點都代表著柏雷托最適性（Pareto optimality）或是柏雷托效率（Pareto efficiency）的分配。

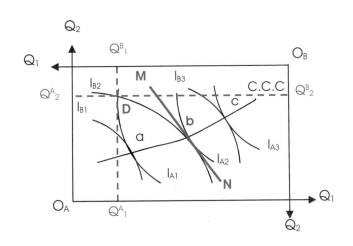

圖 7.4　艾吉渥斯箱型圖與契約曲線

若 D 點沿著 I_{B2} 移動至 b 點時，B 消費者的效用不變，但是 A 消費者的效用由 I_{A1} 提高到 I_{A2}；或是 D 點沿著 I_{A1} 移動至 a 點時，A 消費者的效用不變，但是 B 消費者的效用由 I_{B2} 提高到 I_{B1}。像這樣的消費組合的移動，對整體的效用增加不以減少他人的效用為代價稱為柏雷托改善（Pareto improvement）。

圖 6.4 中，$\overline{MN}$ 為消費者 A、B 兩人的預算線，剛好相切 A、B 兩消費者的無異曲線 I_{A2} 與 I_{B2} 於 b 點。b 點為無異曲線 I_{A2} 與 I_{B2} 的切點，同時也在 $\overline{MN}$ 預算線上，所以在契約曲線上的 A、B 兩人的邊際替代率相等，也等於兩財貨的價格比。因此，一般均衡的解為柏雷托效率，其成立條件為：

$$MRS^A = MRS^B = \frac{P_1}{P_2}$$

（7.1）

由（7.1）式可以瞭解到市場是透過價格做為媒介，進而達成消費的效率分配。

上述是在忽略生產（供給）面前提之下分析消費（需求）面的效率性。接下來將從生產面探討效率分配。

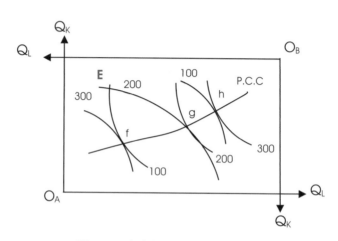

圖 7.5　生產契約曲線(P.C.C.)

圖 7.5 中，分布無數 A、B 兩廠商生產 X、Y 財貨的等量曲線，例如廠商 A 使用不同 L 與 K 要素組合生產不同水準的 X 財，三條等量曲線分別代表 100、200、300 單位的產量。另外，廠商 B 的三條等量曲線分別代表 100、200、300 單位的產量。A、B 兩廠商生產 X 財貨與 Y 財貨，假設投入生產要素 L、K 的總量固定，為使 A、B 兩廠商能夠有效率分配，兩廠商的邊際技術替代率必須相等。即，

$$MRT^A = MRT^B$$

（7.2）

E 點相交於 100 單位 X 財貨與 200 單位 Y 財貨的等量曲線上，因為兩條等量曲線的斜率不相等，所以 E 點不是有效率的要素分配組合。而坐落於兩條等量曲線相切的 f、g 與 h 都是屬於柏雷托的效率分配，將這些點連結所形成的軌跡稱為生產契約曲線（production contract curve：P.C.C.）

以上分別討論消費面與生產面的柏雷托的效率分配條件，所以當競爭市場要同時達到最適柏雷托的資源分配條件時，需滿足以下之等式：

$$MRS^A = MRS^B = MRT = \frac{P_1}{P_2}$$

（7.3）

7.3 廠商的短期均衡

7.3.1 完全競爭廠商的短期均衡條件

完全競爭廠商即使是短期還是以追求利潤最大的產量水準，並決定於 MR=MC。但是，競爭廠商在 MR=MC 時，並不一定保證利潤為正，結果也可能是零，或為負值。所以就完全競爭廠商在 MR=MC 時的利潤的可能各項結果加以說明：

一、MR=MC 時，利潤為正

二、MR=MC 時，利潤為 0

三、MR=MC 時，利潤為負值

圖 7.6(A)至(D)為競爭廠商短期均衡所產生的利潤狀況。首先，圖 7.6(A)的競爭廠商短期平均成本曲線（SAC）在價格線，平均收入線與邊際收入線（MR=AR=P）的下方，廠商在 MR=MC 的 e 點決定生產量在 q 水準。此時，競爭廠商的總收入為□Obeq（=P×q），總成本為□Oacq（=a×q），利潤為□abec（=□Obeq-□Oacq），所以廠商有超額利潤。

如果競爭廠商短期平均成本曲線（SAC）與價格線，平均收入線與邊際收入線的相切時，那麼廠商的總收入與總成本相等，利潤為零，廠商沒有超額利潤可圖，如圖(B)。另一方面，競爭廠商的短期平均成本曲線（SAC）如果在價格線，平均收入線與邊際收入線的上方，那麼競爭廠商利潤為負值。當競爭廠商利潤為負值時，是否會退出市場？還是持續經營企業呢？這個問題可從兩個方面來討論。如果廠商的售價低於短期平均成本曲線（SAC），卻高於平均變動成本（AVC）時，那麼廠商不會馬上停業，會繼續從事生產，如圖(C)。但是，如果廠商的售價低於短期平均成本曲線（SAC），也低於平均變動成本（AVC）時，那麼廠商會採取停業比較有利，如圖(D)，這一點將會在下一節做詳細說明。

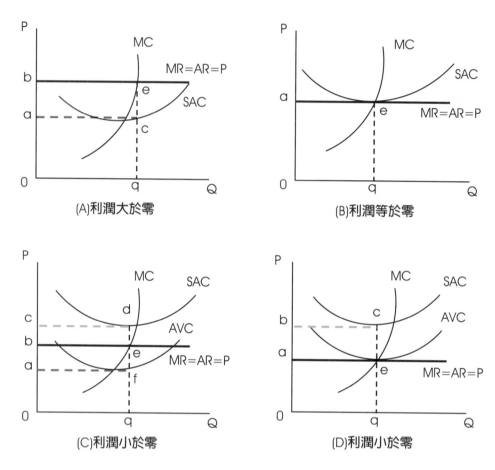

圖 7.6　完全競爭廠商短期均衡的利潤

7.4　廠商的短期供給曲線

　　在第 6 章說明廠商以最低生產成本與最大利潤的追求為目標，而邊際成本與邊際收入是廠商決定是否繼續從事生產活動。所以廠商的短期供給曲線可由邊際成本、邊際收入與價格導出。圖 7.7 中，a 點以下的邊際成本曲線（MC）代表市場價格 P 小於廠商的平均變動成本（AVC），即 P＜AVC，廠商不會在這樣的價格水準供應財貨（供給=0）。如果廠商的邊際成本曲線（MC）在 a 點以上，代表市場價格 P 大於等於廠商的平均變動成本（AVC），即 P≧AVC。隨市場價格由 P_1 上升至 P_2，廠商的平均收入 AR_1 與邊際收入 MR_1 也提高為 AR_2，MR_2。當價格持續上揚，只要是 P≧AVC 的條件之下，廠商的邊際成本曲線為正斜率時，會與廠商所面對的需求曲線相

交，廠商的供給量隨價格的上漲而增加。因此，在 a 點以上的邊際成本曲線（MC）即為廠商的短期供給曲線。反之，當邊際成本曲線（MC）在 a 點以下時，廠商處於虧損狀態不會供給任何商品。

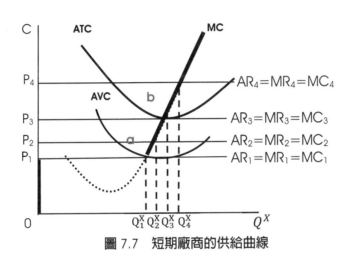

圖 7.7　短期廠商的供給曲線

以上可知，完全競爭廠商的短期供給函數可寫成：當 $P \geq \min.AVC$ 時，$Q=S（P）$當 $P < AVC$ 時，$Q=0$。

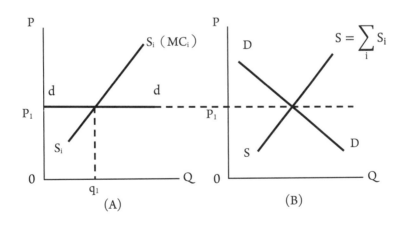

圖 7.8　廠商與市場的供需曲線

　　圖 7.8(A)為廠商的供需曲線，供給曲線為邊際成本線（MC），需求曲線是一條水平的價格線。廠商所面臨的這條需求曲線，也是價格線，它是由圖 7.8(B)的全體市

場供需索決定的。因此，當市場供給增加，供給曲線向是下方移動時，均衡點也跟著往右下方移動，市場價格會下降。競爭廠商的售價是由市場供需決定的，所以當市場價格下降時，那競爭廠商的需求曲線，價格線也需向下垂直移動。

7.5　廠商的長期均衡

完全競爭市場的特徵之一就是廠商進入市場是自由的，沒有任何障礙。所以長期間只要市場有超額利潤可圖，那麼會吸引一些新廠商加入此市場的生產行列。反之，當市場的利潤消失，那麼廠商會很快地停止生產，並退出此商品市場。

在上一節中，我們知道短期競爭廠商的市場均衡條件在 MR=MC。對廠商而言，不管短期或長期所追求的目的都是一樣的，那就是利潤極大化。所以，長期的市場均衡條件也在 MR=MC 時決定期產量水準。

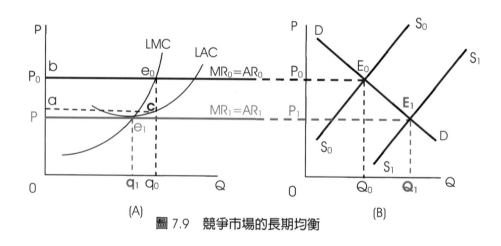

圖 7.9　競爭市場的長期均衡

圖 7.9 為競爭市場廠商長期均衡的調整過程。首先，右邊圖(B)中，全體市場的供需均衡在 E_0 點，市場價格為 P_0 水準，總產量為 Q_0。圖(A)的廠商在市場價格為 P_0 水準下，會在 MR=MC 的 e_0 點決定產量水準 q_0。競爭廠商在產量 q_0 與市場價格 P_0 的水準下，能夠取得 $\square abe_0c$ 的利潤，這將吸引其他新的廠商加入生產。當新加入廠商加入之後的市場供給曲線，由原來的 $\overline{S_0S_0}$ 向右移動為新的供給曲線 $\overline{S_1S_1}$，市場均衡點由 E_0 移動至 E_1。市場價格也因為供給的增加而下跌，由 P_0 下降到 P_1。如果競爭廠商的價格線下移與長期平均成本曲線（LAC）相切時，那競爭廠商就完全失去利潤的

取得。沒有利潤的結果，有些廠商開始退出市場，那供給又會開始減少，價格在度上揚，留存的廠商利潤又逐漸增加。透過像這樣廠商的進出市場過程，市場均衡不斷的改變，也形成了經濟景氣變動的一種方式。

7.6 市場的長期供給曲線

前面我們探討廠商與市場的均衡，廠商生產的目的是利潤極大化的追求。而短期利潤與長期利潤的定義分別可以寫為：

$$\pi \equiv TR - TC \tag{7.4}$$

$$\pi \equiv TR - LRTC \tag{7.5}$$

在經濟學上，（7.4）式的TC與（7.5）式的LRTC都包含廠商的正常利潤（normal profits）。這裡所指的正常利潤是指競爭廠商如果將目前從事生產的商品，轉向投資其他行業所能獲得的正常報酬。因此經濟學上的正常利潤是基於機會成本的概念，它自然就成為成本的一部分。也因為這樣，當廠商的利潤$\pi = 0$時，並非意味廠商沒有賺到半毛錢，廠商所獲得的只是正常利潤而已。而當廠商的利潤$\pi > 0$時，廠商所獲得是超額利潤（excess profits）。本節所討論的長期供給是在投入要素量可變的前提下，廠商追求利潤極大化。但是，當有利潤可圖時，新加入廠商所引發供給量的增加，可能會帶動生產成本的變動，以下將這種變動分為成本固定產業（constant cost industry）、成本遞增產業（increasing cost industry）、成本遞減產業（decreasing cost industry）分別說明。

7.6.1 成本固定產業

某個產業因新加入廠商帶動市場供給量增加，所投入的要素價格並不因此而改變時，我們稱該產業為成本固定產業。

圖 7.9(A)為個別廠商在市場均衡下以 P_0 的價格提供商品，廠商的生產規模為 LAC_0。圖 7.9(B)中，當需求曲線 $\overline{D_0 D_0}$ 與供給曲線 $\overline{S_0 S_0}$ 相交於 E_0 時決定均衡價格 P_0。現若需求曲線由 $\overline{D_0 D_0}$ 移動至 $\overline{D_1 D_1}$ 時，新的均衡點為 E_1，市場價格上升到 P_1。因為固定成本產業時，當生產要素需求增加不會提升要素價格上揚，加上價格的上升，提高了競爭廠商的利潤。價格的上漲，將會吸引新加入的廠商，市場供給曲線由 $\overline{S_0 S_0}$ 右移到 $\overline{S_1 S_1}$，均衡點由 E_1 到 E_2，價格下跌原來的水準（$E_0 = E_2$），新廠商也停止繼續

加入生產行列。連結各個均衡點 E_0，E_2……，可得到廠商長期供給曲線 LRS。圖(B) 的長期供給曲線 LRS 平行於橫軸，意味著在一定價格 P_0 之下，廠商可以無限制地生 產商品給市場。

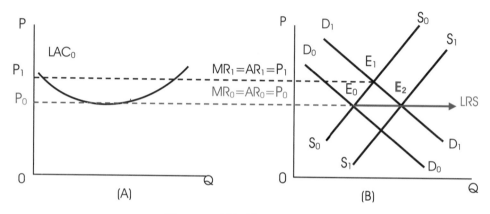

圖 7.10　長期供給的成本固定產業

成本固定產業不因產量的增加而改變該產量的成本結構，主要原因乃是該產業 所投入的生產要素數量占要素總供給量的比例非常低。所以，新加入的廠商不足以 影響整體的要素價格，該產業廠商所面臨的成本結構就不會產生變化。從圖 7.10(B) 中的供需曲線的移動來看，兩者變動幅度一樣，價格回復到原來的水準。

7.6.2 成本遞增產業

在圖 7.11 中，當市場價格為 P_0 時，圖(A)的競爭廠商與圖(B)的市場均處在均衡 狀態。如果為成本遞增產業，當要素需求的增加將會帶來該要素價格的上揚。

當需求曲線由 $\overline{D_0 D_0}$ 移動至 $\overline{D_1 D_1}$ 時，市場價格也由原來的 P_0 提高到 P_1，短期上個 別廠商與市場的供給量會因價格的提高而增加，廠商能夠獲得更多的利潤。它將會 帶來更多新廠商的加入或原有廠商的擴大生產規模，產量增加帶來市場供給的提升 （$\overline{S_0 S_0}$ 右移到 $\overline{S_1 S_1}$）。產量的增加將帶來更多生產要素的需求，進而提高了要素價 格，競爭廠商的成本結構產生變化，長期平均成本曲線由 LAC_0 上移為 LAC_1。

圖 7.11(B)顯示，需求增加帶來價格由 P_0 提高為 P_1，又因為新加入廠商的生產，價格從 P_1 下降至 P_2，均衡點先由 $E_0 \rightarrow E_1$，再由 $E_1 \rightarrow E_2$，連結 E_0、E_2……，可得廠商的長期供給曲線 LRS。長期供給曲線 LRS 呈現右上方傾斜的正斜率曲線。

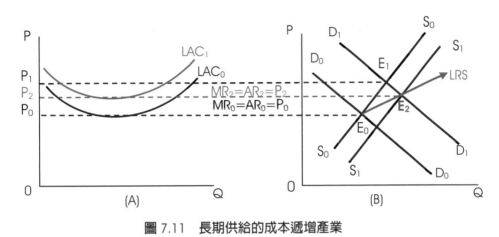

圖 7.11　長期供給的成本遞增產業

正斜率的長期供給曲線表示只有在財貨價格不斷的提高時，廠商才會持續增加其財貨的供給量。而造成長期成本曲線正斜率的主要原因，在於廠商生產成本是呈現遞增狀態。當某產業生產時所使用要素數量占要素總供給的比例很高時，隨著該產業因市場需求增加，財貨價格上升，增加廠商對財貨生產。這樣必然增加廠商對該要素的投入，要素價格上升，加深廠商生產成本的負擔。

從圖 7.11(B)中的供需曲線的變動幅度來看需求曲線大於供給曲線，需求變動帶來價格上漲幅度大於供給增加所產生價格下跌。結果還是帶來新的均衡點（E_2）坐落在原來均衡點（E_0）的右上方，長期供給曲線財呈現正斜率的形狀。

7.6.3 成本遞減產業

第三種型態為成本遞減產業，此產業是隨廠商的財貨生產規模擴大，投入要素價格反而下跌，成本呈現下降的狀態。首先需求的增加帶動財貨價格的上漲，均衡點由 E_0 移動至 E_1，價格由由 P_0 提高為 P_1。同樣，價格上升產生新的廠商加入，市場供給增加，供給曲線由 $\overline{S_0S_0}$ 右移到 $\overline{S_1S_1}$，結果價格也隨均衡點移動而下跌，均衡點轉移到 E_2。

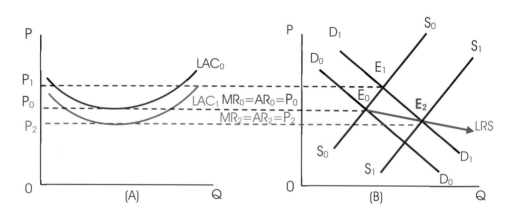

圖 7.12　長期供給的成本遞減產業

市場的均衡點先由 E_0 移動到 E_1，再由 E_1 移動到 E_2，連結 E_0、E_2……等均衡點，可畫出廠商的長期供給曲線 LRS 之軌跡。長期供給曲線 LRS 呈現右下方傾斜的負斜率曲線。負斜率的長期供給曲線表示隨財貨產量的增加，其價格呈現遞減趨勢，從圖 7.12(B)的供需曲線移動幅度可看出，供給曲線大於需求曲線的移動距離。

📖 應用問題

某完全競爭廠商的短期成本為 $TC = 10 + 4Q + 2Q^2$，Q為產量，其邊際成本為 $MC = 4 + 4Q$，整個市場共有相同成本之廠商 100 家。

（一）試求固定成本

（二）設市場價格為 100，該廠商願意提供多少產量？

（三）在短期，價格降到哪裡，廠商才會退出市場？

（四）寫出整個市場的供給曲線。

（五）若整個市場的需求曲線為 $Q = 80 - 5P$，求均衡價格。

【93 調查局】

📁 提示

（一）試求固定成本

已知的廠商的短期成本為 $TC = 10 + 4Q + 2Q^2$，邊際成本為 $MC = 4 + 4Q$。所以，當廠商的產量 Q 為 0 時，代入 $TC = 10 + 4Q + 2Q^2$ 方程式中，可得固定成本 $TFC = 10$。

（二）設市場價格為 100，該廠商願意提供多少產量？

　　競爭市場均衡價格的條件中，價格（P）與邊際成本（MC）需相等，所以將市場價格=100 代入邊際成本MC $= 4 + 4Q$，即$100 = 4 + 4Q$，$Q = 24$。

（三）在短期，價格降到哪裡，廠商才會退出市場？

　　參考 6.5 節廠商短期供給曲線，我們知道必須大於平均變動成本 AVC 的邊際成本線 MC。所以，TVC$=4Q + 2Q^2$時，AVC $= 4 + 2Q$。當 Q=0 時，平均變動成本AVC=4。因此，競爭廠商在價格小於 4（$= P < 4$）時才會退出市場。所以，完全競爭廠商短期之供給函數可寫成：

　　當P $\geqq$ min. AVC時，Q $=$ S（P）

　　當P $<$ min. AVC時Q $= 0$

（四）寫出整個市場的供給曲線。

　　由上面的資料整理得出，廠商供給為P $= 4 + 4Q$，也可以寫成Q $= -1 + \frac{1}{4}$P。100 家廠商所形成的市場供給為$100Q = -100 + 25P$，$Q_{100} = -100 + 25P$。

（五）若整個市場的需求曲線為Q $= 80 - 5P$，求均衡價格。

　　市場均衡是在市場需求=市場供給時成立，所以$-100 + 25P = 80 - 5P$，均衡價格 P 為 6。

📖 **應用問題**

　　在完全競爭市場中，設每個廠商之長期成本函數為：TC $= q^3 - 4q^2 + 8q$（TC為總成本，q為廠商產量），若市場需求函數為：Q $= 2{,}000 - 100P$（Q為市場總需求量，P為市場價格）。試求：均衡價格、總產量（市場）、廠商產量、廠商家數、最小之長期平均成本。

【88 國安局】

📁 **提示**

　　先求出廠商的長期平均成本方程式，當長期成本函數TC $= q^3 - 4q^2 + 8q$時，長期平均成本函數LAC $= q^2 - 4q + 8$。LAC達成最小化之條件為：$\frac{dLAC}{dq} = 0$與$\frac{d^2LAC}{dq^2} > 0$。依此，$\frac{dLAC}{dq} = 2q - 4 = 0$，q $= 2$。代入LAC $= q^2 - 4q + 8$方程式中得均衡價格 P $= 4$。

將P＝4代入市場需求函數Q＝2,000－100P中，得出市場產量Q＝1,600，廠商家數＝$\frac{Q}{q}$＝$\frac{1,600}{2}$＝800。因為最小平均成本LAC＝P，所以LAC＝4。

📖 **應用問題**

在一完全競爭市場中，每一家廠商之長期總成本函數皆為TC＝q^2＋4，市場的總需求函數為Q＝400－10P，請回答下列問題：

（一）若政府長期僅開放 80 家廠商銷售產品，則市場均衡之價格P、數量Q、個別廠商的產量q及個別廠商的利潤π各為何？

（二）若政府全面開放此一市場，不限制銷售產品之廠商家數，則當產業達到長期均衡時，市場均衡之價格P、數量Q、個別廠商的產量q、個別廠商的利潤π及廠商家數N各為何？

（三）若政府全面開放此一市場，不限制銷售產品之廠商家數，但對每家廠商課徵 21 元的定額稅，則當產業達到長期均衡時，市場均衡之價格P、數量Q、個別廠商的產量q、個別廠商的利潤π及廠商家數N各為何？

【99 高考】

📁 **提示**

先從競爭廠商的長期總成本函數TC求出邊際成本MC與平均成本函數AC。當TC＝q^2＋4時，MC＝2q，AC＝q＋$\frac{4}{q}$。將市場的總需求函數Q＝400－10P寫成P＝40－0.1Q。

（一）若政府長期僅開放 **80** 家廠商銷售產品，則市場均衡之價格**P**、數量**Q**、個別廠商的產量**q**及個別廠商的利潤**π**各為何？

　　　　80 家的廠商數構成市場時的均衡P＝MC，Q＝80q。所以，40－0.1×80q＝2q，產量q＝4。價格P＝8，數量Q＝320，個別廠商的利潤π＝12。

（二）若政府全面開放此一市場，不限制銷售產品之廠商家數，則當產業達到長期均衡時，市場均衡之價格**P**、數量**Q**、個別廠商的產量**q**、個別廠商的利潤**π**及廠商家數**N**各為何？

全面開放市場時，市場均衡條件$P = MC = AC$。所以$2q = q + \dfrac{4}{q}$，分別得出$q = 2$，$P = 4$，$Q = 360$，$N = 180$，$\pi = 0$。

（三）若政府全面開放此一市場，不限制銷售產品之廠商家數，但對每家廠商課徵 21 元的定額稅，則當產業達到長期均衡時，市場均衡之價格**P**、數量**Q**、個別廠商的產量**q**、個別廠商的利潤**π**及廠商家數**N**各為何？

政府課徵定額稅將會對廠商增加成本，所以當對每家廠商課徵 21 元的定額稅時，廠商的長期總成本函數$TC = q^2 + 4 + 21$。此時廠商的$MC = 2q$，$AC = q + \dfrac{25}{q}$。因為達到均衡的條件需$P = MC = AC$，$2q = q + \dfrac{25}{q}$，$q = 5$，$P = 10$，$Q = 300$，$N = 60$，$\pi = 0$

📖 應用問題

假設有個完全競爭市場，每一廠商的平均成本（average cost）函數為$q^2 - 20q + 120$；其中 q 為它的產量。市場的需求函數為$P = 4000 - Q$；其中 Q 為市場總產量，P 為市場價格。請問在長期均衡下：

（一）市場價格是多少？

（二）每一廠商的產量是多少？

（三）廠商的數目為多少？

【98 政大財政】

📁 提示

（一）市場價格是多少？

完全競爭市場的長期均衡下，每家廠商沒有超額利潤，只有正常利潤，均衡條件為：$P = LMC = \min LAC$。

當$\min LAC = q^2 - 20q + 120$，$\dfrac{dLAC}{dq} = 0$時，$2q - 20 = 0$，$q = 10$。代入長期平均成本函數$\min LAC = q^2 - 20q + 120$，$\min LAC = 20$。因為均衡條為：$P = LMC = \min LAC$，所以$P = LMC = 20$。

（二）每一廠商的產量是多少？

由$\dfrac{dLAC}{dq} = 0$，$2q - 20 = 0$，$q = 10$。

（三）廠商的數目為多少？

將P = 20代入市場的需求函數為P = 4000 − Q時，得出市場總產量Q = 3,980。

廠商的數目N = $\frac{Q}{q}$ = 398。

✧ 經濟政策的解析：全球化下貿易擴大的自由競爭

　　戰後世界經濟是隨著貿易的自由化，國際化以及全球化的進展而擴大，歷經 GATT（General Agreement on Tariffs and Trade）與 WTO（World Trade Organization）的 國際經貿組織架構下推動。在此架構下，以歐美為主導的貿易自由化之後的國際金 融的自由化，使得全球的商品，人員以及金融更加緊密的往來與結合。由於貿易更 加自由化的結果，提升了商品市場的競爭已加速了產品的多樣化，所產生的市場型 態呈現比以往更加複雜。本章介紹完全競爭市場的理論可以提供讀者在思考國際化 程度時的分析工具，有助於了解商品價格的形成。另外，由於台灣已經是 WTO 的會 員，必須開放市場並遵守市場貿易的公平競爭原則，在經濟政策已經無法採用過去 的那樣程度對本國產業的保護措施，這將更進一步促成國內市場的自由競爭。

▶▶實力測驗

☆選擇題

( )1. 在完全競爭市場當中，下列何者是個別廠商利潤極大化的一階條件？
(A)價格等於邊際成本　(B)價格等於平均成本
(C)價格等於固定成本　(D)邊際成本的斜率大於零
【109 年公務人員普考】

( )2. 完全競爭市場中的均衡價格與均衡數量由：
(A)單一賣家所決定　(B)單一買家所決定
(C)所有買家所決定　(D)所有買家與所有賣家所決定
【108 年公務人員普考】

( )3. 短期完全競爭廠商何時應停止生產？
(A)當邊際成本大於平均成本　(B)當價格小於平均成本
(C)當價格小於邊際成本　　　(D)當價格小於平均變動成本的最小值
【108 年公務人員普考】

( )4. 在完全競爭市場，下列敘述何者正確？
(A)價格小於邊際成本　　　　　　(B)廠商數多，但產品無法替代
(C)個別廠商所面對需求曲線為水平線　(D)價格高於邊際成本
【108 年公務人員普考】

( )5. 完全競爭市場短期均衡時，下列敘述何者錯誤？
(A)廠商可能在平均成本最低點生產
(B)廠商可能在平均收益小於邊際成本的時候生產
(C)廠商可能有經濟損失
(D)廠商在利潤最大的條件下生產
【107 年公務人員普考】

( )6. 假設燕麥市場為完全競爭，且處於長期均衡。每家廠商都有相同的 U 字型平均總成本及遞增的邊際成本曲線。若醫學報告指出多吃燕麥有益身體健康而增加燕麥的需求，在其他條件不變下，長期燕麥市場中：

(A)廠商數目增加、總產量增加、且每家廠商的經濟利潤為零

(B)廠商數目增加、總產量減少、且每家廠商的經濟利潤為負值

(C)廠商數目減少、總產量增加、且每家廠商的經濟利潤為正值

(D)廠商數目減少、總產量減少、且每家廠商的經濟利潤為零

【107 年公務人員普考】

( )7. 假設一個追求利潤最大的完全競爭廠商的平均總成本及平均變動成本曲線為 U 字型，且邊際成本為正斜率曲線。當市場價格介於平均變動成本最低值與平均總成本最低值之間時，該廠商短期利潤極大的：

(A)產量為正值，且擁有正的經濟利潤

(B)產量為正值，且擁有負的經濟利潤

(C)產量為正值，且擁有零的經濟利潤

(D)產量為零，且擁有零的經濟利潤

【106 年公務人員普考】

( )8. 已知一完全競爭廠商之固定成本為 40，當市場價格等於 10 時，其最大利潤之產量為 20，平均變動成本為 8。由此可知，其生產者剩餘為何？

(A) 0　(B) 20　(C) 40　(D) 60

【96 高考】

( )9. 一個完全競爭廠商的短期總成本函數為 $STC = q^3 - 9q^2 + 40q + 200$，當市場價格為 160 時，其極大之利潤為何？

(A) 800　(B) 900　(C) 1,000　(D) 1,100

【96 三等考】

( ) 10. 已知一完全競爭廠商的固定成本為 200，總變動成本函數為$TVC = 20q + q^2$。若市場價格為 80，則其生產者剩餘為何？

(A) 700　(B) 900　(C) 1,100　(D) 1,300

【97 高考】

( ) 11. X產品之市場為完全競爭，國內廠商為國際價格接受者。X之國際價格為每單位 40 元，國內廠商生產X之成本函數為$2,000 + 0.05X^2$，政府發現每生產一單位X會產生 10 元的外部成本，所以決定對廠商課稅加以矯正。假設政府課稅完全將外部成本內部化，則與課稅前相比，課稅後廠商的產量會減少多少單位？

(A) 50　(B) 100　(C) 150　(D) 200

【97 三等考】

( ) 12. 某完全競爭產業有 700 個成本結構相同的廠商，其U型長期平均成本的最低點是 3 元。如果市場需求函數是$P = 603 - 0.5Q$，則市場均衡的交易量應該是多少單位？

(A) 300　(B) 1,200　(C) 2,100　(D) 840,000

【98 高考】

( ) 13. 假設一完全競爭廠商的產量及對應的總成本如下表所示：

產量	10	11	12	13
總成本	19	24	30	38

若市場價格為 5，則短期內應生產多少單位？

(A) 10　(B) 11　(C) 12　(D) 13

【93 初等考】

(　)14.李先生的農場以生產花卉為主，他是一個完全競爭廠商。為了獲得極大
利潤，他必須將產量生產到：
(A)邊際收益等於邊際成本時　(B)平均收益等於平均成本時
(C)價格等於平均成本時　(D)價格等於平均變動成本時

【93 五等特考】

(　)15.在長期時，完全競爭廠商利潤為零的主要原因在於：
(A)生產同質產品　　　(B)廠商數眾多
(C)廠商可自由進出市場　(D)充分流通的訊息

【93 四等特考】

(　)16.下列對獨占與完全競爭的描述，何者正確？
(A)完全競爭廠商面對的需求線斜率幾乎為零
(B)完全競爭廠商面對的需求線斜率幾乎為負無窮大
(C)獨占廠商面對的供給線斜率為零
(D)獨占廠商面對的供給線斜率為無窮大

【93 四等特考】

(　)17.完全競爭廠商的短期供給曲線是：
(A)平均成本曲正斜率的部分
(B)邊際收益曲線水平的部分
(C)平均變動成本曲線高於平均固定成本曲線的部分
(D)邊際成本曲線高於平均變動成本曲線的部分

【88 四等特考】

(　)18.下列各敘述，何者不正確？

(A)若產品市場不完全競爭市場，則邊際收益出大於邊際產值

(B)若要素市場為完全競爭市場，則平均要素成本等於邊際要素成本

(C)若要素市場為不完全競爭市場，則邊際要素成本大於邊際要素成本

(D)若要素市場為完全競爭市場，則要素的需求曲線乃邊際收益產出曲線在平均產值最高點以下之一段曲線

【88 四等特考】

(　)19.比較完全競爭廠商與壟斷性競爭廠商之長期均衡，下列敘述何者正確？

(A)前者之利潤為零，而後者可能有正的利潤

(B)兩者之利潤均為零，但僅有前者能在平均成本最低處生產

(C)兩者之利潤均為零，且兩者均能在平均成本最低處生產

(D)兩者均有正的利潤，則要素的需求曲線乃邊際收益產出曲線在平均產值最高點以下之一段曲線

【88 四等特考】

(　)20.某完全競爭產品市場有 100 家相同廠商，其成本函數均為$C = \dfrac{5}{9}q^2 + 100$，假設市場上有 500 名消費者，每個人的需求函數均為$q^d = 100 - 2P$，請問市場的均衡價格：

(A) 90　(B) 5000/109　(C) 4/31　(D) 80/17　(E) 48

【97 中山財管】

（　）21.完全競爭廠商之短期供給曲線為：

(A)依市場供給曲線而定

(B)短期平均成本曲線在邊際成本最低點以上之部分

(C)短期供給曲線不存在

(D)短期平均成本最低點以上之邊際成本曲線

(E)以上皆非

【97 輔大管理】

（　）22. Which of the following is not an assumption of a perfectly competitive market？

(A) Fragmented industry.　　(B) Differentiated product.

(C) Perfect information.　　(D) Equal access to resources.

【94 成大財金】

☆申論題

一、請以完全競爭市場之經濟學理論解釋說明下列議題：

（一）什麼原因使廠商在完全競爭市場的長期利潤等於零？為什麼廠商在此時乃願意生產？

（二）請解釋為什麼要達到最大利潤，廠商必須生產在 Marginal Revenue= Marginal Cost 的產量？此與生產在 Price=Marginal Cost 有何差別？

（三）完全競爭市場的長期均衡是在廠商利潤等於零，請問是不是當廠商利潤等於零時完全競爭市場就到長期均衡了？

【94 政大風保】

二、Assume each firm in a competitive industry has the long-run total cost function $LTC = 60y - 20y^2 + 2y^3$, and that the demand curve for the industry is $y^d = 610 - P$.

（一）In long-run equilibrium, what are the market price, industry output, the number of firms, and the profit of each firm?

（二）In perfectly competitive industries, economic theory predicts there cannot be relatively large incomes earned in the long run. True, false, or uncertain. Explain your answer.

【97 政大金融】

筆記欄

Chapter 08

獨占市場的廠商

庫諾
（**Augustin Cournot**, 1801-1877）

需要生產成本的商品處於獨占之下時，租稅或是成本增加經常帶動價格的上揚。由於減少此商品消費之故，事實上對社會所得而言，不單只是實質（所得）的減少，還會引發名目（所得）的減少。

▌前言

前一章我們介紹了完全競爭市場，在在完全競爭的世界裡廠商數非常多，使得每一家廠商的市場占有率非常的低，對市場的價格毫無影響力，是市場價格的接受者，而不是價格的決定者。但是，在現實的生活中，我們會遭遇到廠商可能只有一家，市場占有率將近 100%，有決定市場價格的能力，只有這家廠商在生產這個商品，他獨占整個市場。本章所關心的是生產者只有一家時，價格與產量水準如何制定？獨占市場的經濟理論和完全競爭市場有何不同？在資源分配的效率上是否合理？世界各國為何設定法律加以約束獨占企業？這些問題是本章所要討論的主要內容。

8.1　獨占市場廠商的特徵

　　我們日常生活中的消費產品有些是只來自一家廠商的提供，沒有第二家廠商從事生產。有利益可圖卻無為何沒有其他廠商存在，是何理由呢？因為形成獨占市場來自各種的障礙（barrier），使得其他廠商無法參與生產。一般而言，形成獨占市場廠商有以下幾種原因：

一、來自政府的法律規定因素造成了獨占廠商的存在

　　經過立法程序，政府制定法律，廠商設立需要透過主管機關的審查與授權，取得特許（專利）權（patent）之後，方可從事生產。一般而言，政府基於公共利益，社會福利，財政收入或獎勵研究開發等理由，制定特別法律所產生的獨占市場。

二、產品必需的生產要素只有一家廠商所擁有而造成獨占廠商的存在

　　產品的生產需要投入各種的生產要素，如果其中的生產要素的來源為單一廠商所控制時，該廠商取得獨占生產的優勢。因為只有這家廠商具有能力從事生產，就自然壟斷此產品市場。另外，某些產品的製造需要特殊的生產技術，若這個技術只有掌握在某家廠商的手上時，形成其他廠商加入生產的一大障礙，也會形成獨占市場。

三、由於規模經濟帶來的平均成本遞減，淘汰其他廠商而形成的自然獨占

　　由於產業特性的差異，有的產業需要鉅額的資本，非一般廠商所能輕易集資的。即使能夠建立生產設備，但往往無法達到生產的經濟規模，平均生產成本遞減無法跟上大企業的水準時，小規模廠商在市場的競爭機制上遭受淘汰，最後只剩一家廠商，形成所謂的自然獨占（natural monopoly）。

四、基於特別許可制的政策形成獨占廠商的存在

　　早期政府為節制私人資本，穩定民生需求，對一些特定產業採取只允許一家廠商經營，透過特別許可制，將開產業納入政府管制的獨占事業當中。例如，台灣電力公司、自來水公司、郵局等都是在這樣的時空背景下成立的獨占事業體。

上述為獨占市場的形成原因，而獨占市場的特徵可歸納以下幾點：

（一）獨占這個名詞以希臘文表示為「mono」，加上「polist」代表賣方，兩者構成獨占者（monopolist）。所以獨占市場意味著僅有一家廠商單獨提供某一產品的市場結構。

（二）獨占廠商是市場的唯一供給者，不受其競爭者的威脅，所以所面臨的需求曲線是一條向右下方傾斜且不富彈性。

（三）獨占廠商沒有競爭對手，除了政府法律約束之外，對產品價格具有決定的能力，是價格的決定者，非價格的接受者。

（四）獨占廠商往往會針對不同市場採取差別定價（price discrimination），以追求獨占最大利潤或市場占有率。

8.2 獨占廠商的短期均衡

和完全競爭市場一樣，獨占廠商短期均衡中的「短期」是指獨占廠商的生產規模固定而無法調整的情況。

8.2.1 獨占廠商利潤最大化

探討獨占廠商利潤最大化時，可以從廠商的生產總收入（total revenue, TR）、邊際收入（marginal revenue, MR）與平均收入（average revenue, AR）三者之間的關係來看，並以下面的例子加以說明。

表 8-1 為獨占廠商的銷售價格、產量與收入。當廠商希望商品的價格為 100 時，產量必須控制在 10 單位，總收入與平均收入分別為 1,000 與 100。如果廠商將產量增加到 20 單位時，市場價格下跌至 90，總收入與平均收入分別增加為 1,800 與 90。連結組合點 A 到組合點 J 的產量與價格，就可得出獨占廠商的需求曲線，也是廠商的平均收入曲線（AR）。從表 8-1 中可知，若產量小於 60 個單位時，廠商的總收入呈現遞增的狀態，但遞增的幅度變小，即邊際收入呈遞減狀態，但是仍然為正。當廠商的產量剛好在 60 單位時，總收入達到最大，此時邊際收入為 0。如果廠商產量超過 60 單位，因價格下降造成總收入的減少，同時邊際收入轉為負值，此時獨占廠商的平均收入大於邊際收入，理性的企業不會選擇這樣的生產組合。

表 8-1　獨占廠商的價格、產量與收入

組合點	產量（Q）	價格（P）	總收入（TR）	平均收入（AR）	邊際收入（MR）
A	10	100	1,000	100	---
B	20	90	1,800	90	800
C	30	80	2,400	80	600
D	40	70	2,800	70	400
E	50	60	3,000	60	200
F	60	50	3,000	50	0
G	70	40	2,800	40	-200
H	80	30	2,400	30	-400
I	90	20	1,800	20	-600
J	100	10	1,000	10	-800

8.2.2 獨占廠商需求曲線與價格彈性

　　獨占廠商是市場唯一的供給者，所以獨占廠商的供給量就是市場的總供給量。所以獨占廠商所面臨的需求曲線也是全體市場的需求曲線。完全競爭市場是建立在廠商是價格的接受者，能夠在既定的價格下銷售商品，需求曲線是呈現水平。而獨占市場面臨是向右下方傾斜的需求曲線。因此，只要獨占廠商增加其供給量，市場價格就會下跌。另外，從表 8-1 獨占廠商的價格（P）與平均收入（AR）看出是一樣的數字，兩者對應的產量所描述出來的直線也相同。所以，獨占廠商所面對的需求曲線與平均收入曲線是同一條。

　　圖 8.1 中的 $\overline{AC}$ 是獨占廠商的需求曲線，在需求曲線下方有一條邊際收入曲線。線上的 A 點、B 點、C 點彈性值分別為∞、1 與 0。換言之，介在 A 點與 B 點的彈性值是大於 1，在 B 點與 C 點的彈性值小於 1。

　　因為總收入（TR）為價格（P）乘以產量（Q），獨占廠商的利潤π = P * Q － TC，其中 P、Q、TC 分別代表價格，產量與廠商總成本。而邊際收入等於邊際成本（MR = MC）是獨占廠商供給商品的價格條件，即 $MR = \dfrac{dTR}{dQ}$，$MC = \dfrac{dTC}{dQ}$。

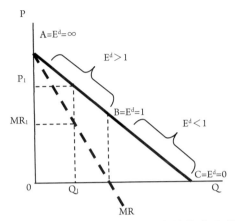

圖 8.1　獨占廠商的需求曲線與邊際收入曲線

另一方面，需求的價格彈性與獨占價格的關係可用數學式表示。

$$MR = \frac{d\,(P*Q)}{dQ} = P + \frac{dP}{dQ} * Q \qquad (8.1)$$

$$MR = P * \left(1 + \frac{dP}{dQ} * \frac{Q}{P}\right) = P * \left(1 - \frac{1}{\varepsilon}\right) \qquad (8.2)$$

$\varepsilon = -\frac{dQ}{dP} * \frac{P}{Q}$，$\varepsilon$為需求的價格彈性。因此，更進一步我們可由需求的價格彈性和價格函數來表示與獨占利潤率之間的關係。

$$MR = P * \left(1 - \frac{1}{\varepsilon}\right) = MC \qquad (8.3)$$

$$P = \frac{\varepsilon}{\varepsilon-1} * MC = (1 + m) * MC \qquad (8.4)$$

$m = \frac{1}{\varepsilon-1}$，m為廠商的獨占利潤率。

8.2.3 獨占短期均衡的條件

　　獨占廠商也是以追求最大利潤為目標，要滿足這個目標需要具備兩個條件[1]：

---

[1]　鄧東濱、林炳文（1982）《個體經濟理論（第三版）》，自行出版（三民書局經銷），p456。

（1）MR＝MC（2）在MR與MC曲線的交點上，MC曲線必須大於MR曲線的斜率。

因為獨占廠商是直接面對全市場的需求曲線，所以需求曲線上的組合點代表不同的價格水準對應不同的產量，這和上一章所述的完全競爭市場是有所差別的，完全競爭市場下的廠商是在既定價格水準之下決定其產量。但是，獨占產商不只能夠決定供給量，還有左右價格的能力，這是競爭市場與獨占市場差異所在。獨占廠商在利潤極大化追求之下，雖然有能力左右市場價格與供給量，還是以能夠將商品銷售一空前提下追求最有利的價格為前提。然而，獨占廠商利潤最大化條件是在邊際收入與邊際成本相等時成立。圖 8.1(A)為廠商總收入（TR）與總成本（TC）的關係，如果 TR 曲線在 TC 曲線上方表示廠商的利潤為正。反之，如果 TR＜TC 時，廠商的利潤為負。兩條直線分別相切於 TR 曲線（A 點）與 TC 曲線（B 點）時廠商的利潤（π）達到最大（$\overline{AB}$的距離），剛好是對應著圖 8.1(B)的 E 點，獨占廠商利潤達到最高點。C 和 D 兩點表示廠商總收入（TR）與總成本（TC）相等，此時獨占廠商的利潤為 0。

當獨占廠商的利潤要達到最大水準是在邊際成本（MC）等於邊際收入（MR）的地方會決定產量水準，在此水準之下將可以完全銷售其商品，如圖 8.1(C)的 K 點。此時的生產量在Q_M，產量Q_M所對應的價格為P_M（＝I）。在短期獨占產量Q_M與獨占價格P_M下，廠商的總收入為□$OP_M HQ_M$面積。另一方面，短期獨占產量Q_M所對應的總平均成本（ATC）為$\overline{OF}$，廠商的總成本為□$OFGQ_M$。此時獨占廠商的短期利潤為□FIHG（＝□$OP_M HQ_M$－□$OFGQ_M$）面積部分。

以上我們以幾何圖形說明獨占廠商的短期均衡。亦可以用數學式來表示，如下：

$$\pi = TR - TC \tag{8.5}$$

$$TR = P * Q \tag{8.6}$$

$$P = \frac{A-Q}{B} \tag{8.7}$$

$$TC = a * Q^3 - b * Q^2 + cQ + \overline{F} \tag{8.8}$$

$$\frac{dTR}{dQ} = \frac{dTC}{dQ} \ (\ = MR = MC) \tag{8.9}$$

$$\frac{d^2TR}{dQ^2} < \frac{d^2TC}{dQ^2} \ (= MR' < MC') \tag{8.10}$$

$$P \geq AVC \tag{8.11}$$

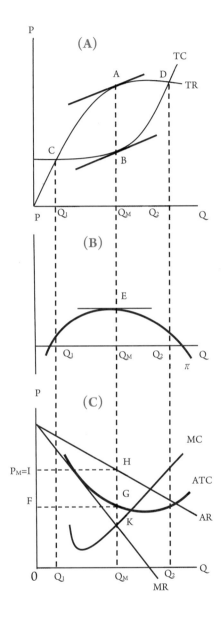

圖 8.2　獨占廠商短期均衡

8.2.4 獨占廠商的短期利潤

　　雖然圖 8.2(C)表示獨占廠商的短期利潤為正，但是並代表所有的獨占廠商都是如此。換言之，獨占廠商的短期利潤也有可能為0或為負。這可由圖8.3(A)與(B)來說明。

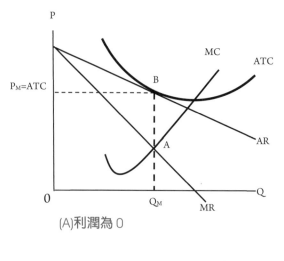

(A)利潤為 0

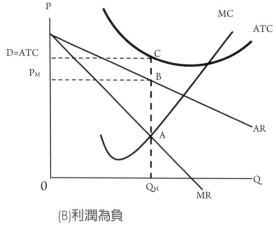

(B)利潤為負

圖 8.3　獨占廠商短期利潤

　　圖 8.3(A)廠商的短期平均成本曲線（ATC）與平均收入曲線（AR）相切，獨占
廠商的總收入為□OP$_M$BQ$_M$面積，總成本也是□OP$_M$BQ$_M$面積，兩者相減後的利潤為
零。另一方面，圖 8.3(B)廠商的短期平均成本曲線（ATC）高於平均收入曲線
（AR），獨占廠商的總收入為□OP$_M$BQ$_M$面積，而總成本則為是□ODCQ$_M$面積，兩
者相減後的利潤為負值。

　　以上可知，獨占廠商短期利潤多寡視短期平均成本曲線（ATC）的位置而定。
當短期平均成本曲線（ATC）在平均收入曲線（AR）下方時，利潤為正；短期平均
成本曲線（ATC）在平均收入曲線（AR）上方時，利潤為負；短期平均成本曲線
（ATC）與平均收入曲線（AR）相切時，利潤為零。

8.2.5 獨占廠商與短期供給曲線

我們知道完全競爭廠商的短期供給曲線是在平均變動成本曲線（AVC）最低點以上的邊際成本曲線。所以只要知道各別廠商的邊際成本曲線就可以導出全市場的供給曲線。然而，獨占廠商的供給曲線是否和完全競爭市場一樣可由邊際成本曲線導出呢？面對這個問題，我們需要先了解獨占廠商對決定價格與提供商品之間的關係。獨占廠商因為在市場上沒有競爭對手，所以可以左右價格。獨占廠商可以在不同價格下提供相同水準的產量。當然，獨占廠商也可以相同價格水準提供不一樣的產量。可知，獨占廠商面臨不同的市場需求時會選擇最有利的決策，可能是前者，也可能是後者。在這樣情況下，獨占市場上可能存在一種產量水準對應樹種供給價格，或是一種價格對應樹種供給數量水準。因此，獨占市場廠商的價格與產量沒有一對一的關係，獨占廠商供給曲線是不存在的。

8.3　獨占廠商的長期均衡

和完全競爭市場不同，獨占市場的加入存在高度的障礙，因此即使處於長期情況，不容易有競爭廠商的出現。經濟理論上，長期與短期的區別最主要在長期情況下，廠商可以調整產量規模，並選擇最適的生產水準。換言之，長期均衡在可改變固定的生產要素下，獨占廠商從長期總成本曲線（LTC）所導出的長期邊際成本（LMC）與邊際收入曲線（MR）相等時決定生產量。

如前章所述，完全競爭市場上，廠商進出生產行列是自由的，市場長期均衡會在長期平均成本曲線（LAC）的最低點（最適規模）從事生產。但是，獨占廠商就未必在最適規模時生產其商品，也就是說廠商不需要達到長期平均成本曲線（LAC）的最低點時提供商品。

8.4　獨占廠商的差別定價

獨占廠商的經營目標在於追求最大利潤，這與完全競爭廠商的目標是一致的。兩者不同的地方是完全競爭廠商無法決定市場價格，而獨占廠商可以透過訂價決策來實現利潤極大化目標。

　　當某個商品能夠在同一個市場內，分成兩個以上不同需求的價格彈性時，且在不同消費者之間不能買賣互換情況下，獨占廠商可以制定不同價格以銷售其商品。獨占廠商對需求的價格彈性值較高的對象以較低的價格銷售；反之，面對需求的價格彈性值較低時，則以較高的價格銷售來提高廠商的利潤。現實的生活中，我們也經歷過類似的例子。例如，看電影分成人票、學生票；交通運輸也有成人票、小孩票以及老人票等區分；還有學生喜歡使用手機、上網等通訊；台灣電力公司也會對家庭用與工業用採取不同電價；廠商會在特定時段，特定對象採取不同的定價手段。這些都是廠商為追求利潤所採取的價格差別（price discrimination）的經營策略。一般獨占理論將廠商的價格差別種類分成三種類型[2]，分別為第一級差別定價（first-degree price discrimination）、第二級差別定價（second-degree price discrimination）與第三級差別定價（third-degree price discrimination）。具體內容如下所示：

8.4.1 第一級差別定價：獨占廠商將消費者剩餘據為己有

　　所謂第一級差別定價，係指獨占廠商在交易時，不是以一般傳統交易的方式，獨占廠商的定價是根據消費者對每一單位商品購買，心中所願意支付的價格，以便對消費者剩餘做最大程度的取得。在此種的定價體制下，消費者只能選擇廠商所制定的最大願付價格付款，或是拒絕購買。即「要就以此價格來購買，否則不要就算了」（the price or nothing）的強勢態度，迫使消費者陷入「零合遊戲」。如此一來，消費者的消費決策之選擇變得沒有彈性，消費者剩餘完全轉移到獨占廠商的手中。

　　圖 8.4 是假設獨占廠商面對已知的需求曲線$\overline{DD}$，廠商很清楚知道消費者對購買商品心中願意支付的最高金額。一般情況下，當消費者購買 3 單位時，每個單位他願意支付 75 元，共支付 225 元。但是如果獨占廠商有能力執行第一級差別定價時，獨占廠商會迫使消費者購買第一個單位支付 90 元，第二單位支付 84 元，第三單位支付 78 元，所以廠商的總收入為 252 元，這和 225 元相較之下，獨占廠商的收入多出 27 元。獨占廠商所獲得的 27 元相當於圖 8.4 的 △ABD 面積，是將原來的消費者剩餘據為己有。比較這樣的差別亦可從調整前後的需求曲線（$\overline{DD} \rightarrow \overline{D'D'}$）來看，需求曲線也是獨占廠商的平均收入曲線，修正前廠商的平均收入為$225/3 = 75$ 元，修正後廠商的平均收入提高為$252/3 = 84$ 元。

---

[2]　英國經濟學家皮古（Arthur C. Pigou）在 *The Economics of Welfare*（1920, pp.240-256）中提出廠商的差別定價分成三個等級。

　　事實上獨占廠商要採取第一級差別定價法策略並不容易，因為要掌握消費者心中願意支付金額才可能實行，但幾乎不可能完全了解消費者在這方面的資訊。

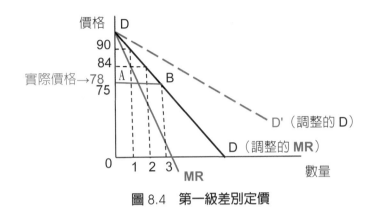

圖 8.4　第一級差別定價

8.4.2 第二級差別定價：獨占廠商採取多元計價法

　　第二級差別定價係指獨占廠商視消費者購買數量的多寡，以區段的方式訂定不同的單位價格。換言之，獨占廠商要求消費者在某個數量的範圍內付出某水準的價格，目的在於獲取消費者剩餘以提高本身的利潤，這種現象存在公私部門。在公共事業上，如自來水公司對使用戶採用基本度數的價格，與超過基本度數後的價格的區別就是一例。而私人事業上，如加盟服飾店的定價，購買第一件衣服時 490 元，購買第二件時 350 元，購買第三件時 200 元等定價方式。

　　圖 8.5 中，當消費者購買 Q_1 時的價格為 P_1，購買 Q_2 時的價格降為 P_2，購買 Q_3 時的價格則為 P_3。在這種的定價方式下，享有部分的消費者剩餘面積只有 $\triangle DBA$，$\triangle AEC$ 與 $\triangle CFG$ 部分。

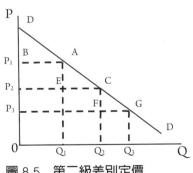

圖 8.5　第二級差別定價

8.4.3 第三級差別定價

第三級差別定價獨占廠商將消費者分成兩個或更多的集團，每個集團代表不同市場，獨占廠商對不同市場收取不同的銷售價格。所以第三級差別定價又稱為局部差別定價（partial discrimination）。獨占廠商之所採取此種定價方式，其中主要是因為廠商所面對不同市場的需求曲線互異的原故。換言之，每個市場的價格彈性值是不一樣的，對商品的反應程度不同，造就廠商在價格策略上具有多元彈性的可能。這種現象也呈現在國際貿易上，傾銷（dumping）做法就是其中的例子，或許我們曾經聽說過，或是經歷過，在國外買到台灣製造的商品竟然比台灣便宜。理論上出口到美國同型號台灣的照相機應該比在台灣買貴，但是廠商基於各種考量可能採低價策略。這種做法不只台灣的廠商，早期的日本，或現在的中國大陸都曾經遭受進口國政府的抗議，更嚴重者則走向國際仲裁之路。

圖 8.6(A)、(B)的 $\overline{D_1D_1}$、$\overline{D_2D_2}$ 分別代表兩個市場的需求曲線，在需求曲線下可以找到相對應的邊際收入曲線（MR）。圖 8.6(C)中的邊際收入曲線（MR_3）是由兩個市場邊際收入曲線的水平加總所得。獨占廠商最大利潤是在這兩個市場的邊際收入相等時所決定。如果第一個市場的邊際收入曲線（MR_1）大於第二個市場的邊際收入曲線（MR_2）時，第二個市場的商品會移到第一個市場，廠商可以獲得更多的收入（$=MR_1-MR_2$）。依據（8.3）式，我們可以知道獨占廠商在不同的價格彈性所採取的價格策略。

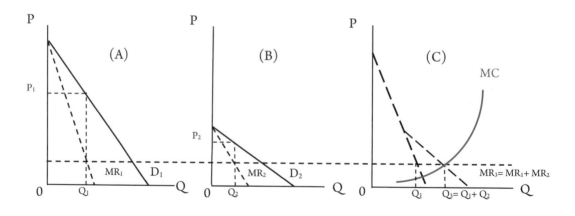

圖 8.6　第三級差別定價

$$MR_1 = P_1 * \left(1 - \frac{1}{\varepsilon_1}\right) = MC_1 \qquad (8.12)$$

$$MR_2 = P_2 * \left(1 - \frac{1}{\varepsilon_2}\right) = MC_2 \qquad (8.13)$$

由（8.12）式和（8.13）式可得（8.14）式：

$$P_1 * \left(1 - \frac{1}{\varepsilon_1}\right) = P_2 * \left(1 - \frac{1}{\varepsilon_2}\right) = MC \qquad (8.14)$$

從上式可知，第一個市場與第二個市場的關係，當 $\varepsilon_1 < \varepsilon_2$ 時，則 $P_1 > P_2$。這說明當市場的價格彈性較大時，獨占廠商往往採取低價格策略以追求較大的利潤。

8.5 完全競爭市場與獨占市場的比較

在財政學研究領域當中，獨占廠商的存在被視為市場失靈，其理由為何？解答這個問題時，可以從完全競爭市場與獨占市場來做比較，透過這兩種不同市場型態在價格的制定上，在商品數量的決定上，乃至資源效率性等方面做比較。可看出這方面的差異性。

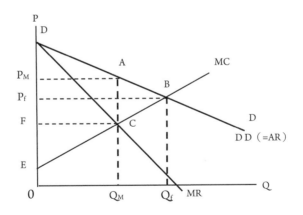

圖 8.7　獨占市場與競爭市場

圖 8.7 中，當獨占市場時，廠商在 MR=MC 時決定產量，交叉點的 C 點所對應需求曲線上的價格為 P_M。另一方面，當競爭市場時，廠商只能在供給等於需求時的價格下，生產其商品。也就是說，競爭市場是在交叉點的 B 點上決定 Q_f 產量水準，市場價格為 P_f。可知，消費者面對獨占市場與競爭市場所支付的價格不同，獨占市場

的獨占價格 P_M 大於競爭市場的 P_f；然而，消費者面對獨占市場與競爭市場所能選擇產品數量亦不相等，獨占市場的獨占數量 Q_M 小於競爭市場的 Q_f。

如果從資源利用是否具有效率角度來看時，獨占市場與競爭市場也會呈現不一樣的結果。接下來我們可以利用「消費者剩餘」與「生產者剩餘」的概念，說明獨占市場與競爭市場在資源利用上有何差異。

首先，競爭市場的「消費者剩餘」為△DBP$_f$，「生產者剩餘」為△BP$_f$E，兩者合計的「社會總剩餘」為△DBE。另一方面，獨占市場的「消費者剩餘」為△DAP$_M$，「生產者剩餘」為△P$_M$ACE，兩者合計的「社會總剩餘」為△DACE。因此，獨占市場與競爭市場的「社會總剩餘」差額為△ABC（=△DBE 和△P$_M$ACE 的差額），這個差額沒有為消費者所擁有，也沒有落入生產者口袋，是資源浪費的結果。顯示出，獨占市場較競爭市場容易造成浪費資源。

8.6　獨占廠商的管制

以上可知，獨占廠商所帶來的弊病有：獨占價格的偏高，消費者必須支出更高的價格購買商品；提供市場的獨占數量低於競爭市場，消費者能夠選擇的商品變少；獨占廠商生產量的決定可能會在平均成本線尚在下降階段時就停止生產，生產效率不彰的結果，造成社會總資源的浪費。因此，各國政府面對獨占市場時，對廠商都會採取各種管制的措施當中以價格的限制與課稅最為普遍。以下就這兩點分別說明：

8.6.1　對獨占廠商的價格限制

當獨占廠商所提供的商品具有生活必需的性質時，如果任由企業漫天喊價，提高售價，將會對家庭帶來生活壓力，對社會造成不安。近來最常見是汽油價格經常性的波動就是一例。台灣中油幾乎每星期都在調整汽油價格，然後台塑跟進，兩家壟斷廠商像這樣遊走於公平交易法的法律邊緣行為，消費者完全沒有抵抗能力。依照法律，當壟斷廠商要提高售價，超過某個百分比時，需經過主管機關的同意，像這樣價格限制的法律設計，主要是要避免獨占廠商操控物資，保障消費大眾的安定生活。然而，台灣兩家的石油廠商當提高汽油價格時，會選擇在規定上限的邊緣做調整，且分幾次調整以求企業利潤的最大化，規避法律的限制，消費者只能照單全收。

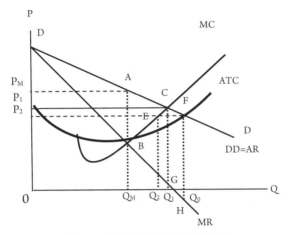

圖 8.8　獨占廠商的限價效果

　　如果沒有任何管制，獨占廠商為了希望達到價格水準為 P_M，會選擇在 MR=MC 時決定生產在 Q_M 水準，此時 P_M 獨占價格顯然高於競爭市場的 P_1 價格水準。當政府採取價格限制，那麼獨占廠商就必須下降售價，也就是銷售價格要在 P_M 以下，當下降到 P_1 時就是競爭市場水準。此時，獨占廠商和競爭市場的廠商一樣為市場價格的接受者，獨占廠商所面對的需求曲線與平均收益曲線由 $\overline{DD}$ 變成拗折的 $\overline{P_1CD}$ 曲線。獨占廠商的邊際收入曲線（MR）也因需求曲線的變化，轉換為 $\overline{P_1C}$ 與 $\overline{GH}$ 這兩段所構成。但是，政府不可能將價格上限定在 P_1，或是根據競爭市場均衡條件的原則要求獨占廠商以此標準定價。

　　當政府限定獨占廠商將售價定在 P=ATC=AR，即圖 8.8 中的 F 點。此時，獨占廠商所面臨的需求曲線與 AR 曲線為 $\overline{P_2FD}$，邊際收入曲線（MR）由 $\overline{P_2F}$ 與 $\overline{HMR}$ 所構成。如果依據 MR=MC 做為訂價原則時，獨占廠商要有 P_2 的價格水準，就會將產量設定在 Q_2。P=MC 的定價法雖然在能夠達到資源配置效率的最佳狀態，但對獨占廠商而言，因為 ATC 高於 MC 會帶來損失，往往會透過政府的補助或減稅方式實施。

8.6.2 對獨占廠商的課稅

　　政府對獨占廠商的管理，除了上述的限制價格之外，課稅方式也是另一種方式。然而，政府在課稅上，可以採取從量課稅（specific tax）、從價課稅（ad

valorem tax）、利潤課稅（profits tax）或定額課稅（lump-sum tax）等方式。本節僅
就從價稅與定額稅方式說明政府對獨占廠商的課稅效果。

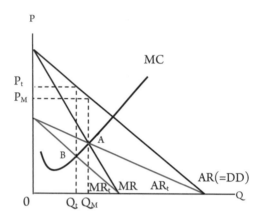

圖 8.9　從價課稅之效果

　　圖 8.9 中，當政府沒有任何約束時，獨占廠商會在 A 點的 MR=MC 決定生產 Q_M
以期獲得 P_M 價格。假設政府對獨占廠商課徵 t% 的從價稅，獨占廠商原來的需求曲線
與平均收入曲線由 AR 變成 AR_t，邊際收入曲線 MR 也變為 MR_t。因此，對獨占廠商
課以從價稅後，獨占廠商決定生產水準條件在 B 點的 MR_t=MC，獨占產量減少為 Q_t，
稅後新的售價水準為 P_t。所以從價稅的結果是獨占廠商產量減少，獨占價格上升。

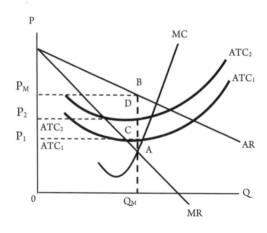

圖 8.10　定額課稅之效果

當政府採取定對獨占廠商在某特定期間內課徵 t 元的定額稅時，那麼會增加廠商的成本。圖 8.10 中，當政府沒有課徵定額稅情況下，獨占廠商會在 MR=MC 的 A 點決定獨占數量 Q_M 與獨占價格 P_M。此時獨占廠商的收入為 $P_M \times Q_M = \square OP_MBQ_M$，總成本為 P_1（$=ATC_1$）$\times Q_M = \square OP_1CQ_M$，廠商的利潤為 $\square P_1P_MBC$。採取定額稅後，因為廠商的生產成本增加，平均總成本曲線由課稅前的 ATC_1 提高為 ATC_2，廠商的總成本為 P_2（$=ATC_2$）$\times Q_M = \square OP_2DQ_M$，廠商的利潤為 $\square P_2P_MBD$。由此可知，課徵定額稅後獨占廠商的利潤減少了 $\square P_1P_2DC$，所減少的利潤也是政府所獲得的稅收。

📖 應用問題

經濟學認為獨占會造成社會福利的無謂損失（deadweight loss），假設某產品市場需求曲線P = 110 − 2Q，此產品的單位製造成本固定於 2。如果產品是由一家獨占廠商生產，請問此產品的市場價格與市場總產量各是多少？假設市場需求與單位生產成本都不變，但是產業結構改變為由很多家完全競爭小廠商生產，請問此時產品的市場價格與市場總產量各是多少？何謂消費者剩餘？對比獨占及完全競爭解，請以文字及圖形說明獨占所造成的社會福利損失，並計算無謂損失之大小。

【96 關務三】

🗀 提示

當 AR 的方程式為 110-2Q 時，MR=110-4Q，MC=2。所以獨占市場的均衡在 MR=MC 的條件下，獨占數量=27，獨占價格=56。

另一方面，完全競爭的均衡條件下，P=MC。所以 110-2Q=2，競爭市場的數量=54，競爭價格水準為 2。

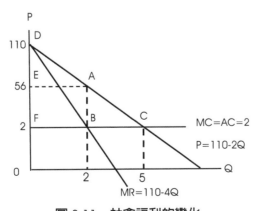

圖 8.11　社會福利的變化

比較獨占廠商與競爭廠商在社會福利上的差異，詳細內容可以參考上述之 8.4 節。圖 8.11 中，$\triangle ABC$ 為獨占市場所帶來社會資源的浪費面積，計算此金額規模時，可以代入三角形的面積公式，$\frac{1}{2}(56-2) \times (54-27) = 729$。由圖 8.11 中得到知結果可整理如下表：

表 8-2　完全競爭市場與獨占市場的比較

	完全競爭市場	獨占市場
均衡條件	供給＝需求	MR＝MC
均衡點	C	B
均衡價格	2	56
均衡數量	54	27
消費者剩餘	$\triangle$DFC	$\triangle$ADE
生產者剩餘	0	□ABFE
社會總福利	$\triangle$DFC	□ABFD

📖 應用問題

一獨占者面對互相區隔的 A、B 兩市場，其需求函數分別為 $Q_A=160-P_A$ 及 $Q_B=400-2P_B$。此一獨占者有一家工廠生產，其生產成本函數為 $TC=Q^2$，請回答下列問題：

（一）若獨占者對 A、B 兩市場採取三級差別取價，則其最大利潤之兩市場銷售量 Q_A 及 Q_B，定價 P_A 及 P_B，總利潤 π 各為何？

（二）此一獨占者新蓋了另一家 2 號廠，其總成本函數為 $TC_2 = \frac{3}{2}q_2^2$，原工廠為 1 號廠，其總成本函數依然為 $TC_1 = q_1^2$。若獨占者蓋 2 號廠之後，仍然對 A、B 兩市場採取三級差別取價，則在大利潤之下，期兩市場銷售量 Q_A 及 Q_B，定價 P_A 及 P_B，兩工廠之產量 q_1 及 q_2，總利潤 π 各為何？

【95 地方三】

🗂 提示

計算第一問題之前，可以先參考本章 7.3 節的獨占廠商差別定價，再計算各值。當 $Q_A=160-P_A$ 時，$P_A=160-Q_A$，則 $MR_A=160-2\,Q_A$。同理，當 $Q_B=400-2P_B$ 時，

$P_B = 200 - \frac{1}{2}Q_B$，$MR_B = 200 - Q_B$。

因為 TC=Q^2，所以 MC=2Q=2×（$Q_A + Q_B$）。依據獨占廠商的利潤最大化的均衡條件，$MR_A = MR_B = MC$，所以可整理如下：

160-2Q_A=200-Q_B=2×（$Q_A + Q_B$），得出 A、B 兩市場的均衡銷售量與均衡價格，Q_A=10，Q_B=60，P_A=150，P_B=170。

因為總利潤 π=TR-TC，所以 π=150×10+170×60-（10+60）^{2}=6,800。

第二個問題，對 A、B 兩市場採取三級差別取價，所以

當 MR_A=160-2Q_A，$Q_A = 80 - \frac{1}{2}MR$；當 MR_B=200-Q_B，$Q_B = 200 - MR$。

由 $Q = Q_A + Q_B = 280 - \frac{3}{2}MR$，可得 $MR = \frac{560}{3} - \frac{2}{3}Q$。

而當 $TC_1 = q_1^2$ 時，$MC_1 = 2q_1$，$q_1 = \frac{1}{2}MC$。

同理可得，$q_2 = \frac{1}{3}MC$。$Q = q_1 + q_2 = \frac{5}{6}MC$，$MC = \frac{6}{5}Q$。

因為 $MR = MC$，$\frac{560}{3} - \frac{2}{3}Q = \frac{6}{5}Q$，得 Q=100，$MR = MC = 120$。獨占廠商的利潤最大化的均衡條件下，$MR_A = MR_B = MC$。即 160-2$Q_A$=200-$Q_B$=120 時，$Q_A$=20，$Q_B$=80。代入 P_A=160-Q_A 與 $P_B = 200 - \frac{1}{2}Q_B$，得 P_A=140，P_B=160。另外，$MC_1 = MC_2 = MR$，即 $2q_1 = 3q_2 = 120$，得出 $q_1 = 60$，$q_2 = 40$。總利潤之計算如前所述，π=140×20+160×80－（60）$^2 - \frac{3}{2}$×（40）^{2}=9,600。

📖 應用問題

有獨占廠商經營兩家工廠，這兩家工廠都生產同一種產品，它們的成本函數分別是 $C_a = 40Q_a$，$C_b = 40Q_b^2$（Q_a 與 Q_b 是這兩家工廠的產量），消費者對此產品的需求函數是 $Q = 180 - P$，請求出此一獨占廠商的最大利潤。

🗀 提示

由需求函數 $Q = 180 - P$ 方程式可寫成 $P = 180 - Q$，依據最大利潤 π=P × Q － TC。$Q = Q_a + Q_b$

$Max\pi$=P × Q － TC = (180 － Q) × Q － $40Q_a - Q_b^2$

分別對Q_a與Q_b微分，得

$Q_a + Q_b = 70$

$Q_a + 2Q_b = 90$

由上面的方程式求出兩家工廠的產量分別為$Q_a = 50$，$Q_b = 20$，所以$Q = 70$。代入需求函數$Q = 180 - P$，得出$P = 110$。

獨占廠商的最大利潤$\pi = 110 \times 70 - 40 \times 50 - 20 \times 20 = 5,300$。

✦ 經濟政策的解析：產業政策下的國營企業獨占問題

戰後台灣經濟發展過程中，國營企業扮演決定的角色，例如台灣電力公司，自來水公司，中油以及菸酒公賣局等，這些都是在政府的政策扶植之下的獨占企業。當時大部分國營企業提供的商品都是與我們日常相關的生活必需品，政府希望在經濟發展能夠配合政策以穩定的產品與價格作為基礎，避免以私人資本獨占市場。從本章的獨占理論我們可以知道，獨占廠商對產品數量提供具有控制權，以此容易操縱市場價格以謀取自身的最大利益之外，也會造成整體資源沒有效率的使用而浪費資源，所以形成日後國營企業民營化的轉型。

台灣加入 WTO 之前，對於國營企業的獨占問題必須有所改變，對於過去在政策指導下只少數幾家企業存在的獨占市場也因市場開放而有所改變，台灣未來的產業發展也將無法以過去保護政策方式扶植獨占企業。因此，雖然有些國營企業已經民營化，因其經營權還是由政府主導，所以的市場獨占問題比較可以受到直接控制與監督。只是私人企業經過競爭之後形成自然獨占時，反而必須注意是否在價格上呈現獨占的價格決定方式，或是來自國際企業在國內居獨占地位壟斷整個市場，不僅在價格面的獨占，可能出觸及更大範圍的獨占弊端，例如，個資、人權維護或是對他人事業排擠等現象的發生。如何規範國內外私人企業獨占事業的法律制度，這也是現階段世界各國政府面臨的課題。

▶▶ 實力測驗

☆ 選擇題

(　)1. 當獨占廠商提高其市場定價時，在下列何種情況時，此獨占廠商的產品收入會增加？
(A)市場供給曲線具有彈性　(B)市場供給曲線不具有彈性
(C)市場需求曲線具有彈性　(D)市場需求曲線不具有彈性
【109 年公務人員普考】

(　)2. 對比完全競爭市場與獨占市場，下列敘述何者錯誤？
(A)兩種市場結構下，廠商都會依照「邊際收益等於邊際成本」原則決定最適產量
(B)兩種市場結構下，廠商都會選擇生產到平均成本曲線之最低點
(C)完全競爭廠商和獨占廠商在短期都可能發生虧損
(D)完全競爭廠商的長期均衡利潤為零，獨占廠商在長期均衡則可賺到正利潤
【109 年公務人員高考】

(　)3. 獨占廠商差別取價的理由為？
(A)不知道市場的需求特性　(B)促進消費者大量消費
(C)攫取消費者剩餘　(D)服務不同的客群滿足其需求
【108 年公務人員普考】

(　)4. 在獨占市場中，若廠商面臨 A、B 兩個市場，則下列敘述何者正確？
(A) A、B 兩市場的價格一定相同
(B)需求彈性愈小的市場，價格越高
(C)需求彈性愈大的市場，價格越高
(D)價格與兩市場的需求彈性無關
【108 年公務人員普考】

( )5. 下列有關追求利潤最大獨占廠商的敘述，何者正確？
(A)在最適生產量，邊際收益大於邊際成本
(B)在最適生產量，邊際收益等於零
(C)價格等於邊際成本
(D)廠商沒有供給曲線

【108 年公務人員普考】

( )6. 在獨占市場中，廠商不小心把價格訂到超過獨占（最適）價格，相較於獨占定價的情況：
(A)市場交易量上升　(B)消費者剩餘上升
(C)生產者剩餘下降　(D)生產者剩餘上升

【108 年公務人員高考】

( )7. 關於獨占市場，下列敘述何者正確？
(A)市場裡只有一家廠商獨大，其他的廠商都微不足道
(B)市場裡沒有完全替代品，只能有近似替代品
(C)市場均衡時，無法達到經濟效率
(D)廠商進出市場容易

【107 年公務人員普考】

( )8. 假設獨占廠商的總成本函數為 C=2+2q，其中 C 為總成本、q 為產品數量。產品的市場需求曲線則為 q=10−P，其中 q 為產品數量、而 P 則為市場價格。試問此獨占廠商利潤極大化的價格為何？
(A) \$2　(B) \$4　(C) \$6　(D) \$8

【107 年公務人員高考】

(　)9. 就自然獨占廠商而言，其邊際成本在每個產量下會：

(A)大於平均總成本　(B)等於平均總成本

(C)小於平均總成本　(D)因資訊不足而無法判斷

【106 年公務人員普考】

(　)10.若獨占者對消費者採取完全差別取價，則下列敘述，何者錯誤？

(A)不根據邊際收益等於邊際成本決定產量。

(B)其利潤大於二級差別取價。

(C)社會無謂損失（deadweight loss）不存在。

(D)其社會福利與邊際成本定價法相等。

【96 三等考】

(　)11.一獨占市場的需求函數為$P = 60 - Q$，獨占者的邊際成本函數為$MC = 2Q$。若政府對此獨占商品訂定價格上限為 42，則當獨占者之利潤達到極大時，社會福利為何？

(A) 548　(B) 576　(C) 594　(D) 604

【96 三等考】

(　)12.一獨占者的總成本函數為$TC = Q^2 + 25$，需求函數為$Q = 30 - P$，若其對消費者完全差別取價，則其利潤為何？

(A) 75　(B) 100　(C) 125　(D) 150

【95 高考】

(　)13.在獨占廠商的完全差別定價下，消費者所獲得之消費者剩餘將：

(A)降為零　(B)與獨占廠商平分　(C)增加　(D)不會改變

【93 初等考】

( )14.如果長期時獨占廠商的最適定價低於長期平均成本，則廠商會：

(A)享有超額利潤而繼續營業　　(B)遭受虧損但是繼續營業

(C)享有超額利潤但是停止營業　　(D)遭受虧損而停止營業

【93 初等考】

( )15.下列哪一個比較像自然獨占？

(A)微軟　(B)機場的免稅商店　(C)投資支出　(D)青島啤酒

【93 五等特考】

( )16.因為獨占廠商面對一條負斜的需求曲線，故其：

(A)邊際效益低於平均收益　(B)平均收益低於邊際收益

(C)邊際成本低於平均成本　(D)平均成本低於邊際成本

【93 五等特考】

( )17.獨占利潤最大時的產量，發生在：

(A)價格等於邊際成本　　(B)價格等於邊際收益

(C)邊際收益等於邊際成本　(D)以上皆是

【93 五等特考】

( )18.下列何者不是公營事業的缺點？

(A)產品多為水電等民生必需品

(B)政府常要求額外的政策任務

(C)管理監督辦法太多，欠缺應變的彈性

(D)虧損會造成財政負擔，盈餘會誤導資源配置

【93 五等特考】

( )19.下列有關獨占說明下列何者不正確？

(A)獨占廠商的短期均衡，需要彈性不能小於一

(B)獨占造成社會損失

(C)獨占廠商採取完全差別訂價不可能達到資源配置效率

(D)獨占廠商沒有短期供給曲線

【88 四等特考】

( )20.下列何者不是廠商實施差別取價的必要條件？

(A)賣者對其產品價格必須有相當程度的控制力量

(B)賣者必須能夠從事套利活動

(C)賣者必須能夠隔離願意付不同價位之消費群

(D)買者不能將產品賣給另一買者

【87 四等特考】

( )21.能使完全壟斷廠商利潤極大的訂價策略是：

(A)價格小於邊際成本　(B)價格等於邊際成本

(C)價格大於邊際成本　(D)尚無充分資訊可作判斷

【87 四等特考】

( )22.有一獨占廠商面臨市場需求曲線為$D(P) = 60 - \frac{P}{2}$，但它有兩家工廠，各

自的成本函數為$C_1 = 2q_1^2$，$C_2 = q_2^2$。試求各廠的產量為何？

(A) q_1^*=5，q_2^*=10　　(B) q_1^*=7，q_2^*=14　　(C) q_1^*=9.5，q_2^*=19

(D) q_1^*=10，q_2^*=20　　(E) q_1^*=7.5，q_2^*=15

【98 中山財管】

( )23.比較一個完全競爭市場與一個完全差別訂價的獨占市場，在市場均衡時：

(A)前者的生產者剩餘為零　　(B)後者的消費者剩餘為零

(C)前者的社會福利較大　　　(D)後者的均衡交易量有多重解

(E)以上皆非

【87台大商研】

( )24.獨占廠商之短期供給曲線為：

(A) AVC 最低點以上之 MC 線段　　(B) AFC 最低點以上之 MC 線段

(C) AC 最低點以上之 MC 線段　　(D)以上皆非

【93輔大管理】

☆申論題

一、獨占者有時採用「差別定價」。請問：

（一）獨占者採用「兩市場差別定價」的條件是什麼？

（二）若獨占者條件許可，它採取「階段式差別定價」，不但可以提高利潤，
同時又會增進「經濟效率」。為什麼可以兩者兼顧？

（三）若獨占者採取「完全差別定價」，它的經濟「效率」與「分配」的效果
如何？

【97國商特考】

二、某獨占廠商所面臨之需求曲線為：$P = 40 - 0.125Q$，其總成本函數則為：
$C(Q) = 50Q - 0.25Q^2$，其中 Q 是產量，且由於產能限制，Q 不能超過100。
請求出該獨占廠商最式的價格與產量。

【92台大財金】

筆記欄

The Economics
of Imperfect
Competition
Joan Robinson
Second Edition

羅賓森夫人
（**Joan Violet Robinson**, 1903-1983）

日常的經驗已告訴我們許許多多
的企業（其中大多數是製造消費
品的），都是在成本遞減的情形
下產生的。……，要逐漸增加生
產，其主要的障礙不在於生產成
本（實際上，生產成本一般都是
有利於增加生產的），而在於增
加銷售卻又不降低價格，或者不
面對推銷費用的增加。

▌前言 ———————————

從經濟理論發展來說，在 1920 年以前的經濟學
是以競爭市場與獨占市場為設定模型。在 1926
年經濟學家司勒凡（Piero Sraffa, 1898-1983）
撰文指出完全競爭與獨占理論的缺陷*，引起學
界的激盪，開啓了不完全競爭理論序幕。這在
1930 年代有了更進步的發展，那就是價格理論
在 不 完 全 競 爭 市 場 上 ， 新 開 闢 出 寡 占
（oligopoly） 和 獨 占 性 競 爭 （monopolistic
competition）的理論，這是戰後經濟學新的發
展方向。早期在這方面主要的經濟學者有英國羅
賓森夫人（Joan Violet Robinson, 1903-1983）
與美國秦伯霖（Edward Hastings Chamberlin,
1899-1967），這兩位經濟學家幾乎同時提出不
完全競爭理論，可說是經濟學發展上的一塊里程
碑。而寡占和獨占性競爭理論的出現也意味著經

濟學家對過去的傳統經濟學理論在適用性上提出質疑，認為寡占市場和獨占性競爭市場反而比較接近現實的經濟社會。本章將就這兩種經濟模型的內容比較與競爭市場模型的差異。

---

* 司勒凡教授的這篇論文為"The Law of Returns under Competitive Conditions", *Economic Journal*, vol.36, Dec.1926, pp. 534-45. 羅賓森夫人受到影響，曾說：「當我於 1929 年回到劍橋而開始時，司勒凡已靜靜地指出馬歇爾的矛盾之處。……靜態的基礎與動態的上層結構之間的矛盾已是非常明顯的了」（施建生（1996）《現代經濟思潮》，大中國圖書公司，PP.291-292.）

9.1　寡占市場的特徵

　　傳統經濟學的世界裡，其理論是建立在產品同質，資訊完全自由，廠商進出市場完全自由等完全競爭市場特徵上，這在第 7 章我們已經討論過了。問題在於完全競爭的現象是一種非常特殊的事例，一般呈現在我們眼前的市場都是充滿不完全競爭現象。其中，寡占市場就是明顯的一個例子。

　　完全競爭廠商是在市場既定的價格下，追求利潤極大化來決定自己的產量水準，對其他的廠商可能的生產活動完全不加理會；獨占廠商則因為沒有其他競爭廠商的存在，只依獨占廠商自身利潤極大化就能夠決定產量與價格。寡占廠商就是介於這兩者之間的市場狀態，它無法像競爭廠商那樣忽略對手廠商的存在，對於價格設定與產量水準的決定，它必須考慮對手的可能反應。寡占廠商所面對的市場為何需要顧慮對手廠商的行動呢？我們先來了解其特徵就能夠知道其中的道理。

　　寡占市場是由少數幾家廠商從事財貨的生產，市場為少數大規模的廠商所瓜分。每家廠商所生產的是一種同性質的產品，或是一組異質性的產品。前者如水泥產業，是由少數幾家企業供應同性質的水泥；後者如汽車業，由幾家知名國外廠牌銷售異質性的各種等級的汽車。所以有人將提供同性質產品的寡占稱為純粹寡占（pure oligopoly），提供異質性產品的寡占稱為差異寡占（differentiated oligopoly）。

　　寡占廠商彼此之間是處於既競爭又合作的關係，在相互依存（mutual interdependence）與競爭的體制下，對想加入的新廠商而言，將會面臨相當大的阻力。同時，在經濟規模性、生產技術等因素上，寡占市場的產業特質與獨占市場類似，是造成進入市場的重要障礙。所以，長期下的寡占廠商能夠享有巨額利潤。

　　寡占廠商希望能夠提升自己的市場占有率，但非以削價競爭（non-price competition）做為手段，而是透過行銷、產品差異化等策略。

　　寡占廠商面臨利害關係時，由於彼此間資訊不完全，為了讓本身獲得最有利的結果，當做決策之際必須要考慮到對手的可能反制。寡占市場的廠商數不多，每家廠商有一定程度的市場占有率，所以對價格也具備影響力。寡占的廠商不是價格接受者（競爭廠商），也非價格決定者（獨占廠商），它介於兩者之間，對價格的影響比競爭市場大，但又沒有獨占市場那樣能夠完全主宰。所以有人稱寡占廠商是價格的尋覓者（price searcher）。

　　以上可知，寡占市場的特徵整理如以下幾點：

一、寡占中只有少數幾家廠商操控市場。

二、寡占市場的產品可能一種同性質的產品，也可能是一組異質性的產品。

三、寡占體制下存在相當高的進入障礙（barrier to entry）。

四、寡占廠商存在相互依存的關係，但是也因彼此間資訊不完全而陷入了賽局理論。

9.2 寡占模型

傳統經濟學的競爭理論主宰 100 多年之後，寡占理論才逐漸萌芽。主要原因乃是寡占市場貼近世人的生活。從完全競爭市場的特質中，充滿與現實經濟社會脫節，理論上的應用總會讓人感覺像似在象牙塔內做沙盤推演。寡占理論雖然無法完全擺脫與現實上的落差，但是無法否認它更往前一步靠向我們的事實。接下來將透過各種寡占模型的介紹，以便一窺寡占理論之奧妙。

9.2.1 納許均衡（Nash equilibrium）

幾年前台灣上映一部電影《美麗境界》（A Beautiful Mind），敘述一位罹患精神疾病的年輕教授與妻子不離不棄的感人故事，最後這位教授獲得諾貝爾經濟獎。遵循大學芝加哥大學傳統，同僚們將自己最珍貴鋼筆送給他，放置於圓桌那個景象，令人印象深刻。這個人就是美國經濟學者納許（John Forbes Nash, 1928-）。納許是將納許均衡（Nash equilibrium）導入賽局理論（game theory），影響賽局理論發展甚巨的數學家。

寡占市場中，廠商之間存在著相互依賴關係，廠商一旦採取不同策略對自己或對手也會帶來不一樣的影響。為了解釋此現象，以下來舉例說明。

有位經濟學教授改期中考試卷，發現有兩位同學在申論題的作答上，相似度 95% 以上，且連文中的逗點與錯別字都是一樣，有「作弊」的嫌疑，但是沒有證據他們有作弊，而這兩位學生得到了 70 分。為了解開這個疑惑，這位教授在不同時間，分別約了這兩位學生到研究室詢問，分別單獨告訴學生，作弊行為將會受到校規處分等後果。這位教授首先對 A 學生說：如果你承認「作弊」，經濟學這學期當掉，下學年重修；如果你不承認「作弊」，而 B 同學承認「作弊」的話，依據校規必須

退學，而 B 同學經濟學的成績「90 分」。該教授也以同樣的話講給 B 同學聽。表 9-1 是兩位同學可能的回答和結果。

表 9-1　A、B 學生「作弊」嫌疑與其結果

		A 學生	
		不承認	承認
B 學生	不承認	A.70 分 B.70 分	A.90 分 B.退學
	承認	A.退學 B.90 分	A.重修 B.重修

此時，A、B 兩位同學陷入「承認」與「不承認」的天人交戰，這在經濟學稱為「囚犯的兩難」（prisoner's dilemma）。當 A 學生心想 B 同學是不會承認的，而內心卻期待自己承認的 90 分；同時，認為 A 同學會堅持不承認，B 同學受 90 高分而動搖，決定承認作弊行為。當然兩人可能都堅持沒有作弊，維持原有的 70 分。也可能兩人都承認這次考試是作弊，那麼下學年將再重修一次。

當事人預測對方的決定，然後採取自己最適當的行為。如果當事人所採取的行動是一致時，稱為這種決定就達到納許均衡（Nash equilibrium）。上表為例，A、B 學生都採取「不承認」或「承認」都是納許均衡。然而，兩人「不承認」的一致決定是柏雷托的最適效率，但是「承認」則不是屬於柏雷托最適效率。換言之，納許均衡未必為柏雷托的最適效率。

納許均衡導入賽局理論後的發展，影響層面非常廣泛，除了經濟學之外，更應用在政治學、商學上的策略制定，或國防、犯罪等談判手段，遍及各個領域。

9.2.2 庫諾模型（Cournot model）下的均衡

前述的寡占市場特徵之中有只有少數幾家廠商的存在，究竟多少的數量才是「少數幾家」，其實並沒有具體的數字來界定。但是市場中只有兩家廠商時，是最單純的寡占市場，這種是市場被稱為雙頭寡占模型（duopoly model）。雙頭寡占市

場以法國經濟學者庫諾（Augustin Cournot, 1801-1877）在 1838 年出版的《財富理論數理原則之研究》第五章裡，所提出礦泉水的事例的分析最負盛名。

　　庫諾雙頭寡占模型的前提假設：市場中只存在兩家廠商，生產同質性礦泉水，生產成本條件也完全相同，不需負擔邊際成本（MC=0）。兩家廠商都是以產量作為競爭的手段，當一家廠商在進行產量決策時，都認為另一家的產量水準不會改變下，追求寡占利潤的極大化。

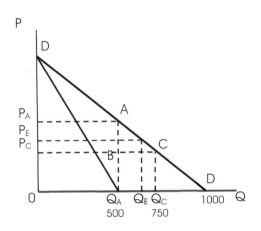

圖 9.1　MC=0 假設下的庫諾模型

　　上述的假設下，圖 9.1 的 $\overline{DD}$ 為礦泉水市場需求曲線，在其左下方會有一條相對應的邊際收入曲線 $\overline{MR}$。一開始只有一家廠商 A 生產礦泉水，獨占整個市場的供給。庫諾雙頭寡占模型是假設只存在固定成本，MC=0，所以市場供給曲線與橫軸是重疊在一起。如果是完全競爭市場時，需求曲線與供給曲線相交點決定之礦泉水的產量，產量水準會在 1000 單位的 D 點。但是，A 廠商欲達成利潤極大化的條件，必須在 MR=MC，此時礦泉水的生產量會控制在 500 單位，為完全競爭市場的一半產量，即 $\frac{1}{2}\overline{OD}$。此時礦泉水的每單位價格會落在 P_A，A 廠商的總收入（=總利潤）為 $\square OP_AAQ_A$。

　　假設另一廠商 B 欲加入礦泉水的生產行列，前提與 A 廠商一樣沒有 MC，只有固定成本，並認為 A 廠商只會維持原先產量的 500 單位礦泉水（$=\frac{1}{2}\overline{OD}=\overline{OQ_A}$）。所以，B 廠商所面臨的需求曲線為剩餘的 $\overline{AD}$ 段，當以利潤極大化做為生產依據時，B

廠商的礦泉水產量會決定在 250 單位的 $\overline{Q_AQ_C}$。A、B 兩廠商的總產量增為 750 單位，促使寡占價格會下跌至 P_C，B 廠商所獲得的利潤是 □Q_ABCQ_C。

以上的庫諾模型可知，當 A 廠商認為 B 廠商會生產競爭產量的 $\frac{1}{4}$ = 500 單位，於是 A 廠商的生產策略是提供 B 廠商未提供產量的一半以求利潤最大。這樣生產變化可由數學式說明。

A 廠商最初提供的礦泉水為 $\frac{1}{2}\overline{OD} = \overline{OQ_A}$ = 500 單位，再來第二次供給量為 $\frac{1}{2}\left(1-\frac{1}{4}\right)\overline{OD} = \frac{3}{8}\overline{OD}$ = 375 單位，前後相比減少了 $\frac{1}{8}\overline{OD}$（ = $\frac{1}{2}\overline{OD} - \frac{3}{8}\overline{OD}$）。以此類推，A 廠商的最後均衡產量為：

$$\frac{1}{2}\overline{OD} - \frac{1}{8}\overline{OD} - \frac{1}{32}\overline{OD} - \frac{1}{128}\overline{OD} - \cdots = \frac{1}{2}\overline{OD} - \frac{1}{8}\overline{OD}[1 + \left(\frac{1}{2}\right)^2 + \left(\frac{1}{2}\right)^3 + \cdots] =$$

$\frac{1}{3}\overline{OD}$。

同理，B 廠商最初提供的礦泉水為 $\frac{1}{2}\left(1-\frac{1}{2}\right)\overline{OD} = \frac{1}{4}\overline{OD}$ = 250 單位，接著第二次提的供給量為 $\frac{1}{2}\left(1-\frac{3}{8}\right)\overline{OD} = \frac{5}{16}\overline{OD}$ = 312.5 單位，前後相比增加了 $\frac{1}{16}\overline{OD}$（ = $\frac{5}{16}\overline{OD} - \frac{1}{4}\overline{OD}$）。以此類推，B 廠商的最後均衡產量為：

$$\frac{1}{4}\overline{OD} + \frac{1}{16}\overline{OD} + \frac{1}{64}\overline{OD} + \frac{1}{256}\overline{OD} + \cdots = \frac{1}{4}\overline{OD} + \frac{1}{4}\overline{OD}[\left(\frac{1}{2}\right)^2 + \left(\frac{1}{2}\right)^3 + \cdots] =$$

$\frac{1}{3}\overline{OD}$。

A 廠商與 B 廠商的均衡產量皆在 $\frac{1}{3}\overline{OD}$，寡占市場的產量為競爭市場產量的 $\frac{2}{3}$，寡占價格 P_E 也剛好為獨占價格 P_A 的 $\frac{2}{3}$。因此可知，庫諾雙頭寡占的均衡是介於競爭市場與獨占市場之間，剩餘最大化的競爭市場為伯雷托效率，但庫諾均衡則非伯雷托效率。

　　上述可知庫諾模型的均衡，而圖 9.2 為各市場型態的均衡解。獨占市場的均衡產量在完全競爭市場產量 $\overline{OD}$ 的 $\frac{1}{2}$ 處，庫諾寡占市場的均衡產量則在完全競爭市場產量 $\overline{OD}$ 的 $\frac{2}{3}$ 處。因此，從寡占市場的廠商數可以推論庫諾模型的均衡狀態。當市場有 n 家廠商時，那麼市場的供給量將為 n 家廠商所生產，且每家廠商均等提供。寡占 n 家廠商的總產量會等於完全競爭市場產量的 $\frac{n}{n+1}$。

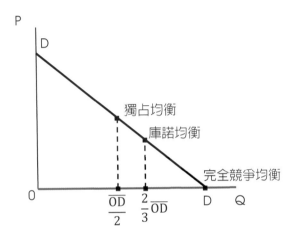

圖 9.2　**市場型態的均衡解**

　　總之，當加入廠商越多，n 值就越大，總產量也越接近完全競爭市場。市場型態產量多寡依序為：競爭市場＞寡占市場＞獨占市場；價格高低依序為：獨占市場＞寡占市場＞競爭市場。

庫諾模型與反應函數

　　上一節提起過，A 廠商是假定 B 廠商的產量維持不變的前提下，追求利潤的極大化。同樣地，B 廠商也是以 A 廠商的產量維持不變為前提來追求最高的利潤。基於上述之假設，A、B 兩家廠商利潤極大化的必要條件為：

$$\frac{\partial \pi_A}{\partial Q_A} = \frac{\partial TR_A}{\partial Q_A} - \frac{\partial C_A}{\partial Q_A} = 0 \qquad\qquad (9.1)$$

$$\frac{\partial \pi_B}{\partial Q_B} = \frac{\partial TR_B}{\partial Q_B} - \frac{\partial C_B}{\partial Q_B} = 0 \qquad\qquad (9.2)$$

整理後得：

$$\frac{\partial TR_A}{\partial Q_A} = \frac{\partial C_A}{\partial Q_A}$$

（9.3）

$$\frac{\partial TR_B}{\partial Q_B} = \frac{\partial C_B}{\partial Q_B}$$

（9.4）

可將（9.3）式中的Q_A做為Q_B的函數時，可以寫出 A 廠商的反應函數（reaction function）為

$$Q_A = r_A（Q_B）$$

（9.5）

同理，B 廠商的反應函數為

$$Q_B = r_B（Q_A）$$

（9.6）

依據以上函數關係，寡占廠商利潤最大化的充分條件為

$$\frac{\partial^2 \pi_i}{\partial Q_i^2} = \frac{\partial^2 TR_i}{\partial Q_i^2} - \frac{\partial^2 C_i}{\partial Q_i^2} < 0，（i = A, B）$$

（9.7）

整理後，得

$$\frac{\partial^2 TR_i}{\partial Q_i^2} < \frac{\partial^2 C_i}{\partial Q_i^2}，（i = A, B）$$

（9.8）

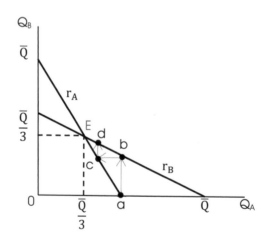

圖 9.3　廠商反應曲線與庫諾均衡點

圖 9.3 中，r_A與r_B分別代表 A 廠商與 B 廠商的反應曲線，反應曲線上的任何一點，表示寡占廠商利潤最大化是建立在對手產量維持不變假設下完成的。A廠商如果

銷售$\overline{Q}$數量，且銷售價格=MC=0時，那麼B廠商以銷售0單位做為反應。另一方面，B廠商銷售$\overline{Q}$數量時，那麼A廠商也是以銷售0單位做為反應。A、B廠商的反應曲線說明了，當一方產量越少，另一方廠商所能取得的利潤就越高。上節中已經說明庫諾模型的寡占均衡，當A廠商的產量在a點，則B廠商會反應在曲線上的b點。又，A廠商對B廠商產量b所作出的反應會落於c點。之後，B廠商生產決定在反應曲線r_B的d點水準，依此類推。這樣的彼此反應的途徑會收斂在E點，這就是庫諾均衡點。

9.2.3 柏爾淳模型

前節的庫諾模型前提是廠商認為對手不會改變他所預期的產量，對於這樣的假設，1883年法國數學學者柏爾淳（Joseph Bertrand, 1822-1900）提出另一個假定。柏爾淳認為廠商認為對手不會改變是他所預期商品的價格。[1]在這樣的假設下建立模型，並使得廠商的收入與利潤達到最大。

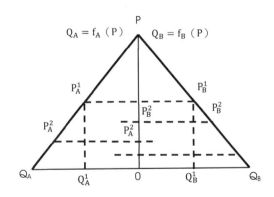

圖 9.4　柏爾淳模型

圖9.4中的左右兩邊斜線分別為A、B廠商所面臨礦泉水的需求曲線，需求函數為$Q_A = f_A（P）$與$Q_B = f_B（P）$。當礦泉水的價格P為0（=MC=0）時，A廠商所提供的產量在$\overline{OQ_A}$，B廠商所提供的產量在$\overline{OQ_B}$，兩廠商供給量總和為$\overline{Q_AQ_B}$，這個產量剛好是完全競爭市場的供給量。起初A、B兩廠商平均瓜分市場，在價格$P_A^1 = P_B^1$

1　鄧東濱、林炳文（1982）《個體經濟理論（第三版）》，自行出版（三民書局經銷），pp.542-543。

時，A 廠商生產 $\overline{OQ_A^1} = \frac{1}{2}\overline{OQ_A}$ 單位，B 廠商生產 $\overline{OQ_B^1} = \frac{1}{2}\overline{OQ_B}$ 單位。兩廠商所生產的

礦泉水總量 $\overline{OQ_A^1} + \overline{OQ_B^1} = \frac{1}{2}\overline{OQ_A} + \frac{1}{2}\overline{OQ_B} = \frac{1}{2}\overline{Q_AQ_B}$。現在，B 廠商預測 A 廠商會維持

P_A^1 的價格水準，它將原先 P_B^1 價格調降到 P_B^2 以獲取更多的銷售量，已取得更大的利

潤。之後，A 廠商也重新思考價格策略，預測 B 廠商會繼續維持 P_B^2 的價格，自己將

原來的售價從 P_A^1 下修至 P_A^2。此時的 $P_A^2 < P_B^2$，所以 A 廠商可擷取 B 廠商的一部分市場

以獲得更多的利潤。在這樣兩廠商削價競爭的結果，礦泉水市場的價格與產量與競

爭市場趨近一致，寡占市場也和完全競爭市場一樣達到均衡的境界。

9.2.4 艾吉渥斯模型

　　另外一位經濟學者艾吉渥斯（Francis Ysidro Edgeworth, 1845-1926）在 1897 年提

出對柏爾淳理論的不同看法。艾吉渥斯不認為寡占廠商可以提供如同競爭市場的產

量水準，所以寡占市場的價格無法像競爭市場呈現穩定的均衡。

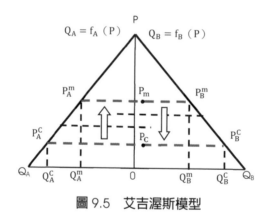

圖 9.5　艾吉渥斯模型

　　艾吉渥斯模型開始之假設與柏爾淳理論一樣，A 廠商與 B 廠商在零成本下提供

相同品質的礦泉水，分別最大產能為 $\overline{OQ_A^C}$ 與 $\overline{OQ_B^C}$，這和柏爾淳模型所設定的產能不

同。圖 9.5 中，一開始只有 A 廠商獨占市場，在獨占價格 P_m（$=P_A^m$）下銷售礦泉水

Q_A^m 以追求利潤最大。之後，B 廠商加入生產，形成寡占市場。B 廠商認定 A 廠商不

會改變價格，將價格定在比 P_m 微低的水準，藉此獲取 A 廠商的一部分市場以追求最

大的銷售 $\overline{OQ_B^C}$ 單位。B 廠商降價行為引起 A 廠商必須重新採取新價格策略，於是將價

格下調在 B 廠商之下，並奪取 B 廠商的一部分市場以提高自己的利潤。然後，B 廠商不堪失去市場，於是再度調降價格在 A 廠商新價格之下。不斷的價格競爭，最後價格降至 P_C，A、B 兩廠商所能銷售的礦泉水達到最大產量分別為 $\overline{OQ_A^C}$ 與 $\overline{OQ_B^C}$。兩廠商的相互競價後，一旦 B 廠商價格降到最低點 P_C 時，它正提供最大產能的礦泉水（$=\overline{OQ_B^C}$），這個產量不足以供應全市場的需求，必須由 A 廠商來供應。因此，A 廠商決定將價格提高到獨占價格（$=P_A^m$），再度取得獨占的利潤。B 廠商為確保更高利潤，也提高新售價在獨占價格（$=P_A^m$）的下方處，又擷取 A 廠商的一部分利潤。A 廠商為確保利益，再度制定新價格在 B 廠商下方，雙方競價活動不斷延續下去。

由以上的艾吉渥斯模型可知，當市場價格提高到獨占價格（$=P_A^m$）時，兩廠商的價格策略採取相互銷價；當市場價格降低至最低價格（$=P_C$）時，兩廠商的價格策略採取相互加價。所以艾吉渥斯模型的分析結論寡占市場當兩個廠商所處的區位或商品性質越接近時的均衡是不穩定的，價格也呈現不確定性。

9.2.5 豪德林模型

上述的寡占理論以產量或價格做為前提假定做為分析市場的均衡。本節以地理位置的角度說明寡占均衡。

在 1929 年經濟學者豪德林（Harold Hotelling, 1895-1973）提出區位競爭模型[2]，是屬於線段的寡占市場型態。在豪德林模型中，當消費者對購買商品時，對於廠商提供產品區位或產品特徵具有一定的特殊位置。當兩個廠商所處的區位或商品性質越接近時，產品之間的替代性就越大；當兩個廠商所處的區位或商品性質越遠時，消費者購買的成本就越高。豪德林模型的主要假設有：

一、在線性市場中，有兩家位於不同地點的廠商生產及販賣同性質的商品。

二、消費者平均分布於線性市場中，消費者在一定時間內只購買一單位的商品，每單位商品每公里存在著運輸成本。

三、兩家廠商的邊際成本為零（MC=0）。

---

[2]　參考鄧東濱、林炳文（1982）《個體經濟理論（第三版）》，自行出版（三民書局經銷），pp.548-551。

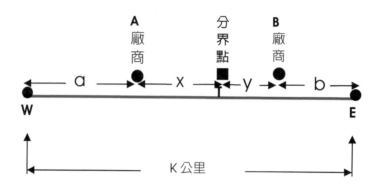

圖9.6　豪德林模型－線性區位競爭

　　圖 9.6 中$\overline{\text{WE}}$表示寡占市場的範圍距離為 K 公里，消費者平均分布於該區域內，本區也是 A 廠商與 B 廠商提供相同品質財貨的寡占市場形態，分別生產的商品價格為P_A，P_B。現假設有兩位消費者 a 與 b，分別住在 A 廠商的左邊和 B 廠商的右邊。而介於 a 與 b 之間的消費者共有 x+y 人。a 要購買商品如果選擇向 B 廠商購買的話，那他必須承擔運費成本，理性告訴他要選擇在 A 廠商消費。同樣地，b 會選擇對 B 廠商的消費。而介於兩廠商之間 x+y 人的消費可選擇向 A 或向 B 購買。若以 T 點做為分界點，因為 a 與 x 在分界點 T 左邊，b 與 y 在分界點 T 的右邊，假定 a+x、b+y 的消費者分別會對 A、B 廠商購買商品。

　　在前面豪德林模型假設中，消費者以線性形態平均分布在市場上（例如，每 1 公里），且在一定時間內只購買一單位的商品，所以 x 人可視為 A 到 T 的公里數，y 人可視為 B 到 T 的公里數；單位商品的每公里存在著運輸成本 c。因此，可以用數學式表示，

$$a + x + y + b = K \tag{9.9}$$

$$P_A + cx = P_B + cy \tag{9.10}$$

由（9.9）式與（9.10）式可得出 x、y 解為，

$$x = \frac{1}{2}\left(K - a - b + \frac{P_B - P_A}{c}\right) \tag{9.11}$$

$$y = \frac{1}{2}\left(K - a - b + \frac{P_A - P_B}{c}\right) \tag{9.12}$$

依據第三點的前提假設，兩廠商的邊際成本為零，所以總收入=總利潤。由（9.11）式與（9.12）式可導出寡占廠商之總利潤 π 分別為，

$$\pi_A \equiv P_A \times Q_A = P_A(a + x) = \frac{1}{2}(K + a - b)P_A - \frac{P_A^2}{2c} + \frac{P_A P_B}{2c} \tag{9.13}$$

$$\pi_B \equiv P_B \times Q_B = P_B(b + y) = \frac{1}{2}(K - a + b)P_B - \frac{P_B^2}{2c} + \frac{P_A P_B}{2c} \tag{9.14}$$

寡占廠商在假設對手的價格不變之下，調整價格所能獲得的最大利潤方程式為，

$$\frac{\partial \pi_A}{\partial P_A} = \frac{1}{2}(K + a - b) - \frac{P_A}{c} + \frac{P_B}{2c} = 0 \tag{9.15}$$

$$\frac{\partial \pi_B}{\partial P_B} = \frac{1}{2}(K - a + b) - \frac{P_B}{c} + \frac{P_A}{2c} = 0 \tag{9.16}$$

A、B 廠商的反應函數可由（9.15）式與（9.16）式得出，

$$P_A = \frac{c}{2}(K + a - b) + \frac{P_B}{2} \tag{9.17}$$

$$P_B = \frac{c}{2}(K - a + b) + \frac{P_A}{2} \tag{9.18}$$

由（9.17）式與（9.18）式可以解出豪德林模型的均衡價格：

$$P_A = c\left(K + \frac{a-b}{3}\right) \tag{9.19}$$

$$P_B = c\left(K - \frac{a-b}{3}\right) \tag{9.20}$$

將（9.19）式、（9.20）式代入（9.11）、（9.12）兩式之中，求得 x 與 y 的數值後再代入 A 廠商產量$Q_A(= a + x)$，B 廠商產量$Q_B(= b + y)$，所得知結果即是豪德林模型的均衡產量：

$$Q_A = \frac{1}{2}\left(K + \frac{a-b}{3}\right) \tag{9.21}$$

$$Q_B = \frac{1}{2}\left(K - \frac{a-b}{3}\right) \tag{9.22}$$

豪德林模型所設定的寡占市場在現實社會中或許更複雜，但是這樣的現象在我們的日常生活當中感覺上有些雷同之處，顯示這個模型在理論與實際上有一定的通用性。也因為如此，豪德林模型曾經被廣為應用於企業市場競爭的策略思想。

9.2.6 秦伯霖模型

　　美國經濟學者秦伯霖是掀起不完全競爭理論革命的代表人物之一，他認為寡占市場的均衡是穩定的，原因是來自廠商彼此間相互依存的認知。接下來，我們可以透過圖 9.7 來說明秦伯霖模型。

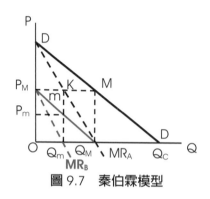

圖 9.7　秦伯霖模型

　　$\overline{DD}$為礦泉水的需求曲線，$\overline{OQ_C}$為完全競爭市場的產量，起初只有一家 A 廠商從事生產。所以，$\overline{DD}$也是獨占廠商 A 所面臨的需求曲線，在其左下方有一條 A 廠商的邊際收入曲線MR_A。A 廠商會在 $MR_A=MC$ 交叉點決定產量於Q_M，訂定獨占價格在P_M，並獲取獨占利潤$\square OP_M MQ_M$。若另一廠商 B 加入礦泉水的生產，乃將$\overline{DD}$的一半

視為本身的需求曲線$\overline{P_M Q_M}$（ $= \dfrac{1}{2}\overline{DD} = \overline{MD}$），在其下方為其邊際收入曲線$MR_B$。B

廠商也會在 $MR_B=MC$ 交叉點決定產量於Q_m，訂定獨占價格在P_m。然而，A、B 廠商在「彼此間相互依存的認知」下，對自己最為有利。因此，A 廠商減少一半產量，B 廠商也將生產控制在獨占產量的一半。秦伯霖的寡占模型是將市場總生產量定在$\overline{OQ_M}$規模，價格則在P_M，A、B 兩家廠商均分原先的獨占利潤$\square OP_M MQ_M$（ $= \square OP_M KQ_m + \square Q_m KMQ_M$）。

9.2.7 史泰克堡模型

　　庫諾均衡中，廠商產量水準的決定是建立在對手廠商為已知，並且以不會改變產量為前提。換言之，廠商的生產活動是處於被動的。若廠商知道對手是追隨者

（follower），那麼這家廠商就能解讀對手行動立足於領導者（leader）角色。將寡占市場區分為追隨者與領導者的分析模型稱為史泰克堡模型（Stackelberg model）。

史泰克堡（Heinrich von Stackelberg, 1905-1946）為德國經濟學者，他延續庫諾模型的研究，將寡占市場的廠商分為老練的領導者與天真的追隨者[3]，領導者廠商會將追隨者廠商的反應函數納入自己的利潤函數之中。

圖 9.8 為雙頭寡占市場的史泰克堡模型，領導者 A 廠商清楚知道 B 廠商為追隨者，同時也掌握了 B 廠商的反應曲線$r_B（Q_A）$。圖中右下角與左上方的曲線分別為 A、B 廠商的等利潤曲線，分別與反應曲線$r_A（Q_B）$與$r_B（Q_A）$相切處為兩廠商的最大利潤。

在這樣的基礎下，A 廠商決定在Q_A^1單位，B 廠商對應反應曲線$r_B（Q_A）$的生產量在Q_B^1，A 廠商選擇等利潤曲線與 B 廠商的反應曲線$r_B（Q_A）$相切於 a 點已獲得最大的利潤。a 點就是史泰克堡均衡點。可知，史泰克堡均衡點 a 與庫若均衡點 E 相

比，顯然 A 廠商銷售量的Q_A^1大於Q_A^*，B 廠商的銷售量Q_B^1則小於Q_B^*。因此，在史泰

克堡均衡的利潤上，領導者 A 廠商較追隨者 B 廠商為多。反之，若 B 廠商為領導者，A 廠商為追隨者時，B 廠商的利潤會高於 A 廠商。

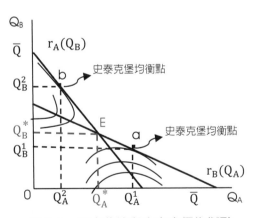

圖 9.8　反應曲線與史泰克堡均衡點

[3]　參考：西村和雄（1998）《ミクロ經濟学入門》，岩波書店，pp.248-250。
鄧東濱、林炳文（1982）《個體經濟理論（第三版）》，自行出版（三民書局經銷），pp.554-555。

拗折需求曲線

在寡占市場上，廠商之間沒有事先透過協調，說明價格僵硬性的模型中，以美國經濟學者史威吉（Paul M. Sweezy, 1910-2004）在 1939 年所提出拗折需求曲線（kinked demand curve）的理論最為有名。所以，又稱為史威吉的拗折需求曲線（Paul Sweezy's kinked demand curve）。

寡占市場的需求曲線呈現「拗折」形狀，是因為寡占廠商對價格變化採取保守策略使然。史威吉將寡占廠商對價格變動的保守策略定為「新價格的跟跌不跟漲」，以下圖說明拗折需求曲線的形成與價格僵硬性質。

圖 9.9 中，假定 a 點是寡占市場 A 廠商與 B 廠商在價格P*時生產Q*的組合點。A、B 廠商分別面對的需求曲線為$\overline{d_Ad_A}$與$\overline{d_Bd_B}$，在其下方各對應著一條邊際成本曲線（MR）。今若有一廠商將提高價格（高於P*），另一廠商則為擴大市場占有率而維持原先價格P*，不跟隨價格的調升，那麼提高價格的廠商將會失去原有顧客。此時寡占市場的需求曲線為較平坦的$\overline{d_Aa}$，邊際成本曲線為$\overline{d_Ab}$。反之，有一廠商降低價格（小於P*），另一廠商則為避免顧客的流失，跟著調降價格以保持原有的顧客。此時寡占市場的需求曲線是為較陡峭的$\overline{ad_B}$，邊際成本曲線為$\overline{cMR_B}$。因此，當寡占廠商本著「跟跌不跟漲」的價格策略時，那廠商的需求曲線是呈現拗折的型態，如圖所示的$\overline{d_Aad_B}$。從拗折需求曲線$\overline{d_Aad_B}$可知，當價格上漲時，所面對的是較具彈性的$\overline{d_Aa}$段；價格下跌時，所面對的則是不具彈性的$\overline{ad_B}$段。此時對應拗折需求曲線的邊際收入曲線 MR 形狀也有了改變，由$\overline{d_Aa}$段與$\overline{cMR_B}$段所構成，$\overline{bc}$形成一段垂直的缺口。

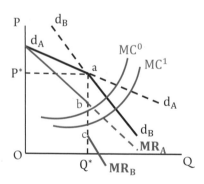

圖 9.9　拗折曲線$\overline{d_Aad_B}$與價格僵硬性

$\overline{bc}$的邊際收入曲線呈現不連續，任何通過這個區間的邊際成本曲線 MC，廠商的利潤最大的產量水準在Q^*。換言之，任何邊際成本曲線 MC 的變動，只要通過$\overline{bc}$段的邊際收入曲線，廠商的產量與價格都是相同，會停留在Q^*與P^*。圖中的邊際成本曲線MC^0，MC^1所通過此區間的產量與價格水準不變，皆為Q^*與P^*，這說明寡占市場價格的僵硬性。

📖 應用問題

一寡占市場之需求函數為$P = 70 - Q$，由 1、2 兩家廠商提供同質產品，兩家廠商生產的邊際成本皆為 10，且皆無固定成本。請回答下列問題：

（一）若此兩家廠商從事 Cournot 競爭，則市場均衡之價格 P，兩家廠商之產量q_1、q_2，兩家廠商之利潤 π_1、π_2 各為何？

（二）若廠商 1 先決定產量（Stackelberg Leader），再由廠商 2 決定產量（Stackelberg Follower），則市場均衡之價格 P，兩家廠商之產量q_1及q_2，兩家廠商之利潤 π_1、π_2 各為何？

【96 關務升等】

📁 提示

需求函數為$P = 70 - Q$，兩家廠商產量分別為 q_1、q_2，所以可寫成$P = 70 - q_1 - q_2$。兩家廠商的邊際成本皆為 10，固定成本=0，所以兩家廠商之利潤函數 π_1、π_2 可寫成：

$$\pi_1 = P \times q_1 - TC_1 = 70q_1 - q_1^2 - q_1q_2 - 10q_1 = 60q_1 - q_1^2 - q_1q_2 \tag{1}$$

$$\pi_2 = P \times q_2 - TC_2 = 70q_2 - q_2^2 - q_1q_2 - 10q_2 = 60q_2 - q_2^2 - q_1q_2 \tag{2}$$

當產量的微量變化對廠商 1 與廠商 2 所能獲得最大之利潤，分別對q_1、q_2微分得，

$$\frac{\partial \pi_1}{\partial q_1} = 60 - 2q_1 - q_2 = 0 , q_1 = 30 - \frac{1}{2}q_2 \tag{3}$$

$$\frac{\partial \pi_2}{\partial q_2} = 60 - q_1 - 2q_2 = 0 , q_2 = 30 - \frac{1}{2}q_1 \tag{4}$$

由（3）式與（4）式解出$q_1 = 20$，$q_2 = 20$。代入$P = 70 - q_1 - q_2$，得$P = 30$。

因此，當$q_1 = 20, q_2 = 20, P = 30$時，分別代入（1）式與（2）式，求出兩廠商的利潤 π_1、π_2。

$$\pi_1 = 60 \times 20 - 20 \times 20 - 20 \times 20 = 400 , \pi_2 也等於 400。$$

另外，依據史泰克堡模型（Stackelberg Model）將（4）式的$q_2 = 30 - \frac{1}{2}q_1$代入（1）式的$60q_1 - q_1^2 - q_1q_2$，得

$\pi_1 = 30q_1 - \frac{1}{2}q_1^2$，$\frac{\partial \pi_1}{\partial q_1} = 30 - q_1 = 0$，$q_1 = 30$，代入（4）式$q_2 = 30 - \frac{1}{2}q_1$，

得$q_2 = 15$。所以，$q_1 = 30$，$q_2 = 15$代入$P = 70 - q_1 - q_2$，$P = 25$。史泰克堡模型兩家廠商的利潤π_1、π_2為，

$\pi_1 = 25 \times 30 - 10 \times 30 = 450$

$\pi_2 = 25 \times 15 - 10 \times 15 = 225$

📖 **應用問題**

假設有兩家廠商，他們所面對的需求曲線為$P = 30 - Q$，其中$Q = Q_1 + Q_2$。而廠商的成本函數為$C_1(Q_1) = 10 + 5Q_1$，$C_2(Q_2) = 10 + 10Q_2$。

（一）若兩廠商個別決策，則他們個別的均衡產出與市場價格為何？請使用 Cournot Model。

（二）若此市場為第一家廠商所獨占，則其產出與價格為何？

（三）若第一家廠商為領袖，第二家廠商為追隨者，則他們個別的均衡產出與市場價格為何？請使用 Stackelberg Model。

【96 身心三】

📁 **提示**

需求曲線為$P = 30 - Q$可寫成$P = 30 - (Q_1 + Q_2)$。由兩廠商的利潤方程式，經過微分後的聯立方程組，解出 Cournot Model 的均衡產出與市場價格。

$\pi_1 = P \times Q_1 - TC_1 = 25Q_1 - Q_1^2 - Q_1Q_2 - 10$ （1）

$\pi_2 = P \times Q_2 - TC_2 = 20Q_2 - Q_2^2 - Q_1Q_2 - 10$ （2）

由（1）、（2）兩式分別對Q_1與Q_2微分，當兩廠商的生產微量變化，對利潤產生的變化幅度。

$\frac{\partial \pi_1}{\partial Q_1} \rightarrow Q_1 = \frac{25}{2} - \frac{1}{2}Q_2$ （3）

$\frac{\partial \pi_2}{\partial Q_2} \rightarrow Q_2 = 10 - \frac{1}{2}Q_1$ （4）

解（3）式與（4）式聯立方程組，得

$Q_1 = 10, Q_2 = 5, P = 15$。

如果由寡占市場變為獨占時，廠商 1 的利潤方程式可寫成，

$$\pi_1 = P \times Q_1 - TC_1 = 25Q_1 - Q_1^2 - 10 \tag{5}$$

對Q_1微分，得

$\frac{\partial \pi_1}{\partial Q_1} \to Q_1 = 12.5$，代入需求曲線$P = 30 - Q$，P=17.5。

第三個問題為 Stackelberg Model 的應用，在 8.2.7 節的史泰克堡模型裡我們討論過，領導者廠商會將追隨者廠商的反應函數納入自己的利潤函數之中。所以將第一家的利潤函數為，

$$\pi_1 = 25Q_1 - Q_1^2 - Q_1\left(10 - \frac{1}{2}Q_1\right) - 10 \tag{6}$$

由（6）式微分得，$\frac{\partial \pi_1}{\partial Q_1} = 15 - Q_1 = 0 \to Q_1 = 15$。代入$Q_2 = 10 - \frac{1}{2}Q_1$，$Q_2 = 2.5$。由兩家廠商的均衡產量代入$P = 30 - (Q_1 + Q_2)$，得市場價格為 12.5。

📖 應用問題

某寡占市場的市場需求為$P = 160 - Q$，其中 Q 是市場中所有廠商生產量的總和，P 則是產品每單位價格。該市場中有三家廠商。每家廠商生產時固定成本與邊際成本均為 0。廠商決策變數為其產量，又廠商一、廠商二、廠商三的生產量分別是Q_1、Q_2與Q_3。

（一）假設三家廠商同時決定產量，求均衡時各家廠商的產量與市場價格。

（二）改變（一）部分的假設。假設廠商一與廠商二同時決定產量。觀察到Q_1與Q_2後，廠商三再決定Q_3。求均衡時各家廠商的產量與市場價格。

【91 台大財金、90 台大經濟】

📁 提示

廠商一的反應函數可由以下步驟導出：

先求廠商的利潤函數，在導出在產量變化所能獲得的最大利潤的反應函數。

$$\pi_1 \equiv P_1 \times q_1 = [160 - (q_1 + q_2 + q_3)] \times q_1$$

$$\frac{\partial \pi_1}{\partial q_1} = 160 - 2q_1 - q_2 - q_3 = 0$$

$$q_1 = 80 - \frac{1}{2}q_2 - \frac{1}{2}q_3 \qquad\qquad (1)$$

相同推算步驟，得出廠商二與廠商三的反應函數，分別為，

$$q_2 = 80 - \frac{1}{2}q_1 - \frac{1}{2}q_3 \qquad\qquad (2)$$

$$q_3 = 80 - \frac{1}{2}q_1 - \frac{1}{2}q_2 \qquad\qquad (3)$$

可由（1）、（2）、（3）反應函數的聯立方程組，得出三家廠商共同達成的均衡產量與市場價格。

$$\begin{cases} q_1 = 80 - \frac{1}{2}q_2 - \frac{1}{2}q_3 \\ q_2 = 80 - \frac{1}{2}q_1 - \frac{1}{2}q_3 \\ q_3 = 80 - \frac{1}{2}q_1 - \frac{1}{2}q_2 \end{cases} \qquad\qquad (4)$$

得出，$q_1 = 40$，$q_2 = 40$，$q_3 = 40$。$Q = q_1 + q_2 + q_3 = 120$，$P = 40$。

以上的均衡解，即為庫諾均衡（Cournot equilibrium）。

現改變假設，題中「廠商一與廠商二同時決定產量」表示庫諾模型（Cournot model）；「觀察到Q_1與Q_2後，廠商三再決定Q_3」表示廠商一與廠商二是市場的領導者，廠商三為追隨者。

首先將追隨者的反應函數求出，$\pi_3 \equiv P_3 \times q_3 = [160 - (q_1 + q_2 + q_3)] \times q_3$

$$\frac{\partial \pi_3}{\partial q_3} = 160 - q_1 - q_2 - 2q_3 = 0$$

$q_3 = 80 - \frac{1}{2}q_1 - \frac{1}{2}q_2$，即上述的（3）式。將廠商三的反應函數分別納入廠商一與廠商二的最適決策，及廠商利潤最大化。

廠商一的最適決策的函數：

$\pi_1 \equiv P_1 \times q_1 = [160 - (q_1 + q_2 + q_3)] \times q_1$，將廠商三的反應函數$q_3 = 80 - \frac{1}{2}q_1 - \frac{1}{2}q_2$代入廠商一的利潤函數之中，$\pi_1 = (80 - \frac{1}{2}q_1 - \frac{1}{2}q_2) \times q_1$

$$\frac{\partial \pi_1}{\partial q_1} = 0, q_1 = 80 - \frac{1}{2}q_2 \qquad\qquad (5)$$

同理，廠商二的最適決策的函數：

$$\frac{\partial \pi_1}{\partial q_1} = 0, q_2 = 80 - \frac{1}{2}q_1 \tag{6}$$

可由（5）、（6）反應函數的聯立方程組，得出廠商一與廠商二共同達成的均衡產量與市場價格的庫諾均衡。

$$\begin{cases} q_1 = 80 - \frac{1}{2}q_2 \\ q_2 = 80 - \frac{1}{2}q_1 \end{cases} \tag{7}$$

解得，$q_1 = \frac{160}{3}$，$q_2 = \frac{160}{3}$。將q_1與q_2值代入廠商三的反應函數$q_3 = 80 - \frac{1}{2}q_1 - \frac{1}{2}q_2$，得$q_3 = \frac{80}{3}$。代入$P = [160 - (q_1 + q_2 + q_3)]$中，市場價格$P = \frac{80}{3}$。

✦ 經濟政策的解析：油品供應政策下的中油與台塑的雙頭寡占

在政府油品供應的政策下，2000 年 9 月台塑石油及加油站事業正式上市營業，打破了中油的獨占市場，台灣的油品供應市場形成兩家的雙頭寡占局面。世界各國面臨獨占與寡占的企業體，為了市場能夠維持在自由與競爭之下制定了相關法律約束這些公司，台灣有公平交易法，日本有獨占禁止法以及美國的反托拉斯法等。這是一部維持經濟秩序的法律，又被稱為經濟憲法。但是，有時候在實務執行上有其困難，因為很難取證企業之間的聯合壟斷的行為，企業之間不一定以黑紙白字簽訂協議，而是存在彼此之間的默契。因此，本章節介紹的寡占理論與實務之間確實有段距離，現在中油與台塑幾乎在每星期一的油品價格調整上採取的調整方式是否合理，這是一個值得討論的議題。

▶▶ 實力測驗

☆選擇題

(　)1. 下列有關零和賽局（zero-sum game）的敘述，何者正確？
(A)在零和賽局中，每一位參與者的報酬都是零
(B)零和賽局又稱囚犯困境（prisoners' dilemma）賽局
(C)零和賽局沒有 Nash 均衡
(D)在零和賽局中，所有的參與者沒有合作的誘因

【109 年公務人員普考】

(　)2. 在獨占市場中，若廠商面臨 A、B 兩個市場，則下列敘述何者正確？
(A) A、B 兩市場的價格一定相同
(B)需求彈性愈小的市場，價格越高
(C)需求彈性愈大的市場，價格越高
(D)價格與兩市場的需求彈性無關

【108 年公務人員普考】

(　)3. 在下列何種市場結構，廠商最容易勾結？
(A)獨占市場　(B)寡占市場　(C)獨占性競爭市場　(D)完全競爭市場

【106 年公務人員普考】

(　)4. 一同質寡占市場的總需求函數為 P=12-Q，其中 P 為價格，Q 為數量，市場上有兩家邊際成本皆為 3 的廠商提供商品。若此二廠商之競爭由 Bertran 競爭變成 Cournot 競爭，則下列市場均衡的變化何者正確？
(A)價格將下跌　　　(B)總產量將增加
(C)消費者剩餘將增加　(D)總利潤將提高

【96 高考】

( )5. 一同質寡占市場的總需求函數為 P=10-Q，若市場上有邊際成本分別為 1 及 4 的兩家廠商從事 Bertran 競爭，則市場均衡價格最接近下列何者？
(A) 1　(B) 3　(C) 4　(D) 5

【97 高考】

( )6. Which of the following statement about oligopoly is CORRECT？
(A) There exist many producers in the market.
(B) Interaction between producers is important in determining the market equilibrium price and quantity.
(C) The market supply curve is horizontal.
(D) The market demand curve is vertical.

【90 成大財金】

( )7. 臺灣油品市場屬寡占，因此根據拗折需求曲線理論，每家汽油廠商都相信如果它降價，就會對市場造成什麼影響？
(A)其它汽油廠商都會跟進
(B)其它汽車廠商會觀望
(C)政府會以最低油價下限介入
(D)降價汽油廠商的利潤會與其降價幅度同比例增加

【92 五等特考】

( )8. 下列情況何者不是寡占市場的特性？
(A)廠商之間利益相互依賴程度很大　(B)廠商很重視競爭策略
(C)廠商是價格接受者　(D)廠商進入障礙不小

【92 四等特考】

( )9. 寡占市場的特性為：

(A)需要考慮競爭對手的反應　(B)高利潤

(C)未使用的產能　　　　　　(D)所有投入均是變動的

【91 初等考試】

( )10.寡占之市場型態，具備下列哪種特色？

(A)廠商均為價格接受者　　　　　　(B)沒有進入障礙存在

(C)廠商作決策時需考慮其他廠商的可能反應　(D)廠商數目眾多

【90 初等考試】

( )11.用來解釋寡占廠商的價格僵固現象，最常運用的模型為：

(A)卡泰爾模型（Cartel Model）

(B)拗折的需求曲線模型（kinked Demand Curve Model）

(C)古爾諾模型（Cournot Model）

(D)囚犯兩難模型 Prisoner's dilerma Model）

【90 四等特考】

( )12.「寡占」市場之「異於」他所有市場的是：

(A)個別廠商生產「異質」產品　(B)個別廠商之間的決策相互牽制

(C)常依賴非價格的競爭　　　　(D)均衡時的價格高於邊際成本

【88 高等檢定】

( )13.下列哪一種市場組織的廠商，最易於進行勾結的行為？

(A)完全競爭　(B)獨占性競爭　(C)寡占　(D)食品

【88 高等檢定】

(　)14.下列各項敘述何者為錯？

(A)新生產者進入寡占市場通常並不難

(B)寡占市場中的生產者，可能會採取非價格性競爭

(C)寡占市場中各個生產者的產品間，其替代彈性可能為無窮大

(D)提供廉價的售後修護是一種非價格性競爭

【88 四等特考】

(　)15.下列有關寡占市場的敘述，何者為偽？

(A)拗折需求曲線的理論，確能說明寡占市場價格不穩定之原因

(B)寡占市場中可能存在價格領導制度

(C)廠商為了增加銷售量，常採取非價格的競爭方式

(D)可以用電話或郵購方式訂貨，也是一種非價格競爭方式

【87 四等特考】

☆申論題

一、甲、乙、丙三人在山坡上放羊。令 N 為山坡上的羊的總數，又令 V 為每一隻羊的價值，已知 $V = 80 - 0.2N$（羊的總數越高則每隻羊的價值越低）。又養羊沒有任何成本。令 N_1、N_2 與 N_3 分別為甲、乙與丙所養的羊之總數，由定義可知 $N_1 + N_2 + N_3 = N$。N_1、N_2 與 N_3 的決定方式如下：甲先決定 N_1。觀察到 N_1 後，乙決定 N_2。觀察到 N_1 與 N_2 後，丙再決定 N_3。做決策時三人均極大化自己的羊群的價值。請求出均衡的 N_1、N_2 與 N_3。

【90 台大財金】

二、Consider the duopoly case of differentiated products. Two firms compete and simultaneously determine their prices of products .For simplicity, assume those two firm have the identical cost function：$c(q_1) = cq_i, i = 1,2$. We further assume the demand function for each firm is as follows：

$q_i(P_i, P_j) = a - P_i + bP_j$; $0 < b < 2$ and $a < c$

Where i=1,2 and j=1,2 but i≠j.

（一）What is cross-price elasticity Between the two goods?

（二）Write down their payoff function and reaction （best response）function of pricing.

（三）What is Nash Equilibrium?

【96 逢甲財金、風保、企管、科管】

生產要素市場

克拉克
（**J.M.Clark**, 1884-1963）

知識是唯一不隨著收益遞減法則的生產手段。

▌前言

經濟學的大部分理論介紹，常為了簡化起見就以最終商品做為討論的對象，但是不管是成本分析或是利潤水準都與投入的生產要素多寡和要素價格有關。

前面幾章的「完全競爭市場」、「獨占市場」與「寡占市場」都是以家計需要主體的財貨市場做為討論對象同時，也存在另一個需要主體的生產要素市場。一般而言，生產要素市場有勞動、土地、機械、輪胎、主機板、鋼筋、水泥、塑膠、纖維等各種原料。輪胎、主機板、鋼筋、水泥等財貨為某些廠商所生產之後，再販售給其他廠商做為其他商品的生產過程之用，這些被稱為中間產品（intermediate products）。當然在先前的有些章節有提過關於勞動、資本等生產要素，但都是屬於較為片段的說明而已，並沒有做充分與有系統的分析，本章將針對要針對素供給者與要素需求者之間的交易，使得各種生產要素市場能夠有比較完整的討論。

廠商在生產活動過程中，必須投入各種生產要素，主要目的是追求利潤極大化。什麼樣的生產要素組合可以使得廠商達到極大化？在何種條件下廠商能夠達到極大化？這是本章所要探討的主要內容。

邊際收益（MR）是取決於商品的需求曲線，因此對廠商對生產要素需求是依賴於使用這些要素的商品需求多寡，所以生產要素之需求往往被視為一種引伸性的需求（derived demand）。生產要素與一般商品的市場一樣，價格與雇用量水準也是由要素市場所決定，但兩者之間最大的差異在於一般的商品市場是表示消費者對商品需求所產生的效用（滿足），而這種商品的需求通常被視為最終需求（final demand），對消費者而言，最終需求的商品是為最終財。相較之下，生產要素市場的廠商之所以會購買各種生產要素，目的不像對最終財那樣，廠商不是利用這些生產要素來獲得效用（滿足），而是透過這些生產要素的投入來從事生產活動，以獲得各種財貨或勞務的產出，並銷售至商品市場以增加收益。

上述可知，生產要素的引申性需求水準取決於廠商的產量水準，此產量水準又受到商品市場的需求大小所左右。當某商品市場的消費者對該商品或勞務的需求增加時，廠商對生產該商品所需投入的相關生產要素之需求也會因此而增加。同時，引申性需求特性上，在各種的生產要素需求之間，常常存在著相互依存的關係。廠商在生產過程中，不可能只用一種生產要素來從事生產，必須結合各種的生產要素才能製造出商品。所以，當廠商對某些生產要素的需求改變時，將會產生改變對其他生產要素的需求，進而影響生產要素的市場價格。

10.1.1 邊際產出收益

在前幾章介紹過的市場型態中，廠商的利潤極大化可以從「邊際」的角度來看。邊際產出收益（RMP）是指增加 1 單位要素的投入，所引起廠商總收入的變動，即$RMP_i = \frac{\Delta TR}{\Delta i}$，生產要素 i 的邊際產出收益。因此，$RMP_i$也可以寫成：

$$RMP_i = \frac{\Delta TR}{\Delta i} = \frac{\Delta TR}{\Delta q} \times \frac{\Delta q}{\Delta i} = MR \times MP_i \qquad (10.1)$$

　　根據（10.1）式可知，邊際產出收益（RMP）＝邊際收益（MR）與邊際產量（MP_i）的乘積。

10.1.2 邊際產出收益與邊際產出價值

　　因此，廠商利潤極大化的條件，在獨占市場與競爭市場分別可由（10.2）式、（10.3）式來表示。

$$MR \times MP_i = w_i , i = 1,2 \qquad\qquad (10.2)$$

$$P \times MP_i = w_i, i = 1,2 \qquad\qquad (10.3)$$

　　其中，$MR \times MP_i$ 為邊際產出收益（revenue of marginal product, RMP），又稱邊際收益生產物；$P \times MP_i$ 為邊際產出價值（value of marginal product, VMP）又稱邊際價值生產物；w_i 生產要素價格。因為個別廠商是價格的接受者，完全競爭市場廠商的 MR = P，故邊際產出收益（RMP）與邊際產出價值（VMP）相等，兩者關係如圖 10.1 所示。

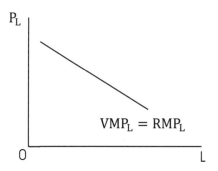

圖 10.1　**競爭市場的** VMP 與 RMP

　　另一方面，因為個別廠商是價格的決定者，故獨占廠商因 P > MR，故邊際產出收益（RMP）小於邊際產出價值（VMP），兩者關係如圖 10.2 所示。

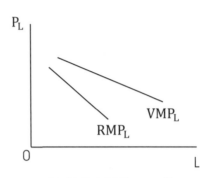

圖 10.2　**獨占競爭市場的** VMP 與 RMP

10.1.3 邊際要素成本

相較於邊際產出收益，邊際要素成本（marginal factor cost, MFC）是廠商多雇用 1 單位要素所產生總成本的增加金額，即 $MFC_i = \frac{\Delta TC}{\Delta i}$，生產要素 i 的邊際要素成本。因此，$MFC_i$ 也可以寫成：

$$MFC_i = \frac{\Delta TC}{\Delta i} = \frac{\Delta TC}{\Delta q} \times \frac{\Delta q}{\Delta i} = MC \times MP_i \qquad （10.4）$$

根據（10.4）式可知，邊際要素成本（MFC）＝邊際成本（MC）與邊際產量（MP_i）的乘積。

10.1.4 生產要素最適雇用條件

由（10.3）式與（10.4）式廠商的生產要素最適雇用條件為：

$$RMP_i = MR \times MP_i = MC \times MP_i = MFC_i \qquad （10.5）$$

（10.5）式整理後得，

$$MR = MC，RMP_i = MFC_i \qquad （10.6）$$

由（10.6）式廠商生產要素最適雇用可知，廠商的 $RMP_i = MFC_i$ 是要素雇用的最適條件；當廠商的商品生產的最適產出條件達成與生產要素最適雇用條件也達成。

一、當 $RMP_i > MFC_i$ 時

廠商追加 1 單位要素投入所產生總收入的增加額大於總成本的增加金額，廠商提高利潤，會持續增加要素的投入繼續生產商品。

二、當 $RMP_i < MFC_i$ 時

　　廠商追加 1 單位要素投入所產生總收入的增加額小於總成本的增加金額，廠商每生產 1 單位商品就會蒙受損失，引此會停止生產要素的投入，不應該繼續增加該商品的生產。

10.2 完全競爭的勞動市場

　　在經濟學上，一談到生產要素，就會說包含了勞動、土地、資本，這和經濟理論的發展有關，因為古典學派一直以來將勞動價值做為經濟理論的中心論述。特別對經濟正在發展國家來說，廉價的勞動力已成為該國經濟成長的最大優勢條件。儘管隨經濟成長所累積鉅額的資本，生產技術也已大幅提升，我們還是無法忽略勞動條件在生產中的重要性。因此，勞動對大部分的國家來說，還是所有生產要素當中扮演最重要的角色。加上各國認為經濟成長和就業是施政成功與否的指標，而勞動市場又是決定一國勞動者的工資水準與就業量，所以各國經濟政策常以改善勞動市場做為主要目標。

　　勞動市場當中，勞動者提供一單位勞動要素的所獲得的報酬稱為「工資率」（wage rate），同時工資率的高低不僅影響到勞動者本身的所得水準，實質上也反映勞動者的生活品質，也會對生產者的生產成本與生產決策產生重大影響。然而工資率是如何決定的？不同的市場型態對勞動工資的決定是否有所不同？換言之，在何種情況下，屬於完全競爭市場的勞動市場與不完全競爭市場的勞動市場對勞動者而言，工資率為何會產生差異？它代表著什麼意義？這些將是本節所要探討的問題。

10.2.1 多種生產要素的最適雇用量

　　如果廠商在貨品市場與要素市場皆處於完全競爭狀態時，參考第 6 章的（6.19）式廠商最低成本組合的要素雇用條件可以用（10.7）式表示：

$$\frac{1}{P} = \frac{1}{MR} = \frac{1}{MC} = \frac{MPP_L}{P_L} = \frac{MPP_K}{P_K} = \cdots = \frac{MPP_n}{P_n} \qquad (10.7)$$

　　MPP_L、MPP_K 分別代表每增加一單位要素 L、K 的僱用所產生總產量的增加量，即邊際實物產量（marginal physical product, MPP）；P_L、P_K 分別代表勞動與資本的使用價格。

（10.7）式可以寫成：

$MR \times MPP_i = P_i$ 或 $P \times MPP_i = P_i$ ，i=1, 2, …, n。 （10.8）

上式中的 $MR \times MPP_i$ 為前面邊際產出收益（RMP）；$P \times MPP_i$ 為邊際產出價值（VMP）。因此，當商品市場處在完全競爭時：

$RMP_i = VMP_i = P_i$ （10.9）

（10.9）式表示：當商品市場與生產要素市場都處在完全競爭狀態時，廠商如果要達到最大利潤，就必須將每一種要素雇用量調整到 $RMP_i = VMP_i = P_i$。

10.2.2 只有一種生產要素需要的最適雇用量

上述為多種可供選擇之下的廠商最適雇用量條件，本節假設只有勞動（L）之外，在其他生產要素均為固定不變情況之下，廠商必須將雇用量調整至何種狀況，才能達到最大利潤？

依據（10.9）式可知，僅單一勞動要素，廠商需將勞動雇用量（L）達到（10.10）式才能獲得最大利潤。

$RMP_L = VMP_L = P_L$ （10.10）

舉例說明（10.10）式。台灣有一家製茶廠接受美國的一批訂單。假設勞動為這家製茶廠的唯一可變生產要素；這家製茶廠在商品市場（烏龍茶）與要素市場（勞動）均處在完全競爭者狀態下，市場價格分別為 5 美元（P）與 20 美元（P_L）。如表10-1 所示。

表 10-1　製茶廠的最大利潤條件：$RMP_L = VMP_L = P_L$

L（人）	TPP（箱）	MPP_L（箱）	P（美元）	MR（美元）	RMP_L（MR*MPP_L）	VMP_L（P*MPP_L）	P_L（美元）
0	0		5	5			20
1	10	10	5	5	50	50	20
2	19	9	5	5	45	45	20
3	27	8	5	5	40	40	20
4	34	7	5	5	35	35	20
5	40	6	5	5	30	30	20
6	45	5	5	5	25	25	20
7	49	4	5	5	20	20	20
8	52	3	5	5	15	15	20
9	54	2	5	5	10	10	20
10	55	1	5	5	5	5	20

從上表中可以看出，總實物產量（TPP）隨著製茶廠的勞動雇用人數（L）增加而呈現增長幅度遞減，這可以從表中的MPP_L的變化可知。投入 1 單位的勞動力製造 10 箱烏龍茶；投入第 2 單位的勞動力時，生產 9 箱烏龍茶；……；投入第 10 單位的勞動力時，只能生產 1 箱的烏龍茶。RMP_L（$= MR \times MPP_L$）與VMP_L（$= P \times MPP_L$）在廠商投入 7 單位勞動力時，皆為 20 美元，P_L也剛好為 20 美元。因此，在第 7 單位勞動力時，$RMP_L = VMP_L = P_L = 20$ 美元，製茶廠的最大利潤條件達成。

如果以圖形表示時，可以用圖 10.3(A)(B)(C)來說明。圖(A)為製茶廠面臨市場的商品價格線，也是邊際收益線，是為一條水平的供給曲線，表示廠商是茶葉市場價格的接受者。圖(B)為勞動的邊際實物產量曲線，隨勞動量的增加呈現遞減，為一條負的斜率曲線。圖(C)勞動工資（價格=P_L）線為一條水平線，因為要素市場為完全競爭市場，相交在廠商的邊際產出收益與邊際產出價值相等（$RMP_L = VMP_L$）地方，即$RMP_L = VMP_L = P_L = 20$與$L = 7$相交處為廠商最適雇用量的最大利潤。

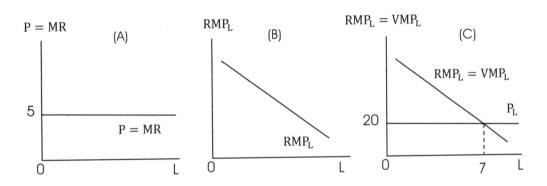

圖 10.3　廠商$RMP_L = VMP_L$與最適勞動雇用水準

10.2.3 多種變動生產要素

當廠商面對的生產要素是多種變動時，那前面所說明的單一勞動要素變動，廠商所做的生產決策可能就必須重新思考，因為勞動邊際遞減所產生的最適量恐怕並非廠商的最適雇用量，也不是廠商最大利潤之水準。

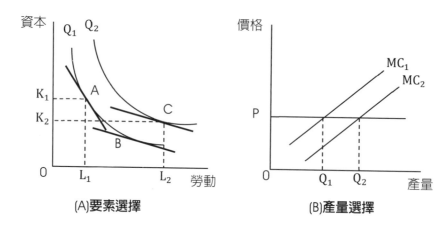

圖 10.4　勞動工資變動的替代效果與產量效果

　　廠商的要素選擇會受到價格高低的影響，改變生產要素組合，以尋求最有利的生產量。假設廠商可以選擇的要素有勞動與資本兩種，價格分別為 w、k。當 w 改變時，廠商除了可能改變生產要素組合之外，也可能改變產量水準；同樣地，當 k 改變時，廠商也可能改變生產要素組合和產量水準。前者為替代效果（substitution effect），後者為產量效果（output effect）。透過圖 10.4(A)(B)分別說明：

一、替代效果

　　假設 w 水準下降時，如果廠商維持既有的產量水準Q_1，只對生產要素組合的改變，由原先的 A 點組合（L_1, k_1）轉為 B 點組合，即增加對勞動要素的購買，減少資本的使用。這種的改變是因為勞動工資的下降，相較於資本要素變得更加便宜所產生替代效果。替代效果只是在同一條等量曲線上的要素組合點移動，是屬於等量曲線上的移動。

二、產量效果

　　如果廠商認為即使勞動工資的下降，不能只以生產要素組合的改變為滿足，必須更進一步的改變產量水準時，就會產生產量效果。前面章節我們在消費者行為上，都以存在預算線做為討論個人效用極大化，在此我們假定廠商的生產，暫時不考慮預算限制的問題，僅考慮廠商在生產時如何達到利潤最大化做為生產的決策。同樣，當 w 水準下降時，廠商決定擴大生產量，成本曲線由MC_1往右移動至MC_2，產量擴大為Q_2。此時廠商要素投入組合為 C 點的（L_2, k_2）。產量效果為等量曲線整條線的移動。

由上述可知，當某一生產要素價格變動可以帶來替代效果與產量效果，使得廠商增加對勞動者的雇用。

10.2.4 勞動市場的均衡

假設勞動要素市場的型態屬於完全競爭市場，在完全競爭市場的假設中，所有勞動要素都是同質的；勞動供給者（勞工）或需求者（廠商）都可以自由進出市場，相互爭取交易的機會；勞動市場的供、需雙方為數眾多，彼此無法影響工資水準，都是價格的接受者，由勞動市場的供需共同決定均衡的工資率。

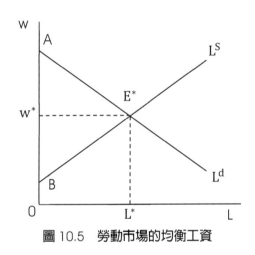

圖 10.5　勞動市場的均衡工資

圖 10.5 為勞動市場均衡的工資水準決定。L^S 為勞動市場的供給曲線，供給曲線上的每一點代表勞動者願意提供勞動力與工資水準的組合，是一條正斜率的曲線，伴隨著工資率的提高，勞動者願意而且能夠提供的勞動量也隨之增加。L^d 為勞動市場的需求曲線，曲線上的每一點代表廠商對勞動的需求價格，也就是廠商雇用一單位勞動要素時的所願意支付的最大工資。在完全競爭的勞動市場上，勞動供需雙方可以自由進出市場，且在相互競爭的情況之下，願意支付較高工資的廠商就能夠取得勞動要素。因此勞動要素市場的需求曲線呈現負斜率，意味著隨著已雇用勞動數量的增加，廠商對追加雇用的勞動力所願意支付的價格就會比較低。

當勞動要素價格高於 W^* 時，要素供給量則會大於需求量，勞動供給大於需求的超額供給帶來工資被壓低；反之，當勞動要素價格低於 W^* 時，要素供給量則小於需

求量，需求大於供給的結果，將迫使工資被抬高。

因此，當L^S與L^d兩條曲線相等時，即相交於E*點，要素之均衡價格（W*）與均衡雇用量（L*）隨之被決定了。

由上述勞動市場的均衡可知，均衡的工資水準反映出廠商對勞動要素在生產活動中的評價，同時也代表當勞動者提供勞動要素時的機會成本；在均衡工資水準下，勞動市場中供需雙方所產生的總剩餘達到最大，表示勞動資源獲得最適的分配，勞動供給（勞動者）產生了△BW*E*的供給者剩餘，勞動需求者（廠商）產生了△W*AE*的需求者剩餘。

10.2.5 勞動市場均衡的變動

當廠商的生產活動有所變動時，就會改變勞動要素市場的均衡。也就是說影響廠商的生產函數就可能引起廠商的要素需求曲線的移動。要素需求是源自於商品需求，也就是說勞動要素的需求是一種引申性的需求。因此，商品市場價格的變動也可能引起勞動需求曲線的變動。例如，大眾對電動汽車的需求增加，導致車價上漲，於是汽車廠商對勞動者的需求也增加，也會帶動電動汽車零件相關廠商的生產，更進一步引起對勞動需求的增加。反之，當大量進口便宜運動鞋，使得國產運動鞋的價格下跌或需求減少，引起國內廠商對運動鞋勞動者的需求減少。同時也會減少對相關廠商生產中間財的需求，再次減少對勞動的需求，這種現象稱為產業的波及效果。以圖 10.6 來說明勞動市場的變動。

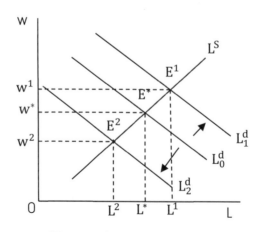

圖 10.6　勞動市場的均衡變動

圖 10.6 中，在變動之前的勞動市場均衡點為E*，均衡工資為W*，均衡勞動量為L*。當勞動需求增加使得需求曲線向右上方移動（$L_0^d \rightarrow L_1^d$），均衡工資上升（W* → W¹），雇用勞動量增加（L* → L¹）；另一方面，當勞動需求減少使得需求曲線向左下方移動（$L_0^d \rightarrow L_2^d$），均衡工資下降（W* → W²），雇用勞動量減少（L* → L²）。需注意的是，當勞動市場在工資調整過程沒有能夠迅速進行時，將會產生市場失衡的現象，例如工會或法律強制下所產生工資的僵硬性，造成勞動失業的情形。

10.3 不完全競爭的勞動市場

上一節我們介紹完全競爭市場下，要素價格與雇用勞動量之決定。本節將以另種市場形態：不完全競爭市場前提下，探討廠商對生產要素的需要。而在不完全競爭市場裡，常常可以看到一些壟斷行為，最極端的就是獨占市場。前面章節所介紹的獨占市場是探討商品市場下的獨占企業，在其生產過程中，以量制價的生產行為，消費者的需求市場是處在競爭狀態下，毫無議價能力的前提假設。本節的勞動市場可分為買方獨占（廠商具有價格決定能力）與賣方獨占（勞動者具有價格決定能力）兩種。

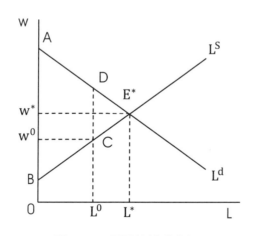

圖 10.7　獨買的勞動市場

圖 10.7 為勞動市場的買方獨占均衡，縱軸為工資率（W），橫軸為勞動力（L），L^d與L^S分別代表勞動要素的需求曲線與供給曲線，當供需相等時的均衡點在E*，均衡工資為W*，均衡的就業量為L*。假定勞動市場為買方（廠商）獨占，勞動

需求的廠商具備左右勞動量與價格的決定能力。當廠商將勞動雇用量設定在L^0時，勞動工資水準在W^0，兩者皆在均衡水準L^*、W^*之下。買方獨占的情況下，勞動市場的需求者剩餘與供給者剩餘分別為梯形 $ADCW^0$與ΔBCW^0的面積，總剩餘為梯形 ABCD，這和完全競爭市場相比，總剩餘減少ΔCE^*D。減少的總剩餘不歸廠商或勞動者所擁有，而是「無謂損失」（deadweight loss），這是因為買方獨占行為導致勞動要素的配置效率下降所致。

　　另一方面，當勞動市場為賣方獨占均衡時，在價格、勞動量與剩餘上是否與勞動買方獨占有何不相同之處？賣方獨占表示勞動提供者具備左右價格的能力，如果個人是屬於勞動的賣方獨占，那將可能具有決定工資的實力，不過透過勞動者所組成的工會方式，形成賣方獨占與資方協議的方式則較為普遍。工會代表著弱勢的勞動個體力量的結合，代表勞動者與廠商（資方）在工資水準、工作時數或雇用維持等議題的協議，這可由圖 10.8 來說明。當工會要求廠商將工資提高至W^0，超過市場的均衡價格時，廠商接受這樣建議的前提必須以減少雇用為代價，由原先L^*的勞動雇用減少到L^0的水準。因此可知，勞動市場中的賣方獨占行為，雖然使均衡的工資率提高，但是卻造成均衡就業量的減少。另一方面，從剩餘的角度來看，勞資協議前的勞動雇用量在L^*，勞動工資水準在W^*。雙方協議之後，勞動市場的需求者剩餘與供給者剩餘分別為梯形BW^0DC與ΔW^0AD的面積，總剩餘為梯形 ABCD，這和完全競爭市場相比，總剩餘也是減少ΔCE^*D，減少面積與獨買勞動市場相同。同時，這些減少的總剩餘也一樣不歸廠商或勞動者任何一方所擁有，形成ΔCE^*D的「無謂損失」，這是因為工會介入後的賣方獨占導致勞動要素的配置無效率所產生的浪費。

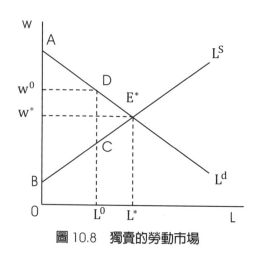

圖 10.8　獨賣的勞動市場

由圖 10.7 與圖 10.8 的分析可知，在勞動市場中，不管是買方獨占或賣方獨占所產生的的壟斷行為，雖然使得獨占的一方獲利，但都會造成社會的「無謂損失」。然而以上分析我們並沒有考慮勞動要素之間存在著品質差異性問題。如果將勞動要素獨特的差異性納入考量，表示每個勞動無法被其他要素所替代時，那麼此時勞動要素的供給數量為固定狀態，市場勞動供給曲線呈現一條垂直線。在這種狀況下的勞動供給，勞動者的均衡工資率將取決於市場對該勞動要素的需求條件。

10.3.1 最低工資與買方獨占

上述可知，當要素市場為買方獨占，而勞動供給處於競爭狀態時，勞動雇用量與工資水準均較完全競爭時為低。故世界各國皆有相關立法，透過最低工資以消除這種由買方獨占所產生的弊端。圖 10.9 中邊際產出收益（RMP_L）代表勞動買方獨占的廠商所面對的需求曲線，L^S與MFC_L分別代表勞動供給曲線與邊際要素成本曲線。在實施最低工資之前，廠商會在$RMP_L = MFC_L$決定勞動雇用量水準於L^1，工資水準為W^1。當政府實施最低工資制之後，會因工資水準的不同，對勞動雇用量也會產生不一樣的就業效果。

一、當工資水準制定在W^*水準時：

當政府將最低工資定在$RMP_L = L^S$，工資水準為W^*時，廠商所面臨的有效勞動供給曲線與勞動邊際要素成本曲線產生變化，分別為$\overline{W^*EL^S}$、$\overline{W^*EAMFC_L}$，兩者均呈現拗折曲線。而在W^*的最低工資水準下，廠商為了追求利潤最大化，將勞動雇用量決定在L^*。

二、當工資水準制定在W^2水準時：

假定政府將最低工資設定比W^*更高水準的W^2時，廠商所面臨的有效勞動供給曲線與勞動邊際要素成本曲線分別為$\overline{W^2BL^S}$、$\overline{W^2BCMFC_L}$，此時勞動市場被雇用的勞動量減少至L^2，使得有一部分的勞動者失去工作（$=\overline{L^2L^3}$）。

三、當工資水準制定在W^3以上之水準時：

如果政府更進一步將最低工資剛好設定在的W^3水準時，廠商在$RMP_L = MFC_L$決定雇用量水準為L^1，這和實施最低工資之前的雇用量相等。因此，只要將最低工資設在W^3以上的水準時，將會使得廠商的勞動雇用量低於L^1，造成更多的失業。

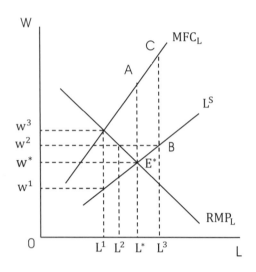

圖 10.9　買方獨占下的最低工資

　　從以上的最低工資制定可知，在買方獨占的勞動市場上，對工資水準的保障是有幫助的，但是過高的工資制定也可能對勞動者就業帶來負面的效果。

10.3.2 雙邊獨占下的要素市場

　　當勞動市場為賣方獨占，買方也是處於獨占情況下，稱為雙邊獨占（bilateral monopoly）。雙邊獨占的勞動市場是供需雙方多處於獨占的位置，彼此之間對工資水準與勞動量都具備影響力。例如，一家稀土的提煉廠商面對由稀土提煉工人所組成的工會，兩者分別扮演：稀土廠商為勞動買方的獨占者，而稀土公會則是勞動賣方的獨占者。如果是由少數擁有買方寡占的勞動購買者面對少數擁有賣方寡占銷售者的市場結構，則稱之為雙邊寡占（bilateral oligopoly）。雙邊寡占有如美國職棒大聯盟（MLB）的球團或美國職籃（NBA）與職業球員之間的關係。

　　現在我們以圖 10.10 說明雙邊獨占的要素市場。圖中的勞動需求曲線(D)也是買方獨占者的勞動邊際產出收益（RMP_L）。MC 則是賣方獨占者的邊際成本線。在不考慮賣方（工會）獨占力時，MC 又可代表勞動市場的供給曲線，而MFC_L則是代表買方獨占者的邊際要素成本曲線。

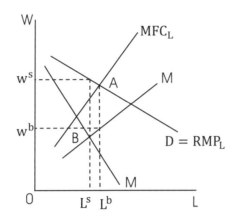

圖 10.10　雙邊獨占的要素市場

一、不考慮要素持有者（工會）的賣方獨占力的勞動雇用與工資水準：

　　在不考慮（工會）的賣方獨占力之下，廠商擁有買方獨占的地位時，會依據邊際要素成本（MFC_L）曲線相交於勞動邊際產出收益（RMP_L）曲線的 A 點決定勞動雇用量在L^b，支付的勞動工資水準在W^b。

二、不考慮要素購買者（廠商）的買方獨占力的勞動雇用與工資水準：

　　和上述條件不同，當不考慮要（廠商）的買方獨占力時，工會持有賣方的獨占地位，此時需求曲線(D)代表賣方獨占者的平均收入曲線（即 AR=D），MR 代表賣方獨占者的的邊際收入曲線。此時，賣方獨占的工會在邊際收入（MR）與邊際成本（MC）相交處 B 點決定勞動供給量L^S，工資水準為W^S最為有利。

　　由以上兩種情況下可知，勞動的買方獨占與賣方獨占在價格的決定基礎上，存在明顯的不同。因為，要素購買者與要素銷售者都只有一方，買方獨占的廠商偏好勞動要素價格於W^b，而賣方獨占的工會偏好的勞動要素價格在W^S，所以雙方在工資制定的立場上就出現了衝突，增添了勞動市場價格的不確定性。而實際要素的勞動價格最後會落在賣方獨占或買方獨占的哪一邊，需視雙方的彼此強弱與政治力量的牽動或政府的勞動政策而定。因此，雙邊獨占模型的分析，只能提供一個可能的價格範圍。

10.3.3 工會對買方獨占的影響

工會存在的目的是以提高勞動會員的利益。然而，會員利益是在提高工資水準呢？或是會員最大化的總所得呢？不同的目標所成立的條件亦不相同。在圖 10.11 中，假定勞動市場上存在於一個買方獨占的廠商，面對著一群具有獨立自主性的勞動者，邊際成本 MC 曲線代表整體勞動市場的供給曲線[1]。當買方獨占的廠商所需的勞動量為 L^b 時，只需支付每單位勞動工資 W^b 即可。現在，這群獨立自主性的勞動者組成工會，使該工會成為勞動唯一的供應者，工會成為勞動的賣方獨占者。如果工會以 MR=MC 做為工資定價的策略條件，那麼工會向廠商要求工資水準在 W^S，提供 L^S 的勞動量，在這樣的水準之下，勞動所獲得的總工資為 $\square 0L^SBW^S$。在同樣的水準之下，如果沒有工會賣方獨占時，勞動者所獲得的總工資僅為 $0W^0CL^S$ 的面積。但是工會所追求的目標是全體勞動員工能夠獲得最大化的總所得時，會以邊際要素成本（MFC_L）曲線相交於勞動邊際產出收益（RMP_L）曲線的 A 點為策略，使勞動會員獲得更多的就業量（L^b），同時也會取得較先前為高的工資水準 W^T（高於 W^b），勞動所獲得的總所得為 $\square 0L^bAW^T$ 的面積。當然最理想狀態是在 W^E 的工資水準下，勞動就業量在 L^E（MC = D），此為充分就業水準。

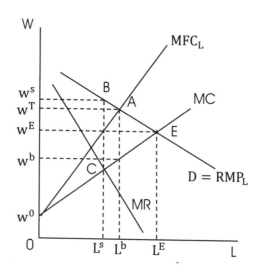

圖 10.11　工會對買方獨占的影響

---

[1]　每個獨立自主勞動者供給曲線為一條水平線，勞動市場的 MC 曲線是水平供給曲線的加總。

📖 應用問題

在一個市場經濟體系裡，市場工資水準決定哪些因素？何以許多國家都會規定一個最低工資水準？規定最低工資水準可能對勞動市場造成哪些影響？請分別簡要說明之。

【97 政大國貿】

📁 提示

一、完全競爭市場時的工資水準之決定為勞動需求與勞動供給，所以足以改變供需曲線的因素都會對工資水準產生影響。以下就勞動供需的變動因素說明如下：

（一）影響勞動需求因素：

    1. 商品價格的上漲。

    2. 技術的進步。

    3. 資本存量增加。

（二）影響勞動供給因素：

    1. 休閒偏好的改變

    2. 預期工資的上漲

    3. 所得稅率的改變

二、最低工資水準制定理由：

    1. 弱勢勞工的保障。

    2. 來自工會壓力。

    3. 選舉壓力。

「最低工資水準可能對勞動市場造成哪些影響？」的問題，詳細部分及圖形請參考本章的 10.3 節的各小節。

📖 應用問題

假設廠商的生產含素為：$q = 12L - L^2$，$0 \leq L \leq 6$。所生產的產品在完全競爭市場中按 10 元價格出售。

（一）求廠商的勞動需求曲線？

（二）當工資率 W=40 元時，廠商會雇用多少工人？

【98 高應大人管】

📁 提示

（一）勞動需求曲線：因為 $P \times MP_L = W$，$10 \times (12 - 2L) = W$，故 $W = 120 - 20L$。

（二）將工資率 $W=40$ 元代入勞動需求曲線 $W = 120 - 20L$，$40 = 120 - 20L$，得 $L = 4$。

✧ 經濟政策的解析：最低工資標準與工會存在的勞動市場

　　世界很多國家都會依法律制定最低工資標準，也會成立產業工會為勞工爭取更高的薪資水準。台灣的基本工資制度依據《勞動基準法》及《基本工資審議辦法》在每年第三季由「基本工資審議委員會」進行審議，如會中決議調整法定的基本工資標準。現行（2021）的勞動基準工資為 24,000 元新台幣，時薪則為新台幣 160 元。由於最低工資標準與工會都存在勞資雙方的利害關係，為了避免衝突，往往需由政府居中協調，所以基本工資就不是單純由勞動市場來決定，政治面因素成重要的關鍵。本章節的介紹要素市場的理論，其中勞動力是構成廠商生產成本的重要因素。每當勞資衝突就常會有罷工，示威遊行等活動，透過這些手段希望達到薪資調整的目的，但也容易造成社會的不安與緊張。從本章第 3 節所介紹的理論來看，偏離市場工資水準太高也會遭來失業人數增加。因此，分析勞動市場時，理論與實際之間如何取得平衡點是民主政黨政治都會審慎思考，以求降低勞資衝突的風險。

▶▶實力測驗

☆選擇題

( )1. 下列敘述何者正確？
(A)勞動邊際產值＝勞動邊際生產力×產品價格
(B)勞動邊際產值＝要素變動 1 單位／總收入變動量
(C)勞動邊際產值＝總收入變動量／要素變動 1 單位
(D)勞動邊際產值＝要素變動量×要素價格

【109 年公務人員普考】

( )2. 當勞動供給與需求相等時，是為充分就業，然而實質工資仍可能高於充分就業之均衡工資，下列何者不能成為其理由？
(A)效率工資　(B)貨幣幻覺　(C)工會協商　(D)保障工資

【109 年公務人員高考】

( )3. 假設在現行工資下，勞動市場中對能應用人工智慧的勞工的需求量大於能應用人工智慧的勞工的供給量，我們預期：
(A)能應用人工智慧的勞工的薪資上升
(B)對能應用人工智慧的勞工的需求下降
(C)對能應用人工智慧的勞工的替代品需求下降
(D)使用能應用人工智慧的勞工為投入的產品價格下降

【108 年公務人員普考】

( )4. 最低工資政策，對勞動市場產生的影響，下列敘述何者正確？
(A)勞動市場將出現超額供給　　(B)勞動市場將出現超額需求
(C)勞動市場的就業量不受影響　(D)勞動市場的失業率會減少

【108 年公務人員普考】

( )5. 在 1990 年代，電腦程式設計員的邊際產出價值快速提高。其他條件不變下，這將如何影響電腦程式設計員的均衡僱用量？
(A)均衡僱用量提高　　(B)均衡僱用量下降
(C)均衡僱用量不確定　(D)不可能知道均衡的僱用量

【107 年公務人員高考】

( )6. 當勞動市場為一完全競爭市場時，下列何為錯誤的敘述？
(A)追求利潤極大的廠商，用生產因素的條件為工資等於邊際生產收益（W＝MRP）
(B)當產品的價格上升時，勞動的需求隨之減少
(C)每一個廠商對於勞動的需求即是邊際生產收益
(D)每一個廠商對於勞動的需求是會受技術水準變動的影響

【90 四等特考】

( )7. 在其他條件不變下，下列何種情況不會增加廠商對勞動的使用？
(A)資本價格下跌　　(B)勞動價格下跌
(C)勞動生產力增加　(D)資本生產力減少

【87 四等特考】

( )8. 對生產要素的需求，可稱之為：
(A)引申需求　(B)間接需求　(C)次級需求　(D)擴展需求

【87 交通事業郵政公路人員升資】

( )9. 對生產要素的需求，稱之為：
(A)最後需求　(B)引申需求　(C)總合需求　(D)超額需求

【86 年五等特考】

( )10.廠商對生產要素的需求是：

(A)最終需求　(B)假性需求　(C)引申需求　(D)消費需求

【85 年丁等特考】

( )11.勞動邊際產出的降低，通常可以：

(A)同時降低工資率及勞動需求數量

(B)降低工資率及提高勞動需求數量

(C)提高工資率及降低勞動需求數量

(D)同時提高工資率及勞動需求數量

【91 初等考試】

( )12.當某項生產要素的生產力提高時，會使廠商：

(A)面臨向右移動的要素需求曲線且增加使用量

(B)面臨向左移動的要素需求曲線且減少使用量

(C)沿著原來的要素需求曲線增加使用量

(D)沿著原來的要素需求曲線減少使用量

【93 四等特考】

( )13.當廠商使用勞動及資本兩個生產因素從事生產，若其處於均衡狀態則：

（ $MRTS_{LK}$ 表示邊際技術替代率，MPP_L，MPP_K 分別表示勞動邊際生產及

資本邊際生產，P_L，P_K 分別表示勞動的價格（工資）及資本的價格（利率）

(A)等量曲與等成本線相交　　　(B) $MRTS_{LK} = P_L/P_K$

(C) $MPP_L/P_L > MPP_K/P_K$　　　(D) $MPP_L/P_L < MPP_K/P_K$

【88 高等檢定】

( )14. Under imperfect competition in the product market, the equilibrium price of an input is given by

(A) the intersection of the product demand and supply curves.

(B) the intersection of the input demand and supply curves.

(C) the intersection of the product demand and input supply curves.

(D) All of the above.

(E) None of the above.

【95 中山財管】

( )15. 若廠商在產品市場與勞動市場商皆為完全競爭廠商，當產品市場價格下跌時，則廠商對勞動的需求曲線：

(A)不變，但會提高勞動雇用量　(B)不變，但會減少勞動雇用量

(C)會向右移動，而增加雇用量　(D)會向右移動，減少雇用量

【96 普考】

( )16. 如果廠商是勞動的完全競爭需求者，那麼廠商的勞動需求曲線就是：

(A)勞動的邊際生產收益線　(B)勞動的邊際產量曲線

(C)產品的邊際收益線　　　(D)勞動的平均生產收益線

【95 普考】

( )17. 勞動供給發生後彎現象，是因為：

(A)休閒為劣等財

(B)替代效果小於所得效果

(C)市場工資低於政府規定的最低工資

(D)所得與休閒有很強的替代效果

【95 普考】

（　）18.下列哪些因素變動將會使要素需求線移動？①產品價格②其他要素價格③薪資④生產力

(A) ①②③　(B) ②③④　(C) ①③④　(D) ①②④

【98 地方】

（　）19.下列何者為完全競爭廠商的要素需求線？

(A)邊際產值線　(B)邊際產量線　(C)邊際收益線　(D)平均收益線

【98 高考】

（　）20.下列何者較有可能是政府實施最低功率政策的後果？

(A)增加雇主實施員工教育訓練的誘因

(B)因為能夠保障工人基本生活所需，所以不會導致資源錯置

(C)可能造成雇主變相要求員工加班

(D)造成未實施最低工資率政策之行業的工資率提高

【99 身心三】

☆申論題

一、假設一國的生產函數為 $Y = K^{\frac{1}{3}}L^{\frac{2}{3}}$，其中 Y 試產出，K 與 L 分別為資本財與勞動要素投入，該國勞動人口共有 800 人，資本存量有 100 個單位。

（一）推導該國的勞動需求，將其表示為實質工資的函數。

（二）如果實質工資可以自由調整，計算出勞動市場達成充分就業均衡的實質工資。

（三）假設政府立法將最低實質工資明定為 2/3 個單位的實質產出（即物價為 1 時，名目工資為 2/3），對勞動市場就業與實質產出的影響為何？

（四）假設由於生產技術進步使新的生產函數為 $Y = 2K^{\frac{1}{3}}L^{\frac{2}{3}}$，在上述的最低實質工資立法之下，勞動市場就業與實質產出之結果為何？

【96 高考】

Chapter 11

市場失靈與政府角色

寇斯
（**Ronald Harry Coase**, 1910- 2013）

在忽略交易成本的條件下，無論誰被分配到財產所有權，都可以有效率地解決外部性問題。

▌前言

到目前為止我們所探討市場都是透過需求與供給的自由交易為前提，在此條件下，分析在價格機能運作下如何引導的資源效率分配。此價格機能的市場機制所成立的市場法則是消費者依本身的滿足程度（效用）決定需求，供給者則依成本高低決定產量。更具體而言，消費者在邊際效用等於價格時決定需求量；生產者在邊際成本等於價格時決定生產量。

在市場上，消費者與生產者的自發性行為，對商品的評價達到一致性。所謂一致性就是透過市場價格機制的運作，全體消費者的邊際效用與全體生產者的邊際成本達到相等的狀態。

但是，透過價格機制的自由交易，有時候並不保證資源能夠達到最佳的分配，經濟學上將這樣的狀態稱為市場失靈（market failure）。市場失靈一旦產生而無法獲得妥善解決時，往往會造成社會生活的不公不義，此時公部門的政府角色就必須要有效處理這個問題，其處理的方法也是近代民主政黨政治下的重要課題。

市場失靈與其原因

「草原的悲劇」（the tragedy of the commons）常在市場失靈的公共議題上被拿來當作思考的例子，因為很多議題都引用，所以有時候也被稱為「公地悲劇」或是「公共財悲歌」。「草原的悲劇」之所以發生主要來自本章要討論的造成市場失靈的公共財與搭便車的心態所造成的結果。因為在一片沒有財產權的公共草地上，當有一群牧羊人知道了，當每一個牧羊人都想要讓羊群能夠充分取用，將所有羊群帶到此地放牧。儘管牧羊人知道這樣容易造成過度放牧，草地因此而枯竭，但因是無人之地不用負擔支出就可以從中獲利，使得其他的牧羊人都跟進搭便車來此放牧，最後草地牧草被消費殆盡了。「草原的悲劇」的例子常被批判為「造成最大多數的共享，卻得到最少照顧」的不公平對待。因此，探討市場失靈時保證「草原的悲劇」不再發生的重要關鍵在於政府扮演的角色，本章會透過經濟市場理論分析造成市場失靈產生的弊害，政府可以提供哪些方法加以防範，在這之前我們先介紹市場失靈的現象與造成的原因。

我們在第6章的完全競爭市場的分析裡，我們以柏雷托托效率探討資源的最適分配。然而現實的經濟活動中，在我們周遭到處可見，由市場機制所主導的結果，未必如同理論那樣結論令人滿意，甚至可能帶來更大的失望結果。本節將先探討造成市場失靈的原因是什麼？

經濟活動任由市場供需與價格來決定，固然能夠在競爭的激勵下，獲得更高的效率，但是有些現象反而帶來更大經濟損失，這也是市場失靈的原因。而產生市場失靈的原因，常見的有下列幾種：

一、公共財的存在。

二、外部效果的存在。

三、獨占企業的存在。

四、資訊不對稱的存在。

五、所得分配不均的存在。

市場失靈為社會帶來問題，國家必須解決，也提供政府介入市場機制的理由。在這樣的狀況下，政府提出相關的法律與制度來推動各種的經濟政策，希望透過經濟政策修正市場失靈，讓資源除了有效運用之外，還須兼顧公平與正義。當政府的政策無法解決市場失靈時，我們稱它為政府失靈。在民主國家的體制下，當執政者

無法提出有效的因應方案時，必須接受選舉的考驗，政府失靈容易帶來社會輿論的壓力，還可能遭受選民的唾棄。以下就 5 種市場失靈的原因依序探討。

11.2 公共財的存在

警察（或國防）與保全人員對個人而言有何不同？或許你會認為這是個無趣的問題，但從經濟學的研究上，這個問題可以凸顯市場機制的局限性。當我們走進銀行時，你會看見保全人員站在服務台旁邊，為客戶服務。銀行付給保全人員每個月的薪資，保全人員為銀行提供安全的力量，讓客戶更有安全感，提高對銀行的信心。所以，銀行對保全人員的需求代價就是支付薪資，這薪資水準的多寡與市場供需有密切關係。某個程度上，保全人員存在著市場供需與價格的關係，使用者需要付出價格方能取得消費，是屬於私有財（private good）。

對照著私有財，存在台灣社會的警察人員，或保衛國家安全的國防體系，當我們使用它們時，是否需要如同買漢堡時一樣，從錢包拿出鈔票來支付呢？如果是的話，那你可能還會吃上賄賂的官司，因為警察、國防、司法、教育等體系，這些在經濟學上稱為公共財（public good）。

公共財可分為純粹公共財（pure public good）與不純粹公共財（impure public good）。一般而言，純粹公共財有以下之性質：

一、當此財貨被提供後，其他人的使用不會增加額外成本，即邊際成本為零，在消費上是為共享的，具有不可分割的性質。

二、若此財貨費用不是很高時，無法排除任何人的使用，即具有不可排他的性質。

然而，公共財和私有財一樣，雖然消費相等的數量，在消費者心中的滿足程度不見得相等。同時，公共財之分類並非絕對，某些商品或許只能滿足公共財定義中的一部分，不見得能完全滿足上述的兩個性質。所以，在對不純粹公共財的消費上，某種程度而言能夠獨享或是排除其他消費者的使用，即具有排他性的性質。

11.2.1 公共財的需求曲線

在第 3 章我們學過市場的供給與需求，是以私有財為分析對象，一般財貨的有效提供是在市場的供需相等時決定的。公共財的提供也是透過市場的供需決定其有效

數量,只不過需求的決定與私有財有所差異。就私有財與公共財在需求決定的不同,透過以下圖形加以說明。

圖11.1為私有財需求曲線的形成,圖(A)、圖(B)是消費者1與消費者2對咖啡需求量與價格關係的需求曲線。當每杯咖啡30元時,消費者1會購買10杯,消費者2會買15杯,所以市場在價格30元的需求量為25杯,是消費者1與消費者2購買量的合計。因此,如果想知道在任何已知價格的市場需求時,合計每位消費者需求曲線在此價格下所對應的水平需求量,如圖(C)。此過程稱為需求曲線的水平加總(horizontal summation)。

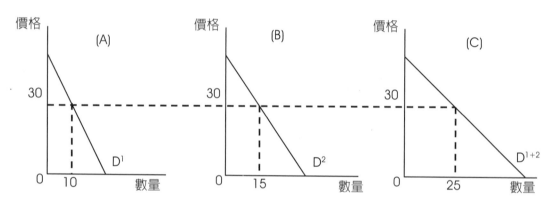

圖 11.1　私有財需求曲線的水平加總

公共財需求曲線與上述的私有財形成不同,主要原因是兩者在消費的特性上不一樣所致。我們利用煙火消費的例子來說明公共財的需求曲線。

在台灣過中秋節的必要戲碼就是烤肉和放煙火。在烤肉時,不認識的人沒經過你的許可就拿來吃,你可能會很生氣,因為那是花錢買來的私有財。同樣地,煙火也是你花錢購買的,當你將煙火發射天空時,不認識的人駐足觀看,你是否也會和烤肉一樣地生氣呢?當路人觀看煙火並未減少自己的享受,且你也無法排除路人觀賞時,那「放煙火」就是公共財。也就說,煙火是你花錢買的,發射之前的所有權屬於自己,是屬於私有財。但是,發射升空之後,它變成公共財。

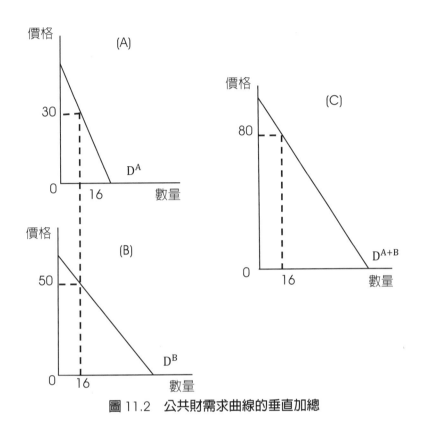

圖 11.2　公共財需求曲線的垂直加總

　　圖 11.2(A)、(B)分別為消費者 A 與消費者 B 對煙火需求量與價格關係的需求曲線。消費者 A 與消費者 B 兩人的原先計畫的煙火有 15 支，每支煙火購買價格為 60 元，如果要再追加一支煙火時，消費者 A 只願意支付 30 元，消費者 B 願意花 50 元。所以第 16 支煙火的邊際效用是兩人願意支付價格的加總，即 80 元。因為兩人願意支付價格 80 元大於煙火實際價格為 60 元，所以第 16 支煙火的消費能夠被實現。由此可知，當每個消費者願意支付的金額總和超過追加一單位公共財價格時，就能夠消費此公共財，如圖 11.2(C)所示。因此，公共財需求曲線的形成有別於私有財需求的水平加總，而是群體消費者願意支付價格的垂直加總（vertical summation）。

11.2.2 公共財的最適供給

　　私有財的情況下，各個消費者的需求曲線水平加總就是市場的需求曲線。例如，在市場價格為 P_1 下，消費者 A、B 的需求量分別為Q_1^A與Q_1^B。所以為滿足消費者

A、B 的需求，當市場價格為 P_1 時，市場必須要有$Q_1^A + Q_1^B$的供給量方可因應市場的需求。

另外，如圖 11.3 所示，在一定公共財供給的情況下，消費者 A、B 分別願意以 P_1^A、P_1^B價格支付公共財$\overline{Q_1}$的數量。消費者 A、B 兩人需求曲線的垂直加總就是整體市場需求曲線$\overline{D_1^* D_1^*}$，這條$\overline{D_1^* D_1^*}$曲線表示每追加 1 單位公共財所產生的社會邊際評價。所以，當整體市場需求曲線$\overline{D_1^* D_1^*}$與供給曲線$\overline{S_1 S_1}$相交於E^*點所對應的Q_1^*就是公共財的最適供給量。

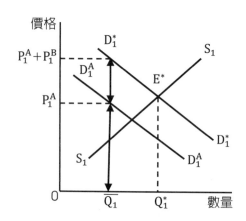

圖 11.3　公共財最適供給

從柏雷托的效率性來看，私有財與公共財的成立條件是不一樣的。在競爭市場上，消費私有財時，每個人有相同的邊際替代率（MRS），但可以是不同的消費數量。所以，私有財的市場總需求為不同數量的水平加總。而公共財是每個消費者可能會是不同的邊際替代率（MRS），但會消費相同的數量。因此，在私有財上，每位消費者面臨相同價格（價格接受者）決定他們的需求量，在公共財上，每位消費者則是面臨相同的數量決定意願的支付金額。基於此，在第 6 章我們知道消費者 A 與消費者 B 對私有財柏雷托效率的必要條件為：

$$MRS^A = MRS^B = MRT = \frac{P_1}{P_2} \text{（當} Q_1^A + Q_1^B = Q_{私有財}\text{）} \qquad (11.1)$$

但是，對純粹公共財而言，所有消費者的邊際替代率（MRS）總和必須等於邊際轉換率（MRT），均衡條件可寫成為：

$$MRS^A + MRS^B = MRT \text{（當} Q_1^A = Q_1^B = Q_{公共財}\text{）} \qquad (11.2)$$

（11.2）式為公共財的柏雷托最適效率條件。

11.2.3 公共財的搭便車問題

公共財具有不可分割性與不可排他性的性質，所以容易形成他人不用花任何代價就可以消費，這就是所謂搭便車（free ride）問題，其中以燈塔的例子最為有名。

在台灣的鵝鑾鼻有座燈塔，每當太陽西下，燈塔光芒便照耀著巴士海峽。往來船隻在燈塔的引導下，安全地行駛於大海之中，對國際貿易的發展貢獻甚鉅。然而，通過巴士海峽的船隻並非全屬於台灣，來自世界各國的輪船，漁船或私人汽艇都靠這座燈塔指引正確的方向。雖然燈塔為台灣所有，主要目的是為台灣船隻而建造，但是一旦將塔燈投向大海，是無法排除他國船隻的使用。除了燈塔的例子之外，諸如路燈、電波或排水系統等，都存在著搭便車的問題。

公共財存在著搭便車問題，無法和私有財一樣透過市場機制來決定數量，例如由彼此當事人之間的交涉協調或是政府介入而產生。然而，交涉協調的方式在實務上有很大的困難，當事者之間需負擔公共財的購買，要達到共識曠日廢時。所以由政府介入而產生的公共財供給較有效率是一般上的認知。

11.3　外部效果的存在

台灣在 1979 年發生多氯聯苯中毒事件，65%的毒性來自戴奧辛；1994 年桃園爆發了 RCA 的地下水汙染事件，廠區周圍地下水含有超標三氯乙烯、四氯乙烯，造成人員身體上的痛苦；2008 年三聚氰胺（melamine）的毒奶粉事件，造成嬰兒成長發育上的嚴重傷害，相信大家記憶猶新；2011 年塑化劑（plasticizer）添加在食品當中，受汙染範圍之廣難以估算，連知名廠牌飲料、健康醫療等食品無一倖免，造成人心惶惶，付出巨大的社會成本。不只在台灣，同樣地於歐、美、日各國也曾經為追求經濟發展，破壞環境波及人民的「八大公害事件」（the world's eight public nuisance events），造成眾多家庭痛苦與悲劇，廣為世人所知。這些的公害事件（public nuisance events）都是廠商在生產過程中所製造出來，加害者責任輕微，受害者求償無門。如果任由公害事件持續發生，不加以管制的結果，將會造成人民身體的痛苦，生命安全受威脅，社會喪失了公平與正義。

傳統的經濟理論分析市場機制可以有效率的分配資源，但是上述的公害事件往往是市場機制運作的結果，難道就這是我們所追求的效率嗎？戴奧辛、三聚氰胺或塑化劑等有害物質造成人民身家性命的損害，並非是商品市場價格改變的結果，而

是不肖廠商在生產過程中釋放毒素所帶來的。當某個人或某家廠商的行為沒有經過市場價格傳遞效果而影響另一個體時，在經濟學上稱為外部性（externality）或外部效果（external effects），外部性又可分為外部經濟（external economies）和外部不經濟（external diseconomies）。前面列舉台灣的戴奧辛環境汙染與毒食品事件就是典型的外部不經濟，這種現象就是生產個體將內部的生產活動帶給外部的人們傷害，造成負面的影響。外部不經濟除了帶給受害個人負擔，也增加整體社會的成本，這些損害無法獲得賠償，稱為外部成本（external cost）。另外，外部經濟是生產個體的內部生產活動帶給外部的人們正的利益，人們不需要花費任何代價就能夠獲得這些利益，並帶動區域或整體社會的正面利益，稱之外部利益（external benefit）。

11.3.1 外部效果的圖形分析

從上述的外部性我們可以歸納成幾個特徵：[1]

一、外部性的產生，可能來自消費者，也可能來自生產的廠商。

普通我們看到的外部性，大部分是因為廠商在生產過程中所產生的。但是，外部性也可能是消費者在使用商品過程中造成的結果。例如，同處於一個空間的二手菸，抽菸者對他人造成了汙染空氣，進而可能產生他人身體的不適等問題，都是外部不經濟的現象。

二、外部性所造成的影響可能為負，也可能為正。

公害事件的外部性所產生是負效果，但有些情況會產生正效果。例如，兩戶人家比鄰而居，一家以養蜂採蜜為業，另一家是經營花店。現在花店在住家後院種植一大片花樹，希望透過擴大經營增加利潤，然而卻也帶給養蜂鄰居能夠製造更多的蜂蜜。對養蜂人家而言，鄰居種植花樹所帶來的效果就是外部經濟，或稱外部利益。

三、公共財有時候也會被視為特殊的外部性。

在上一節中我們介紹了公共財，也說明公共財的特質。如果從外部性觀點來看，公共財有時候與外部性之間的界線就不是那麼明顯了。例如，每當夏天夜晚就

---

[1] 參考 Harvey S. Rosen & Ted Gayer , *Public Finance*, New York: McGraw-Hill,2008.

會有蚊子擾亂我們睡眠，更嚴重的時候則帶來如登革熱，日本腦炎等傳染病，影響國人健康。前幾天，隔壁鄰居買了兩盞將捕蚊燈，並掛在前後院，蚊子數量減少很多。打開捕蚊燈捕抓的是四面八方的蚊蟲，它無法區隔蚊子是屬於何方，也就是沒有排他性，也不具分割性（公共財的特徵），卻對其他鄰居帶來更沒有蚊蟲的夏天（外部經濟）。

一、外部不經濟

記得小時候，常常到溪邊玩，溪旁有一大片香蕉園，我們會撿掉下來的香蕉來吃，並在溪邊釣魚。印象裡，在那裡總會飄來一股怪味道，就連釣起的魚拿來聞，都還有臭油味。後來才知道當時附近有一家造紙廠，工廠排出來的廢水摻雜很多有害物質排入溪中。水質遭受嚴重污染，食物鏈造成了溪中的魚沒有人敢吃。小孩子常偷偷地去那邊游泳，被父母知道的話肯定挨打，因為有人為此得了皮膚病。這是環保法規不完善時代，早期台灣為經濟發展，工廠林立所造成外部不經濟的悲劇。

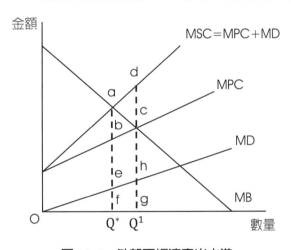

圖 11.4　外部不經濟產出水準

假設有一家紙廠坐落在一條溪邊，製造紙漿的廢水被排入溪中。因為水質受到污染，魚蝦減少並且含有金屬，無法食用。在這之前，村民阿銘生計都靠這條溪維生。污染之後，村民阿明無法捕捉魚蝦在市場販賣，收入大幅減少。

以圖 11.4 為分析造紙工廠與村民的例子。橫軸 Q 代表造紙工廠的產出數量，縱軸代表成本與利益的金額。MB 代表造紙廠每個產量水準下的邊際利益，邊際利益曲線隨產量的增加而下降；MPC 為造紙廠的邊際私人成本，它是隨著產量的增加而提

高，為正斜率的曲線；MD 則是村民阿銘面對紙廠排出廢水所產生的邊際損失，當工廠排出越多的廢水，對阿明的傷害呈現遞增的狀態。對廠商來說，當邊際利益 MB 大於邊際私人成本 MPC 時，會持續生產以獲取更多的利益。但是，當邊際私人成本 MPC 超過邊際利益 MB 時，則會停止生產，以減少損失。所以，造紙廠會選擇在 MP=MPC 決定產量在Q^1以獲取最大之利益。另一方面，村民阿銘則產生$\triangle Ohg$ 的傷害。顯然，廠商所獲得利益的一部分是建立在村民阿銘的痛苦之上，因為廠商在計算利益時，並沒有將對外部所造成的損失考慮進去。如果將村民阿銘的邊際損失納入廠商的成本之內，那造紙廠的真正成本應為 MPC+MD，這個也是邊際社會成本 MSC（=MPC+MD）。因此，從社會的觀點來看，廠商的最適生產水準應該在Q^*（MSC = MB），而不是在Q^1（MSC＞MB）。廠商生產量由Q^1減少到Q^* 表示幾種含意。

第一種含意：圖中的邊際私人成本 MPC 與邊際利益 MB 的垂直距離是廠商的邊際利潤，所以當生產量由Q^1減少到Q^* 時，廠商的損失為$\triangle abc$ 面積。同時，村民阿銘因造紙廠的減產而減少損失，也就是圖中 MD 曲線與橫軸的垂直距離，所累積損失減少金額為$\square efgh$ 面積，剛好等於$\square abcd$ 面積。假設廠商與阿銘對每單金額是相等時，廠商的損失（=$\triangle abc$）與阿銘的利益（=$\square abcd$）的差額為$\triangle cda$，這也可以視為社會的淨利益。

第二種含意：雖然廠商生產量退回到社會的效率水準Q^*，但並非是零污染境界。這反映經濟理論與政治現實對外部性問題只能在成本與利益之間的取捨找出污染的最適產量，無法完全避免污染帶來的損害。

外部性存在的原因乃是缺乏財產權所致。不管是外部經濟或外部不經濟，如果當事人之間對某種事物無法界定財產權的歸屬時，那麼就不容易區分加害者與受害者，受益者與施益者的角色，在法律的判定上產生困難。為解決這個問題，經濟學者寇斯（Ronald Harry Coase, 1910-2013）提出財產所有權的建立，認為一旦建立產權之後，那外部性問題就不需政府的介入處理。寇斯理論的假設是，在忽略交易成本的條件下，任何當事人分配到所有權時，就能夠有效率地解決外部性問題，就是有名的寇斯定理（Coase theorem）。

二、外部不經濟解決方法

解決外部不經濟除了寇斯定理主張財產所有權需確立之外，還可透過當事人合併成一體，沒有加害者與受害者之分；或是透過社會習俗的道德勸說，使得加害者

在製造時能夠體會受害者的痛苦。然而這些方式的真正落實有一定的困難，因為亞當斯密所指的那隻「看不見的手」是建立在「利己心」大於「利他心」之上。所以，政府需要有些做為來處理外部不經濟問題，其中以課稅，補貼方式最為普遍，本節將就這二種方式分別討論。

（一）課稅

上述可知，對於製造外部不經濟的個體沒有任何限制時，實際產出量與社會最適產出量之間有落差。造紙廠與村民阿明的例子中，廠商在生產過程所投入的價格並未正確反映社會成本，所以生產是沒有效率的水準。生產過量且沒有效率，造成市場價格偏低，也是廠商不必負擔社會成本所反應出的結果。雖然無法完全消弭外部不經濟問題，但政府需要讓過多的產量加以約束，減少外部不經濟帶來的傷害有所改善，其中課稅就是解決方式之一。

英國經濟學家庇古（Pigou, 1877-1959）就在 1930 年代主張應該對製造污染者課稅以修正投入價格過低的事實。換言之，庇古希望透過課稅的方式，使得污染者因生產每單位所課的稅額剛好等於社會最適產量所產生的邊際損失。我們可利用圖 11.5 加以說明。

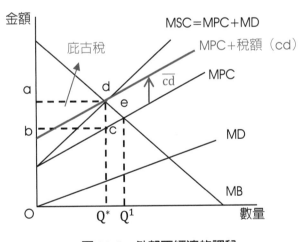

圖 11.5　外部不經濟的課稅

如果政府利用課稅來達到社會的最適產量，那麼需要使造紙廠商的邊際私人成本曲線 MPC 移至邊際社會成本曲線 MSC 與邊際利益曲線 MB 相交的地方。圖 11.5 中，假設政府對紙廠每單位課徵$\overline{cd}$的單位稅，課稅增加造紙廠商的邊際私人成本。

所以廠商新的邊際私人成本為 MPC+$\overline{cd}$，垂直向上移動並與邊際利益曲線 MB 相交於 d 點，產量由Q^1減為Q^*，達到期待的社會最適產量目標。造紙廠商產量在$Q^* = \overline{bc}$，但是仍然需要繳納每生產單位$\overline{cd}$的單位稅。造紙廠商應該課稅額為$\overline{cd} \times \overline{bc} = $□abcd面積，稱為庇古稅（Pigou tax），也稱為政府的庇古稅收。

　　以課稅這種方式迫使得造紙廠商因邊際成本的增加而減少生產，外部不經濟的減輕與稅收的增加。政府以稅收做為對村民阿銘各種傷害的補償，以減輕生活負擔與健康治療的花費。但是這種方式並不保證外部不經濟問題得以解決，因為可能衍生出一些新的現象，或技術上無法克服的問題。當其他人得知村民阿銘得到補助，平時不在這條溪活動的人紛紛出現，造成這條溪過度濫捕，自然資源的無效率開發。課稅的稅率應該在哪個水準？經濟理論無法提供一個準確的數字，如此一來，可能超過社會最適產量水準，或不足。當然還有一直為環保團體所詬病的，環境污染與人們健康的損失是否能夠由金額來計算？這也是被質疑的地方。雖然課稅方式依然存在這麼多無法解決的疑問，但至少可以改善外部不經濟的損害程度，又能使社會上有一定權責關係的確立。

（二）補貼

　　在假設污染廠商數固定的前提下，採取補貼方式以換取廠商減少產量以降低污水的排放量，希望達到社會的最適產量水準，這和課稅方式有相似之處。以下面圖形說明補貼方式的運作過程。

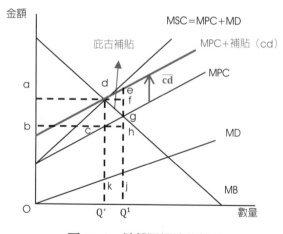

圖 11.6　**外部不經濟的補貼**

　　圖 11.6 中，如果政府不採取任何做為時，造紙廠商決定產量水準在Q^1（MPC=MB）。現在假設政府公告補貼政策，如果紙廠能夠將污染原產量控制在Q^1以下，每單位產量的減少將可獲得$\overline{cd}$金額的補貼。換句話說，造紙廠商如果超過Q^*的每單位生產，放棄政府的補貼時，那麼廠商的邊際成本由原來的 MPC 提高為$MPC+\overline{cd}$，向左上方移動。當造紙廠商選擇生產在Q^1時，此時廠商面對的邊際成本為$\overline{je}$，邊際利益為$\overline{jg}$。因為$\overline{je}>\overline{jg}$，對廠商而言選擇接受政府的補貼比較有利，這種現象一直減產到$\overline{je}=\overline{jg}$的$Q^*$水準廠商才會停止接受補助方式。因為造紙廠商的產量低於Q^*水準時，邊際利益大於邊際成本，廠商選擇放棄補助方式，採取繼續生產對廠商較為有利。廠商如果將原產量的Q^1減少到Q^*接受補貼，那麼政府的補助支出金額為□cdfh（＝每單位補助金額$\overline{cd}$×放棄產量$\overline{ch}$）面積，這些補貼稱為庇古補貼。

　　上述的課稅與補貼方式只能透過造紙廠商減低生產紙漿來減少廢水的排放，但無法給廠商降低污染方式的誘因。換言之，如果只是要求廠商對生產紙漿的減量，而不是真正對污染程度的技術改善，那外部不經濟問題就無法有效解決。因此，有人提出另一種方法[2]，是政府直接對每單位的污染排放課徵庇古稅，而不是對每單位產量，這在經濟學稱為排放費。廠商只要排出每單位的污染（不是每單位生產量）就必須花錢（課稅）換取污染排放量。

三、外部經濟

　　外部性問題的存在產生所謂的市場失靈，無法由市場機制來解決。前面已經說明外部不經濟發生時，政府可以用課稅，補貼或是導入總量管制的排放費方式，降低污染可能帶來的損害。但是，外部性問題中也有外部經濟的例子，它為社會帶來的是正面的利益。一旦發生外部不經濟時，政府採取各種補救手段。同樣地，當存在外部經濟時，那政府應該採取什麼手段？我們以圖形來說明。

---

[2]　這個部分的分析可以參考 Harvey S. Rosen & Ted Gayer , *Public Finance*, New York: McGraw-Hill, 2008.

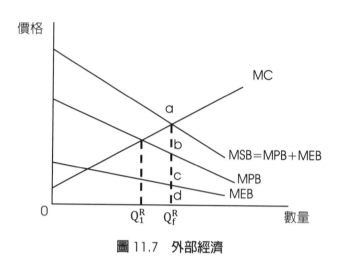

圖 11.7　外部經濟

假設有一家廠商 A 在生產自家產品時，研究開發出新的技術。然而這項技術也為其他產業帶來新的契機，在其他廠商不需支付任何研究費用就能自由使用這項技術。因為如此，這些也創造更高的利潤，也帶來就業機會，增加出口量。圖 11.7 中，橫軸代表廠商研究開發數量，縱軸表示價格的金額，圖內的 MPB 表示廠商私人的邊際利益，MC 為邊際成本。如果廠商單單就自己的生產考慮，那會在邊際利益 MPB=邊際成本 MC 時決定其研究開發數量在Q_1^R。現在因為廠商 A 的研究開發可以帶來社會的利益，MEB 表示廠商 A 每單位研究開發對其他廠商帶來的邊際利益，也就是產生的外部利益。因此，社會的邊際利益 MSB 為私人的邊際利益 MPB 加上外部利益 MEB，此時社會有效率的均衡點應該在 a 點，A 廠商的研究開發數量應該增加到Q_f^R。

當廠商內部經濟生產活動為外部帶來利益，且越多越好時，政府透過補貼方式使廠商 A 能夠提供更多的研究技術的開發，使得原來的邊際利益曲線提高至 MSB。

📖 應用問題

河川上游有一家生產化學品 X 的工廠，其利潤為$80X - 0.2X^2$。下游有一家養殖場，其漁獲量為 Y，且養殖場的利潤為$50Y - 0.3X^2 - 0.5Y^2$。化學工廠每生產一單位 X，會對和水造成 5 單位污染，造成養殖場的損失。請問：

（一）如果讓化學工廠與養殖場合併，則化學品 X 的產量將為何？

（二）如果讓化學工廠與養殖場合併，能減少多少數量的污染？

（三）政府要如何課徵 Pigouvian 稅，才能讓外部性完全內部化？

【97 高考】

提示

化學工廠與養殖場合併後的利潤函數為：

$\pi_{X+Y} = 80X - 0.2X^2 + 50Y - 0.3X^2 - 0.5Y^2$。

$\frac{\partial \pi_{X+Y}}{\partial X} = 80 - X = 0$，$X = 80$。

合併前化學品 X 工廠在追求利潤極大化的產量為：

$\pi_X = 80X - 0.2X^2$

$\frac{\partial \pi_X}{\partial X} = 80 - 0.4X = 0$，$X = 200$

合併前後的產量變化為 200-80=120，減少 120 單位產量的生產。

題目中「化學工廠每生產一單位 X，會對和水造成 5 單位污染，造成養殖場的損失」說明了污染成本為 5。如果化學工廠與養殖場合併情況下，化學品 X 工廠決定產量在 80 單位，所以政府所課徵的稅應為 5×80=400，此為庇古稅。

應用問題

某紙廠，已知其邊際成本函數為$MPC = 5 + 0.004q$，其競爭價格為 10，試求：

（一）紙廠利潤極大的產量？

（二）紙廠排放廢水，其污染成本函數為 MEC=0.001q，假設市場價格不變，符合社會福利極大的產量為多少？

（三）政府應對紙廠課以多少從量稅，才可以讓紙廠產出符合社會福利極大？

【91 中山財管】

提示

紙廠在競爭價格 P 等於邊際成本時，追求利潤極大，即 P=MPC。依此可以求出廠商的產量為：

$P = MPC = 5 + 0.004q = 10$，$q = 1250$。

如果市場價格已經反應紙廠的排放廢水所帶來污染成本時，那價格函數可表示為：

$P = MPC + MEC$，依此可以求得社會福利極大的產量。

$P = 5 + 0.004q + 0.001q = 10$，$q = 1000$。

如果政府欲透過課稅（t）達到社會福利極大的 1000 產量時，那新的市場價格可寫成：

$P = MPC + t$

$P = 5 + 0.004q + t$，$P = 5 + 0.004 \times 1000 + t = 10$，$t = 1$。

✦ 經濟政策的解析：市場失靈提供政府介入市場的理論依據

本章分析市場失靈的現象與原因，而矯正這種現象需要政府公權力的居中介入。在眾多的傳統經濟理論強調自由市場的重要性，主張由市場自行運作可以解決問題無須公權力的介入。但是，從本章中我們確實也知道市場並非萬能，在失靈狀態下需要政府透過政黨政治的手段加以改善，建立更符合社會期待的結果。

儘管如此，政府公權力的介入並非沒有爭議，很多的議題往往被曲解或被誤解，究竟市場失靈的認定基準為何，這在台灣社會裡很容易因政黨，族群以及個人利益而被操作，這些都有可能帶來社會對立以及被階級化的悲劇。COVID-19 大流行面臨疫苗施打時，AZ 疫苗、嬌生疫苗、莫德納（Moderna）、BNT 疫苗以及國產的高端、聯亞疫苗等選擇時就讓台灣社會產生爭執、恐慌以及不安的氣氛，將疫苗施打視為外部性問題時，那政府就必須處理。但是當台灣面對這樣社會的巨大分歧時，確實也讓我們思考一下，疫情蔓延與疫苗防衛之間的關聯性，究竟應該以市場機制來看待？或或是外部性的市場失靈來處理？

▶▶ **實力測驗**

⭐ **選擇題**

( )1. 澎湖縣政府在小門村港外的無人島興建了一座新的燈塔。漁民小林從燈塔獲得 4,000 元的邊際利益、遊客小胡獲得 2,000 元的邊際利益、餐廳業者小李獲得 5,000 元的邊際利益。假設小林、小胡與小李是燈塔興建的僅有受益者，請問燈塔的邊際社會效益為何？
(A) 5,000 元　(B) 2,000 元　(C) 11,000 元　(D) 9,000 元
【109 年公務人員普考】

( )2. 趁著連續假期去公有土地爬山，發現山徑上到處都是人，導致多花了兩倍的時間才走完原先規劃的路徑。請問以上所述假期中的山徑具有下列哪項特性？
(A)競爭性與排他性　　　(B)非競爭性與排他性
(C)競爭性與非排他性　　(D)非競爭性與非排他性
【109 年公務人員普考】

( )3. 公共財的「免費享用者」（free rider）問題，係源於財貨的下列何種性質？
(A)無敵對性　(B)不可排他性　(C)敵對性　(D)可排他性
【109 年公務人員普考】

( )4. 公共財的市場需求曲線是由下列何者產生？
(A)個人需求曲線的平均　　　(B)個人需求曲線的垂直加總
(C)個人需求曲線的水平加總　(D)無法由個人需求曲線導出
【108 年公務人員普考】

( )5. 在外部性存在的前提下，寇氏定理（Coase theorem）隱含的要義是：
(A)只要財產權明確界定，即可達到效率境界
(B)只要協商成本為零，即可達到效率境界
(C)財產權明確界定且協商成本為零，才可達到效率境界
(D)只要有外部性，效率境界就不可能達到

【108 年公務人員高考】

( )6. 下列何者不是市場失靈的原因？
(A)獨占性競爭　(B)公共財　(C)外部效果　(D)完全競爭

【107 年公務人員高考】

( )7. 甲、乙兩人對公園的邊際效益函數分別為 MB 甲=20-Q 及 MB 乙=10-Q，其中 Q 為公園數量。假設每建造 1 單位公園的成本為 12，則社會最適的公園數量為多少？
(A) 6　(B) 9　(C) 16　(D) 22

【106 年公務人員普考】

( )8. 下列何種情況是外部成本繼續存在的原因？
(A)污染防治的技術進步
(B)政府對污染排放的罰則過輕
(C)環保律師協助受害民眾免費打污染官司
(D)行車記錄器普及，使得交通違規的行為無所遁形

【106 年公務人員普考】

( )9. 由於 CO_2 的排放造成溫室效應，有人主張應該課徵碳稅，以減緩地球暖化。此種作法乃是根據哪位經濟學家的主張？
(A)皮古（A. C. Pigou）　　(B)寇斯（R. Coase）
(C)雷姆西（F. Ramsey）　(D)亞當史密斯（Adam Smith）

【106 年公務人員普考】

( )10.以下哪一種方法最能鼓勵廠商開發減少污染的新技術？

(A)積極宣導防制觀念　(B)對污染廠商課徵定額稅

(C)直接管制污染量　(D)發給可交易污染許可證

【98 地方三】

( )11.下列何者不屬於公共財或準公共財？

(A)有收費的高速公路　(B)須安裝收視器的衛星電視台

(C)私人保全公司提供的社區巡邏　(D)開放打獵的公有森林中的獵獸

【99 高考】

( )12.若污染財產權的交易成本為正數，將污染財產權賦與污染者或被污染者，其均衡污染數量將比社會最適污染數量來得：

(A)低　(B)相等　(C)高　(D)不一定

【99 身心三】

( )13.兩個社區民眾共用一個公園，其需求函數皆是$P = 6 - q$，而公園的供給函數為$P = 2q$，其中 q 市公園面積。則最適的公園面積是：

(A) 2.4　(B) 3　(C) 6　(D) 12

【99 身心三】

( )14.在什麼情況下私有部門的供給曲線會低估生產一項財貨的總成本？

(A)當正的外部性存在時

(B)當公共財存在時

(C)私有部門的賣方並非採行利潤極大化政策

(D)當有負的外部性存在時

( )15.下列敘述何者為真？

　　(A)公共財的價格決定可以公民投票為之

　　(B) Nash 均衡為在不合作情況下的均衡

　　(C)污染的防治很重要應徹底為之

　　(D)外部效果只存在於公共財之中

( )16.下列何種情況時社會福利達到最大？

　　(A)沒有外部性　　　　　　(B)沒有公共財

　　(C)柏雷托（Pareto）最適境界　(D)社會邊際利益等於社會邊際成本

( )17.下列何者不具有外部效果？

　　(A)王五一次買了一星期的菜回家　(B)張三施打 B 型肝炎疫苗

　　(C)林六騎的 50 C.C.機車排放黑煙　(D)李四在電影院裡抽煙

【98 交大經營管理】

( )18.當交易成本為零時，一旦水資源財產權明確界定，則：

　　(A)由公部門來管理水資源較有經濟效率

　　(B)由私部門來管理水資源較有經濟效率

　　(C)由有錢人來管理水資源較有經濟效率

　　(D)由窮人來管理水資源較有經濟效率

　　(E)水資源財產權歸屬不影響經濟效率

【98 交大經營管理】

( )19. Cause of market failure include

　　(A) incorrect forecasts of consumer demand and foreign competition.

　　(B) externalities and foreign competition.

　　(C) market power and incorrect forecasts of consumer demand

　　(D) differences in the amount of information the parties have.

【94 成大財金】

☆申論題

一、在一個偏僻地方，有一條路通到 A、B 兩戶人家，路上的照明兩戶可以共
　　用。A、B 兩戶對照明度（Q）的需求分別是：

　　$Q_A = 100 - P$與$Q_B = 50 - 0.5P$

　　假設社會上可以提供照明的成本是每度固定為 8 元。

（一）繪出兩家的個別需求線與社會需求線，並求出最適照明度。

（二）這兩戶人家通常不容易協調出這個最適照明度，請問困難何在？

（三）若將此題的「照明」改變為「小麥」，Q 改為「公斤」。請繪出此時兩
　　　家需求線與社會需求線，並求出最適小麥數量。

【98 鐵路】

二、鹹水市有一條名為「雄師大道」的快速道路，行駛在上面的好處視用路人
　　數而定，二者關係如下：

　　$B = 1200 - N^2$，其中 N 為用路人數，N 為整數，B 為每個用路人所得到的
　　好處。

（一）請問「雄師大道」屬於「公共財」（public goods）、「私有財」（private
　　　goods），還是「共有資源」（common resources）？

（二）如果不需繳交過路費，將有多少人行使「雄師大道」？此時「雄師大道」
　　　帶來社會總效益為多少？

（三）社會最適（socially optimal）的用路人數為多少？此時「雄師大道」帶來社
　　　會總效益為多少？

（四）假設鹽水市對用路人收取過路費 T 元，請問 T 值為何時，用路人數恰為
　　　社會最適的用路人數？

【96 台大商研】

筆記欄

Part 4

總體政治經濟學的展開

國民所得的
定義與衡量

奧斯丁
（**Jane Austen**, 1775-1817）

到目前為止，我聽過最佳與最幸
福的祕訣就是高所得。

▌前言

在前面章節的分析對象是以個體經濟學為主，價
格機能是引導市場供需變化的重要因素，從本章
開始進入總體經濟學，討論的對象則以國民所得
水準為主。經濟學者或政府機關對每一年的經濟
成果非常在意，而總體經濟學就是分析一國經濟
活動的變化，並探討國民所得水準的決定因素。
然而，我們每天可以從媒體、雜誌或新聞報導中
聽到關於通貨膨脹、失業、財政赤字、匯率或利
率水準變化等相關消息，這些因素都將直接或間
接地影響國民所得水準。

事實上，經濟理論或經濟政策在戰後所關心的重點有了轉變，那就是從以往的個體經濟學轉向總體經濟學，前者專注在對企業、個人的生產與消費，透過價格分析探討生產者的利潤與消費者的效用，追求資源的效率分配；後者則專注在一個國家的經濟成長、就業、利率與物價等變數透過市場機制是能否能夠滿足所設定的目標水準。當國民所得水準過低或過高時，政府會透過市場機制以財政政策或貨幣政策引導到所設定的經濟發展方向。本節將就國民所得的定義及內涵做說明，並探討國民所得在經濟上的意義。

12.1　國民所得的定義

　　在國民所得說明時，常常以國民生產毛額（gross national product, GNP）與國內生產毛額（gross domestic product, GDP）兩者之間做區分。早期國際以國民生產毛額（GNP）做為一國的經濟指標，現在則以國內生產毛額（GDP）為主，兩者內容有何差別呢？本節以這兩種指標來加以說明。

　　國民生產毛額（GNP）是指：在某特定的期間內（通常為一年），一個國家的國民所生產最終財貨與勞務的市場總價值。依照此定義，我們可以知道國民生產毛額（GNP）具有幾點特色：

一、通常國民生產毛額（GNP）以一年內做為計算期間，是一種流量（flow）的概念。

二、國民生產毛額（GNP）是本國國民所創造的市場價值，不包含非本國國民的外籍人民所產生的市場價值。

三、國民生產毛額（GNP）以最終財貨與勞務的市場總價值做為計算基準，中間投入要素的市場價值不應列入計算，才不會有重複計算的問題。

　　另一方面，國內生產毛額（GDP）是指：在某特定的期間內（通常為一年），在一個國家境內本國人民與外國人民所生產最終財貨與勞務的市場總價值，也是一種流量的概念。而國內生產毛額（GDP）和國民生產毛額（GNP）的不同在於，前者強調「國內」所創造的市場總價值，後者則強調本國「國民」所創造的市場總價值，兩者在計算的方式上是相同。

　　政府每年公布的國民生產毛額（GNP）或國內生產毛額（GDP）都是由成千上萬的產業加總而成的數據，為了方便了解，將一國的經濟社會簡化，只以小麥農家、麵粉工廠與麵包店來說明一個國家的國民所得計算過程。農家生產小麥賣給麵粉工廠，麵粉工廠製成麵粉銷售給麵包店，消費者再到麵包店購買。假設農家種植小麥，中間投入的成本為 5 萬元，收割賣給麵粉工廠得到 30 萬元。麵粉工廠在磨粉的過程中又花費 10 萬元的電費，再將麵粉賣給麵包店共得 50 萬元。麵包店買進麵粉後，又投下 20 萬元的電費製成麵包賣給消費者創造 100 萬元的營業額。小麥農家、麵粉工廠與麵包店三者生產的商品共賣了 180 萬元（=30+50+100），這個數字是否就是國民生產毛額（GNP）呢？答案是否定的，因為 180 萬元包含了三者生產過程的中間成本，重複計算的結果。那麼，國民生產毛額（GNP）應該多少呢？

表 12-1　簡單化的國民生產毛額（GNP）

	生產總額 （售價）（1）	中間成本 （買價）（2）	附加價值 （3）＝（1）-（2）
1.小麥農家	30 萬	5 萬	25 萬
2.麵粉工廠	50 萬	10 萬＋30 萬	10 萬
3.麵包店	100 萬	20 萬＋50 萬	30 萬
國民生產毛額			65 萬

　　表 12-1 中，小麥農家、麵粉工廠與麵包店的生產主體分別銷售其產品，共得 30
萬元、50 萬元與 100 萬元。但是在生產過程中，分別投入的中間成本為 5 萬元、40
萬元與 70 萬元，真正所創造商品的附加價值各為 25 萬元、10 萬元和 30 萬元。因
此，各產業加總的國民生產毛額（GNP）為 65 萬元，這也是各產業所創造出來附加
價值的總和。另外，國內生產毛額（GDP）為：

　　國內生產毛額（GDP）＝國民生產毛額（GNP）－（本國國民的生產要素在國外
所獲得之報酬－外籍國民的生產要素在本國內所獲得之報酬）　　　　　　　　（12.1）

　　（12.1）式的後兩項稱為國外淨要素所得（net factor income from the rest of
world，NFI），所以可以寫成

　　GDP＝GNP－NFI　　　　　　　　　　　　　　　　　　　　　　　　（12.2）

　　以上所計算的國民生產毛額（GNP）或國內生產毛額（GDP）只扣除各產業購
入的中間成本，並沒有扣除所使用的機器設備和廠房建築等的折舊費用。所以，國
民生產淨額（net national product, NNP）為

　　NNP＝GNP－折舊　　　　　　　　　　　　　　　　　　　　　　　（12.3）

　　國內生產淨額（net domestic product, NDP）為

　　NDP＝GDP－折舊　　　　　　　　　　　　　　　　　　　　　　　（12.4）

　　從生產淨額扣除間接稅，再加上政府對民間的移轉即為國民所得（national
income, NI）。

國民所得的衡量方法：三面等價原理

　　國民所得得計算可以用三個層面來衡量，即產出面衡量法（output approach）、支出面衡量法（expenditure approach）以及要素所得面衡量法（factor income approach）三種。由這三種衡量法所計算的國民所得皆相等，稱之為三面等價原理。

一、產出面衡量法是由一國在一年期間內所生產的附加價值，這種算法可以參考上述表 1 的例子，小麥農家、麵粉工廠與麵包店的附加價值的總和 65 萬元的計算過程。一般而言可以再將產業粗分為農業、工業（含製造業）以及服務業的產出附加價值[1]。

二、支出面衡量法是當一國的總生產等於總支出時，將消費（C）、投資（I）、政府支出（G）與貿易部門的出口（X）－進口（M）等四個部門所組成的加總。因此，可將國內生產毛額（GDP）寫成：

GDP=C+I+G+（X－M）　　　　　　　　　　　　　　　　　　　　（12.5）

（12.5）式中的（X－M）又稱為淨出口（net export, NX），是為貿易餘額。如果 NX 為正值代表這個國家呈現貿易上的順差（surplus）；如果 NX 為負值代表這個國家呈現貿易上的逆差（deficit），台灣長期以來很大部分是靠著貿易順差帶動經濟的成長。

三、要素所得面衡量法是藉由要素市場的供給部門與需求部門的要素報酬的加總。依此對國內生產毛額（GDP）的計算包含了勞動所得，資本所得，間接稅等項目。基本上的生產要素中最主要為有勞動與資本。前者為人力資本（human capital），後者為實質資本（physical capital）。勞動報酬就是薪資（W），而實質資本可以產生利息，也可以購買不動產以賺取租金（R），或是透過各種的投資活動獲取利潤（π），將這些報酬加總可以得到國民所得（NI）

NI=W+I+R+π　　　　　　　　　　　　　　　　　　　　　　　　（12.6）

　　由上述的國民所得（NI）加上間接稅，再扣除來自政府補助國人的移轉性支出可得出國內生產淨額（NDP）。從（12.4）知道，國內生產淨額（NDP）加上折舊可求出國內生產毛額（GDP）。

---

[1] 對於產業的分類多寡有各種方式，行政院主計處依各種統計年報的需求，有粗細品目的區分。例如，每五年公布的產業關聯表就會依產業粗細公布 3 種不同的基本表，投入係數表等資料。

12.3 國民所得與其他經濟指標

　　政府每年都會公布各項的經濟指標，其中最受矚目的數據，可以說是上述的國民生產毛額（GNP）或國內生產毛額（GDP）。然而，什麼數據能夠真正反映一個國家的整體經濟？或是我們必須同時觀察幾個數據才能對當時的經濟作出正確的解讀？那國民生產毛額（GNP）或國內生產毛額（GDP）為何不能完全代表一國的經濟實際狀況？原因何在？這些值得我們更進一步的探討。

12.3.1 國內生產毛額（GDP）的數據迷失

　　國內生產毛額（GDP）這個數據以現在的感覺來看會認為很普遍，也很自然認為世界各國政府每年都會公布例行公事。其實 GDP 的統計歷史並沒有我們想像的那麼久，真正普遍被使用是在美國 30 年代經濟大恐慌之後。GDP 的變化往往被視為一國經濟狀態的指標，當 GDP 大幅增加時，會被解釋一國的經濟正在快速發展；當 GDP 大幅下降時，則可能被認為這個國家的經濟正呈現衰退，中央銀行採取調降利率，實施貨幣量化寬鬆政策。GDP 水準的高低也被視為一國國民的生活品質水準，當 DGP 越高時該國的生活就越富裕，因為擁有財富越多就代表更高的消費能力；反之，當 DGP 越低時該國的生活就越貧困，因為沒有更多的錢從事消費，生活品質就無法提升。

　　如上述所言，雖然 GDP 可以做為經濟指標，代表一個國家的財富，但有時候也不盡然能夠反應真實狀況，因為 GDP 做為經濟指標存在一些的缺失。這些缺失有：

一、GDP 只代表每一年內所表現的統計數據，是屬於「流量」的經濟狀態，並非長期累積的「存量」財富。例如，甲、乙兩人的每個月的薪水分別為 5 萬元和 3 萬元，就「流量」的觀點甲的收入高於乙，甲的生活品質也應該高於乙。但是，乙每個月薪水雖然較低，但是有 5 千萬元的活期存款、3 棟房子與黃金千兩。甲則是除了存款有 10 萬元之外，還有房屋貸款 300 萬元，只能以機車代步。顯然乙的財富遠高於甲，生活品質無法單從薪水多寡做判斷，就如同一國的生活水準無法單以 GDP 的高低下結論是一樣的道理。

二、GDP 無法看出一國的財富分配狀況。國內生產毛額（GDP）或是人均 GDP 只能表示一國的年間總生產價值與每人平均的生產價值而已，忽略了這個

國家整體的所得分配。換言之，一國之富裕應該是建立在均富的基礎上，如果財富只是集中在少數人，雖然國內生產毛額（GDP）或是人均 GDP 再怎麼高，那都只是個富裕的假象。

三、GDP 並沒有涵蓋外部性在內，特別是外部不經濟所產生的負面影響。在經濟發展的經驗中，以犧牲環境換取經濟成長的例子，國際間不勝枚舉，台灣本身就是一個例子。GDP 很高，並不保證生活周遭的環境就比較好。有機會到國外走一走，你可能會遇到一種現象，雖然這個國家的 GDP 比台灣低很多，但是生活環境比台灣好。所以近年來，國際間越來越重視這個問題，政府將外部性效果也納入 GDP 內來計算，使其 GDP 的高低能夠真正反映在國人的生活品質上，這就是所謂的綠色國民所得（green GNP）[2]。

四、GDP 只記錄正式登記於法律制度下的經濟活動，並沒有涵蓋地下經濟（underground economy）[3]在內。如果地下經濟越活躍，那麼 GDP 越無法代表該國的經濟水準。一般而言，越沒有制度的國家，地下經濟占整體經濟比例就越高。當經濟混亂時期，地下經濟就會越普遍，政府更難掌握國家的經濟狀況，往往陷入社會動盪與不安。

五、當期 GDP 數據忽略過去國內物價變動。政府公布的 GDP 為名目價值時，當物價產生劇烈變化，那相同的國民所得能夠購買之商品數量會產生很大的差異。例如，近年來因為國際原油的大幅度上升，帶動物價的上揚，增加了國民生活的負擔。所以，如果 GDP 沒有將物價變動幅度做調整，容易造成錯誤的解讀。因此，做為經濟指標，實質 GDP 比名目 GDP 更能貼近現實的經濟狀況。

由於以上許多的缺失，不少經濟學家認為單靠 GDP 指標來衡量一國的經濟狀況，很難展現對該國全面性的認識，高水準的 GDP 並不等於生活品質高，也不代表會更快樂。所以，經濟學家普遍認為，做為經濟發展的指標，除了 GDP 之外，應該同時重視其他指標才能對當時的經濟做判斷。這些指標有物價指數、失業率、經濟成長率、利率與匯率等，本章就其中的物價指數來介紹。

---

[2] 例如，計算綠色 GDP 的公式為：
綠色 GDP＝GDP－自然資源折損－環境品質折損。
[3] 地下經濟的產生可能來自法律所不允許的經濟活動（例如，販毒、走私等），或是不需經過法律制度的經濟活動（例如，小本經營的流動攤販、小農的自產自銷等）。

12.3.2 其他的經濟指標

做為一國經濟狀況的經濟指標除了上述的國民所得之外，經濟學家也會觀察物價穩定狀況做為診斷景氣之良否。本節將介紹各種物價指數，和探討這些不同的物價指數存在著何種經濟涵義？

當國際原油持續上漲時，新聞媒體經常會提到物價指數（price index），那什麼是物價指數呢？所謂物價指數是用來衡量比較期與基期物價變動的相對百分比。而物價指數的主要種類有：消費者物價指數（consumer price index, CPI）、躉售物價指數（wholesale price index, WPI）與國內生產毛額平減指數（GDP deflator）三種。

一、消費者物價指數

消費者物價指數（CPI）是用來衡量家計單位消費商品的物價變動程度，它一方面表示了消費大眾在日常生活中最終消費財貨的平均價格，另一方面也反映零售價方面的通貨膨脹壓力。消費者物價指數（CPI）是行政院主計處以台灣各地的消費者可能購買主要生活商品的物價所建立的指數。消費者物價指數（CPI）是以基期年（=0 期）財貨的數量為固定，基期年財貨 i 之數量為 Q_0^i，t 年次的 CPI 之計算公式如下：

$$CPI = \frac{\sum_{i=1}^{n} P_i^t q_i^0}{\sum_{i=1}^{n} P_i^0 q_i^0} \times 100 \tag{12.7}$$

CPI 意旨在基期年消費者所購買的財貨 i 在 t 年次購買同量時，t 年次支付的金額比起基期年會高出多少？像這樣以過去（基期年）的財貨在 t 年次究竟值多少的物價指數又稱為拉氏指數（Laspeyres index）。

現在假設某個國家只生產與消費稻米（X）、汽油（Y）與衣服（Z）三種財貨，在計算消費者物價指數（consumer price index, CPI）時，如果以 2008 年為基期，該年與 2021 年的三種財貨價格和產量分別如下表：

表 12-2　物價水準與產量

	2008 年		2021 年	
	價格（P_j^{2008}）	數量（Q_j^{2008}）	價格（P_j^{2021}）	數量（Q_j^{2021}）
稻米（X）	9	60	10	70
汽油（Y）	20	250	25	300
衣服（Z）	100	310	110	330

$$CPI_{2021} = 100 \times \left[\frac{P_{2021}^X \times Q_{2008}^X + P_{2021}^Y \times Q_{2008}^Y + P_{2021}^Z \times Q_{2008}^Z}{P_{2008}^X \times Q_{2008}^X + P_{2008}^Y \times Q_{2008}^Y + P_{2008}^Z \times Q_{2008}^Z}\right]$$

由表 12-2 的假設資料代入上式可以計算出 2021 年的消費者物價指數：

$$CPI_{2021} = 100 \times \left[\frac{10 \times 60 + 25 \times 250 + 110 \times 310}{9 \times 60 + 20 \times 250 + 100 \times 310}\right] = 112.07$$

CPI 是衡量家計單位消費財貨的物價水準，由（12.7）式計算 CPI 等於 112.07 表示家庭消費相同財貨與數量時，相對於基期 2008 年，2021 年的平均消費價格上升了 12.07%。

事實上，以原油價格為例，國際市場價格從 2007 年起大幅上漲，至 2011 年 9 月還是維持每桶超過 80 美元的價格水準，各產業的成本與消費價格都受到很大影響[4]。

二、躉售物價指數

躉售物價指數（WPI）即生產者物價指數（producer price index, PPI），這是以廠商的角度來衡量的物價指數。從這個指數，衡量廠商製造原料、中間半成品和製成品的批發價格與出廠價格的平均物價水準。WPI 的計算方式和 CPI 相同，可將（12.7）式中的消費者物價換為廠商的批發價格。WPI 表示廠商在基期年所購買的中間財 i 在 t 年次購買同量時，t 年次的成本金額比起基期年會高出多少？

CPI 與 WPI 都是顯示物價變化的觀察指數，前者表示消費者在不同時間點對購買商品時支付金額的差異，後者表示生產者在不同時間點對生產商品時投入成本的變化，兩者皆可反映當時物價的波動程度。

---

[4]　可以參考相關研究論文，如李見發、洪振義和林益倍（2011）《國際原油價格變動對台灣產業生產成本與物價水準的影響》應用經濟論叢。

三、國內生產毛額（GDP）平減指數

在 12.3.1 說明 GDP 無法完全反應過去國內物價的變動，如果將物價變動因素納入考慮時，經濟學上常採用 GDP 平減指數。欲了解 GDP 平減指數先說明名目國內生產毛額（nominal GDP）與實質國內生產毛額（real GDP）這兩個名詞的差異。前者是以當期之市場價格衡量，但是物價水準會因經濟的變化而變動，所以名目 GDP 無法真正衡量當期的實際產值。後者是去除物價變動的因素所計算的數據，反應一國以某基期之實質產值（以單位做衡量），故可以做跨期的比較，並計算跨年度 GDP 的成長率。名目 GDP 與實質 GDP 的數學定義分別為（12.8）式、（12.9）式。

$$名目GDP_t = \sum_{i=1}^{n} P_{t,i} Q_{t,i} \tag{12.8}$$

其中，P 代表商品價格，Q 代表商品數量，i 為商品品目，t 代表年期。（12.9）式中的 t 表示基期年，t+1 年的實質 GDP 為：

$$實質GDP_{t+1} = \sum_{i=1}^{n} P_{t,i} Q_{t+1,i} \tag{12.9}$$

如果計算 t+1 年的 GDP 平減指數時，為 t+1 年的名目 GDP 除以實質 GDP，如下所示：

$$GDP\ 平減指數 = 100 \times \frac{名目GDP_{t+1}}{實質GDP_{t+1}} = 100 \times \frac{\sum_{i=1}^{n} P_{t+1,i} Q_{t+1,i}}{\sum_{i=1}^{n} P_{t,i} Q_{t+1,i}} \tag{12.10}$$

GDP 平減指數表示當期（t+1）的商品財貨在過去（t）有多少的價值，像這樣以當期支出價格為計算權數的物價指數又稱為柏氏指數（Paasche index）。（12.10）式亦可以寫成：

$$實質GDP_{t+1}\ (=y) = \frac{名目GDP_{t+1}\ (=Y)}{GDP\ 平減指數\ (=P)} \tag{12.11}$$

由（12.11）式取對數之後，再全微分可得，

$$\ln y = \ln Y - \ln P \tag{12.12}$$

$$\frac{dy}{y} = \frac{dY}{Y} - \frac{dP}{P} \tag{12.13}$$

（12.13）式即為，實質 GDP 經濟成長率＝名目 GDP 所得成長率－通貨膨脹率。

以上介紹的三種物價指數各有其特色，所能夠解釋的範圍也有所差異。然而這些物價指數也存在一些問題。一般而言，構成各種指數的財貨價格不可能涵蓋全部的商品，只能以「一籃子」方式選擇主要財貨價格為基礎。因此，政府公布的各種物價指數無法避免以下問題的質疑。

（一）構成「一籃子」物價指數的商品種類是否能夠反映真實的社會消費狀態？

每個國家人民的生活習慣與方式，經濟發展程度與產業結構也不相同，因此在物價指數計算時，所採納的商品價格在每個國家並不一致。同時，採取「一籃子」商品物價指數的計算方式無法隨時或每年做商品內容的調整。然而，現在的商品種類與型態推陳出新，商品的生命周期相較以往為短，以現有的「一籃子」商品計算方式無法真正反映出物價變動對社會大眾生活的影響。

（二）構成「一籃子」物價指數的商品品質能否反映當時消費財的真實內容？

納入物價指數計算的商品只能以種類做計算的基礎。但是在競爭激烈的市場中，即使是同類商品在品質功能上往往存在極大的不同，價格也會呈現落差，這在物價指數上無法顯示出同類商品品質的差異性。因此，如果物價指數能夠將商品的品質調整納入計算基礎，就比較接近現實狀況。

（三）構成「一籃子」物價指數的商品能否反映與其他財貨之間替代關係？

商品之間的消費存在著替代或互補關係，所以當價格或所得產生變化之後，對商品的購買數量也會不一樣。如果物價指數無法看出商品的替代或互補關係時，當物價指數產生變動時，是否能夠反映出消費者的真正感受？從（12.7）式消費者物價指數可知，是以基期年的支出比例做為權數，所以 CPI 通常會高估物價的上漲對消費者產生的痛苦。另一方面，（12.10）式的 GDP 平減指數是以當期商品的支出額做為權數，通常會低估物價上漲對消費者帶來的負擔[5]。

📖 應用問題

假設某國家在 2007 年國民所得資料如下（單位：億元）：

政府消費支出	30	民間消費	120	企業間接稅淨額	5
家戶單位之移轉性收入	5	進口	50	國內資本形成毛額	50
個人所得稅	10	企業未分配盈餘	15	國內資本形成淨額	40
要素在國外所得淨額	-20	出口	80		

（一）請問該國 2007 年之折舊為多少？淨出口為順差或逆差？

（二）請計算該國 2007 年之國內生產毛額（GDP）、國民生產毛額（GNP）、國內生產淨額（NDP）及個人所得（PI）。

【99 高考】

5　參考毛慶生等著作（2004）《經濟學》（四版下），PP.44-45，華泰。

📁 **提示**

　　參考 12.1 節中的各項指標，折舊為毛投資與淨投資的差額，所以折舊=毛投資－淨投資=50 億元－40 億元=10 億元。淨出口可由進口減去出口，如果扣掉之後的值為正，表示該國對外貿易為順差；反之，負值為逆差。所以，由上表數據計算淨出口=出口－進口=80 億元－50 億元=30 億元，為順差。

　　國內生產毛額 GDP 可由消費（C）、投資（I）、政府支出（G）與貿易部門的淨出口（X-M）等部門加總而成。因此 GDP=C+I+G+（X-M）=120 億元+50 億元+30 億元+（80-50）億元=230 億元。

　　在 12.1 節可知，國內生產毛額（GDP）=國民生產毛額（GNP）－（本國國民的生產要素在國外所獲得之報酬－外籍國民的生產要素在本國內所獲得之報酬）。即，GNP=GDP+要素在國外所得淨額，所以 GNP=230 億元+（-20）億元=210 億元。國內生產淨額（NDP）為 GDP 減掉折舊，NDP=GDP－折舊=230 億元－10 億元=220 億元。

　　計算個人所得（PI）須先計算國民生產淨額（NNP）與國民所得（NI），可以參考 12.1 與 12.2 節的計算公式。計算過程如下：

NNP=GNP－折舊=210 億元－10 億元=200 億元

NI=NNP－間接稅淨額=200 億元－5 億元=195 億元

PI=NI－企業未分配盈餘+移轉收入=195 億元－15 億元+5 億元=185 億元

📖 **應用問題**

　　下表示有關一個經濟體的資訊，假定該經濟體只生產鉛筆及書本兩種商品。且假定 2002 年為基期年。利用這些資訊完成下列問題：

年	鉛筆價格	鉛筆數量	書本價格	書本數量
2002	$3	100	$10	50
2003	$3	120	$12	70
2004	$4	120	$14	70

（一）請計算 2003 年的名目國內生產毛額（Nominal GDP）。

（二）請計算 2003 年的實質國內生產毛額（Real GDP）。

新政治經濟學

（三）請計算 2003 年國內生產毛額平減指數（GDP Deflator）。

（四）請計算 2002 年到 2003 年價格上升的百分比。

【96 關務三等考】

📁 **提示**

參考（12.8）的名目$GDP_t = \sum_{i=1}^{n} P_{t,i} Q_{t,i}$，2003 年名目國內生產毛額為 1200。計算如下：

名目$GDP_{2003} = 3 \times 120 + 12 \times 70 = 360 + 480 = 1,200$

參考（12.9）的實質$GDP_{t+1} = \sum_{i=1}^{n} P_{t,i} Q_{t+1,i}$，2003 年實質國內生產毛額=1060

2003 年實質國內生產毛額為 1060。計算如下：

實質$GDP_{2003} = 3 \times 120 + 10 \times 70 = 360 + 700 = 1,060$

參考（12.10）的GDP 平減指數 $= 100 \times \frac{名目GDP_{t+1}}{實質GDP_{t+1}}$，2003 年國內生產毛額平減指數=113.2。計算如下：

GDP 平減指數 $= \frac{1,200}{1,060} \times 100 = 113.2$

最後計算 2002 年到 2003 年價格的上漲幅度，利用上式的平減指數可求得為上升 13.2%。計算如下：

$\frac{\Delta P}{P} = \frac{P_{2003} - P_{2002}}{P_{2002}} \times 100\% = \frac{113.2 - 100}{100} \times 100\% = 13.2\%$

📖 **應用問題**

最近國際油價直創歷史新高，也引起國內物價的波動。請問如何建構消費者物價指數（CPI）跟國內生產毛額平減指數（GDP deflator）？基期年請使用下標 0 的符號，當期年使用下標 t 的符號，物品從 i 到 n 種。藉此，請指出 CPI 和 GDP deflator 的異同及計算時為何容易產生高估生活成本的誤差。

【97、94 台大商研】

📁 **提示**

參考 12.3.2 節的消費者物價指數（CPI）與 GDP 平減指數之建立，如（12.7）式、（12.10）式。

由（12.7）式與（12.10）式的消費者物價指數（CPI）與國內生產毛額平減指數（GDP deflator）可知，兩者之間的主要差異有：

（一）消費者物價指數（CPI）是衡量家庭在日常生活中消費財貨與勞務的一般物價水準；GDP 平減指數則是衡量一個國家的最終財貨與勞務的一般物價水準。

（二）消費者物價指數（CPI）包含了外國進口商品的財貨與勞務價格；GDP 平減指數則是以國內的財貨與勞務，不包含進口的財貨與勞務價格。

（三）消費者物價指數（CPI）是拉氏指數（Laspeyres index），容易高估生活成本的變動；GDP 平減指數是屬於柏氏指數（Paasche index）容易低估生活成本的變動。

（四）消費者物價指數（CPI）是採取直接調查數據所計算的物價指數；GDP 平減指數是以所得會計帳間接的計算方式所得的物價指數。

✦ 經濟政策的解析：國民所得水準與現代民主政黨政治的執政績效

在民主政黨政治時代，透過選舉取得執政，經過幾年之後再重新選舉，合法選民再次決定是否要讓你繼續連任。為了爭取勝選必須提出讓選民覺得你值得信任的方式之一是執政政績，其中一個指標就是經濟成長率，也是國民所得水準是否滿意。國民所得的衡量可以有很多的解讀，正確的解讀未必與現實的感受一致，這之間的距離關係到選民對政黨的支持態度。本章的國民所得介紹只是其中一部分，為了能夠讓讀者更精準認識國民所得，13 章、14 章、15 章的理論與內容都會與如何決定國民所得相關，在這裡只是個開端而已。

▶▶實力測驗

☆選擇題

(　)1. 丁丁麵包店花新臺幣 80 元買了一包臺製麵粉,並用這包麵粉製作售價新臺幣 300 元的麵包賣給消費者;另一包臺製麵粉在金聯超市被消費者以新臺幣 120 元購買。試問前述三筆交易對臺灣國內生產毛額(gross domestic product)的影響:
(A)國內生產毛額增加新臺幣 120 元
(B)國內生產毛額增加新臺幣 200 元
(C)國內生產毛額增加新臺幣 420 元
(D)國內生產毛額增加新臺幣 500 元

【108 年公務人員普考】

(　)2. 國民生產毛額(Gross National Product)為:
(A)國內生產毛額+國外要素淨所得
(B)國內生產毛額–國外要素淨所得
(C)國內生產毛額+淨投資
(D)國內生產毛額–淨投資

【108 年公務人員高考】

(　)3. 麵包店製造麵包,製造過程中花費 1 萬元買糖,2 萬元買麵粉,3 萬元支付工資,4 萬元支付店租,已知其生產的附加價值為 8 萬元,則麵包店銷售麵包的收益為多少?
(A) 10 萬元　(B) 11 萬元　(C) 15 萬元　(D) 18 萬元

【107 年公務人員普考】

( )4. 假設其他條件不變。下列關於國民所得與物價的敘述，何者正確？

(A)一國的實質 GDP 會隨基期的改變而改變

(B)一國的名目 GDP 會隨基期的改變而改變

(C)一國的 GDP 平減指數不會隨基期的改變而改變

(D)一國的名目 GNP 會隨基期的改變而改變

【106 年公務人員普考】

( )5. 下列關於國民所得統計的敘述，何者正確？

(A)一國存貨價值的增加列為投資的加項

(B)一國存貨價值的增加列為名目 GDP 的減項

(C)一國存貨價值的增加列為實質 GDP 的減項

(D)一國存貨價值的增加列為 GNP 的減項

【106 年公務人員普考】

( )6. GDP counts only final goods and services because

(A) this method avoids understating the value of GDP produced during a given year.

(B) this method avoids double counting of goods going through several stages of production.

(C) this amount can be more easily determined in the marketplace.

(D) this method avoids including any goods that are produced this year and sold next year.

【93 政大金融】

( )7. 某一國家因戰亂全國在某一年度停止生產活動，然去年尚有存貨 1,500 元，故所有的支出都是消耗去年的存貨，其中政府支出 400 元、民間消費 1,000 元，若以<u>支出法</u>來計算該國今年國民所得應為：

(A) 1,400 元　(B) 1,000 元　(C) 0 元　(D) 100 元。

【94 輔大金融】

(　)8. 某甲去年薪資所得 100 萬，購台灣生產消費品 40 萬，國外生產消費品 20
萬，又購當年新建房屋一棟 300 萬，依國民所得帳方式分析某甲的支出，
下列何者正確？

    (A) C = 60, S = -260, I = 300, M = 20　　(B) C = 60, S = 40, I = 300, M = 20

    (C) C = 340, S = -240, M = 20　　(D) C = 40, I = 300, S = 60, M = 20

【98 中山財管】

(　)9. 如果今年王建民等旅外球員在國外打棒球的薪水增加，則：

    (A)會增加台灣今年的 GDP，但對 GNP 無影響

    (B)會增加台灣今年的 GDP 與 GNP

    (C)對台灣今年的 GDP 與 GNP 皆無影響

    (D)以上皆非

【96 輔大金融】

(　)10.國內生產毛額（GDP）和國民生產毛額（GNP）的差異在於：

    (A)在國外的台商會造成 GDP 大於 GNP

    (B)在國內的外勞會造成 GDP 大於 GNP

    (C)外資在台灣會造成 GNP 大於 GDP

    (D)我國援助友邦會造成 GDP 大於 GNP

【95 台大金融】

(　)11.關於國民生產毛額 GNP 定義，下列何者正確？

    (A)為流量概念

    (B)是指在一個時點下的總產量

    (C)包括所有中間投入的價值加總

    (D)只計算財貨的市場價值，不計算勞務的貢獻

( )12.下列何者不被計算在國內生產毛額中？
(A)外銷成衣　　　　　　(B)水電費支出
(C)買一部全新的進口車　(D)自有房舍的租金設算

【98 地方三等考】

( )13.有關國民生產毛額（GNP）之敘述，下列何者正確？
(A)國民生產毛額計算所有中間產品與最終產品的市場價值
(B)國民生產毛額計算一國所有國民之生產產值
(C)國民生產毛額含有所有市場性與非市場性的活動
(D)國民生產毛額為一存量概念

【99 高考】

( )14.若一國之國內生產毛額（GDP）為 1,200 億元，國民生產毛額（GNP）為 1,300 億元，則下列何者正確？
(A)本國政府有財政赤字　　(B)要素在國外所得淨額為正
(C)本國淨出口有貿易順差　(D)本期存貨變動為正

【98 身心三等考】

( )15.若民間消費 80 億元，淨投資 60 億元，政府消費 40 億元，毛投資 70 億元，間接稅淨額 8 億元，淨輸出 20 億元，則國民所得（NI）為：
(A) 202 億元　(B) 192 億元　(C) 200 億元　(D) 210 億元

( )16.傳統國民所得帳扣除某些「生產費用」後產生綠色國民所得帳，下列何者不是「生產費用」中的項目？
(A)環境之汙染　　　(B)能源之探勘與消耗
(C)再生資源之失衡　(D)休閒價值之設算

【99 高考】

（　）17.假設 1982 年甲國之名目國內生產毛額（Gross domestic product，簡稱 GDP）
為 504 萬美元，實質 GDP 為 450 萬美元，則 GDP 平減指數為：
(A) 89.29　(B) 100　(C) 102　(D) 112

【93 初等考】

（　）18.假設甲國 2002 年之出口總金額為 450 億美元，進口總金額為 350 億美元，
甲國之貿易依存度為 80%，因此 2002 年甲國之 GDP 為：
(A) 125 億美元　(B) 437.5 億美元　(C) 562.5 億美元　(D) 1000 億美元

【93 五等特考】

（　）19.下列何者不計入國民生產毛額（GNP）中？
(A)薪資收入　(B)租賃所得　(C)利息　(D)股票交易所得

【92 五等特考】

（　）20.下列何者會使我國的國民所增加？
(A)今年許多台商到外國投資並且獲利很多
(B)今年從國外進口更多的汽車
(C)股票今年的成交額增加很多
(D)二手車的交易很盛行

【92 四等特考】

（　）21.在計算國民所得時，下列何者不被計入 GNP？
(A)古董物總銷售的增值　(B)本國國民對外投資的所得
(C)修理腳踏車的工資　(D)家庭主婦的勞務價值

【88 高等檢定】

( )22.設 GNP＝1,200 億元，物價指數＝120，人口＝8 百萬人，試求每人平均實
質國民所得為多少？

(A) 10 萬元　(B) 5 萬元　(C) 2.5 萬元　(D) 1.25 萬元

【87 普通檢定考試】

( )23.最能夠代表國民經濟福利的指標是：

(A)國民生產毛額　(B)實質 GNP

(C)經濟成長率　　(D)平均每人實質國民所得

【86 年五等特考】

☆ **申論題**

一、試評論如下敘述：

（一）若一個國家的總支出大過於國民所得時，就會產生貿易赤字。

（二）若一個國家的財政盈餘增加時，貿易赤字就會減少。

【96 年政大國貿】

二、試舉一例說明 GDP 無法精確地衡量國民經濟福利。

【95 年台大商研】

筆記欄

簡單凱因斯模型分析：45度線分析法

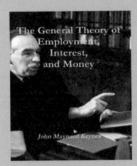

凱因斯
（**John Maynard Keynes,**
1883-1946）

一旦消費傾向與新投資大小被決定之後，就只有一個均衡的雇用水準。

▌前言

在第 12 章我們介紹了國民所得的概念與衡量方式，使得初步認識到一個國家的經濟活動的具體指標。國民所得象徵一國的經濟活動的規模，也可以大約反映了產業活動與就業水準，這些關係著國人的生活水準的變化是否達到預先的期待的重要指標之一。本章將探討什麼因素是造成國民所得的提高或下降？國民所得水準是如何被決定的？要解答這個經濟問題，本章將透過儲蓄、消費與投資的貨幣相互作用所形成的支出合計，進一步得出所得水準，這被稱之「所得分析的近代理論」。當國家全體的消費支出與投資支出加總是構成國家總支出時，這也是構成該國生產物的總需求。而生產量規模大小由生產物供給面與需求面所決定。測定國民所得水準的主要模型有三種，將會陸續介紹給讀者認識，本章將以 45 度線分析法討論簡單凱因斯模型開始，假定價格與利率不變的前提之下分析國民所得的決定水準。

13.1 國民所得決定機制

　　研究國民所得理論是近代經濟學的重心，早期傳統經濟學是將重點放在供給面與價格的分析，並建立在「供給創造需求」賽伊法則的前提下分析市場機制的運作，探討資源的效率性。即使在 1920、30 年代的歐、美陸續發生經濟大恐慌時，各國發生大量的失業潮，古典學派依然深信應該順從價格機能的調整，只要經過一段時間之後，又會重回到市場的均衡。還有，也沒有看到如古典學家所講的那樣，只要在市場工資水準下就能夠找到工作，最後回達到充分就業狀態。

　　一國之總生產的大小稱為國民所得，國民所得雖然由供給面與需求面來決定，但是 30 年代的景氣蕭條時期，供給大小係受到需求面的影響，即需求量水準高低決定供給量的多寡。凱因斯就是在這樣的時空背景下，寫出《就業‧利息及貨幣的一般理論》，在闡述的邏輯上，與賽伊法則相反，認為是「需求創造供給」。《就業‧利息及貨幣的一般理論》的經濟體系，如圖 13.1 所示[1]。

　　凱因斯當時面臨 20、30 年代的經濟蕭條，社會普遍存在著失業的現象，所以《一般理論》的經濟目標是解決失業問題。凱因斯認為決定就業量水準在生產量，而廠商則控制產量，故勞動力的多寡受制於勞動需求的廠商手中。產量水準與所得高低有密切關係，所以凱因斯經濟學的焦點就集中在國民所得水準是如何決定的？圖 13.1 中可知，決定所得水準的變數為消費（C）與投資（I）；消費（C）水準受所得（Y）水準的影響，而投資（I）水準則受利率（i）與資本投資報酬率（r）影響。因此，凱因斯認為失業的產生是由於消費（C）與投資（I）的不足所致，如果能夠增加消費（C）與投資（I）支出將可以增加所得，促進產量（O）的增加，並提升就業（N）機會。

---

[1]　參考伊東光晴（1994）《ケインズ》講談社，p.263。

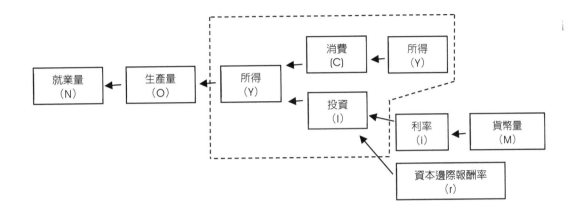

圖 13.1　凱因斯經濟理論架構

　　以上凱因斯經濟理論與古典、新古典學派的主張有所差異，掀起「凱因斯革命」的風潮，由圖 13.2 說明兩者對所得（Y）與對利率（i）的決定主張不同[2]。古典、新古典學派以貨幣數量學說解釋所得（Y）與貨幣量（M）的關係，以資本供需決定理論說明投資（I）・儲蓄（S）與利率（i）的關係，如圖中的縱向虛線關係。凱因斯理論則以乘數理論解釋投資（I）・儲蓄（S）與所得（Y）的關係，以流動性偏好理論說明貨幣量（M）與利率（i）的關係，如圖中的橫向實線關係。本章將會透過 45 度分析法的簡單凱因斯模型解釋國民所得的決定理論。

---

[2]　同註 1，p.273。

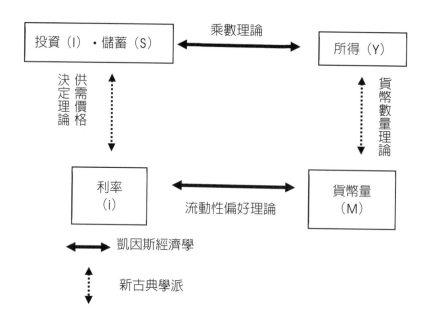

圖 13.2　凱因斯與新古典學派

13.2　總合支出函數

在前一章的（12.5）式子中，說明支出面衡量法是當一國的總生產等於總支出時，可將國內生產毛額（GDP）寫成 GDP=C+I+G+（X－M），以消費（C）、投資（I）、政府支出（G）與貿易部門的出口（X）－進口（M）等四個部門所構成一國的總支出（aggregate expenditure, AE），也代表一國的總需求。因為在簡單凱因斯模型只考慮到財貨市場，不加以考慮貨幣市場、債券市場與勞動市場。因此，一國經濟體系的最終產品在財貨市場上，有效需求就成為對總產出有著決定性的影響，而經濟體系中各部門支出的加總就是有效需求的總和。本節將介紹此四個部門函數，說明影響各部門的變數。

13.2.1 消費函數

消費（consumption）代表消費者所購買之財貨及勞務。經濟學家認為個人消費主要會受到：支配所得、未來可支配所得、財富、利率、預期通貨膨脹率等 5 個因素的影響。

一、可支配所得

真正影響人們的消費能力應該以扣除稅賦，再加上移轉性收入之後的可支配所得（disposable income, Y^d）為準，而不是以稅前的所得收入，可支配所得越多時，就會增加消費支出。而可支配所得（Y^d）可表示如下：

$$Y^d = Y - T + TR \tag{13.1}$$

上式中的 Y 表示所得，T 為稅賦，TR 為移轉性收入。

二、未來可支配所得

消費多寡除了受到當期所得水準的影響之外，未來的可支配所得也會影響個人的消費意向。如果在未來可以確實地獲得某些收入時（例如退休金，或軍公教的終身月退俸），對人們在消費心態上會產生明顯的差異，比較能夠安心消費。故，未來支配所得越多或越確定時，將會增加消費支出。

三、財富

經濟學家分析消費時，有的以流量的觀點說明所得與消費之間的關係，也有以存量的角度主張財富與消費之間的關係。有人的流量薪水所得可能很高，但存量的財富很少，故消費很保守。反之，有人的流量薪水所得很低，但存量的財富很多，所以消費相當積極。所以，財富越多時，消費金額會增加。經濟學界在消費函數的設定上，究竟應以可支配所得？或是恆常所得？還是平均所得做為變數呢？存在不同的見解。

四、利率

利率水準高低會影響對貨幣持有的成本與對未來的利息收入。所以，一般而言，當利率上升時，表示將貨幣存入銀行的未來利息收入會增加，將會減少當下的

消費支出。反之，利率調降時，表示將貨幣存入銀行的未來利息收入會減少，將會增加當下的消費支出。

五、預期通貨膨脹率

通貨膨脹會降低民眾的貨幣購買力，當通貨膨脹進行快速時，手中握有貨幣的價值就會快速流失。所以當大眾預期通貨膨脹會來臨時，就會加速將手中的貨幣出脫，增加消費或轉以其他形式的資產持有。因此，當大眾預期通貨膨脹率越高時，當期的消費金額就會增加。

可將上述的 5 個構成消費水準（C）大小的變數寫成函數：

C = C（可支配所得, 未來可支配所得, 財富, 利率, 預期通貨膨脹率）　　　　（13.2）

（13.2）式的消費函數列舉 5 個變數作為解釋與消費之間的關係，接下來為了方便說明，將變數簡化只有一項，以可支配所得為代表。因為以家計單位的消費支出而言，最重要的影響因素就是可支配所得。

家計單位的消費支出可分成兩個部分：第一種消費支出是不受所得水準多寡的影響，稱為自發性的消費支出（autonomous consumption expenditure）；另一種則是受到可支配所得水準大小影響的消費支出，稱為誘發性的消費支出（induced consumption expenditure）。

現在假設經濟體系只有家計單位與廠商兩個部門時，沒有政府部門存在時，因為沒有稅賦，所以所得與可支配所得相等，我們可將家計部門的消費函數用（13.3）式表示：

C = a + by　　　　（13.3）

（13.3）式中的 a 表示自發性的消費支出，by則為受所得影響的消費支出。b 表示當所得增加一個單位時，消費支出所產生的增加量，稱為邊際消費傾向（marginal propensity to consume, MPC）。邊際消費傾向大小關係到決定的所得水準，這在後面再詳細說明。邊際消費傾向可由下式表示。

$$b = MPC = \frac{\Delta C}{\Delta Y}$$　　　　（13.4）

另外，如將消費總支出除以總所得時，稱為平均消費傾向（average propensity to consume, APC），表示每一單位的所得平均用於消費支出的大小程度。平均消費傾向象徵著一個社會的消費力道，當然也可以推論這個社會的儲蓄習慣。平均消費傾向可寫成：

$$APC = \frac{C}{Y} \qquad (13.5)$$

　　如果將政府部門考慮進來時，就會對大眾產生課稅與政府部門提供給家計單位的補助或救濟的移轉性支出，此時影響社會大眾消費的變數也應由所得改為可支配所得。因此，前述的（13.3）式消費函數將納入稅賦與移轉性支出兩變數，家計單位的可支配所得為所得減去課稅額度，再加上政府支付民間的移轉性支付之淨額，即（13.1）式，將邊際消費傾向納入此函數時，家計部門的消費函數可以用下式表示：

$$C\,(Y^d)\,= a + b\,(Y - T + TR) \qquad (13.6)$$

　　消費的另一面就是儲蓄，以上述的說明也可以得出儲蓄函數。同樣先假設只有家計與廠商不包含政府部門時，總所得（Y）只有包含消費（C）與儲蓄（S）。因此，儲蓄（S）等於總所得（Y）減去消費（C），即

$$S = Y - C \qquad (13.7)$$

　　（13.3）式消費函數代入（13.7）式，可得：

$$S = -a + (1 - b)Y \qquad (13.8)$$

　　上式中的 a 為負值，表示沒有任何的所得收入時，還是必須消費的支出，為自發性消費，這將造成儲蓄（S）的減少。而$(1 - b)Y$為誘發性的儲蓄，表示所得每增加一個單位時，儲蓄會增加$(1 - b)$個單位，稱為邊際儲蓄傾向（marginal propensity to save, MPS），可由下式表示之。

$$1 - b = MSP = \frac{\Delta S}{\Delta Y} \qquad (13.9)$$

　　如果以總儲蓄除以總所得，可得出平均值，稱為平均儲蓄傾向（average propensity to save, APS），表示每一單位的所得平均用於儲蓄的部分。可由（13.10）式表示：

$$APS = \frac{S}{Y} \qquad (13.10)$$

以上的介紹我們可推論：

1.平均消費傾向加上平均儲蓄傾向等於 1。

2.邊際消費傾向加上邊際儲蓄傾向等於 1。

　　當所得等於儲蓄加上消費，即$Y = C + S$，左右兩邊各除以所得（Y）時，得出平均消費傾向加上平均儲蓄傾向等於 1，如（13.11）式。

$$1 = \frac{C}{Y} + \frac{S}{Y} = APC + APS \qquad (13.11)$$

當所得增加額等於消費與儲蓄的增加額，即 $\Delta Y = \Delta C + \Delta S$。同理，左右兩邊各除以所得（Y）時，得出邊際消費傾向加上邊際儲蓄傾向等於 1，如（13.12）式。

$$1 = \frac{\Delta C}{\Delta Y} + \frac{\Delta S}{\Delta Y} = MPC + MPS \qquad (13.12)$$

上述的消費函數也可以透過圖形來說明。圖 13.3 中的消費函數曲線之方程式為 $C = a + bY$，b 為邊際消費傾向，也是此方程式的斜率；平均消費傾向為消費函數曲線上的任何一點至原點所連結直線的斜率。例如，直線與原點連結的任何兩點 A 與 B 所產生的斜率（=平均消費傾向）分別為 $\frac{AY_A}{OY_A}$，$\frac{BY_B}{OY_B}$。從 A、B 兩點可看出，平均消費傾向會隨著所得（Y）的增加而減少，A 點為於所得較低的水準之下，但斜率較 B 點陡峭，斜率較大。

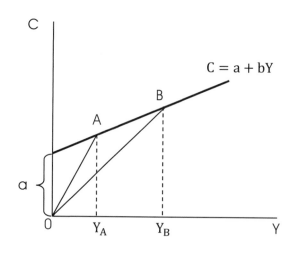

圖 13.3　平均消費傾向與邊際消費傾向

13.2.2 投資函數

投資（investment）可稱為固定資本形成（fixed capital formation），如廠商生產的機器設備與增建的廠房設施等。企業的投資動向是景氣的一項指標，反映廠商對市場景況的一種意向，因此廣受投資者或政策當局的注意。而影響投資活動的主要

因素可分為：財貨價格與資本邊際產量、資本財的購入價格、利率與折舊率、景氣狀況、政府政策等 5 個因素

一、財貨價格與資本邊際產量

在前面的「生產理論與成本結構」章節中，我們得知財貨價格與邊際產量的提升，有助於產生的邊際產量收益增加，廠商願意投入更多生產設備以增加產量。

二、資本財的購入價格

資本財是廠商生產時的必要機械設備，也是成本要素之一。當資本財的購買價格上升，增加廠商的生產成本，等於降低廠商的生產利潤。因此，當資本財的購入價格上升會降低廠商的投資意願。

三、利率與折舊率

利率是廠商貸款資金的成本象徵，折舊率是投資機械設備的使用消耗比率，他也代表生產財貨時的投入成本指標。因此，如果利率與折舊率的提高，代表廠商的成本上升，利潤壓縮，減少投資規模。

四、景氣狀況

景氣好壞關係到消費者的所得與就業，社會大眾對財貨需求會產生變化。如果景氣繁榮，大眾所得提高，並增加消費，帶動廠商投資淨額增加的意願。反之，當景氣蕭條時，社會大眾所得縮水，失業增加，相對消費趨向保守。社會陷入對經濟願景的不安與悲觀，廠商會降低投資，避免生產過剩或虧損狀況出現。

五、政府政策

政府的各項政策實施，不僅會左右經濟產業的發展，還會對消費者的所得產生影響。例如，早期實施對高科技產業的「促進產業發展條例」，這些特定產業不管在研究開發上，或是財政稅制的優惠上，皆受到政府特別立法保護下得以發展至今；或是政府改變所得稅率；或是鬆綁公司設立程序與配合土地開發取得等各項政策，都足以對廠商是否增加或減少投資產生影響。

同理，可將上述的 5 個構成投資水準（I）大小的變數寫成函數：

I ＝ I（價格與邊際產量, 資本財價格, 利率與折舊率, 景氣狀況, 政府政策）　（13.13）

（13.13）式的投資函數所列舉的 5 個變數作為解釋與投資（I）之間的關係。現在將變數簡化只有一項，做為投資函數的變數，以利率（i）水準為代表，這是一般經濟學在探討廠商投資時的一項重要的變數。當利率上升時，廠商貸款成本增加，投資將會減少；當利率下降時，廠商貸款成本降低，投資將會增加，投資（I）利率（i）的減少函數，投資函數可由（13.14）式表示。

$$I = I(i) \tag{13.14}$$

現在以下面圖 13.4 說明廠商的投資函數。圖中的利率水準在i_0時，當廠商的投資邊際報酬率高於這個水準時，對應$I = I(i)$函數的A_0，那廠商的投資（I）水準會決定在I_0。如果，政府的金融政策調降利率水準，由原來的i_0下降至i_1時，廠商成本降低產生利益的增加，會增加投資金額至I_1。

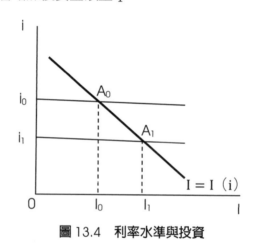

圖 13.4　利率水準與投資

13.2.3 政府支出函數

政府存在的主要目的是保障人民生命安全、提高生活水準，並促進經濟的繁榮，這和一般營利企業最大不同的地方。所以，當經濟社會處在混亂或景氣低迷時，政府未達到上述的目的時，必須提出各種的解決對策，改善環境。換言之，政府的消費支出，經常會隨著國內生產毛額的增加而增加，因為當一個經濟社會越來越富裕的時候，社會大眾與企業會要求政府提供越來越完善的各項勞務。如此一來政府的支出規模也越來越大。

因為政府是公部門機構，在執行政策時的必要支出無法與私部門企業一樣必須考慮利益。同時，政府部門在決定其消費支出時，也會受到政治因素的影響，所以

將政府的消費支出視為外生性（exogenous）的政策變數。因為政府的支出，一般都假設由所得以外之其他因素來決定，故設定亦與所得水準無關，將政府之消費支出視為公共政策目標之考量。

依據上述，政府支出（G）函數可以用（13.15）式表示，其中政府支出為一獨立變數，為一個固定常數，以$\overline{G}$表示。

$$G = \overline{G}$$

（13.15）

13.2.4 淨出口函數

上述的消費、投資與政府的支出函數都是以國內經濟為考量，如果將閉鎖經濟體系擴大至開放的經濟體系時，那需要加入國際貿易部門的出口與進口。台灣經濟發展史上，國際貿易具有重大的貢獻，特別近 20 年來，台灣經濟結構的轉變使得經濟成長更加過度依賴貿易。因此，本節將就出口（exports）與進口（imports）的影響變數做討論，並將就出口與進口的差額提出淨出口函數。

出口表示國外對本國財貨的最終需求，進口則為本國對外國財貨的最終需求。影響進出口的主要變數為：本國可支配所得、外國可支配所得、匯率、國內外物價水準等 4 個因素。

一、本國可支配所得

如果本國經濟繁榮產生國民所得提高，除了對本國商品需求增加外，對外國商品的需求也增加了，因此進口量大幅成長。故影響進口的主要因素有本國的所得變化以及本國所生產替代商品的價格，即國內外商品相對價格的差異。

二、外國可支配所得

出口與進口分別受到不同的因素的影響，其中影響出口的因素主要受到貿易對手國之國民所得水準影響，因為外國人的消費能力決定在他們的所得水準。影響出口的另一個因素為本國產品的競爭力，競爭力包含受國外商品的價格以及其財貨品質的差異性。當外國國民的可支配所得越高，對本國財貨需求就會越多，出口自然就會增加。反之，當外國國民的可支配所得越低，對本國財貨需求就會越少，出口就會減少，這在 2008 年的金融危機發生後，造成歐、美等國資產縮水，可支配所得減少，造成對台灣商品需求的減少，台灣對外出口呈現大幅衰退。

如果先不考慮匯率、國內外物價水準等因素，假設外國的所得水準以及外國生產替代商品價格不變情況下，以本國所得做為變數時，出口為一固定常數，進口函數則可寫成（13.16）式。

$$IM = \overline{IM_0} + mY \qquad (13.16)$$

其中，$\overline{IM_0}$為自發性的進口支出，m稱為邊際進口傾向（marginal propensity to import, MPM），表示當本國的國民所得增加一個單位時，進口支出會增加的比率。由於淨出口（NX）＝出口（EX）減去進口（IM）的餘額，所以淨出口（NX）可寫為：

$$NX = EX - \overline{IM_0} - mY \qquad (13.17)$$

三、匯率

本書將後面介紹一國之匯率(E)水準會影響兩國的貿易往來，這裡簡單先說明一下關於匯率問題。當本國的匯率上升（即本國貨幣貶值）時，在其他條件不變之下，競爭力的提升，造成出口量增加，進口減少。反之，當本國的匯率下降（即本國貨幣升值）時，在其他條件不變之下，競爭力的下降，造成出口量減少，進口增加。因此，匯率上升，淨出口（NX）呈現正成長，即增加；當本國的匯率下降淨出口（NX）呈現負成長，即減少。

四、國內外物價水準

兩國之間的物價水準能夠反應出彼此商品的相對價格高低。當本國物價越高時，相對較他國的商品為貴，出口愈加困難，進口反而因為相對便宜而增加。同理，當本國物價水準降低時，相對較他國的商品為便宜，競爭力提高而增加出口量，進口反而因為相對貴而減少。故，本國物價水準上升，淨出口（NX）呈現負成長，即減少淨出口；當本國物價水準下降，淨出口（NX）呈現正成長，即增加淨出口。

13.3 簡單凱因斯模型

本節將簡單凱因斯模型分成「封閉經濟體系的凱因斯模型」與「開放經濟體系的凱因斯模型」。前者的經濟模型不包含貿易部門的國民所得決定理論，後者則將進出口的貿易部門納入國民所得的架構當中。

13.3.1 封閉經濟體系的凱因斯模型

在前面章節中，我們知道國民所得（Y）是由四個部門所組成，即 Y=C+I+G+（X−M）。因為封閉的經濟體系不包含貿易部門的（X−M），本節將以 Y=C+I+G 的封閉型經濟體系說明國民所得決定，並分成：

一、兩部門模型：Y=C+I

首先將國民所得只包含消費（C）與投資（I）兩個部門，代表有效需求只考慮家計單位與廠商。在國民所得等於總支出（AE）下，可由下式表示：

$$Y = AE = C + I \tag{13.18}$$

其中，消費方程式為：C = a + by，投資（I）假設為是固定常數I_0。由此可以導出有效需求方程式，如（13.19）式所示：

$$AE = C + I = I_0 + a + by \tag{13.19}$$

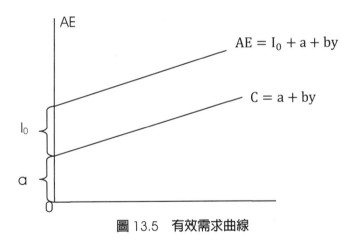

圖 13.5　有效需求曲線

我們以（13.19）式用圖形表現有效需求曲線。圖 13.5 中的橫軸表示總產出（Y），縱軸代表總支出（AE），截距 a 為自發性的消費支出，I_0為自發性的投資支出，a 與I_0為固定常數，不會受到總產出或所得水準的影響，故消費曲線與總支出曲線之斜率（=b）相等。b 表示消費支出以及總支出（有效需求）受到總產出或所得的影響程度。

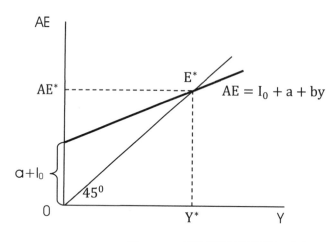

圖 13.6　二部門的國民所得決定

　　總支出（AE）與總產出（Y）相等處於均衡時，可以由原點出發劃出一條 45 度線，因為 45 度線上的任何一點，所對應的縱軸數值（=AE）等於橫軸數值（=Y）。圖 13.6 表示 45 度線與總支出曲線（AE）相交之處（如E*）就是均衡的總產出（Y*）與均衡的有效需求（AE*）。因此，只要知道總支出曲線（AE）的變動位置就可以找到與 45 度線相交所對應的國民所得（=總產出 Y）的水準，像這樣的國民所得決定模型稱為凱因斯的交叉模型，或 45 度線分析法。

二、三部門模型：Y=C+I+G

　　將上述的二部門模型加入政府部門（G）構成三部門模型（Y=C+I+G）。政府部門加入之後，假設只存在稅賦（T），沒有移轉性支出的情況下，總支出（AE）可表示為：

$$Y = AE = C + I + G = (a - bT_0 + I_0 + G_0) + bY \qquad (13.20)$$

　　其中，$C = a + b(Y - T_0) = a - bT_0 + bY$，$T_0$為稅賦，$I = I_0$，$G = G_0$。

　　圖 13.7 將消費（C）、投資（I）與政府（G）三部門垂直加總構成總支出（AE）。圖中的總支出（AE）曲線的斜率（=b）與消費曲線的斜率（=b）相等，也是這個國家整體社會的邊際消費傾向（MPC）。總支出（AE）曲線與消費曲線的距離剛好是投資（I）與政府（G）部門支出的加總，故國民所得決定水準在均衡點E*所對應的Y*。

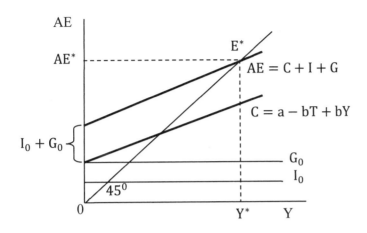

圖 13.7　三部門的國民所得決定

乘數效果

　　上述的各項變數發生變動，將導致均衡所得（Y）呈現數變的變化，此變化的倍數稱為乘數（multiplier）。如果將（13.20）式可以找出在均衡達成時的均衡總產出，並以方程式的形式表示：

$$Y = (a - bT_0 + I_0 + G_0) + By$$

$$Y(1 - b) = (a - bT_0 + I_0 + G_0)$$

$$Y = \frac{a - bT_0 + I_0 + G_0}{1 - b}$$

$$Y = \frac{a}{1-b} - \frac{bT_0}{1-b} + \frac{I_0}{1-b} + \frac{G_0}{1-b} \tag{13.21}$$

如果將上式改成（13.22）式時，代表此方程式的各項變數的「變動」關係：

$$\Delta Y = \frac{\Delta a}{1-b} - \frac{b\Delta T_0}{1-b} + \frac{\Delta I_0}{1-b} + \frac{\Delta G_0}{1-b} \tag{13.22}$$

（一）當$\Delta T_0 = \Delta I_0 = \Delta G_0 = 0$時：

$$\Delta Y = \frac{\Delta a}{1-b} \tag{13.23}$$

　　（13.23）式中的$\frac{1}{1-b}$稱為自發消費乘數，表示當自發性的消費支出每增加一單位時，均衡總產出（Y）會變動多少的金額比率。換言之，消費支出每增加一元，均衡

總產出會對應變動的金額。例如，消費支出增加（Δa）=10億新台幣，邊際消費傾向（MPC=b）=0.9 時，均衡總產出會對應變動的金額（ΔY）= $\frac{10 \text{億}}{1-0.9}$ = 100 億。均衡總產出會對應變動的金額（ΔY）為消費支出增加金額（Δa）的 10 倍（= $\frac{\Delta Y}{\Delta a} = \frac{100 \text{億}}{10 \text{億}}$ = 10），自發消費乘數為 10。

同理，

（二）當 $\Delta T_0 = \Delta a = \Delta G_0 = 0$ 時：

$$\Delta Y = \frac{\Delta I_0}{1-b}$$

（13.24）

（13.24）式中的 $\frac{1}{1-b}$ 稱為投資乘數，表示當自發性投資支出增加一塊錢時，均衡總產出會對應變動的金額。

（三）當 $\Delta T_0 = \Delta a = \Delta I_0 = 0$ 時：

$$\Delta Y = \frac{\Delta G_0}{1-b}$$

（13.25）

（13.25）式中的 $\frac{1}{1-b}$ 稱為政府支出乘數，表示當政府消費支出增加一塊錢時，均衡總產出會對應變動的金額

（四）當 $\Delta a = \Delta I_0 = \Delta G_0 = 0$ 時：

$$\Delta Y = \frac{-b}{1-b} \times \Delta T_0$$

（13.26）

（13.26）式中的 $\frac{-b}{1-b}$ 稱為定額稅乘數，表示當政府多課徵一塊錢定額稅時，均衡總產出會對應變動的金額。因為定額稅乘數為負號，所以稅賦的提高會降低均衡的總產出。

上述各項變數支出所產生的乘數大小，接下來我們透過例子說明乘數的創造過程。表 13-1 為機械廠商 A 增加投資 10 億元（= ΔI），社會的邊際消費傾向為 0.6 的乘數效果。製造機械增加 10 億元的投資支出，這筆支出成為各階層的所得收入，其中的 6 億做為支付工資、租金、股利等費用，另外 4 億元做為支付原料等中間投入財的購入費用。6 億元又成為各階層的所得收入，其中 0.6 的邊際消費傾向用於消費，最終需要的新增加額為 3.6 億元（= 10×0.6^2）。另一方面，中間財的製造商將 4 億元中的 2.4 億元（= 4×0.6）做為支付工資、租金、股利等費用。依此類推，最終需要的增加額由第一次的 10 億元，第二次的 10×0.6，第三次的 0×0.6^2……，形成等

比無窮級數，得出$\Delta Y = \frac{10}{1-0.6} = 25$億元的乘數效果。而儲蓄增加額的乘數效果為$4 +$

$4 \times 0.6 + 4 \times 0.6^2 + \cdots\cdots$，得$\Delta S = \frac{4}{1-0.6} = 10$億元，$\Delta S = \Delta I$。總之，企業投資增加 10

億元，結果創造了 25 億元總需要的增加，乘數為 2.5 倍（$= \frac{\Delta I}{\Delta Y} = \frac{25\,億}{10\,億} = 2.5$）。

表 13-1　**乘數效果創造過程**

	最終需要的增加額（億）	儲蓄增加額（億）
1.機械廠商	$\Delta Y_1 = 10$	
2.消費財生產者	$\Delta Y_2 = 10 \times 0.6$	4
3.　　：	$\Delta Y_3 = 10 \times 0.6^2$	4×0.6
4.　　：	$\Delta Y_4 = 10 \times 0.6^3$	4×0.6^2
5.　　：		
：　　：	：	：

合計$\sum \Delta Y = 10 + 10 \times 0.6 + 10 \times 0.6^2 + \cdots$; $\sum \Delta S = 4 + 4 \times 0.6 + 4 \times 0.6^2 + \cdots$

$$= \frac{10}{1-0.6} = 25 \qquad\qquad = \frac{4}{1-0.6} = 10$$

　　乘數效果也可以利用圖形來說明，如圖 13.8。圖中的 E 點為第 1 期的原始均衡，均衡所得在Y^*。現在企業判斷明年的景氣會好轉，於是增加投資ΔI的規模，使得總支出曲線由 AE 平行上升至 $AE_0 + \Delta I$。從圖中可看出投資支出的增加產生第一次需要增加額（所得增加額）為$\overline{AB}$，第二次為$\overline{CD}$，……，不斷的調整結果到達 N 點，均衡點 N 所對應的所得水準為Y^1，總共增加所得為ΔY（$= Y^1 - Y^*$），即圖中的$\overline{FH}$距離。總之，增加ΔI的投資金額，創造ΔY的所得增加額。

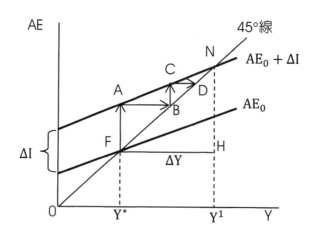

圖 13.8　企業投資的乘數效果

13.3.2 開放經濟體系的凱因斯模型

上述的所得決定模型為封閉型經濟體系，如果加入貿易部門（出口與進口）則構成開放的經濟體系。延續上一節的凱因斯模型，可得開放經濟體系的凱因斯模型為：

$$Y = AE = C + I + G + X - M$$
$$= a + b(Y - T_0) + I_0 + G_0 + X_0 - M_0 - m(Y - T_0)$$
$$= (b - m)Y + a - (b - m)T_0 + I_0 + G_0 + X_0 - M_0 \tag{13.27}$$

其中，X_0、M_0 分別代表自發性的出口與進口，m 為邊際的進口傾向，m 介在 0 與 1 之間。此時總支出（AE）曲線的斜率變為 $(b - m)$。換言之，將邊際的進口傾向考慮進來時，和先前的封閉經濟體相較之下，乘數效果變小（斜率變小）。進口與出口的乘數皆為 $\frac{1}{1-b+m}$。其他的乘數可比照上一節的（13.23）式至（13.26）式的方法求出，本節省略。

📖 **應用問題**

假設有一包含政府部門之簡單凱因斯模型為：

$$Y = C + I + G$$
$$C = C_a + c(Y - T)$$
$$I = \bar{I}$$

$$G = \overline{G}$$
$$T = \overline{T}$$

其中 Y 代表國民生產淨額，C 為民間消費，I 為投資淨額，G 為政府消費，T 為政府稅收淨額，Y － T為可支配所得，$C_a > 0$為一常數，$1 > C > 0$，而$\overline{I}$、$\overline{G}$、$\overline{T}$各代表外生給定的投資、政府消費與稅收淨額。

（一）試計算在上述簡單凱因斯模型中之均衡所得與乘數。

（二）試說明何謂「誘發性投資」，並解釋其產生原因。

（三）假設在上述簡單凱因斯模型中的投資函數包括自發性投資與誘發性投資，而邊際投資傾向為 i，試以修改後的簡單凱因斯模型論證「誘發性投資的存在會加強乘數效果的作用」。

（四）假設政府的稅收淨額不是一個固定常數，而是$T = T_a + tY$，其中$T_a > 0$為一常數，$1 > t > 0$。試計算此時的均衡所得與乘數。

（五）試根據第（一）與第（四）小題的結果，說明何謂財政制度的「自動安定機能」（Built-in Stabilizer）？

【97 地方三】

📁 **提示**

（一）將$C = C_a + c(Y - T)$，$I = \overline{I}$，$G = \overline{G}$ 與$T = \overline{T}$分別代入簡單凱因斯模型$Y = C + I + G$之中。得出：$Y = C_a + c(Y - \overline{T}) + \overline{I} + \overline{G}$，移項後的均衡所得為：

$$Y = \frac{1}{1-c}\left(C_a + \overline{I} + \overline{G} - c\overline{T}\right)，支出乘數為\frac{1}{1-c}。$$

（二）「誘發性投資」是指當國民所得水準產生變化時，會影響投資規模。如果以函數形式表示時，可寫成：$I = \overline{I} + iY$，其中$\overline{I}$為自發性投資，即不受所得大小的影響。iY為誘發性投資，i 為邊際投資傾向。

（三）將$I = \overline{I} + iY$代替自發性投資$\overline{I}$，並代入 $Y = C_a + c(Y - \overline{T}) + \overline{I} + \overline{G}$方程式中得出：$Y = \frac{1}{1-(c+i)}\left(C_a + \overline{I} + \overline{G} - c\overline{T}\right)$，支出乘數為$\frac{1}{1-(c+i)}$，$\frac{1}{1-(c+i)} > \frac{1}{1-c}$。

（四）將$T = T_a + tY$代入$Y = C + I + G$，得$Y = C_a + c(Y - T_a - tY) + \overline{I} + \overline{G}$，整理後均衡式為：$Y = \frac{1}{1-c+ct}\left(C_a + \overline{I} + \overline{G} - cT_a\right)$。支出乘數為$\frac{1}{1-c+ct}$。

（五）財政制度的「自動安定機能」是指當景氣過熱所得（Y）增加時，tY稅收會因累計所得稅率提高而增加，可以抑制景氣持續過熱。像這種累進課稅制度會自動隨景氣冷熱狀況，自動調節大眾稅的負擔，改變可支配所得水準，減輕泡沫經濟。

📖 **應用問題**

（一）假定在「金融海嘯」發生之前，我國國民之邊際消費傾向c = 0.65，且課徵比例稅t = 22%，而邊際輸入傾向m = 0.35，若在「金融海嘯」發生之後，我國國民之邊際消費傾向c = 0.52，且課徵比例稅t = 20%，而邊際輸入傾向m = 0.25，則支出乘數與賦稅乘數增加減少多少百分比？

（二）請再述明其在總體經濟上的意義為何？

【98 台北大合作經濟】

📁 **提示**

（一）「金融海嘯」發生之前的均衡式為：

$$Y = \bar{a} + 0.65(Y - T_0 - 0.22Y) + I + \bar{G} + \bar{X} - 0.35Y \tag{13.28}$$

將（13.28）式做全微分，$\Delta a = \Delta G = \Delta X = 0$，得出：

$$\Delta Y = 0.65(\Delta Y - \Delta T_0 - 0.22Y) + \Delta I - 0.35\Delta Y \tag{13.29}$$

將（13.29）式整理之後，可寫成（13.30）式。

$$0.843\Delta Y = \Delta I - 0.65\Delta T_0 \tag{13.30}$$

支出乘數為 $\dfrac{\Delta Y}{\Delta I} = \dfrac{1}{0.843} = 1.186$

稅賦乘數為 $\dfrac{\Delta Y}{\Delta T_0} = \dfrac{-0.65}{0.843} = -0.771$

「金融海嘯」發生之後的均衡式為：

$$Y = \bar{a} + 0.52(Y - T_0 - 0.2Y) + I + \bar{G} + \bar{X} - 0.25Y \tag{13.31}$$

同樣將（13.31）式做全微分，$\Delta a = \Delta G = \Delta X = 0$，得出：

$$\Delta Y = 0.52(\Delta Y - \Delta T_0 - 0.2\Delta Y) + \Delta I - 0.25\Delta Y \tag{13.32}$$

將（13.32）式整理之後，可寫成（13.33）式。

$$0.834\Delta Y = \Delta I - 0.52\Delta T_0 \tag{13.33}$$

支出乘數為 $\frac{\Delta Y}{\Delta I} = \frac{1}{0.834} = 1.199$

稅賦乘數為 $\frac{\Delta Y}{\Delta T_0} = \frac{-0.65}{0.834} = -0.623$

「金融海嘯」發生前後的支出乘數與稅賦乘數變化如下：

支出乘數變化：$\frac{1.199 - 1.186}{1.186} \times 100\% = 1.096\%$，「金融海嘯」發生後的支出乘數上升。

稅賦乘數變化：$\frac{0.623 - 0.771}{0.771} \times 100\% = -19.19\%$，「金融海嘯」發生後的稅賦乘數降低。

（二）「金融海嘯」發生後邊際消費傾向c變小（0.65→0.52）；比例稅t降低（22%→20%）；邊際輸入傾向m變小（0.35→0.25）。依據計算結果，整體的支出乘數效果變大，創造所得的增加變大，但稅賦乘數降低的結果，所得增加的倍數變小。

✦ 經濟政策的解析：簡單凱因斯模型與經濟政策之應用

　　第二次世界大戰經濟理論的發展轉向對總體經濟的重視，其中主流理論是以凱因斯經濟學最具代表性。凱因斯理論一開始是從簡單模型出發，這對當時的總體經濟學來說已經是新時代的創舉，因為這個模型可以初步說明一國經濟活動產生的國民所得水準之決定模式。也因為凱因斯經濟模型的開發，這對政府推動的財政政策說明是有幫助的。本章介紹的 45 度分析法是以最簡單方式有助於讀者了解政府的經濟政策實施可能產生怎樣的效果，這將有助於對總體經濟變動的掌握。

▶▶本章實力測驗

☆選擇題

( )1. 根據國民所得恆等式：Y=C+I+G+X–M，其中 Y 為所得，C 為消費，I 為投資，G 為政府支出，X 為出口，M 為進口，假設政府稅收為 T，請問下列何者等於來自國外的儲蓄（foreign saving）？
(A) Y–T–C　(B) T–G　(C) X–M　(D) M–X

【109 年公務人員普考】

( )2. 節儉的矛盾（the paradox of thrift）是指：
(A)短期間多儲蓄會對經濟有利　　(B)短期間多儲蓄會對經濟不利
(C)消費者多消費，結果儲蓄更少　(D)消費者多消費，結果卻失去工作

【109 年公務人員高考】

( )3. 在簡單凱因斯模型中，假設消費函數為 C=200+0.8（Y-T）。若均衡產出為 8,000，政府課稅為 1,000，投資為 1,600，則政府支出為：
(A) 800　(B) 600　(C) 400　(D) 200

【108 年公務人員普考】

( )4. 在簡單凱因斯模型中，若均衡 GDP 為$5,000，消費為$3,000，政府支出為$600，政府收入為$1,000，則下列何者正確？
(A)投資為$2,000　　(B)投資為$1,200
(C)政府儲蓄為$600　(D)私人儲蓄為$1,000

【108 年公務人員普考】

( )5. 令 Yd 表所得（Y）減去賦稅（T）的可支配所得，且某國為消費（C）=
100 + 0.8Yd；投資（I）= 100；政府支出（G）= 50；T = 50 之封閉經濟，
則下列何者錯誤？
(A)均衡所得為 1,050
(B)若充分就業所得為 850，則有 200 的膨脹缺口
(C)若充分就業所得為 850，則僅政府內部單獨減少支出 40，即可達充分
就業
(D)若充分就業所得為 850，則僅政府內部單獨增稅 50，即可達充分就業

【108 年公務人員高考】

( )6. 當 Y = C + I + G，C = 100 + 0.75YD，I = 50，G = 70，YD = Y-T，T = 60，其均
衡所得為：
(A) 500　(B) 600　(C) 700　(D) 800

【107 年公務人員普考】

( )7. 下列關於支出乘數效果的敘述，何者正確？
(A)其為誘發性支出變動，導致均衡所得作倍數的同方向變動
(B)其為自發性支出變動，導致均衡所得作倍數的同方向變動
(C)其為誘發性支出變動，導致均衡所得作倍數的反方向變動
(D)其為自發性支出變動，導致均衡所得作倍數的反方向變動

【107 年公務人員普考】

( )8. 已知社會只有張三、李四、王五及趙六等四個消費者，其個別消費函數
分別為：張三：C = 140 + 0.8Yd；李四：C = 160 + 0.6Yd；王五：C = 100 +
0.7Yd；趙六：C = 50 + 0.9Yd，則社會消費函數應為：
(A) C = 450 + 3.0Yd　(B) C = 450 + 0.75Yd
(C) C = 450 + 0.8Yd　(D) C = 450 + 0.9Yd

【107 年公務人員高考】

( )9. 假定某一消費者的所得從 40,000 元增加為 48,000 元，使得消費由 35,000 元增加為 41,000 元，則：

(A)消費函數的斜率是 0.75　　(B)平均消費傾向是 0.75

(C)邊際儲蓄傾向是 0.2　　　(D)邊際消費傾向是 0.6

【107 年公務人員高考】

( )10. 某一封閉經濟體系，其邊際消費傾向等於 0.75，且當可支配所得 Yd=1,000 時，其民間儲蓄為零。該經濟體系的自發性消費為多少？

(A) 200　(B) 250　(C) 300　(D)無法確定

【106 年公務人員普考】

( )11. 在簡單凱因斯模型中，均衡所得水準由下列何者所決定？

(A)預擬投資等於實現的儲蓄　(B)預擬儲蓄等於實現的投資

(C)預擬儲蓄等於預擬投資　　(D)自發性總支出除以邊際消費傾向

【106 年公務人員普考】

( )12. 其他條件不變之下，下列哪一項變動會使政府支出乘數下降？

(A)邊際消費傾向上升　(B)邊際進口傾向上升

(C)邊際所得稅率下降　(D)邊際儲蓄傾向下降

【106 年公務人員普考】

( )13. 一般凱因斯模型中，設 $Y = C + I + G$，$C = C_a + cY$，若欲儲蓄總額增加，則：

(A)自發性儲蓄應增加　　(B)自發性儲蓄應減少

(C)邊際儲蓄傾向應增加　(D)邊際儲蓄傾向應減少　(E)以上皆非

【93 中山財管】

( )14.假設原先沒有稅，Y ＝ C ＋ I ＋ G，C ＝ 50 ＋ 0.75Y，I ＋ G ＝ 200。Y 是產
出，C 是消費，I 是投資，G 是政府支出。現在政府徵收 100 元定額稅，
並採取平衡預算的財政政策，請問新的均衡產出會是多少？
(A) 100　　(B) 1500　　(C) 1100　　(D) 700

【95 台大財金】

( )15.根據凱因斯的消費理論，若均衡時自發性支出為 3,000 元，誘發性支出為
12,000 元，則下列何者正確？
(A)當所得水準為 20,000 元時，儲蓄金額高達 5,000 元
(B)邊際消費傾向應為 0.6
(C)所得必須大於 20,000 元時，人們才會開始儲蓄
(D)所得 30,000 元時的平均消費傾向會低於 20,000 元時的平均消費傾向

【99 高考】

( )16.假如乘數為 6，當自發性進口增加$30，將對總合支出會有什麼影響？
(A)增加$30　　(B)增加$180　　(C)減少$30　　(D)減少$180

【99 身心三】

( )17.假設金小姐的邊際消費傾向為 0.8，收支平衡的所得水準為 15,000 元，若
金小姐這個月只賺 10,000 元時，依據消費函數她本月的消費金額會是多
少元？
(A) 8,000　　(B) 11,000　　(C) 12,000　　(D) 15,000

【99 身心三】

（　）18.在簡單凱因斯模型中，其他條件不變，投資水準提高，則：

(A)均衡所得不變

(B)均衡所得上升，其增加幅度小於投資增加之幅度

(C)均衡所得上升，其增加幅度等於投資增加之幅度

(D)均衡所得上升，其增加幅度大於投資增加之幅度

【93 初等考】

（　）19.根據凱因斯的消費基本心理法則，邊際消費傾向應為：

(A)小於 0　(B)介於 0～1 之間　(C)等於 1　(D)大於 1

【93 四等特考】

（　）20.令 $Y = C + I + G$，若 $C = 60 + 0.8Y$，$I = 10 + 0.1Y$，$G = 50$，則均衡所得為：

(A) 1000　(B) 1200　(C) 1500　(D) 2000

【93 四等特考】

（　）21.當消費函數為 $C = bY$ 時，則：

(A)平均消費傾向等於邊際消費傾向

(B)平均消費傾向大於邊際消費傾向

(C)平均消費傾向小於邊際消費傾向

(D)平均消費傾向等於零

【93 四等特考】

（　）22.根據凱因斯的貨幣需求理論，在貨幣需求動機中，最易受利率影響的是哪個？

(A)交易動機　(B)預防動機　(C)投機動機　(D)消費動機

【92 五等特考】

( )23.在開放經濟系內，當所得增加 5000 元，而消費增加 3500 元，則：

(A)平均消費傾向等於 0.7　　(B)邊際消費傾向等於 0.7

(C)平均消費傾向等於 0.3　　(D)邊際消費傾向等於 0.3

【92 五等特考】

( )24.當景氣低迷，大眾皆因未來的不確定而不願花錢時：

(A)政府購買支出乘數會變大　　(B)貨幣乘數會變小

(C)平衡預算乘數會變小　　　　(D)政府購買支出乘數會變小

【92 五等特考】

( )25.設某國消費函數為 C＝400＋0.8Y，則：

(A)平均消費傾向為 0.8　　(B)平均消費傾向大於 0.8

(C)邊際消費傾向等為 0.8　　(D)邊際消費傾向大於 0.8

【92 四等特考】

( )26.假設儲蓄函數 S＝-50＋$0.1Y_d$，Y_d 為可支配所得，則下列何者正確？

(A)邊際消費傾向為 0.9

(B)自發性消費支出為-50

(C)可支配所得為 0 時，儲蓄也等於 0

(D)若 Y_d＝80 時，平均消費傾向為 0.8

【92 初等考】

( )27.凱因斯模型（Keynesian model）的消費函數可以寫成 C＝a＋bY，其中 C 是總支出，Y 是可支配所得，這個模型隱含：

(A)平均消費傾向大於邊際消費傾向

(B)平均消費傾向等於邊際消費傾向

(C)平均消費傾向小於邊際消費傾向

(D)平均消費傾向固定，邊際消費傾向遞減

【92 初等考】

（　）28.邊際消費傾向定義為：

(A)消費改變除以總消費水準　　　(B)消費改變除以可支配所得改變

(C)可支配所得改變除以消費改變　(D)消費改變除以可支配所得水準

【91 初等考試】

（　）29.在凱因斯（Keynes）的消費函數中，平均消費傾向，將：

(A)隨所得增加而增加　(B)不隨所需的變動而變動

(C)與所得無關　　　　(D)隨所得增加而降低

【90 初等考試】

（　）30.乘數效果發生的原因是：

(A)消費增加造成所得增加　(B)稅收減少造成政府赤字擴大

(C)儲蓄增加誘使投資增加　(D)投資增加沒有造成所得增加

【90 四等特考】

（　）31.設出口為 X，進口為 M，國內儲蓄為 S，國內投資為 I，下列何者為正確？

(A) $S+X=M+I$　(B) $S+I=X+M$　(C) $X=I,X=M$　(D) $X-M=S-I$

【89 四等特考】

☆**申論題**

一、依據凱因斯模型中 $Y = C_0 + cY + I$，若自發性消費增加，則新均衡與原均衡相較，總支出的增量中有若干比例是自發性消費？若干比例是誘發性消費？

【92 中山財管】

二、假設 A 國的總體經濟大致如下：

消費函數：C = 200 + 0.8（Y－T），投資函數：I=500，政府購買：

G=600，稅賦函數：T = 150 + 0.25Y，出口：X=700，進口：M = 50 + 0.1Y

（一）A 國均衡產量為多少？

（二）若無論產出是多少，其他條件不變的情況下，政府不採取固定支出，改採量入為出的平衡預算政策，則均衡產量為多少？

（三）在（二）的情況下，自發性支出的乘數是多少？

【98 稅務三】

筆記欄

IS-LM 模型的
國民所得水準
決定

凱因斯
（**John Maynard Keynes**,
1883-1946）

利率下降至某個水準之後，意味
著投資人與其選擇只有極少報酬
的債券，還不如選擇現金的保
有，流動性偏好在現實上是絕對
可能的。

▌ 前言 ——————————

個體經濟學與總體經濟學的分析功能差異在於前
者著重在提升個人與企業的決策選擇效率，而後
者是國家為社會尋找通往最適生活途徑的手段。
所以個體經濟分析重點在價格，總體經濟分析在
國民所得。一般而言，總體經濟學分析國民所得
決定的三個主要模型分別為「45 度線所得模
型」、「AD-AS 模型」與「IS-LM 模型」。45 度線
模型是以利率與物價不變為前提下，分析總支出
決定國民所得；AD-AS 模型是以利率水準不變的
前提之下，分析國民所得的決定理論；IS-LM 模型
是假設物價水準不變的前提之下，探討國民所得
決定。這三種模型是分析國民所得決定的三部
曲，本節將介紹 IS-LM 模型的經濟架構，並透過
IS-LM 模型分析政府財政政策與金融政策的經濟效
果。在本章最後的「經濟政策的應用分析」將以
推動交通科技的產業政策作為說明 IS-LM 模型的實
際應用，這將有助於學生理解理論的政策效果。

14.1　IS 曲線的意義與導出

14.1.1 IS 曲線的意義

IS 曲線的 I 代表投資，即 Investment；S 代表儲蓄，即 Saving。所以 IS 曲線從字面意義來說，就是「投資‧儲蓄」曲線。IS 曲線代表財貨市場的投資與儲蓄相等時，利率與實質國民所得的各組合點所連結的軌跡。換言之，需滿足財貨市場的均衡條件，也就是：

$$S(y) = I(i)$$　　　　　　　　　　　　　　　　　　　　　　　（14.1）

S(y)為儲蓄函數，是實質所得 y 的增加函數，而I(i) 為投資函數，是利率 i 的遞減函數。如果以圖形來表示，如圖 14.1(A)、圖 14.1(B)與圖 14.1(C)所示。

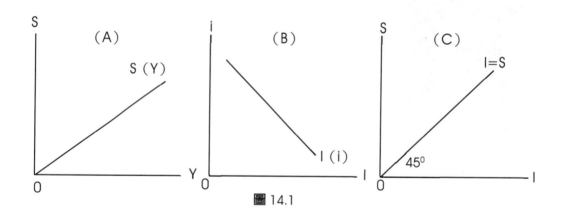

圖 14.1

14.1.2 IS 曲線的導出

接下來我們利用圖 14.1(A)的儲蓄函數、圖 14.1(B)的投資函數與財貨市場的均衡式圖 14.1(C)等圖形導出 IS 曲線。

圖 14.2 中，第二象限為投資函數，第四象限為儲蓄函數，第三象限為財貨市場均衡條件為 45 度線的$S(y) = I(i)$。在利率水準 i_0 下，對應投資函數的投資水準為 I_0；透過財貨市場的均衡條件（S=I，45°線），投資水準必須與儲蓄水準相等，可以找到對應的儲蓄水準 S_0。要達到 S_0 的儲蓄水準，國民所得需要具有的 Y_0 水準。如上述所言，從利率水準 i_0 出發，可以依序找到相對應的水準，$i_0 \rightarrow I_0 \rightarrow S_0 \rightarrow Y_0$。在第一

象限上可以表示出（Y_0,i_0）的組合點，標示為 A 點。當利率水準下降為 i_1 時，依序找出對應的投資水準 I_1，儲蓄水準 S_1 與國民所得水準 Y_1。同理，我們可以在第一象限上標示出（Y_1,i_1）的組合點，標示為 B 點。我們可得出無數像 A、B 在不同利率水準下國民所得的組合點，連結這些組合點即可得到一條負斜率的 IS_1 曲線。負斜率的 IS_1 曲線是因為當利率水準由 i_0 下降為 i_1 時，財貨市場均衡下的國民所得水準由 Y_0 提高為 Y_1。

　　現假設政府為振興經濟，增加公共投資時，會帶動私部門的需求，提升了投資水準。此時第二象限的投資曲線往左邊移動，由原先曲線 I_1 變為曲線 I_2。在利率水準不變之下，依照剛剛 IS_1 曲線的導出方式，我們可以找到另一條 IS 曲線。在利率水準 i_0 下，第一象限上標示出組合點 C；在利率水準 i_1 下，第一象限上標示出組合點 D。如先前，我們找到無數點像那樣的 C、D 利率與國民所得的組合，連結這些組合點即可得到 IS_2 曲線。IS_2 曲線坐落在原先 IS_1 曲線的右上方，表示當投資的增加會帶來更高的國民所得水準。

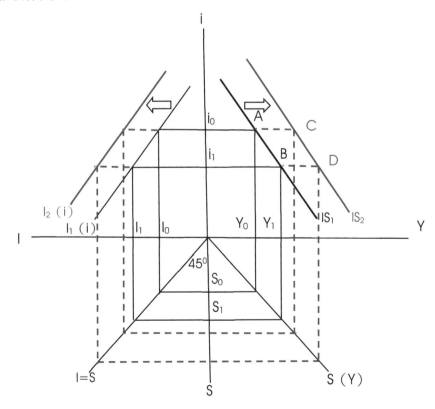

圖 14.2　IS 曲線的導出與變動

　　所導出 IS 曲線形狀為向右下傾斜，其理由為何？由圖 14.3 來說明。現在假設國民所得 Y_0，為滿足財貨市場均衡條件（$S = I$）的利率水準需在 i_0 上，組合點坐落於 A（Y_0，i_0）。當國民所得由 Y_0 增加到 Y_1 時，利率水準 i_0 會如何變化？因為國民所得由 Y_0 增加為 Y_1 時的儲蓄（S）水準會提高，為維持財貨市場均衡條件（$S = I$），必須提升投資（I）水準。要提高投資（I）水準，利率必須由 i_0 調降至 i_1 不可。反之，當國民所得下降時，利率水準也必須調升才能達成。

　　上述的 IS 曲線是在財貨市場均衡條件（$S = I$）前提下所導出的。但是，當財貨市場是處於不均衡時，那麼利率與國民所得所描述的組合點又會呈現怎樣的情況？如果財貨市場是處在失衡的情況之下，那麼這些組合點是不會坐落在 IS 曲線上。如圖中所示，C 點與 D 點皆偏離了 IS 曲線，並在曲線的左下方與右上方，接下來我們分別就這兩點來說明其含義。

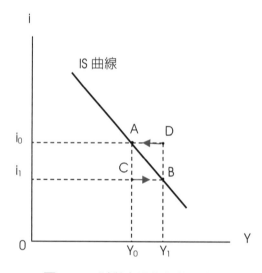

圖 14.3　財貨市場失衡的組合點

　　當圖中的 C 點坐落在 $Y = Y_0$，$i = i_1$ 時，則儲蓄 $S(Y_0)$ 與投資 $I(i_1)$ 的關係為 $S(Y_0) < I(i_1)$，為何會如此呢？其理由是 IS 曲線上的 A 點為 $S(Y_0) = I(i_0)$，C 點的利率水準較 A 點為低，故 C 點的投資 $I(i_1)$ 水準高於 A 點 $I(i_0)$。C 點的 $S(Y_0) < I(i_1)$ 代表經濟是處於供給不足的狀態，依照有效需求理論，隨著供給的增加國民所得 Y 也會增加（$Y_0 \to Y_1$），C 點會往左邊移動至 B，坐落在 IS 曲線上，回歸 $S(Y_1) = I(i_1)$ 的均衡狀態。同理，圖中的 D 點儲蓄 $S(Y_1)$ 與投資 $I(i_0)$ 的關

係為S（Y_1）＜I（i_0），是處在供給過剩的狀態。當 D 點隨著供給的減少所帶來國民所得 Y 降低（$Y_1 \to Y_0$），D 點會往右邊移動至 IS 曲線上的 A 點，又回到S(Y_0)＝I（i_0）的均衡狀態。

14.1.3 影響 IS 曲線移動的因素

影響 IS 曲線動的因素可分為內生變數與外生變數，前者如利率水準的變化會帶來利率與總產出組合點在 IS 曲線的「線上」移動，圖 14.3 中的 A 點移動至 B 點就是屬於這一類；後者如自發性消費支出、投資支出與政府支出等因素會使 IS 曲線「整條線」的移動，圖 14.2 中的I_1（i）$\to I_2$（i）就是屬於這一類。

14.2 LM 曲線的意義與導出

14.2.1 LM 曲線的意義

LM曲線的L 代表 Liquidity Preference，是指對貨幣的流動性偏好；M代表Money Supply，是指貨幣的供給。相較於財貨市場的 IS 曲線，LM 曲線是在貨幣市場均衡狀態下的利率水準與其對應所得水準的各組合點連結的軌跡。換言之，需滿足貨幣市場的均衡條件，也就是：

$$\frac{M}{P} = L（y,i）\tag{14.2}$$

M 為貨幣供給，P 為物價水準；L（y,i）為流動性偏好函數。L 是所得 y 的增加函數也是利率 i 的遞減函數。本節先介紹貨幣需要與流動性偏好理論以利下一節對LM 曲線導出的理解。

貨幣市場是由貨幣需要與貨幣供給所構成，詳細內容將在第 16 章中說明，這裡僅就凱因斯的貨幣需要部分做說明，以便本節說明 LM 曲線。

我們都知道貨幣主要具有四種功能，分別為交易的媒介（medium of exchange）、價值的儲藏（store of value）、計價的單位（unit of account）與延遲支付的標準（standard of deferred payment）。但是隨著經濟發展，對貨幣的需求已經不局限於這些功能，透過貨幣的投資過程，產生資產的多元化，個人資產也呈現和以往不同組合型態。依照凱因斯對貨幣需求具有三種動機：交易動機（transaction-motive）的貨

幣需求、預防動機（precautionary-motive）的貨幣需求和投機動機（speculative-motive）的貨幣需求。以下將分別說明這三種動機的貨幣需求和數學函數。

一、交易動機的貨幣需求

交易動機乃是指個人或企業為了現在交易所必須持有的現金。為何人們在交易之前需持有貨幣呢？這是因為收入的取得與支出之間存在時間的落差。例如，一般受薪階級家庭每月，或每星期才能夠領到薪水，但是每天需要開銷購買日常用品，所以平時生活上就需要保有現金。像這種狀況就是基於交易動機所必須保有貨幣需求。

事實上，個人家庭與企業在交易動機的貨幣需求會受到交易習慣與支付方法的影響，凱因斯也將交易動機分為所得動機與營業動機，前者依所得水準與收支時距長短而定；後者的貨幣需求如廠商為僱用生產要素與購買原料，必須保有貨幣來應付各種要素購買的支出。由於企業在營業收入上是具有不確定性，所以需保有貨幣作為週轉之用。因此可知，貨幣的持有主要是為了交易，對貨幣的需求量與商品的交易量成正比例，所以國民所得可做為交易金額的代理變數。交易動機的貨幣需求可由下列的函數型式表示：

$$L_t = h(Y), h_Y > 0 \tag{14.3}$$

（14.3）式中的$h_Y > 0$表示隨國民所得越高時，人們對於交易動機的貨幣需求（L_t）就越高，交易性的貨幣需求是所得的增函數[1]。

二、預防動機的貨幣需求

預防動機是將資產一定比例以貨幣型態持有，以備將來可能必要時之所需。例如，汽車的維修費用、綜合所得稅、或繳納違規罰款等。預防動機的貨幣需求也和國民所得水準有關，貨幣需求是所得的增函數[2]。預防動機的貨幣需求可由下列的函數型式表示：

$$L_P = k(Y), k_Y > 0 \tag{14.4}$$

交易動機與預防動機的貨幣需求皆為所得的增函數，故可以將（14.3）式與（14.4）式統合為一，函數表示如下：

$$L_1 = h(Y) + k(Y) = L_1(Y), L_Y > 0 \tag{14.5}$$

---

[1] 凱因斯這個主張與古典經濟學派相同。

[2] 凱因斯這個主張也和交易動機的貨幣需求一樣，與古典經濟學派相同。

三、投機動機的貨幣需求

傳統經濟理論對於貨幣需求的動機以上述的兩種為主要，凱因斯則提出貨幣的需求是基於投機動機。人們利用現金從事投資行為已獲得報酬。凱因斯將個人的資產以貨幣與債券兩種型態做選擇。這裡「投機」意味著從不同時間的價格差異所獲得的報酬行為。投機動機的貨幣需求是屬於閒置餘額，人們如果以貨幣形式持有，會產生流動性的機會成本，亦即將帶來擁有貨幣的利息損失。另一方面則會喪失購置債券的收益。當市場利率越高，所產生的機會成本就越高，對貨幣的需求就會減少；反之，利率越低，使用貨幣的機會成本就會較低，容易以貨幣形式持有。所以，投機動機的貨幣需求是利率的反函數，可由下面的函數來表示。

$$L_2 = L_2(i), L_i < 0 \tag{14.6}$$

凱因斯對於投機動機的貨幣持有與否，以利率水準和債券價格做判斷的依據。而凱因斯所指的債券使指當時英國的永久性公債（consols 公債），是一種只支付一定利息的無限期國債。例如，一張面額 100 萬元，政府每年支付固定利息 6 萬元給持有人。此時利息 6 萬元為面額 100 萬元的 6%，6%即是債券的利率。債券利率是購買債券的報酬率，當市場利率為 6%時，債券報酬率等於市場利率。兩者的關係可由下面的債券公式來看。

$$債券價格（P^b） = \frac{債券報酬（R）}{市場利率（i）} \tag{14.7}$$

現在假設，市場利率提高為 8%，債券報酬率還是 6%，那麼債券的市場價格已經無法維持 100 萬元水準，那應該具有多少價格水準呢？

$$\frac{債券報酬（6 萬元）}{市場利率（8\%）} = 債券價格（75 萬元）$$

如果市場利率在上升為 10%時，債券價格再度下跌至 60 萬元，債券價格與市場利率之間的關係為反向關係，凱因斯的投資理論與貨幣需求的關係是建立在這樣的基礎上。也就說，當利率上升時，債券價格下跌；當利率下降時，債券價格上升。凱因斯將利率，投機動機的貨幣需求與債券價格三者的關係建構了「流動性偏好理論」（Liquidity Preference theory）。

圖 14.4 表示國民所得一定之下，當利率上升，投機動機貨幣需求減少；當利率下降，投機動機貨幣需求增加。投機動機的貨幣需求為一條向右下方傾斜曲線，說明人們判斷當利率上升時，債券價格將會下跌，所以對貨幣的需求減少。反之當利

率下降時，債券價格將會上升，所以增加對貨幣的需求。一旦利率水準下降至 i_t 時，投資者認為利率已經達到最低點，即使貨幣供給增加利率也不會再繼續下降。這種現象貨幣需求曲線呈現水平狀態，也就是說貨幣需求的利率彈性無窮大，這種狀況稱為「流動性陷阱」（liquidity trap）。處於「流動性陷阱」的利率水準，意味著債券價格已經達到最高點，接下來即將下跌，持有債券的投資人將會拋售，以貨幣形式持有。人們將資產以貨幣持有，等待未來債券價格下降之後再度攀升前的購買。此時，政府無論增加多少的貨幣供給時，都會被人們的貨幣需求所吸收，社會上不會產生貨幣供給過剩的現象，當然利率水準不會下跌。

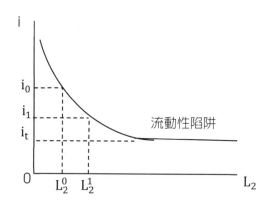

圖 14.4　流動性陷阱

有了（14.5）式與（14.6）式的貨幣需求，總和貨幣需求（L^d）的函數表示為，

$$L^d = L_1 + L_2 = L^d(Y, i), L_Y > 0, L_i < 0 \tag{14.8}$$

14.2.2 LM 曲線的導出

LM 曲線是在貨幣市場均衡時形成的，也就是當貨幣需求（L^d）與貨幣供給（$\frac{M}{P}$）相等時，表示利率與國民所得之間關係的曲線。接下來利用上述的（14.5）式、（14.6）式與（14.8）式導出 LM 曲線的軌跡。第二象限為（14.6）式的投機動機的貨幣需求函數；第三象限為（14.8）式總和貨幣需求（L^d）＝貨幣供給（$=\frac{M}{P}$）的函數；第四象限為（14.5）式的交易動機與預防動機的貨幣需求函數。

　　圖 14.5 中，當利率水準在 i_0 時，投機動機貨幣需求的水準為 L_2^0，對應總和貨幣需求（L^d）可以得出交易動機與預防動機的貨幣需求在 L_1^0，此時的國民所得水準需在 Y_0 不可。在第一象限可以標出利率水準 i_0 與國民所得水準 Y_0 的 A 點。同理，當利率水準下降在 i_1 時，在第一象限可以得到利率水準 i_1 與國民所得水準 Y_1 的組合點 B，連結 A、B 點可以得出一條正斜率的 LM_1 曲線。正斜率的 LM_1 曲線是因為當利率水準由 i_0 下降為 i_1 時，貨幣市場均衡下的國民所得水準由 Y_0 提高至 Y_1。

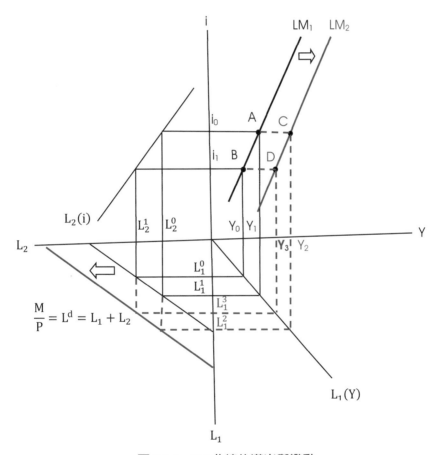

圖 14.5　LM 曲線的導出與變動

　　另一方面，當貨幣供給及貨幣需求產生變化時，原先的 LM 曲線會移動。現在假設貨幣供給量增加，第三象限的總和貨幣需求（L^d）=貨幣供給（$=\dfrac{M}{P}$）曲線會往外側移動，如圖 14.5。接下來我們遵循前面 LM 導出的方法，看看 LM 曲線會產生怎樣的變化？

　　同樣從利率水準 i_0 時出發，此時投機動機貨幣需求的水準為 L_2^0，交易動機與預防動機的貨幣需求在 L_1^2，國民所得水準在 Y_2，在第一象限組合點坐落於 C（Y_2，i_0）。同理，同理，我們可以在第一象限上標示出（Y_3, i_1）的組合點，標示為 D 點。連結 C，D 點可以得出一條正斜率的 LM_2 曲線，新的 LM 曲線坐落在原先曲線的右邊。LM 曲線的移動為貨幣供給的增加量（$=\Delta\frac{M}{P}$）為交易動機與預防動機的貨幣需求的增加所吸收，移動幅度相當於國民所得的增加量（$Y_0{\rightarrow}Y_3$，$Y_1{\rightarrow}Y_2$）。

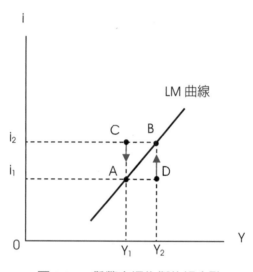

圖 14.6　貨幣市場失衡的組合點

　　由上述可以得知，LM 曲線為一條正斜率，其理由是當國民所得 Y_0 時，為了使貨幣市場的供需能夠均衡，所以利率水準在 i_0；同理當國民所得 Y_1 時，利率水準會在 i_1。而國民所得由 Y_0 增加到 Y_1 時，意味著對於交易‧預防動機的貨幣需要隨國民所得的增加而增加，在實質貨幣供給（$=\frac{\overline{M}}{P}$）一定的假設前提之下，為了能夠達成貨幣市場的均衡，對於貨幣資產的需求必須減少，利率水準就需要上升，LM 曲線自然就會是一條向右上方傾斜的正斜率曲線。

　　然而，當利率與國民所得的組合點如果不在 LM 曲線上，也就是說貨幣市場是處於不均衡狀態，那麼利率與國民所得在貨幣市場如何調整？圖 14.6 中的 C 點與 D 點皆不在 LM 曲線上，分別坐落在曲線的左上方與右下方。C 點的國民所得在 Y_1，利率水準在 i_2，此時，

$$\frac{M}{P} > L\,(Y_1, i_2) \qquad\qquad (14.9)$$

（14.9）式表示貨幣供給過剩。因為當國民所得為 Y_1 時的均衡貨幣市場利率水準應該為 i_1，但是當利率上升（$i_1{\rightarrow}i_2$）時，就會產生貨幣的超額供給。此時投資人增加對債券的購買，結果引起債券價格的上揚，利率水準的下降，C 點往 A 點做調整。LM 曲線另外一側的 D 點為，

$$\frac{M}{P} < L\,(Y_2, i_1) \qquad\qquad (14.10)$$

（14.10）式表示經濟社會充滿貨幣狀態。因為人們拋售債券以確保手中的流動性，債券價格也呈現下跌，利率上升，D 點往 B 點做調整。

14.2.3 影響 LM 曲線移動的因素

影響 LM 曲線移的因素有很多，而圖 14.6 中的 A 點與 B 點移動是因內生變數內生變數的變動產生利率與總產出組合點在 LM「曲線上的移動」。而內生變數以外變數之變動，則會使「整條」LM 曲線的移動，如圖 14.5 是由貨幣供給及貨幣需求的變化，就是產生「整條」LM 曲線會移動。

14.3　IS、LM 曲線同時決定國民所得與利率

將圖 14.2 與圖 14.5 的第一象限的 IS 曲線與 LM 曲線放在同一個平面上，可知財貨市場與貨幣市場同時達到均衡時的國民所得與利率水準，如圖 14.7。兩市場達到均衡的國民所得與利率的組合點在 E（Y^*, i^*）。然而在財貨市場與貨幣市場的均衡並非一蹴可成，在市場上可能透過無數次的不均衡狀態，最後收斂到均衡點 E。然而在 E 點以外的位置，到底是如何透過市場機制做調整？這個途徑又何會呈現收斂的調整呢？我們利用圖 14.7 來說明。

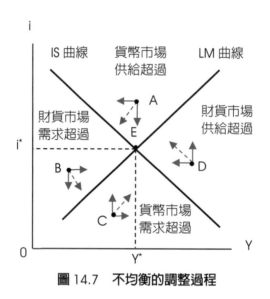

圖 14.7　不均衡的調整過程

　　圖中，IS 曲線與 LM 曲線相交的結果，將分成四個區域。一般而言，在 IS 曲線上方的區域為財貨供給大於財貨需求；在 IS 曲線下方的區域為財貨需求大於財貨供給。另一方面的 LM 曲線上方區域代表貨幣供給（M^s）大於貨幣需求（M^d），下方區域則為貨幣需求（M^d）大於貨幣供給（M^s）。在這四個區域的運動方向呈現逆時鐘的收斂，例如在 C 點上，貨幣市場的需求（M^d）>供給（M^s），移動的方向朝向右上方，帶動利率水準的上升。另一方面在 D 點上，由於財貨市場的供給大於需求，國民所得 Y 會往減少的方向移動，即向左上方移動。在 C、D 的兩股力量帶動下，整體市場的調整方向往左上方移動。之後再由 A 點區域與 B 點區域的調整，先是貨幣市場的利率下降與所得減少的調整，再轉為利率持續向下調整，之後國民所得的增加，逐漸趨近均衡點 E，最後達到兩市場的均衡狀態（IS=LM）。需知，雖然 IS 曲線與 LM 曲線同時達到均衡，但是經濟狀態未必是處於完全充分就業下的國民所得水準。

14.4　IS-LM 模型的政策分析

　　由凱因斯的總體經濟理論所引伸出的 IS-LM 模型，在解釋經濟政策的效果上是有用的，經濟學者也常以 IS 曲線與 LM 曲線做為分析經濟問題。本節將以 IS-LM 模型分析政府的財政政策與貨幣政策對國民所得產生的影響。

14.4.1　擴大政府支出的財政政策：IS 曲線的移動

前述圖 14.7 財貨市場與貨幣市場的均衡得知，即使 IS 曲線與 LM 曲線處於均衡狀態時，未必意味經濟狀態一定是處於充分就業下的國民所得水準。假設圖 14.8 中，橫軸的Y_f表示完全充分就業下的國民所得水準。因為均衡國民所得Y_0比起完全充分就業下的國民所得水準Y_f尚有一段距離，政府展開積極的財政政策刺激經濟，以提升國民所得水準。財政政策刺激經濟的方式可以採用擴大公部門的支出，或是降低課稅水準增加消費。

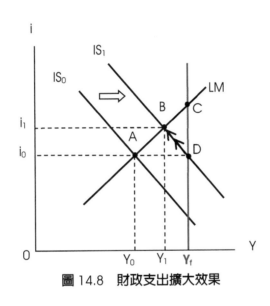

圖 14.8　財政支出擴大效果

現在，政府決定以擴大公共支出的財政政策刺激經濟，目標是以在i_0的利率水準之下，達到充分就業國民所得水準Y_f，原先的IS_0曲線向右移動至IS_1，國民所得水準就能夠由Y_0增加到Y_f。但是擴大公共支出使得原先的IS_0曲線移動至IS_1所產生新的均衡國民所得水準並非在Y_f。因為IS_0曲線向右移動至IS_1的同時，均衡點由 A 點移動到 B 點（由 D 點的利率i_0水準逐漸左移到 B 點）的結果，新均衡點 B 的座標為（Y_1，i_1），財政政策的國民所得水準Y_1只有落在充分就業國民所得水準Y_f的左邊，不及政策目標的所得水準。另一方面，因政府公共支出的增加，利率水準由i_0提高為i_1，民間企業因利率的上升而減少投資。像這樣因政府支出增加造成利率上升而減少民間投資的現象，稱之為排擠效果（crowding-out effect），排擠效果存在，使得政府的政策效果變小。排擠效果的產生是因為利率的上升結果，為何利率會上升呢？我們

知道在 IS-LM 模型，並非只有財貨市場（IS）達到均衡即可，需要與貨幣市場（LM）同時達到均衡。所以當政府的支出增加只造成 IS 曲線移動而 LM 曲線不動的情況下，那就無法避免排擠效果的產生。因為在貨幣市場（LM）的貨幣供給量（$\frac{M}{P}$）維持不變時，IS 曲線的移動帶來國民所得的提升，對應所得增加所產生的交易動機貨幣需求也增加的結果，帶動利率水準的上升。

因此，政府如果將充分就業的國民所得定為政策水準時，必須透過貨幣政策將 LM 曲線移動至 C 點的地方與 IS 曲線相交。如此一來，是必帶來利率更進一步的上升，民間投資也會更加受到排擠效果的影響。所以，政府如果將民間投資的排擠效果納入政策思考，那麼就未必以充分就業的國民所得水準做為政策的目標了。

14.4.2 增加貨幣量的貨幣政策：LM 曲線的移動

當國民所得Y_0低於充分就業水準Y_f時，政府透過貨幣政策以刺激經濟，常以寬鬆金融做為手段。政府透過放寬信用以增加貨幣供給量，市場利率下降帶動民間的投資，擴大產生的生產活動，進而提高就業水準。現在政府以現有利率水準i_0增加貨幣供給，希望達成充分就業下的國民所得Y_f，LM_0曲線水平右移到LM_1。但是和上述 IS 曲線的道理一樣，IS-LM 模型建立在財貨市場（IS）與貨幣市場（LM）需要同時達到均衡，所以 D 點會沿著LM_1曲線移動至與 IS 曲線相交的 B 點達到均衡狀態，和 D 點的水準相比，B 點的利率水準較低所得較少。因為在現有利率水準i_0之下，實質貨幣供給額的增加量全部被交易動機的貨幣需求的增加量所吸收的話，那 LM 曲線移動的距離會剛好等於國民所得的增加額。但是，政府實施的貨幣政策產生的貨幣供給的增加量無法全部被交易動機的貨幣需求的增加量所吸收，所以國民所得水準只能達到Y_1。所以，新的均衡點 B 的座標為（Y_1，i_1），坐落於充分就業水準Y_f的左邊，故政府的貨幣政策並沒由達成經濟目標。

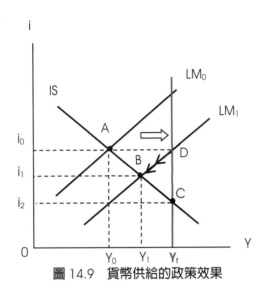

圖 14.9　貨幣供給的政策效果

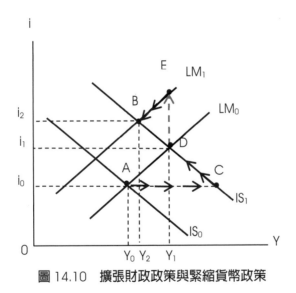

圖 14.10　擴張財政政策與緊縮貨幣政策

　　總之，政府欲達成完全充分就業下的國民所得水準，那麼金融政策須將 LM 曲線移動至通過 C 點與 IS 曲線相交的地方，利率水準會下調至i_2。如果政府無法單靠貨幣政策達成充分就業的國民所得水準，有時需與財政政策配合，IS 曲線往右移動也是達成政策目標的一種輔助工具。

14.4.3 綜合性的政策效果

　　上述我們可以知道經濟政策目標的達成，可以透過財政政策與貨幣政策的搭配運用，就好比開車到目的地之前有眾多的紅綠燈，有時需要加油前進，有時則需要踩剎車，過度的加油或過度的剎車都會使得經濟成長之路受阻。因此，綜合性的經濟政策就成為現代國家推動進步的方式。

　　眾所周知，1930 年代的經濟大恐慌，70 年代的兩次石油危機，2000 年的網路泡沫，乃至 2007 年的世界金融危機，這些經濟的衝擊事件都會使得各國政府絞盡腦汁提出各種的因應方案，台灣亦無法置身於事外。2007 年夏天美國第五大投資銀行貝爾斯登經營陷入危機，為這次金融危機掀起序幕。2008 年 9 月 100 多年雷曼兄弟銀行宣布破產，國際金融驚慌失措，宣告全球進入經濟的寒冬。直至今日，歐元圈不斷的債信危機所引發的國際資本市場的動盪不安，似乎告訴世人，金融危機尚在進行當中，可能產生第二次經濟衰退，經濟發展繼續呈現冬眠狀態。這些在在顯示一旦經濟衝擊形成，政府必須有所作為，因為經濟春天的到來是遙不可期的未知之日。

📖 應用問題

　　假設經濟體系的結構可由下列的方程組描述：

$C = a + 0.75(Y-T)$

$G = 1,000$

$a = 800 - 10r$

$(M/P)^d = 0.4Y - 100r$

$T = 400 + 0.2Y$

$M^s/P = 1,000$

$I = 900 - 30r$

其中 C 為消費，a 為自發性消費支出，Y 為實質所得，T 為稅收，r 為利率，I 為投資，G 為政府支出，$(M/P)^d$ 為實質貨幣餘額需求，M^s 為貨幣供給，P 為物價。

（一）請寫出 IS 曲線與 LM 曲線的方程式。

（二）請計算均衡利率與所得。

（三）假如 G 增加至 1,280，均衡利率與實質所得分別為多少？

（四）假如 G 增加至 1,000，但 M^s/P 增加至 1,350，則均衡利率與實質所得分別
為多少？

【95 原住民三】

📁 **提示**

（一）IS 曲線與 LM 曲線：

IS 曲線代表財貨市場，依凱因斯模型的閉鎖經濟的國民所得 Y 由消費（C），投
資（I）與政府支出（G）所組成。因此，IS 曲線方程式表示為 Y=C+I+G，將題目的
已知條件代入得出 Y=C+I+G 如下，

Y=800-10r+0.75（Y–400-0.2Y）+900-30r+1,000

Y=800-10r+0.75Y–300-0.15Y+900-30r+1,000

Y=2,400-40r+0.6Y

Y=6,000-100r　　　　　　　　　　　　　　　　　　　　　　　　　（1）

而 LM 曲線方程式代表貨幣市場，由貨幣供給與貨幣需求所構成。貨幣市場的均
衡為貨幣供給等於貨幣需求時決定，所以 LM 曲線之方程式可以表示如下：

M^s/P=1,000=0.4Y-100r=（M/P）^{d}

Y=2,500-250r　　　　　　　　　　　　　　　　　　　　　　　　　（2）

（二）均衡利率與所得之計算：

上述的（1），（2）式分別為 IS 曲線與 LM 曲線的方程式，均衡利率水準（r*）
與所得（Y*）是在（1）式=（2）式時得出，即 IS=LM。

6,000-100r=2,500+250r

r*=10 且 Y*=5,000。

（三）Y*=5,500 且 r*=12：

當政府的支出（G）增加至 1,280 時，新的 IS 曲線方程式為

Y=C+I+G+280

Y=2,400-40r+0.6Y+280

Y=6,700-100r　　　　　　　　　　　　　　　　　　　　　　　　　（3）

由（3）式=（2）式，IS=LM 即 6,700-100r=2,500+250r 得出均衡利率與實質所得
為，r*=12 且 Y*=5,500。

（四）Y*=5,250 且 r*=7.5：

當 G 增加至 1,000，但 M^s/P 增加至 1,350 時，原先的 IS 曲線需與新的 LM 曲線

相等決定均衡利率與實質所得。

新的 LM 曲線方程式由 M^s/P=1,350=0.4Y-100r=（M/P）^{d}，得出

Y=3,375+250r　　　　　　　　　　　　　　　　　　　　　　　　　　　　（4）

由（1）式=（4）式，即 IS=LM，6,000-100r=3,375+250r 可以求出

r*=7.5，Y*=5,250。

📖 應用問題

（一）假設：C=50+0.6Y、I=120－1000i、G=100、X–M=0、L=160+Y－2000i、M^s/P=700，其中 i 代表利率，L 代表實質貨幣需求，P 則代表一般物價水準；請求出該國的均衡所得及均衡利率。

（二）承第（一）小題，請問：如果政府希望藉由財政政策使得均衡所得等於 640，則 G 應等於多少？

【95 淡江保險】

📁 提示

（一）均衡所得及均衡利率之計算：

依據 IS-LM 模型，計算均衡所得及均衡利率時，須先分別 IS 曲線與 LM 曲線之方程式。

IS 方程式為 Y=50+0.6Y+120－1000i+G

0.4Y+1000i=170+G，當 G=100 時，0.4Y+1000i=270　　　　　　　　　（1）

LM 方程式為 Y－2000i+160=700

Y－2000i=540　　　　　　　　　　　　　　　　　　　　　　　　　　　（2）

由（1）式與（2）式的聯立求解 IS-LM model，可得均衡所得及均衡利率分別為，Y*=600 且 i*=0.03。

（二）政府支出 G 的求解：

承第（一）小題的 IS 方程式為 0.4Y+1000i=170+G；LM 方程式為 Y－2000i=540。當 Y=640 時，代入上式的聯立方程求解，可得出政府支出及新的均衡利率水準分別為 G*=136，i*=0.05。

✦ 經濟政策的解析：推動交通科技的產業政策

本章 IS-LM 模型可以應用在對交通科技產業政策分析。著者林佳龍身為前交通部長為了促進交通相關產業結構升級，在 2019 年交通部提出「智慧交通」，並以「交通科技產業政策白皮書」擘劃產業未來十年願景。這項交通政策涵蓋了鐵道科技、智慧公共運輸服務、智慧電動巴士科技、智慧電動機車科技、自行車及觀光旅遊、智慧海空港服務、無人機科技、智慧物流服務、交通大數據科技、5G 智慧交通實驗場域、海空港綠能關聯、氣象產業等 12 項產業，總預算金額超過 2 兆元新台幣，其中以前三項的鐵道科技、智慧公共運輸服務、智慧電動巴士科技最具代表。從下圖可知，這項交通科技產業政策是結合過去的「5+2 產業創新」、「數位國家創新經濟發展方案」、「前瞻基礎建設計畫」、「六大核心戰略產業」，具有承先啟後的政策意涵。

本章的 IS-LM 模型可以解釋並說明政策效果的過程，從前面的圖 14.2 第一象限 IS 曲線移動可以了解政府的交通產業投資所創造的經濟效益。當增加 2 兆元投資時，IS 曲線向右移動產生國民所得水準的增加，分別從 Y_0 增加為 Y_2；Y_1 增加為 Y_3。國民所得 Y 因政策性的投資而增加是凱因斯經濟學的特徵，特別在一國經濟發展之初或是經濟不景氣的振興策略。國民所得提升的另一個面向就是就業率的提高，這對台灣產業結構調整與經濟發展轉型具有重大的意義。

▶▶實力測驗

☆選擇題

( )1. 根據流動性偏好理論（theory of liquidity preference），在其他條件不變下，下列何者會使名目利率的均衡水準降低？
  (A)債券價格下跌   (B)中央銀行調高法定準備率
  (C)中央銀行發行定期存單 (D)一般物價下跌

【109 年公務人員普考】

( )2. 錢是越多越好，所以貨幣需求函數斜率為負是錯誤的：
  (A)的確如此，錢是越多越好，所以貨幣需求函數的斜率為正
  (B) 對個人而言，不存在貨幣需求函數，但對整個經濟而言，是正確的
  (C)在總資產固定，及可選擇以沒有利息收入的貨幣或有正報酬率的其他資產持有的條件下，貨幣需求函數存在負斜率
  (D)貨幣需求會隨利率的提升而增加

【109 年公務人員普考】

( )3. 假設其他條件不變且政府的財政政策有效。根據 IS-LM 模型，政府投資支出增加會造成：
  (A)均衡所得與均衡利率水準同時上升
  (B)均衡所得與均衡利率水準同時下降
  (C)均衡所得增加且利率下降
  (D)均衡所得增加且一般物價下跌

【109 年公務人員高考】

( )4. 下列何種情況會造成貨幣政策無效？

(A)政府有預算赤字 (B)流動性陷阱

(C)浮動匯率制度 (D)投資對利率具有彈性

【108 年公務人員普考】

( )5. 令橫軸變數為實質 GDP，縱軸變數為利率。就 IS-LM 模型而言，下列關
於 IS 線的敘述何者正確？

(A)當邊際消費傾向之值愈大且民間投資對利率的敏感程度愈高時，IS
線會愈平坦

(B)當邊際消費傾向之值愈大且民間投資對利率的敏感程度愈低時，IS
線會愈平坦

(C)當邊際消費傾向之值愈小且民間投資對利率的敏感程度愈高時，IS
線會愈平坦

(D)當貨幣需求對利率的敏感程度愈高且貨幣需求對實質 GDP 的敏感程
度愈低時，IS 線會愈平坦

【108 年公務人員高考】

( )6. 假設其他條件相同且中央銀行的貨幣政策有效。根據 IS-LM 模型，當中央
銀行買進債券時，下列何者會讓均衡所得增加的幅度愈大？

(A)邊際消費傾向愈低

(B)貨幣需求對所得的敏感程度愈高

(C)貨幣需求對利率的敏感程度愈低

(D)民間投資對利率的敏感程度愈低

【108 年公務人員高考】

（　）7. 下列敘述當中，何者最能代表「凱因斯經濟學（Keynesian economics）」的觀點？

(A)政府藉由舉債來融通增加的財政支出時，家戶會預期未來的稅負增加

(B)減稅不單可以增加總合需求，也可能使總合供給增加

(C)減稅不會造成物價上升

(D)減稅會使家戶增加其消費支出

【107 年公務人員普考】

（　）8 令橫軸變數為實質 GDP，縱軸變數為利率。就 IS-LM 模型而言，下列關於 LM 線的敘述，何者正確？

(A)貨幣需求對所得的敏感程度愈高時，LM 線會愈平坦

(B)貨幣需求對利率的敏感程度愈高時，LM 線會愈平坦

(C)貨幣需求對物價的敏感程度愈高時，LM 線會愈平坦

(D)貨幣需求對物價的敏感程度愈低時，LM 線會愈平坦

【107 年公務人員高考】

（　）9. 假設其他條件不變且政府的財政政策與中央銀行的貨幣政策均有效。根據 IS-LM 模型，當政府減少投資支出且中央銀行調高重貼現率時，可以確定：

(A)均衡所得會增加　　(B)均衡所得會減少

(C)一般物價會上漲　　(D)一般物價會下跌

【107 年公務人員高考】

（　）10.當一經濟體系處於「流動性陷阱」（liquidity trap）時，對於擴張所得：

(A)貨幣政策極有效，財政政策幾無效果

(B)貨幣政策幾無效果，財政政策極有效

(C)貨幣政策與財政政策都完全無效果

(D)貨幣政策與財政政策都極有效

【106 年公務人員普考】

(　)11.Unemployment exceeds the natural rate of unemployment whenever

(A) actual GDP is growing more slowly potential GDP.

(B) GDP is falling.

(C) actual GDP exceeds potential GDP.

(D) potential GDP exceeds actual GDP.

(E) None of the above.

【92 政大經濟】

(　)12.When bond traders for the Federal Reserve seek to increase interest rates, they ＿＿＿ bonds, which shifts the＿＿＿curve to the left.

(A) buy; IS　(B) buy; LM　(C) sell; IS　(D) sell; LM

【95 成大財金】

(　)13.During a banking crisis and credit crunch, the＿＿＿curve shifts leftward, resulting In a(n)＿＿＿in aggregate demand, production, and unemployment.

(A) IS; increase　(B) IS; decrease　(C) LM; increase　(D) LM; decrease

【95 成大財金】

(　)14.在 IS-LM 的模型中，商品市場中政府支出的增加將會如何影響貨幣市場的供需？

(A)貨幣供給增加　(B)貨幣需求增加

(C)貨幣供給減少　(D)貨幣需求減少

【98 鐵路】

(　)15.若消費函數之邊際消費傾向 MPC=0.75，且不考慮所得稅，當政府支出增加 100，則在任一給定利率水準下，IS 曲線將會右移多少？

(A) 100　(B) 200　(C) 300　(D) 400

【98 鐵路】

( )16.當出現流動性陷阱（Liquidity Trap）時，會發生下列何種現象？

(A)銀行保有太多現金

(B)中央銀行發行太多現鈔造成通貨膨脹

(C)利率太低造成貨幣政策失靈

(D)造水壩以防水患

【99 高考】

( )17.下列敘述何者為真？

(A)擴張性的財政政策會造成 IS 曲線的向外移動，使利率下降，所得增加

(B)擴張性的財政政策會造成 LM 曲線的向外移動，使利率下降，所得減少

(C)擴張性的財政政策會造成利率上升和投資減少，屬於排擠效果

(D)財政政策最有效是當 IS 平緩而 LM 陡斜

( )18.緊縮性的財政政策和緊縮性的貨幣政策同時採行，則體系的總產出會( )，利率會( )。

(A)下降：上升　　　　　　　(B)下降：下降

(C)下降：上升、下降或不變　(D)上升、下降或不變：下降

【86 年高等檢定】

( )19.以下何者會導致 IS 曲線變陡？

(A)貨幣需求對利率的變動變得較不敏感　(B)邊際儲蓄傾向增加

(C)投資對利率的變動變得較為敏感　　　(D)所得稅率降低

【90 二技】

( )20.比較加入外貿部門的 IS-LM 模型與沒有外貿部門的 IS-LM 模型，前者

(A) IS 曲線較陡　　(B) IS 曲線較平坦

(C) LM 曲線較陡　　(D) LM 曲線較平坦

【90 二技】

(　)21.由 IS-LM 模型得知，當消費者信心降低與中央銀行購買政府債券兩者同時
發生時，會導致下列何種效果？

(A)利率上升，所得增加

(B)利率上升，所得減少

(C)利率上升，所得能增加、減少、或不變

(D)利率下降，所得能增加、減少、或不變

【91 二專】

(　)22.有關 IS-LM 模型，下列敘述何者正確？

(A)當政府租稅增加，會降低均衡利率與產出水準

(B)當人們貨幣需求增加，會使均衡利率與產出都下降

(C)此模型下的投資，純粹是自發性投資而無誘發性投資

(D)此模型下的政府支出乘數，大於簡單凱因斯模型下的乘數

【91 二專】

(　)23.假設政府支出增加，在簡單凱因斯模型中的乘數效果為 M^1，在 IS-LM 模型中之乘數效果為 M^2，在 AD-AS 模型中之乘數效果為 M^3，則下列排序何者正確？

(A) $M^2 > M^1 > M^3$　　(B) $M^3 > M^1 > M^2$

(C) $M^1 > M^2 > M^3$　　(D) $M^3 > M^2 > M^1$

【92 二專】

(　)24.當 LM 曲線為一垂直線時，能改變所得的政策為：

(A)調降重貼率　(B)擴大政府支出　(C)獎勵投資　(D)鼓勵儲蓄

【92 五等特考】

新政治經濟學

（ ）25.當貨幣供給增加時，短期均衡時的：
(A)產出會增加而利率則上升　(B)產出會減少而利率則下降
(C)產出會增加而利率則下降　(D)產出會減少而利率則上升
【92 五等特考】

（ ）26. IS 曲線是說明哪一個市場達到均衡的狀況：
(A)股票市場　(B)債券市場　(C)貨幣市場　(D)商品市場
【92 四等特考】

（ ）27.在 IS-LM 模型下，何者會使所得增加？
(A)政府支出減少　　(B)物價下降
(C)政府提高存款準備率　(D)民間投資意願減少
【92 四等特考】

（ ）28.在 IS-LM 模型下，何者會使利率上升？
(A)政府增稅　　(B)物價下降
(C)政府擴大支出　(D)央行調降重貼現率
【92 四等特考】

（ ）29.在 IS-LM 模型中，其他條件不變之下，政府減稅會造成：
(A) LM 曲線往左移　(B) LM 曲線往右移
(C) IS 曲線往左移　(D) IS 曲線往右移
【92 初等考】

（ ）30.如果實質 GDP 下降，實質貨幣的需求曲線將會移到：
(A)左邊，而利率將會上升　(B)左邊，而利率將會下降
(C)右邊，而利率將會上升　(D)右邊，而利率將會下降
【91 初等考試】

(　)31.如果投資支出對利率非常敏感，則：

(A) IS 曲線相對地較平坦　　(B) IS 曲線相對地較陡峭

(C) LM 曲線相對地較平坦　　(D) LM 曲線相對地較陡峭

【90 四等特考】

(　)32.根據 IS-LM 模型，下列何者不會改變均衡利率？

(A)政府支出與名目貨幣供給同增

(B)政府支出與名目貨幣供給同增

(C)名目貨幣供給與物價水準等幅增加

(D)稅與名目貨幣供給同減

【89 四等特考】

☆申論題

一、試以 IS-LM 模型繪圖回答下列問題：

（一）當貨幣需求的利率彈性為零，財政擴張政策對均衡所得及利率的影響。

（二）當貨幣需求的利率彈性為無窮大，財政擴張政策對均衡所得及利率的影響。

（三）當自發性擬支出的利率彈性為零，貨幣擴張政策對均衡所得及利率的影響。

（四）當經濟體系存在流動性陷阱，貨幣擴張政策對均衡所得及利率的影響。

（五）當貨幣需求的利率彈性為零，貨幣擴張政策對均衡所得及利率的影響。

【95 地方三】

提示：

（一）當貨幣需求的利率彈性為零，財政擴張政策對均衡所得及利率的影響。

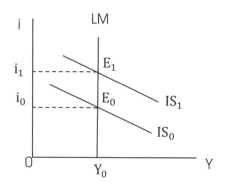

（二）當貨幣需求的利率彈性為無窮大，財政擴張政策對均衡所得及利率的影響。

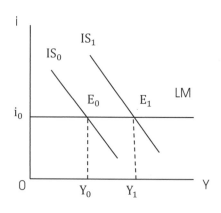

（三）當自發性擬支出的利率彈性為零，貨幣擴張政策對均衡所得及利率的影響。

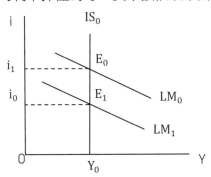

（四）當經濟體系存在流動性陷阱，貨幣擴張政策對均衡所得及利率的影響。

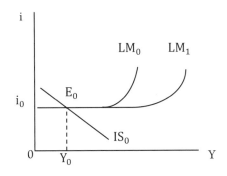

（五）當貨幣需求的利率彈性為零，貨幣擴張政策對均衡所得及利率的影響。

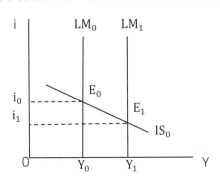

二、若有如下 IS 線：C=100+0.75（Y-T），I=500-40r，G=T=400，（M/P）^{d}=500+ 0.25Y-3,000r，M/P = 600 當所得為 1,000 時，若貨幣市場維持均衡而貨物市場未達均衡，則貨物市場有超額貨物供給或超額貨物需求若干？

【92 中山財管】

Ans：

LM：$0.25Y - 3,000r = 100$，將 Y=1,000，r = 0.05 代入 Y = C＋I＋G = $0.75Y - 40r + 700 = 1,448$。貨物市場有超額貨物需求（ED）=448。

三、試以 IS-LM 模型分析，當油價上漲時，且中央銀行採取緊縮的貨幣政策，對於所得及利率之影響效果。

【94 高考】

Ans：

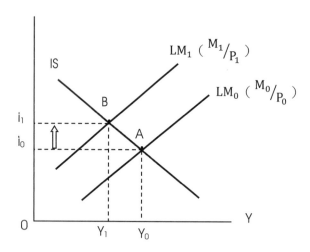

石油上漲之前的 IS，LM 的均衡點在 A 點。當油價上漲帶動廠商的成本上升，進而引發物價上漲，由 P_0 上升至 P_1。如果中央銀行再採取緊縮的貨幣政策時，雙重壓力之下，LM 曲線會往左邊移動，LM_0（M_0/P_0）移動至 LM_1（M_1/P_1），均衡點為 B 點。利率上升並且所得減少，如上圖所示。

筆記欄

Chapter 15

AD-AS 模型的國民所得水準決定

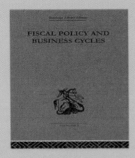

韓森
（**Alvin H. Hansen,** 1887-1975）

經濟循環是 19 世紀的最主要的問題。但是我們這一時代的主要問題則是充分就業，特別是美國。……如果不是從長期的觀點來看，我們的生產資源的充分就業問題一直在困擾我們，我們就不會對於我們經濟社會中一些使經濟復甦趨於脆弱……。

▌ 前言

總體經濟學的國民所得決定理論以簡單的凱因斯模型的「45 度線國民所得決定」、總合需求與總合供給的「AD-AS 模型」以及貨幣需求與貨幣供給的「IS-LM 模型」等三種模型最為普遍。本章將介紹「AD-AS 模型」的含意，並分析國民所得水準與物價水準之間的關係。

上一章的 IS-LM 模型被視為「修正的凱因斯模型」，是建立在一般物價水準不變前提之下的短期分析，所以當進行長期經濟分析時，這樣的模型假設對照著現況就會有很大的爭議。因為「修正的凱因斯模型」並沒有將勞動市場納入考量，所以 IS-LM 模型無法解釋勞動供給與需求的變化對國民所得所造成的影響，這也是該模型在經濟

分析上的一項缺陷。本章要介紹的「AD-AS 模型」裡，AD 代表總合需求曲線（Aggregate Demand curve），AS 代表總合供給曲線（Aggregate Supply curve）。前者包括了商品市場與貨幣市場，也就是上一章的修正凱因斯模型的部分，後者包含勞動市場，加入這個市場後，可決定勞動的均衡數量。因此，經濟學家認為「AD-AS 模型」比起「IS-LM 模型」更接近經濟事實，它將勞動市場納入考量做分析。

15.1 總合需求曲線

在上一章的 IS-LM 模型中，假設價格固定時的國民所得與利率的關係。本章 AD-AS 模型則是在利率固定時的國民所得與價格的關係。然而，當我們可以透過 IS 曲線與 LM 曲線的變動來了解總合需求曲線。

IS-LM模型以價格固定為前提的國民所得決定，但是有些經濟學者認為完整總體經濟模型，從中長期的觀點來說，價格應該是可以調整的。所以，若以不同價格水準對應 IS 曲線與 LM 曲線的均衡所得或產出水準，可以描繪出物價與所得的組合軌跡，這條曲線就是總合需求曲線。接下來我們將利用 IS 曲線與 LM 曲線導出總合需求曲線。

15.1.1 總合需求曲線的導出

圖 15.1 中，價格水準在P_0時，IS 曲線與 LM 曲線對應的均衡產出為Y_0，利率為i_0，物價與所得的組合點為 a。貨幣市場（LM）的均衡是在中央銀行的（實質）貨幣供給量（$\frac{M}{P}$）與貨幣需求（L）相等之下成立。所以中央銀行增加名目的貨幣供給量時，LM 曲線會向右移動，在同樣利率i_0水準下的貨幣供給增加額會為交易動機貨幣需求所吸收。而當物價由P_0更進一步下跌至P_1時，物價下跌所造成實質的貨幣供給增加，LM 曲線也由LM_0右移到LM_1，利率水準也由i_0下降到i_1。利率的下降帶動投資的增加，提高了有效需求，結果提升總產出，均衡所得由Y_0增加到Y_1，物價與所得的組合點在 b。同理，當價格再度下降至P_2時，均衡所得由增加到Y_2，可以標出物價與所得的組合點 c。連結 a 點、b 點、c 點……可以繪出一條負斜率的AD_0曲線。

15.1.2 總合需求曲線的變動

總合需求曲線的變動因素很多，圖 15.1 可知，總合需求曲線是由 IS 曲線與 LM 曲線所導出的結果。因此，當可以使 IS 曲線與 LM 曲線產生變動時，就會帶動總合需求曲線的移動。換言之，在一定的物價水準之下，當財貨市場與貨幣市場的變動因素發生時，都會使得總合需求曲線產生移動。

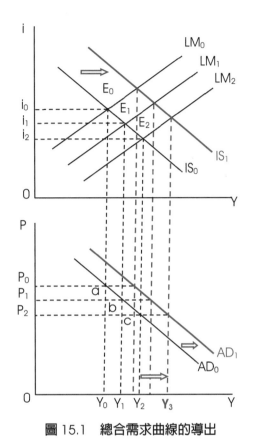

圖 15.1　**總合需求曲線的導出**

　　IS 曲線在政府支出（G）增加產生向右上方移動，對應P_0、P_1與P_2可以繪出另一條總合需求曲線AD_1，這條曲線坐落在原來的右上方。新的總合需求曲線因政府支出增加，總產出或國民所得也提升（例如，由Y_2增加到Y_3）。因此，當自發性支出增加時，在一定的物價水準情況之下，都會造成 IS 曲線向右方移動，從而導致總合需求曲線向右方移動。反之，當自發性支出減少時，則會造成 IS 曲線向左方移動，進而導致總合需求曲線向左下方移動。

　　總合需求曲線的移動除了受到 IS 曲線的影響之外，亦可能來自 LM 曲線的移動結果。一般而言，當中央銀行執行寬鬆的貨幣政策時，在給定一個一般物價水準之下，貨幣供給量的增加（減少）造成 LM 曲線向右方（左方）移動。或是名目貨幣供給水準沒有變動，但是物價水準的下降（上升）造成實質貨幣供給額增加（減少），也會產生 LM 曲線向右方（左方）移動的效果。當 LM 曲線向右方（左方）的移動造成總合需求曲線 AD 也會向右（左）移動。接下來我們以圖形說明變化過程。

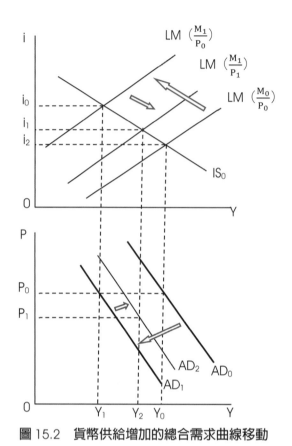

圖15.2　**貨幣供給增加的總合需求曲線移動**

　　圖 15.2 為中央銀行採取貨幣政策與物價變動的情況下的總合需求曲線的移動。當景氣過熱時，往往會反映在股票市場與不動產價格的暴漲，進而帶動其他商品價格的不斷上升，引發通貨膨脹。中央銀行為了穩定物價，採取信用緊縮以控制物價的上升，緊縮貨幣政策帶來名目貨幣供給量的減少，貨幣市場原先的 $LM\left(\frac{M_0}{P_0}\right)$ 曲線往左移至 $LM\left(\frac{M_1}{P_0}\right)$，使得總合需求曲線由 AD_0 左下方移動至 AD_1 的位置。物價獲得穩定控制隨之而來是通貨緊縮（deflation），價格水準由 P_0 下降至 P_1，使得實質貨幣供給量上升。實質貨幣量增加的結果，貨幣市場的 $LM\left(\frac{M_1}{P_0}\right)$ 曲線往右移動至 $LM\left(\frac{M_1}{P_1}\right)$，總合需求曲線再由 AD_1 上升至 AD_2。

15.2 總合供給曲線

在個體經濟學介紹廠商的供給曲線是一條正斜率，當市場價格上升時，廠商的供給量就會增加。各個廠商供給量的加總就是代表整體市場的供給量，市場的供給曲線也是一條向右上方延伸的正斜率曲線。如果從總體經濟學來看供給曲線，那就是各種產業的各商品皆包含在內，即物價水準與總產量之間的關係，它是由各企業的邊際成本曲線的加總而成。而在物價水準的計算方式上，可以透過前面章節所介紹過的 GDP 平減指數來理解，各產業的企業利潤追求即以此物價水準為前提決定其產量。然而，對總合供給曲線的認知，在古典學派與凱因斯學派存在著不同的觀點，所以總合供給曲線的導出也不相同。

15.2.1 總合供給曲線的導出

古典派經濟學的第 1 個準則是企業為了利潤極大化必須在勞動的邊際生產量（marginal product of labor, MPL）與實質工資（$\frac{W}{P}$）相等決定勞動的雇用量，可由下式表示。

$$\frac{W}{P} = MPL \tag{15.1}$$

（15.1）式亦可以寫成（15.2）式。

$$P = \frac{W}{MPL} \tag{15.2}$$

凱因斯認為名目的貨幣工資是固定的，無法自由調整，也就是工資水準存在著僵硬性（stickiness），所以（15.2）式右邊的分子是一定假設之下，隨著生產的擴大，勞動的邊際生產量（MPL）呈現遞減。

古典派經濟學的第2個準則是在一定勞動量的僱用下，工資的效用與雇用量的邊際負效用必須相等。

以下分別就古典學派與凱因斯學派的總合供給曲線導出加以說明。

一、古典學派的總合供給曲線

依據古典學派的勞動理論主張，名目貨幣工資會隨著物價水準的變動調整，調整的幅度式呈現同比例，在勞動需求與勞動供給相等時，達到充分就業水準（full-employment level of output）。換言之，古典學派的勞動市場是在當物價水準產生變動時，名目的貨幣工資也隨之變動，在維持原來的實質工資不變下，勞動市場仍然在原有的均衡就業處（勞動需求=勞動供給）達到充分就業狀態。

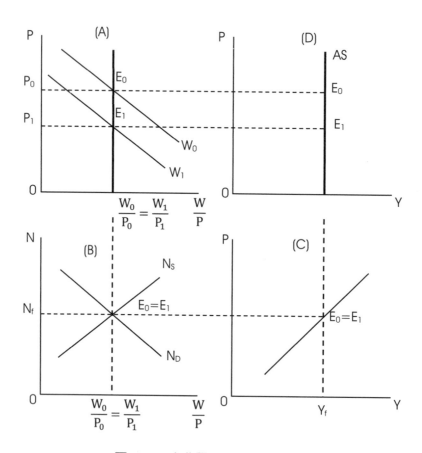

圖 15.3　古典學派的總合供給曲線

圖 15.3(A)為古典學派對勞動工資與物價水準變動關係。當物價水準由P_0下降為P_1時，實質工資上升，勞動市場上產生超額供給。勞動供給過剩的結果造成名目工資的下降，實質工資回復到原有的均衡水準；物價水準上升時，實質工資下降，勞動市場上產生超額需求，造成名目工資水準的上升，實質工資回復到原有的均衡水

準（$\frac{W_0}{P_0} = \frac{W_1}{P_1}$）。因此，勞動市場上的就業水準會因物價水準變動產生短暫的失衡，

但隨著名目工資的變化將實質工資調整在原有的均衡水準，如圖 15.3(B)所示，勞動市場的均衡勞動量皆處在N_f的充分就業水準。

因此，實質工資曲線就會呈現如圖 15.3(A)的一條垂直線。同時，在古典學派主張總產出不受物價水準變動的影響，而是受制於充分就業的勞動水準時的總產出，這可由圖 15.3(C)表示。

由上述的圖 15.3(A)、(B)與(C)可以導出古典學派總合供給曲線，呈現一條垂直線，如圖 15.3(D)。

二、凱因斯學派的總合供給曲線

圖 15.3 所導出的古典學派總合供給曲線是假設物價水準產生變動與名目貨幣工資產生同方向且等比例的調整。因此，物價變動前後的實質工資的均衡點維持不變，表示古典學派主張的勞動市場總是處在充分就業水準狀態。相較之下，凱因斯學派則認為勞動市場經常處在不充分就業的狀態下，充分就業水準反而不是一種常態。凱因斯學派認為名目工資可能因制度或公會等因素無法依市場來自由調整，也就是工資存在著僵硬性（stickiness）。古典學派主張工資或商品價格具有伸縮性，可由市場供需來調整達到均衡狀態，這和凱因斯認為的僵硬的價格（sticky-price）不同。當名目貨幣工資呈現僵硬，不具彈性時，物價水準下降，實質工資上升，在勞動市場上產生超額供給。但是廠商受到法律制度（例如勞動基準法）或公會的壓力，即使產生勞動市場的超額供給也無法壓低名目貨幣工資。所以凱因斯學派認為市場的勞動雇用量主要是由勞動需求的廠商來決定。

圖 15.4(A)為凱因斯學派的勞動工資與物價水準之間的變動關係。當價格水準由原先的由P_0下降為P_1時，名目貨幣工資受制於法律或公會的壓力無法調降，造成實質工資的上升（$\frac{W_0}{P_1} > \frac{W_0}{P_0}$），結果在勞動市場產生超額供給，如圖 15.4(B)。

勞動市場的均衡點在E_0，但是實質工資上升所導致的勞動超額供給結果，將造成$N_1 - N_0$勞動量的失業。

古典學派與凱因斯學派對勞動工資與物價水準之間變化的主張不同，前者主張名目工資具有彈性，後者主張名目工資不具彈性。所以，凱因斯學派的實質工資曲

線是呈現一條向右下方傾斜的負斜率曲線。再由上述的圖 15.4(A)，(B)與(C)可以導出凱因斯學派的總合供給曲線，呈現正斜率的曲線，如圖 15.4(D)。

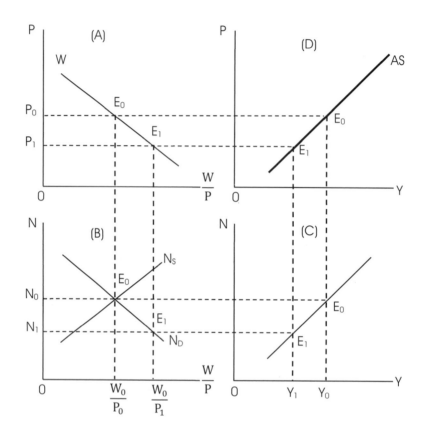

圖 15.4　凱因斯學派的總合供給曲線

15.2.2 總合供給曲線的變動

在 15.1.2 介紹過總合需求曲線的變動，本節將說明造成總合供給曲線的變動原因。總合供給曲線代表投入要素所構成的生產面，所以當這些要素產生變化時，總合供給曲線就會移動。眾所周知的兩次石油危機，石油供給短缺造成廠商生產減少，生產成本遽增，勞動生產性也隨之下降。結果，企業利潤壓縮，生產規模縮小，減少勞動雇用，勞動的名目貨幣工資也跟著下降。

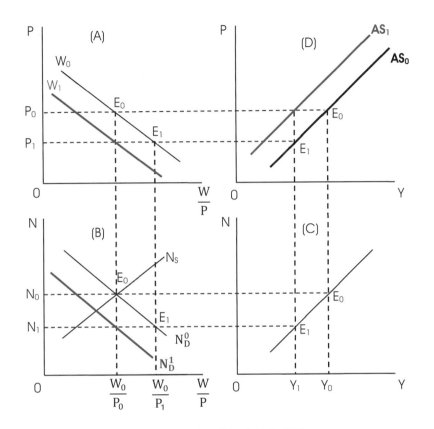

圖 15.5　**總合供給曲線的移動**

利用圖 15.5 說明總合供給曲線的變動。在石油危機發生之前的價格水準為P_0，勞工的名目工資水準在$\frac{W_0}{P_0}$。在這樣的價格水準之下的總合供給曲線為AS_0。石油危機發生後，石油價格上漲帶動成本提高，企業減少勞動雇用，勞動需求量由N_0減少至N_1，勞動需求曲線由N_D^0下移至N_D^1，造成勞動名目工資的下降。透過第三象限可以找出新的總合供給曲線AS_1，新的總合供給曲線坐落於原來的左上方。所以可知，當投入要素價格上升所產生成本提高時，總合供給曲線將會往左上方移動。反之，當投入要素價格下降所產生成本降低時，總合供給曲線將會往右方移動。

另一方面，為了減輕企業勞動成本，台灣引進外國勞動力，這也會造成總合供給曲線移動，由圖 15.6 來說明。原先的勞動名目貨幣工資為W_0，實質貨幣工資為$\frac{W_0}{P_0}$。在這個工資水準的國內勞動雇用量為N_0，國內生產毛額水準在Y_0，所導出的總

合供給曲線為AS_0。假設短期物價水準不變之下，引進外勞的結果，台灣全體的勞動供給增加，勞動名目貨幣工資下降到W_1水準。外勞引進的使得台灣本身勞動供給量減少，勞動供給曲線向左上方移動，由N_S^0下移至N_S^1。名目貨幣工資的下降造成實質貨幣工資$\frac{W_1}{P_0}$的減少，對應圖 15.6(C)可以導出向左移的新總合供給曲線AS_1，國內生產毛額水準增加為Y_1。

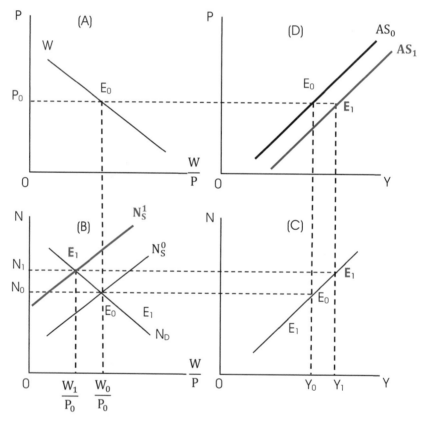

圖 15.6　外勞引進的總合供給曲線變動

　　由上述說明得知，外勞的引進可以讓企業獲得較低的勞動成本，也會提高總生產額，但是相對會造成台灣國內勞動工資水準的下降，與就業機會的減少。如果要改善這種狀況，政府應當獎勵促進企業在生產技術上的創新。技術的創新短期上可以帶來產業的升級，也會為企業帶來利潤，中長期更可能創造更多的就業機會。在此先就短期的技術進步對總合供給曲線的變動說明。

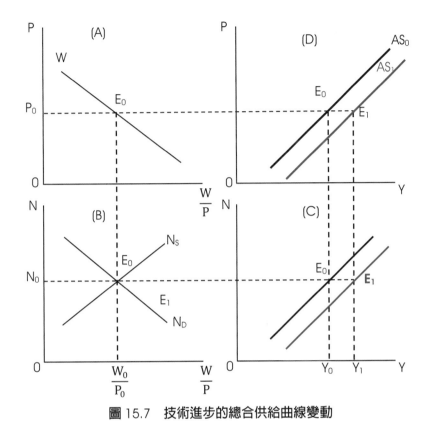

圖 15.7　技術進步的總合供給曲線變動

　　圖 15.7 為企業的技術進步對總合供給的影響。與前述相同假設在物價水準固定前提下，當企業的生產技術進步帶來勞動生產性的提高，圖 15.7(C)的勞動所得曲線向右移動，國民所得的增加對應著新的總合供給曲線AS_1。

15.3 貨幣學派與凱因斯學派的政策爭論[1]

　　70 年代至 80 年的總體經濟學對政策的爭論達到白熱化，以芝加哥大學費利曼博士率領的「重貨幣學派」（Monetarisms）與一群凱因斯追隨者的「新興凱因斯學派」（New-Keynesians）的精采爭辯最為膾炙人口。接下來將簡單介紹這兩個學派在貨幣政策主張上的差異。

---

[1]　徐繼達與謝燈隆（2003）《總體經濟理論與政策》，智勝文化事業有限公司，pp.184-205。

15.3.1 貨幣政策主張的差異

重貨幣學派與新興凱因斯學派在貨幣政策執行上所存在的差異，可以從兩方面做比較，一個來自 AD 的衝擊，另一個是由於 AS 的衝擊。以下就從這兩個部分分別說明。

一、來自總合需求（AD）變化的衝擊

重貨幣學派與新興凱因斯學派面對經濟景氣興衰時，貨幣政策存在著截然不同的主張。簡單而言，當經濟處於不景氣時，新興凱因斯學派認為應該採取增加貨幣供給；當處於景氣繁榮時，則應實施減少貨幣的供給量。而重貨幣學派的主張是不管景氣處於蕭條或繁榮，政府當局都應維持穩定的比例。不同的政策主張源於兩學派對經濟變動時的「訊息」（information）認知不同所致。重貨幣學派認為面對經濟的衝擊訊息，政府與大眾都是處在無法預先得知的情況下，而新興凱因斯學派則認為社會大眾可能不知且無法預測經濟變動的衝擊訊息，但政府因持有眾多的資訊來源，有能力預知變動的衝擊資訊，所以能夠採取有效的貨幣政策。

認知上的差異，各自主張的貨幣政策究竟在總體經濟的效果上有何差異呢？我們可以透過以下的圖形來加以說明。

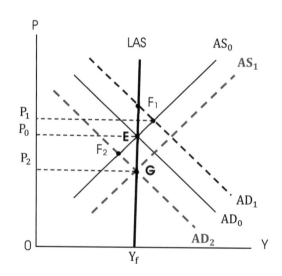

圖 15.8　貨幣學派與新興凱因斯學派的爭論（1）

圖 15.8 為重貨幣學派與新興凱因斯學派政策認知的差異。首先，依據重貨幣學派的政策主張，當發生突發性的經濟變動時，原先充分就業的均衡（$AD_0=AS_0$）狀態會改變。這突發性的經濟衝擊帶來需求的增加，使得總合需求曲線由 AD_0 右移至 AD_1，新的均衡點（F_1）所對應的價格水準上升為P_1，總產出高於充分就業時的水準 Y_f；反之，這突發性的經濟衝擊帶來社會需求的減少，使得總合需求曲線由 AD_0 向左下方移動至 AD_2，新的均衡點（F_2）所對應的價格水準下降了，總產出低於充分就業時的水準 Y_f。不管總合需求曲線 AD 往哪個方向移動，雖然短暫會產生價格水準與產出量的變動，重貨幣學派認為市場會自動的恢復到原先的充分就業狀態（回到均衡點 E）。

針對上述重貨幣學派的經濟理論，新興凱因斯學派並不這麼認為。依據新興凱因斯學派，突發性的經濟衝擊使得總需求增加時，政府因為「有能力預知變動的衝擊資訊」，所以能夠即時且正確採取緊縮貨幣政策，降低此衝擊，所以總合供給曲線會由 AD_0 移動至 AD_1，再由 AD_1 回到原先的 AD_0，即均衡點 E→F_1，再由F_1→E；反之，當此突發性的經濟衝擊使得總需求減少時，政府能夠快速地採取寬鬆的貨幣政策，抵銷衝擊的損失，產出也會恢復到充分就業時的水準 Y_f，均衡點 E→F_2，再由 F_2→E。但是，如果一般大眾看出政府會採取寬鬆貨幣政策，依據理性預期的結果，總合供給曲線會右移，即由 AS_0 移至 AS_1，造成物價更進一步的下跌（下降至 G 點對應的P_2）。

綜觀上述重貨幣學派與新興凱因斯學派對貨幣政策主張不同調，前者強調政府與社會大眾持有相同的經濟訊息，並沒有占上優勢。如果政府想透過貨幣供給量來因應經濟衝擊是沒有效果的，只會讓物價的震盪幅度加劇；但是新興凱因斯學派不這麼認為，主張政府比一般社會大眾擁有更準確的訊息，能夠迅速透過貨幣政策解決經濟的衝擊。像這樣兩派的爭論至今尚未有絕對的定論，經濟學領域到處充滿這樣喋喋不休的爭論，創造更多的經濟學家，形成另一類的「市場」。

二、來自總合供給（AS）變化的衝擊

第二世界大戰之後，眾人所擔心的是經濟是否進入蕭條，重演 30 年代的景氣大蕭條，普遍認為需求面的不足是經濟問題之所在，一時之間，以凱因斯的有效需求理論受到各國的青睞。直到發生第一次石油危機後，石油價格的大幅提升帶動全面性物價上漲，引發通貨膨脹，企業利潤壓縮的生產減少，產生大量的失業。支撐凱因斯理論的「菲力蒲曲線」已經不是呈現負斜率，代表物價與就業之間不存在「抵

換」（trade-off）關係，有效需求不足的凱因斯理論無法解釋當時供給面衝擊的經濟現象。

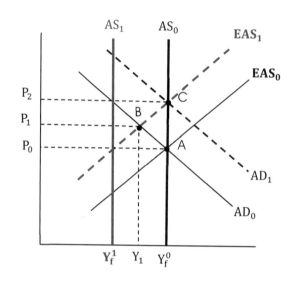

圖 15.9　貨幣學派與新興凱因斯學派的爭論（2）

上一節中所述，新興凱因斯學派在經濟衝擊訊息上優於社會大眾，有別於重貨幣學派。在這樣認知下，兩派對供給面衝擊所主張政策效果又會有何不同呢？接下來透過圖形分別說明重貨幣學派與新興凱因斯學派的政策效果。

圖 15.9 中，假設供給面衝擊前的市場均衡狀態為：總產出在Y_f^0，物價水準在P_0，均衡點為 A。現在產生了供給面的衝擊，總合供給曲線由原來的AS_0左移至AS_1，充分就業水準的產出也減少至Y_f^1，此時如果預期的總合供給曲線左移（$EAS_0 \rightarrow EAS_1$），那在總合需求曲線不動的情況下，均衡點 B 所對應的物價水準上升至P_1，產出量減少為Y_1。重貨幣學派認為如果供給面衝擊只局限為一期就消失時，預期的總合供給曲線會往右邊移動，均衡點 B 回到原先 A 點上，總產出和物價水準又恢復到原來的Y_f^0與P_0。重貨幣學派政策的移動軌跡為 A→B→A。

另一方面，新興凱因斯學派認為當AS_0左移至AS_1，並且預期的總合供給曲線也由EAS_0左移至EAS_1，均衡點也隨之改變（A→B）之後，在沒有持續衝擊之下，社會大眾認為政府會採取寬鬆的貨幣政策解決經濟衰退，使得總合需求曲線由AD_0移至AD_1，新的均衡點為 C。新興凱因斯學派政策的移動軌跡為 A→B→C。

以上說明了重貨幣學派與新興凱因斯學派當發生經濟衝擊時的貨幣政策認知上的差異。同樣情況下，兩學派在財政政策上是否也存在差異呢？在此不多贅述，僅做簡單的說明。重貨幣學派在財政政策的基本態度是盡量不干涉經濟活動，所以在政府支出與稅收的財政政策上認為無法穩定經濟上所產生的波動。如果非到採取財政政策不可的話，那麼政府支出的準則應該是：政府每支出1元公部門所獲得的邊際效用必須等於最後每1元用於私部門所獲得的邊際效用。而稅收方面，重貨幣學派主張如果需要動用到課稅時，需要在「公部門與私部門之間的資源分配具有經濟效率」與「貨幣供給需維持一個固定之比例」這兩個目標同時達成時，才能夠穩定經濟成長的目的。

新興凱因斯學派在財政政策主張則是透過政府的財政支出與課稅引導經濟的正常發展。新興凱因斯學派以凱因斯的經濟理論為論述基礎，所以認為當產出低於充分就業水準的產出時，政府可以運用擴大公共支出刺激景氣，或是降低稅收提高民眾的可支配所得增加消費；反之，當產出高於充分就業水準的產出時，減少公共支出或是增加課稅以減輕景氣過熱。當然政府可以視其情況，同時採用公共支出與課稅方式達成經濟目標。

📖 應用問題

有一個經濟體系的 IS、LM 和短期總合供給曲線 SAS 可用下列方程式表示：

IS：$Y = 2(6,400 - 250r)$

LM：$Y = 4\left(\dfrac{M^S}{P}\right) + 500r, M^S = 2,400$

SAS：$Y = 10,400 - 25W + 1,000P, Y^n = 10,400$

Y 為實質產出水準，Y^n為自然實質產出水準，P 為物價水準，r 為利率，M^S為名目貨幣供給量，W 為名目工資。

（一）請求出總合需求曲線 AD。

（二）如果 W=48，請求出短期均衡的實質產出水準 Y，物價水準 P，利率 r。

（三）承第（二）小題，如果名目貨幣供給量下降為$M^S = 2,000$，請求出新的總合曲線 AD，以及新的短期均衡的實質產出水準 Y，物價水準 P，利率 r。

（四）請求出名目貨幣供給量下降後，長期均衡的質產出水準 Y，物價水準 P，利率 r，名目工資 W。

【96 地方三】

提示

（一）總合曲線 AD 是由財貨市場的 IS 曲線與貨幣市場的 LM 曲線所導出，因此先將 IS 曲線：$Y = 2(6,400 - 250r)$ 代入 LM 曲線方程式 $Y = 4\left(\frac{M^S}{P}\right) + 500r$，$M^S = 2,400$，解出 AD 曲線的方程式為 $Y = \frac{4,800}{P} + 6,400$。

（二）由上一題所求出的 AD 方程式：$Y = \frac{4,800}{P} + 6,400$ 與 AS 方程式：$Y = 10,400 - 25 \times 48 + 1,000P = 9,200 + 1,000P$，解聯立方程組（即 AD=AS），得出實質產出水準 $Y = 10,400$，物價水準 $P = 1.2$，利率 $r = 4.8\%$。

（三）名目貨幣供給量下降為 $M^S = 2,000$ 時的 LM 曲線方程式：$Y = \frac{8,000}{P} + 500r$。將 IS 曲線：$Y = 2(6,400 - 250r)$ 代入新的 LM 曲線方程式：$Y = \frac{8,000}{P} + 500r$，得出 AD 曲線方程式為 $Y = \frac{4,000}{P} + 6,400$。由上一題得知 AS 方程式 $Y = 9,200 + 1,000P$，當 AD=AS 時，$\frac{4,000}{P} + 6,400 = 9,200 + 1,000P$，得出均衡價格 $P = 1.04$。代入 AD 或 AS 可求出實質產出水準 $Y = 10,241.31$，$r = 5.12\%$。

（四）因為 AS：$Y = 10,400 - 25W + 1,000P$ 與 AD：$Y = \frac{4,000}{P} + 6,400$。將 $Y^n = 10,400$ 代入 AD 方程式中，得出 $P = 1$。再將 $P = 1$ 代入 AS：$Y = 10,400 - 25W + 1,000P$，得出 $W = 40$。將 $Y^n = 10,400$ 代入 IS 方程式中，得出利率 $r = 4.8\%$。

應用問題

某國的總需求函數為 $y = 300 - 25P$，總供給函數為 $y = 250$，是計算：

（一）該國的均衡物價和所得為何？

（二）在其他條件不變下，該國財政部若擴大公共支出 100，新的均衡物價與所得為何？

（三）在其他條件不變下，該國出現技術進步促使總供給增加 10%，新的均衡物價與所得為何？

【94 身心】

提示

（一）均衡的條件為 AD=AS，即 $y = 300 - 25P = 250$，$P = 2$，$y = 250$。

（二）財政部若擴大公共支出 100 之後的均衡的條件為 $300 - 25P = 250$，$P = 6$，$y = 250$。

（三）技術進步促使總供給增加 10%的結果，AD＝（1.1）AS，均衡的條件為300 −
25P＝275，P＝1，y＝275。

📖 **應用問題**

設名目工資固定時，總供給線為P＝1,050＋10P，設總需求由 IS-LM 構成C＝
60＋0.8Y，I＝350 − 1,000r，G＝50，M^S＝100，$\frac{M^d}{P}$＝40＋0.2Y − 1,000r，則均
衡之下，（一）P＝___，（二）Y＝___，（三）I＝___。

【90 中山財管】

📁 **提示**

首先導出 AD 曲線方程式：

IS 曲線：Y＝C＋I＋G＝0＋0.8Y＋350 − 1,000r＋50，IS：0.2Y＋1,000r＝
460。

LM 曲線＝0.2Y＋1,000r＝$\frac{100}{P}$ − 40。由 IS 與 LM 的曲線方程式可導出 AD 曲線

方程式為0.4Y＝$\frac{100}{P}$＋420。總體經濟之均衡解為 AD＝AS，所以0.4Y＝$\frac{100}{P}$＋420＝

P＝1,050＋10P，得出 P＝5，Y＝1,100，r＝24%，I＝110。

✦ **經濟政策的解析**：AD-AS **模型與經濟政策之應用**

以凱因斯的總體經濟論推動經濟政策的效果成為戰後各國政府的主流思考，然
而隨著經濟條件與時代的變化，為了能夠解釋現實經濟現象，凱因斯經濟理論也多
次被修正以符合實際狀況。其中以利率水準以及物價兩個變數納入模型之中最為有
名，前者以 IS-LM 模型為代表，後者則以 AD-AS 模型最有名，這兩個模型都已經成
為經濟學教科書的經典模型。本章的 AD-AS 模型是為了能夠解釋物價與經濟成長之
間關係所發展出來的，特別是當物價高漲時所面臨的經濟問題需要兼顧供給面政策
的考量，這與過去凱因斯經濟模型比較強調需求面政策有所差異。

▶▶實力測驗

☆選擇題

( )1. 假設一國經濟原先處在長期均衡狀態下，根據總合供給與總合需求模型，當其中央銀行調高法定準備率時，在其他條件不變下：

(A)長短期均衡實質 GDP 都會增加

(B)長短期均衡實質 GDP 都會減少

(C)長短期均衡一般物價水準都會上升

(D)長短期均衡一般物價水準都會下跌

【109 年公務人員普考】

( )2. 根據總合供給與總合需求模型，當政府調高最低工資率時，在總合需求不變下，本國的：

(A)短期均衡名目 GDP 會增加

(B)短期均衡名目 GDP 會減少

(C)短期均衡一般物價會上漲且實質 GDP 會減少

(D)短期均衡一般物價會下跌且實質 GDP 會減少

【109 年公務人員普考】

( )3. 設某經濟體原處於長期均衡狀態，但因工資上漲引發短期總供給線左移，為使經濟體回到充分就業的產出水準，則中央銀行可採取下列哪一項措施？

(A)減少貨幣供給，使物價水準恢復至原水準

(B)減少貨幣供給，但代價是物價水準會提升

(C)增加貨幣供給，使物價水準恢復至原水準

(D)增加貨幣供給，但代價是物價水準會提升

【109 年公務人員高考】

（　）4. 下列何者會造成長期總合供給曲線（long-run aggregate supply curve）向右移動？

(A)物價水準提高　　(B)物價水準降低

(C)實質資本增加　　(D)實質資本減少

【108 年公務人員普考】

（　）5. 請就總合供給總合需求模型（aggregate-supply and aggregate-demand model），分析政府採行擴張性財政政策，在其他條件不變之下，以長期而言，對實質產出與物價的影響為何？

(A)物價提高，實質產出增加　　(B)物價不變，實質產出增加

(C)物價提高，實質產出減少　　(D)物價提高，實質產出不變

【108 年公務人員普考】

（　）6. 下列何者會造成短期物價與實質產出同時增加？

(A)總合需求曲線向左移動　　　　(B)總合需求曲線向右移動

(C)短期總合供給曲線向左移動　　(D)短期總合供給曲線向右移動

【108 年公務人員普考】

（　）7. 請就總合供給總合需求模型（aggregate-supply and aggregate-demand model），分析石油價格提升，在其他條件不變之下，以短期而言，對實質產出與物價的影響為何？

(A)物價提高，實質產出增加　　(B)物價不變，實質產出增加

(C)物價提高，實質產出減少　　(D)物價提高，實質產出不變

【108 年公務人員普考】

( )8. 根據總合供需模型，在其他條件不變下，實質 GDP 下降將導致：

(A)總合供給線左移　(B)總合生產函數下移

(C)勞動供給線左移　(D)沿著總合供給線由右往左做線上移動

【107 年公務人員普考】

( )9. 下列何者不會造成總合需求線移動？

(A)原物料價格上漲　(B)廠商對未來景氣樂觀

(C)國際景氣好轉　　(D)自發性儲蓄增加

【107 年公務人員普考】

( )10.當名目工資率上升，將造成下列何種現象？

(A)短期總合供給曲線右移　(B)短期總合供給曲線左移

(C)長期總合供給曲線右移　(D)長期總合供給曲線左移

【98 高考】

( )11.有關短期均衡下的實質 GDP 之敘述，下列何者正確？

(A)必然少於潛在 GDP　(B)必然等於潛在 GDP

(C)必然大於潛在 GDP　(D)可能小於、等於或大於潛在 GDP

【98 高考】

( )12.根據凱因斯學派的工資僵固模型，當物價水準低於預期物價水準時，下列何者正確？

(A)勞動者將獲得低於預期水準的實質工資，就業將增加

(B)勞動者將獲得低於預期水準的實質工資，就業將減少

(C)勞動者將獲得高於預期水準的實質工資，就業將增加

(D)勞動者將獲得高於預期水準的實質工資，就業將減少

【98 高考】

(　　)13.短期總合供給曲線是在下列哪一項變數給定之下推導出來的？

(A)產出水準　(B)物價水準　(C)預期物價水準　(D)總合需求水準

【98 鐵路】

(　　)14.倘若長期總合供給線是垂直線，總合需求變動會產生什麼影響？

(A)價格和產生皆不受影響　　　(B)價格和產生皆受影響

(C)價格不受影響，產生受影響　(D)價格受影響，產生不受影響

【98 地方三】

(　　)15.古典學派（Classical School）的長期總合供給線之形狀為：

(A)產出水準固定的垂直線　(B)物價水準固定的水平線

(C)正斜率的曲線　　　　　(D)斜率先正後負的後彎曲線

【99 高考】

(　　)16.根據跨期替代效果，物價水準上升會造成何種現象？

(A)利率上升且實質 GDP 增加　(B)利率減少且實質 GDP 減少

(C)利率上升且實質 GDP 減少　(D)利率不變

【99 高考】

(　　)17. An increase in government purchases shifts the AD curve ＿＿ and an increase in taxes

shifts the AD curve ＿＿＿。

(A) rightward；rightward　　　(B) rightward；leftward

(C) leftward；rightward　　　 (D) leftward；leftward

【96 成大財金】

( )18. As the price level rises, the ____ wage rate remains constant moving along the short-run aggregate supply curve and the ____ wage rate remains constant moving along the long-run aggregate supply curve.

(A) real；money　　　(B) real；real

(C) money；money　　　(D) money；real

【93 政大金融】

( )19. 下列哪一種狀況不會使總需求曲線向右移動？

(A)政府減稅　(B)台幣貶值　(C)物價下降　(D)自發性消費支出增加

【92 四等特考】

( )20. 下列何者不是古典模型的總供給線的特性？

(A)總供給線為一垂直線　　(B)價格愈高總產量愈大

(C)一定處於充分就業　　　(D)貨幣工資具完全伸縮性

【92 四等特考】

( )21. 下列何者將造成總合需求曲線向左移動？

(A)政府支出增加　　(B)淨出口減少

(C)勞動參與率減少　(D)貨幣的貶值

【91 初等考試】

( )22. 總合供給曲線描述：

(A)價格水準與名目 GDP 的關係

(B)家戶支出與家戶所得的關係

(C)價格水準與總合數量供給的關係

(D)價格水準與總合數量需求的關係

【91 初等考試】

( )23.下列哪項因素的改變，將不會使得長期總合供給曲線移動？

  (A)資本存量改變   (B)工資的增加

  (C)人力資本存量的改變 (D)技術進步

【91 初等考試】

( )24.總合需求曲線會隨下列哪種情形而左移？

  (A)政府支出增加 (B)貨幣需求減少

  (C)貨幣供給增加 (D)自發性投資減少

【87 交通事業郵政公路人員升資】

( )25.整個經濟體系的總合需求曲線是用來說明物價與產出間的：

  (A)正向關係 (B)負向關係 (C)比例關係 (D)以上皆非

【86 年五等特考】

( )26.若因為經濟不景氣，而使得中央銀行採行擴張性的貨幣政策，則：

  (A)總生產將減少 (B)總需求增加 (C)貨幣供給減少 (D)利率上升

【86 年五等特考】

( )27.總供給曲線係結合：

  (A)勞動市場均衡與生產函數 (B)勞動市場與貨幣市場均衡

  (C)貨幣市場與商品市場均衡 (D)勞動市場與商品市場均衡

【83 年丙等銓定資格考】

( )28.古典學術之總供給曲線為：

  (A)總產出為物價水準之遞減函數 (B)總產出為物價水準之遞增函數

  (C)總產出固定於某一水準之曲線 (D)以上皆非

【83 年丙等銓定資格考】

( )29.總供給曲線左移時,下列何種現象會出現?

(A)產出增加　(B)所得增加　(C)物價水準提高　(D)物價水準下降

【83 年丙等特考】

( )30.如果整個經濟體系到達充分就業的狀況,此時若政府支出增加將使總合需求線往右移,則政府支出增加的需求將:

(A)全部分反映在物價的變動上

(B)全部反映在所得的變動上

(C)大部分反映在物價的變動上,小部分反映在所得的變動上

(D)小部分反映在物價的變動上,大部分反映在所得的變動上

【86 年五等特考】

( )31.根據總合供需模型,假設貨幣需求增加,但央行的貨幣供給維持不變,則下列效果何者正確?

(A)短期產出下降,長期物價維持不變

(B)短期產出維持不變,長期物價下跌

(C)短期產出維持不變,長期物價維持不變

(D)短期產出下降,長期物價下跌

【98 鐵路】

( )32.以典型 IS-LM 構成總需求線,政府徵收定額稅及比例稅,若一國同時採取擴張貨幣政策及減少定額稅的財政政策,配合一般正斜率總供給線分析,新均衡點與原均衡相較,下列何者正確?

(A)利率下跌　　　(B)政府稅收增加　(C)物價下跌

(D)實質貨幣供給減少　(E)消費支出增加

【97 中山財管】

☆ 申論題

一、試利用總合供給曲線、總合需求曲線、貨幣供給曲線、貨幣需求曲線之模
　　型分析，當國際油價上漲時，對於本國物價水準、國民所得及利率之影響。

【93 高考】

二、請簡要說明古典學派與凱因斯學派對總合供需模型之不同。

【98 政大風管】

失業與通貨膨脹之間的關係

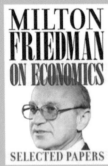

費利曼
（**Milton Friedman**, 1912-2006）

無論何時何地，物價膨脹都是一種貨幣現象。……而且只有當貨幣增加速度超過產出數量增加速度時才會發生。

▌ 前言

在傳統的經濟理論裡，失業是一時的，最後會透過勞動市場自動調整成完全充分就業狀態；通貨膨脹也會由價格機能引導到均衡狀態。因此，古典經濟學的經濟理論並不擔心失業以及通貨膨脹問題。但是，20 世紀的經濟社會似乎有了轉變，全球性的經濟不景氣所引起的大規模失業，在歐洲的也引發惡性通貨膨脹，最有名就是德國。1936 年凱因斯的《就業‧利息及貨幣的一般理論》造成經濟學界的震撼，從書名就可以知道當時最大的經濟議題是在「失業」上。同時，

失業與物價穩定性存在著密切的關係，失業與通貨膨脹也成為第二次大戰之後世界各國政府最重視的經濟問題。失業會造成個人與家庭在生活上的困難，失業也會造成社會的不安，進而影響經濟發展。不同原因造成不一樣的失業狀況，政府的政績常被以失業率高低接受社會的嚴格檢驗，執政黨的經濟政策也往往以降低失業率為目標。另一方面，通貨膨脹帶來人民的貨幣購買力下降與資產的縮水，並提高市場的交易成本，對經濟發展產生不良影響。然而，失業與通貨膨脹的又有哪些型態？這些型態的經濟涵義為何？我們應該如何來看待失業與通貨膨脹的問題？這是本節想要討論的主要內容。

16.1 失業

早期的古典經濟學對「失業」這種現象並不友善，將「失業」視為是勞動者的「懶惰」、「貪婪」所造成的結果。凱因斯為勞動者的「失業」平反，認為非自發性失業的普遍存在是政府的責任，主張透過財政政策解決失業現象，這也成為現代的民主國家必須直接面對人民且無法迴避的經濟問題。

失業並非單指沒有工作的人，可能有些人從頭到尾根本就不想工作。只具有勞動力（labor force）且願意工作的人口中，但卻無法找到工作的人才算是失業（unemployment）。行政院主計處對失業有幾個定義上的要件：

一、適合工作年齡要件：凡是年滿 15 歲至 65 歲之間的台灣人民屬於適齡工作人口，其餘稱為非適齡工作人口[1]。

二、符合勞動力構成要件：

（一）就業人口定義：在一定的期間內，適合工作年齡要件者從事有報酬工作的人口，或是在自己家中企業每星期從事 15 個小時以上的無酬勞工作人口，皆符合此要件者就算就業。

（二）失業人口定義：在一定的期間內，適合工作年齡要件者，可以馬上工作，但是目前沒有找到工作，或是正在積極找工作者，符合此要件者才算失業人口。

另外，雖然適合工作年齡要件但是因就學或準備升學、身心障礙，以及料理家務有能力但未尋找工作者等是屬於非勞動人口，這些非勞動人口不計算在失業人口之中。

16.1.1 失業率與勞動參與率

以上可知，勞動力可區分為就業人口與失業人口兩大類型。勞動力則為就業人口與失業人口兩者之和。因此，失業率可以寫成：

$$失業率 = \frac{失業人口}{勞動力（=就業人口+失業人口）} \times 100\% \qquad (16.1)$$

---

[1]　在適合工作人口中，須扣除非民間人口。所謂非民間人口是指雖滿 15 歲，但目前從事武裝勞動（服兵役）、監管人口與失蹤人口的部分。

相對於失業率，勞動參與率（labor participation rate）是指勞動人口占 15 歲以上的勞動人口比率，也就說願意工作的人口，占可以工作人口的比例。所以勞動參與率可以寫成（16.2）式：

$$勞動參與率 = \frac{勞動力}{15\ 歲以上勞動人口} \times 100\%$$

（16.2）

16.1.2 失業的類型

前述失業之定義為「在一定的期間內，適合工作年齡要件者，可以馬上工作，但是目前沒有找到工作」。其中，失業者可能是第一次尋找職業，或是過去有工作經驗但是目前正在尋找職業兩種。台灣 6 月裡，「青青校樹，鳳凰花開」是畢業季節，也是第一次尋找職業的高峰期；2008 年金融風暴的經濟不景氣，有些人失去了工作或是被迫休「無薪假」的人，準備辭職正在尋找新的工作；也有一部分的人是結婚或生育辭去工作之後，又重新想進入勞動市場。然而，在尋找新工作的過程中並不是那麼順利，經濟學家將這種尋找工作不順而產生的失業原因分成摩擦性失業（frictional unemployment）、結構性失業（structural unemployment）以及循環性失業（cyclical unemployment）等三種類型。

一、摩擦性失業

摩擦性失業的產生原因主要來自勞動市場資訊的不完全，或是缺乏流動性，以致勞動需求者與勞動供給者無法各取所需，錯過就業機會。近十幾年來隨著網路資訊的發達，與人力公司的增加，對第一次就業者或是轉換工作者來說，這種「摩擦」現象會越來越少。換言之，摩擦性失業會隨勞動資訊改善而減少，尋求工作者會縮短失業的時間，經濟學家認為這種失業是自然產生的失業現象。

二、結構性失業

結構性失業是指當一國產業結構產生快速變動時所造成的失業現象。當產業結構變化時，成長產業與衰退產業對勞動供需產生了影響，前者需要更多的勞工，後者則帶來更多的失業。如果成長產業或新興產業的勞動需求少於失業人數時，造成產業空洞化問題。台灣從 1980 年代開始對中國大陸的巨額投資與產業外移的結果，產業結構有了轉變。雖然電腦、半導體、面板等高科技產業的發展，製造大量的就

業機會，但是也取代一些傳統產業與產業出走，在創造就業機會與失去工作的同時而失去均衡，帶來的是失業率年年提高趨勢。

當一個國家隨經濟發展與科技的進步，產業結構的變化是必然的過程。然而，如何避免如上述所產生的結構性失業是求職者與政府都需要努力解決的問題。因為從一個產業的就業轉至另一個產業就職是需要職業專長的訓練，學習新工作所需具備的條件，才能順利獲得工作機會，因應產業結構變化帶來失業衝擊。

結構性失業與摩擦性失業都是經濟發展中很難避免的現象，所以兩者之和占勞動力的百分比，稱為自然失業率（natural rate of unemployment），即

$$自然失業率 = \frac{結構性失業+摩擦性失業}{勞動力} \times 100\%$$

（16.3）

三、循環性失業

經濟學上有景氣循環理論，將景氣分成復甦（revival）、繁榮（prosperity）、衰退（recession）與蕭條（depression）等四個階段，不同階段的景氣所對應的就業狀況也有所不同。復甦與繁榮帶來更多的就業機會；衰退與蕭條則產生失業人數的攀升。由景氣波動所造成的失業稱為循環性失業（cyclical unemployment）。造成景氣循環的原因，在經濟學家之間的說法不一，從制度面的變化、或從金融的政策，或從有效需求的不足，或從企業的創新，乃至太陽黑子說。一個經濟問題的見解，反應眾多的經濟主張，說明了經濟理論與科學之間的微妙關係，也道出了一般自然科學與人文社會科學對「真理」的說服力與客觀性。

除了上述三種類型的失業之外，還有隱藏性失業（underemployment）與季節性失業（seasonal unemployment）。隱藏性失業在景氣狀況不佳時，企業的生產減少，為了減輕成本，勞工雖然未被解僱，卻被迫減少工時或休無薪假，這個數字並不列入失業率之內。如果隱藏性失業越多就越是無法反應出一國的失業狀況。季節性失業則是因市場對商品的需求具有旺季與淡季之分，造成商品產量也存在淡旺季。像這樣勞動供需受季節影響所產生的失業稱為季節性失業。

16.1.3 失業成本與解決對策

眾所周知，1920 年代的歐洲與 1930 年代的美國都發生了經濟大恐慌，造成的失業對個人與家庭生活影響巨大。當時美國的失業率高達 25%，約 1500 萬人失業，如

果以一家 4 口計算，將近 6000 萬人生計受到衝擊。很多人願意工作卻找不到工作，也就是非自發性的失業（involuntary unemployment）。非自發性的失業不僅造成人力資源的浪費，也帶來社會問題。長期下來，勞動者放棄了尋找工作，變成「氣餒的工作者」，脫離勞動市場。越多的「氣餒的工作者」除了不利國家整體經濟發展之外，容易低估失業狀況的嚴重性。

衡量失業帶來的成本可以從潛能產出（potential output）與實際產出來說明，並利用歐肯法則（Okun's law）來計算潛能產出與實際產出之間的失業產生的成本。歐肯法則是由美國經濟學者歐肯（Arthur M. Okun）在 1960 年代所提出的，分析失業率與產出之間存在著負相關。歐肯研究顯示，如果失業率降低 1%，可使產出增加 3%。歐肯法則計算公式如下：

$$\text{GNP 差距率} = \frac{Y_r - Y_f}{Y_f} = -K\,(U_r - U_n) \tag{16.4}$$

其中，Y_r 為實際生產毛額（GNP），Y_f 為充分就業下的潛能產出；U_r 為實際失業率，U_n 為自然失業率；K 為參數，一般設定為 3；$Y_r - Y_f$ 為實際產出與潛能產出的落差，也是失業成本。在（16.4）式，當 $U_r > U_n$ 時，則 $Y_r < Y_f$，即實際產出小於潛能產出，實際失業率大於自然失業率。

由歐肯法則計算公式舉例來看，當實際失業率=6%，自然失業率=3%時，GNP 的落差為 9%。再假設潛能產出 GNP（Y_f）=2000 億元，實際產出 GNP（Y_r）=1800 億元，實際產出與潛能產出落差（$Y_r - Y_f$）為 180 億元，這是因失業產生的成本。當經濟不景氣帶來的失業成本也是社會成本的一環，政府應該透過失業救濟制度以減輕失業家庭的生活衝擊，這是財政學上的自動安全機制。

除了採取失業救濟的自動安全機制之外，當失業率高於自然失業率，表示經濟狀況處於有效需求不足，政府以較寬鬆的經濟政策以降低失業率；但是經濟是處於自然失業率的水準，如果政府還採取寬鬆的總體政策時，會帶動物價的上漲。然而，自然失業率可能因政策而降低，但經過市場調整之後，失業率還回到先前較高的水準。這可以利用 AS-AD 模型來說明過程的變化，將在下節會更進一步來介紹說明。

16.2 通貨膨脹的意義與形成原因

通貨膨脹對任何國家而言，莫不戰戰兢兢小心以對，因為通貨膨脹影響一國之經濟甚深。通貨膨脹是指一般的物價水準在一定期間內，全面性且持續不斷上升的現象。而計算一個國家物價格水準，誠如前面章節所介紹的各種物價指數，是以一籃子的財貨和勞務的交易價格以加權平均的方式加總而得。

另一方面，對於引起通貨膨脹的成因有各種說法。貨幣數量論學者認為名目貨幣供給額的增加是引起價格波動主要的原因，通貨膨脹就是一種貨幣現象。因為，當經濟社會的貨幣供給量超過人們因購買財貨或勞務對紙幣所產生的實際需求量時，就會帶動物價的上漲，如果中央銀行還是持續不斷的提供貨幣或採取寬鬆信用政策，那通貨膨脹就會表現在一般價格水準的上升上。另外，也有學者持不同的看法，認為通貨膨脹的發生是生產成本持續不斷攀升所帶來的結果，最為典型的例子就是 70 年代兩次石油危機所帶動原油價格的大幅波動造成物價指數的數倍成長。本節先說明通貨膨脹的意義與類型，並介紹通貨膨脹的成因，探討它對經濟所造成的影響。

16.2.1 通貨膨脹的意義

通貨膨脹（inflation）是指一個經濟社會在「一定期間內」，「全面性」且「持續地」之物價水準呈現相當幅度的上漲現象。從上一句話的定義，我們可以知道，通貨膨脹現象具備條件為「一定期間內」，「全面性」和「持續地」的物價上漲，依此，以下就這三個方向來加以說明。

一、通貨膨脹需要在「一定期間內」：

通貨膨脹的現象常以一段時間做為觀察與計算物價的變化，時間長短並沒有一定的標準，但是如果只是幾天的物價波動，不會被視為是通貨膨脹。例如，颱風過後與過年過節的物價上揚，只是幾天或幾周的物價飆漲。

二、通貨膨脹需要是「全面性」：

如果只有少數商品的價格飆升，其餘貨品價格沒有太大變化時，也不被視為是通貨膨脹，通貨膨脹需要具有「全面性」的物價上漲現象，且是相當幅度的上漲。

例如，第一次石油危機之後的 1974 年，當時台灣的 CPI 上漲幅度超過 47%以上，到達通貨膨脹的要件。

三、通貨膨脹需要是「持續地」：

物價上漲雖然具有「全面性」而不是「持續地」，即不能以「一次即停止」（once-and-for-all）的物價上漲就視為通貨膨漲。然而，一般物價水準雖「全面性」與「持續地」上漲，但如上漲幅度不大，則不會被視為通貨膨脹。

做為通貨膨脹的觀察指標，通常可用前面章節所介紹的三種價格指數，即消費者物價指數（CPI）、生產者價格指數（PPI）與 GDP 平減指數。

16.2.2 通貨膨脹的形成原因

什麼因素造成了通貨膨脹這樣的結果呢？經濟學界也有不同的主張。如果以總合供給與總合需求（AS-AD）模型的分析，可以分成需求拉動的通貨膨脹（demand-pull inflation）與成本推動的通貨膨脹（cost-push inflation）兩種。

一、需求拉動型的通貨膨脹

總合需求的變動會帶來價格的變化，圖 16.1 與圖 16.2 分別說明總合需求所拉動的通貨膨脹與極端 Keynes 型的通貨膨脹。

圖 16.1 中，當總合需求不斷的增加時，總合需求曲線會往右移動，由 $AD_0 \rightarrow AD_1 \rightarrow AD_2$。在總產出尚未達到充分就業（$=Y_f$）時，總合需求增加雖然帶動產出 Y（國民所得）的增加（$Y_0 \rightarrow Y_1 \rightarrow Y_2$），但是也帶來了物價的不斷上升（$P_0 \rightarrow P_1 \rightarrow P_2$），這是總合供給曲線（AS）處於斜率為正的階段。一旦總合需求曲線的增加是在充分就業之總合供給曲線（AS）的垂直階段時，產出 Y 無法增加，只會帶來物價的上漲。如圖中的總合需求曲線由 $AD_2 \rightarrow AD_3$ 時，物價則會由 P_2 上升到 P_3，價格呈現大幅的上揚。而總合供給曲線為垂直線代表各種的資源與要素已經得到充分運用，沒有任何閒置現象，此時的勞動市場也已經到達充分就業狀態。因此，社會經濟已經達到充分就業的狀態下，如果政府仍然採取擴張的經濟政策，使得總合需求持續增加時，實質國民所得不但無法提高，卻換來通貨膨脹的風險。

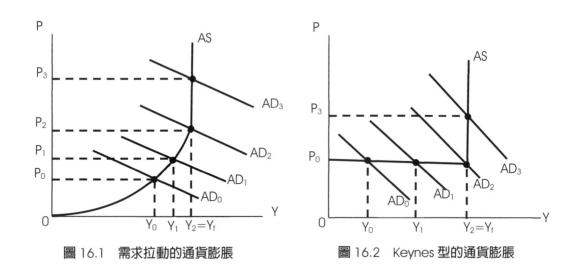

圖 16.1　需求拉動的通貨膨脹　　　　圖 16.2　Keynes 型的通貨膨脹

　　凱因斯經濟學強調利用市場的「需求面」解決經濟難題，所以常被其他的經濟學派的批評，認為凱因斯經濟學中沒有供給面的分析。為何凱因斯經濟學被認為沒有供給面的分析？或是凱因斯經濟學刻意忽略供給面的重要性？解答這個疑問，可從凱因斯巨著《就業‧利息及貨幣的一般理論》得到一些的理解。凱因斯經濟學的前提假設是：在到達完全充分就業水準之前，物價水準是不變的；超過完全充分就業水準的生產活動時，物價水準呈現快速上升。所以凱因斯經濟學所描述的總合供給曲線（AS）是一條「反 L」字型，凱因斯的經濟理論對通貨膨脹的看法可以用圖16.2 來說明。

　　圖 16.2 中，當充分就業水準前的總合供給曲線是呈現完全彈性的水平型狀，水平的總合供給曲線上的需求增加（$AD_0 \rightarrow AD_1 \rightarrow AD_2$），對物價水準的變動沒有任何影響，皆在停留在 P_0 水準。換言之，充分就業水準前，即使總合需求曲線往右移動，價格呈現僵硬性，這一段總合供給曲線的形狀與圖 16.1 是不同的。但是一旦超過充分就業水準之後，總合供給曲線呈現垂直的形狀是與圖 16.1 是一致的。

　　如果以貨幣學派解釋通貨膨脹現象，認為貨幣當局如果增加貨幣供給，那就會招致物價水準的上揚，貨幣供給增加是需求面擴張的結果。因為貨幣供給增加會帶動總合需求曲線向右移動，如此就可能引起物價水準的持續上漲。換言之，貨幣主義（monetarism）認為通貨膨脹歸因於過度貨幣供給追逐過少的商品。除此之外，從消費的增加、投資的擴大或擴大公共投資等有效需求來說明，或是政府採取減稅措

施增加可支配所得，這也可能帶來通貨膨脹現象。然而眾多的原因當中，以貨幣供給的增加引發的通貨膨脹被認為最具效果。

二、成本推動型的通貨膨脹

相對於上述的需求拉動型通貨膨脹，也有因生產成本的增加，總合供給曲線（AS）往左上方移動，造成物價的大幅上揚。所以成本推動型的通貨膨脹又稱為供給面通貨膨脹（supply-side inflation）。

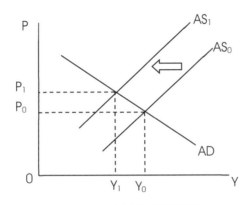

圖 16.3　成本推動的通貨膨脹

一般而言，生產成本的提高，可能來自工資水準、原料價格和能源等價格上漲，廠商減少勞動的雇用與減少原料投入，商品產量也就隨之減少。如此一來，導致總合供給曲線向左移動，產量減少帶動市場價格上升，這些都是因為生產要素價格上漲所致。成本推動型的通貨膨脹以 1970 年代的石油危機所造成物價大幅上漲的例子最為有名。以色列與阿拉伯國家的戰爭糾紛，石油輸出國家組織（The Organization for Petroleum Exporting Countries, OPEC）以石油供給的獨占優勢，透過聯合壟斷策略以量制價的生產策略，引起世界各國全面性的物價水準，短期間國際原油的價格上漲四倍。

圖 16.3 中，假設總合需求曲線（AD）不變，生產要素價格上漲帶動的生產成本增加，使得廠商的總合供給減少（$Y_0 \rightarrow Y_1$），總合供給曲線由 AD_0 左移至 AD_1，造成價格水準由 P_0 提高為 P_1。

16.3　通貨膨脹的影響

　　通貨膨脹之所以為世界各國政府所重視，是因為會帶來經濟的重大損失，一旦造成對物價失去控制可能演變成非常高通貨膨脹率的惡性通貨膨脹（hyperinflation）。惡性通貨膨脹在歷史上有許多的例子可循，例如 1920 年代的德國，因戰敗賠款使得國內經濟雪上加霜，發生惡性通貨膨脹，幾乎每兩天的物價就提高一倍，原先一份報紙價格 0.7 馬克，一年之後上漲到 7000 萬馬克，可見通貨膨脹的嚴重程度；台灣在 1945 年至 1950 年期間發生過惡性通貨膨脹，每年平均物價上漲率約 676.1%[2]；乃至 2008 年，非洲國家辛巴威的物價幾乎每天爆增，依據約翰霍普金斯經濟學家 Steven Hanke 推估，這種惡性通貨膨脹率每年為 8.79×10^{22}%[3]。

　　如上述所舉的惡性通貨膨脹一旦發生，可以想像衝擊人們的生活是巨大，商品價格不只每天不一樣，連睡覺時通貨膨脹都在進行，一覺醒來出去買東西，價格可能已經翻兩番。到這樣地步，人們會盡量減少貨幣的持有，一收到錢就會急著用掉，因為每單位的貨幣購買力呈現快速的下降。此時，本國貨幣逼近廢紙，人們的資產會轉向外幣的持有，或轉為商品的囤積。通貨膨脹對經濟社會的影響是深遠的，然而對經濟體中的每一份子所產生的影響又不盡相同。一般而言，通貨膨脹帶來的幾種效果，有 1.財富重分配，2.交易成本提高，3.資源的無效率。

　　本節將就各個層面探討通貨膨脹的影響。

16.3.1　財富重分配

　　在我們這個世代沒有經歷過真正的惡性通貨膨脹，所以對它所產生的痛苦可以說是「無感的」。當通貨膨脹使得各種商品的價格不斷地上漲，連帶著生產要素價格也會跟著上升。例如，勞動者薪資、土地建築等租金或是資金借貸利息也會同時的上漲。薪資、租金與利息是個人所得的一部分，所以當通貨膨脹的速度或幅度超過個人名目所得的增加率時，會帶來個人實質所得的減少。

---

[2]　吳聰敏（2005）〈台灣戰後的惡性通貨膨脹〉，台灣 50-60 年代的歷史省思研討會論文。
[3]　Greg L.,（2010），*The Little Book of Economics: How the Economy Works in the Real World*, John Wiley & Sons.（許瑞宋譯（2012）《財經議題即戰力：看懂金融危機、景氣波動與政策的經濟學》，財信出版，pp.73-74。）

另一方面，有些資產與負債的名目價格是固定的，房屋貸款就是一例。張三剛進入社會，因為要結婚以年利率 3%向好友李四借了 800 萬元買了一間公寓，這 500 萬元是屬於名目的債務，是固定的。一年之後，發生了通貨膨脹，這間房屋價格上漲到 1000 萬元。債務人張三與債權人李四之間的財富產生了重分配，李四收到 824 萬元的本金與利息，但是無法購買一年前的房屋，而張三卻增加了 176 萬元的財富。因為在通貨膨脹時期，負債價值是固定的，而資產價值是變動的，所以通貨膨脹會讓債務的實質價值產生變化，帶來債務人與債權人的財富產生重分配效果。

16.3.2 交易成本提高

當通貨膨脹發生時，物價隨時都在上漲，也不斷地在改變。市場上為了達成交易，需要耗費更多的資源方可達成。由於價格的不確定，人們無法充分掌握各種商品的價格資訊，所以必須使用更多的時間，與花費更多的金錢來取得資訊，這些都造成商品交易成本（transaction cost）的提高。然而當物價穩定時，這些額外的交易成本是可以避免的。除了資訊成本的提高之外，還有契約成本（contract cost）、菜單成本（menu cost）與皮鞋成本（shoe-leather cost）三種。

一、契約成本（contract cost）

勞資雙方或是訂貨生產之間，由於通貨膨脹的持續進行，造成彼此之間對物價上漲率在預期與實際上存在嚴重的落差，產生勞資糾紛與生產的停滯。為避免這樣的現象，雙方透過協調與訂定契約的方式解決爭端，但同時也增加了因訂定契約所帶來的成本。

二、菜單成本（menu cost）

通貨膨脹持續進行時，價格變化頻繁的結果，商品也必須不斷的重新標價，有如餐廳的菜單必須重新刊印，公司的商品價目表必須調整，連計程車的里程計費表必須重新設定等。這些都是企業因應價格的快速變化所需付出的代價，也是全體社會額外付出的經濟成本，被稱之為菜單成本。菜單成本的多寡視通貨膨脹進行的速度、通貨膨脹率高低而定。如果只是溫和的通貨膨脹，菜單成本或許不必太過於在意，企業可以吸收價差，但是如果是激烈的價格變化時，菜單成本就會變成一個很大的負擔。

三、皮鞋成本（shoe-leather cost）

通貨膨脹率的上升使大眾所持有的貨幣購買力下降，因而使用在交易上之額外時間或金錢上也會隨之增加。當通貨膨脹率越大，人們持有貨幣的機會成本就越高。所以當大眾預期物價會快速上漲時，就會越搶購商品與囤積商品，對貨幣的需求將會減少。貨幣需求的減少就是增加交易次數，提高了社會的貨幣流通速度，同時也增加交易的時間，人們為交易移動所造成資源的消耗通稱為皮鞋成本。

通貨膨脹所增加的成本，除了上述三種現象之外，尚有人們因通貨膨脹帶來名目所得提高的累進稅率，負擔的加重；通貨膨脹產生的經濟混亂，無法認清名目貨幣的增加與物價上漲之後的貨幣購買力，容易陷入貨幣的幻覺之中，進而造成消費與儲蓄的行為偏差；也有人將通貨膨脹稱為「通貨膨脹稅」，因為通貨膨脹造成實質所得的減少，和課稅的效果具同樣的效果，所以被視為一種「稅」，人們的可支配所得變相的減少。

16.3.3 資源無效率的運用

通貨膨脹擾亂了市場機制的正常運作，扭曲市場價格，價格機能再也無法扮演著「一隻看不見的手」引導商品的生產、分配與消費，常常使得供需失調。所以就無法將資源達到最適的分配水準，造成市場運作的無效率。

16.4　通貨膨脹的因應對策

上一節說明通貨膨脹可以分為需求拉動的通貨膨脹與成本推動的通貨膨脹兩種，因此解決此問題時，透過總合需求或總合供給政策的有效實施，對物價的持續上漲有「短期」上的控制效果。一般而言，如果通貨膨脹是因總合需求增加所造成時，政府採取緊縮財政政策或緊縮的貨幣政策，使總合需求曲線（AD）向左下方移動，價格會下跌，減輕通貨膨脹的壓力。反之，當總合供給的減少造成通貨膨脹時，政府透過所得政策或透過管制讓總合供給曲線（AS）往右下方移動。

然而需知，眾多的理由可能造成總合需求的增加或總合供給的減少造成物價大幅上漲。但是，通貨膨脹的持續上漲有很大原因是來自人們對未來物價上漲的預期心理因素所致。

16.5　失業率與通貨膨脹

上述的失業率與通貨膨脹率被視為痛苦指數，當這兩個指數上升時，人們的生活會感到不安與痛苦，政府總是戰戰兢兢地，想盡辦法改善。然而，失業率與通貨膨脹率是否存在著相互的關連性呢？本節將以總合供給與總合需求變化、菲力蒲曲線說明這個問題。

16.5.1　總合供給與總合需求變化

首先從圖 16.1 來說明，當總合需求的增加使總合需求曲線會往右移動，生產量由 Y_0 增加為 Y_1，物價水準則由 P_0 上升至 P_1。產量 Y 的增加意味著廠商會雇用更多的勞工，提升就業率，降低失業率，但同時也造成物價水準的上升。所以如果一國的經濟狀態如圖 15.1 時，總合需求的增加雖然能夠帶來產量提高所產生的失業率下降，但也可能會有通貨膨脹。通貨膨脹與失業率呈現反向關係，兩者之間可以抵換（trade-off）。

另一方面，如果是由總合供給的減少，那麼通貨膨脹與失業率的關係可能就和上述的結果不同。圖 16.3 的總合供給減少（石油價格攀升），總合供給曲線由 AS_0 左移至 AS_1，此時產量 Y_0 減少為 Y_1，物價水準則由 P_0 上升至 P_1。總合供給左移的產量減少，使得廠商減少雇用勞工或減少工作時數，成本上升帶動物價水準的上升，通貨膨脹與失業率的變動呈現相同方向，兩者之間沒有抵換效果。

16.5.2　菲力蒲曲線

另外分析通貨膨脹與失業率之間的理論還有為大家所熟悉的「菲力蒲曲線」（Phillips curve）。這是由英國經濟學者菲力蒲（A.W. Phillips，1914-1975）在 1958 年發表《1861-1957 年英國失業和名目（貨幣）工資變動率之間的關係》論文，發現失業率與名目工資上漲率的關係，並提出有名的「菲力蒲曲線」。之後，美國經濟學者 Samuelson 將名目工資變動率（$=\frac{dW}{W}$）轉換成通貨膨脹率（$=\frac{dP}{P}$），做為觀察失業率與通貨膨脹率之間的關係。兩者關係的數學式可表示如下：

$$\frac{dW}{W} = a - bu \tag{16.5}$$

$\frac{dW}{W}$ 表示名目工資變動率，u 為失業率，a 和 b 假定為大於 0 的常數。（16.5）式進而以圖形來表示，如圖 15.4。

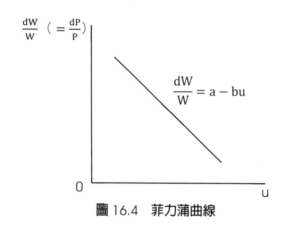

圖 16.4　菲力蒲曲線

　　而在傳統經濟理論裡，完全競爭市場下的最大利潤是在實質工資（W/P）＝勞動邊際生產力（MP_L），以數學式表示如下：

$$W = P \times MP_L \tag{16.6}$$

將（16.6）式取對數得

$$\ln W = \ln P + \ln MP_L \tag{16.7}$$

微分（16.7）式，整理後得

$$\frac{dP}{P} = \frac{dW}{W} - \frac{dMP_L}{MP_L} \tag{16.8}$$

　　由（16.8）式可知，當價格水準不變之下（即 $\frac{dP}{P} = 0$），如果勞動者提高勞動的邊際生產力，則可對廠商要求提高名目工資。但是，一旦名目工資（$\frac{dW}{W}$）提高的幅度超過生產力（$\frac{dMP_L}{MP_L}$）時，廠商在成本增加的壓力下會提高售價（$\frac{dP}{P} > 0$）。

📖 **應用問題**

　　一般人常會誤以為物價膨脹（通貨膨脹）所造成的問題是「物價膨脹使得生活費費用提高，造成生活水準下降」。這樣的想法很有可能是似是而非的，因為物價膨脹時，雖然各種商品的價格持續上漲，但薪資、租金、利潤等個人的所得來源及個人名目所得亦隨著物價膨脹而增加，因此物價膨脹不必然會造成個人實質所得下降。無論如何，物價膨脹與失業率相加，一般稱為「痛苦指數」，這意味著物價膨脹會造成許多人的損失。試列舉並詳加說明物價膨脹會造成個人損失及對整體經濟不利的理由。

【92.高考】

🗂 **提示**

　　除了參考本章 16.3 節的分析之外，在這裡加以兩點做補充說明，（一）對經濟成長的影響、（二）不利經濟穩定。

（一）對經濟成長的影響：

　　當通貨膨脹剛發生時，廠商是以較低的存貨成本在市場銷售，因此有較高的利潤，此種利潤會帶動產業的投資，短暫對經濟成長有利。但是，通貨膨脹歷經一段期間之後，已經沒有通貨膨脹前期的存貨，追加生產的商品成本較高，加上消費者的貨幣購買力因通貨膨脹持續上升而降低。因此，廠商的商品不易銷售帶來存貨的壓力，原有的利潤逐漸消耗，促使廠商對投資的減少，經濟開始呈現衰退的跡象。換言之，通貨膨脹對廠商利潤的影響是以先增加後減少的方式進行。

（二）不利經濟與社會的穩定：

　　當通貨膨脹率越來越高氣氛形成，持續一段時日之後，由原先溫和的物價上漲轉為快速的價格上揚，一般大眾開始感受到握有貨幣所造成的損失。當此種心理因素感染整個社會之後，惡性的通貨膨脹即將到來，將會對經濟帶來重大衝擊。進而造成國際收支的惡化、匯率市場的混亂、社會不安和政治不穩，最後演變成幣制崩潰，產生全面性的不利影響。

📖 應用問題

試回答下列問題：

（一）假設甲國之中一般家庭的消費包括吃牛肉麵與看電影，下表列出一個代表性家庭在一年內消費此兩種商品的數量與價格。

年	牛肉麵價格	數量	電影票價格	張數
2000	100	200	250	20
2001	120	220	300	24

請以 2000 年為基數，計算 2001 年的消費者物價指數。請詳列計算過程。

（二）根據凱因斯的總合供需模型，有兩種因素會造成短暫性的物價膨脹，試根據總合供需模型分別繪圖並說明這兩種物價膨脹的類型。

【91.原住民】

📁 提示

對於（一）的問題可以依據第 12 章的 12.3.2 節的消費者物價指數公式 $CPI = \frac{\sum_{i=1}^{n} P_i^t q_i^0}{\sum_{i=1}^{n} P_i^0 q_i^0} \times 100$，得 $CPI = \frac{120 \times 200 + 300 \times 20}{100 \times 200 + 250 \times 20} \times 100 = 120$。

對於（二）的問題可以本參考章的 16.2.2 節中圖 16.1、圖 16.2 和圖 16.3 作答。

✦ 經濟政策的解析：政治經濟學中的痛苦指數

政治經濟學追求生活水準品質的提升，除了經濟成長以提高所得水準之外，本章的主題就業以及物價兩大經濟指標也是經濟政策的目標。失業與通貨膨脹被視為痛苦指數，因為一旦提高了這兩項指標就代表國人的生活品質受傷害。經濟政策的實施就是希望降低失業率與通貨膨脹率，控制這兩項就意味著我們的生活品質獲得改善，這樣的經濟政策將會受到人民的肯定與支持。我們在前幾章介紹凱因斯模型與修正模型分析經濟效果，其中隱藏著一個「菲力蒲曲線」法則，在本章中也說明失業率與通貨膨脹率之間存在負相關，但是在第一次與第二次石油危機發生時，失業率與通貨膨脹率之間的產生變化，兩者之間失去了 trade-off 的關係。因此，在不同

時空背景的經濟環境的變化之下，經濟政策的使用也須隨經濟理論的變化而修正才能使失業率與通貨膨脹率有所轉變。

▶▶實力測驗

☆選擇題

( )1. 假設民國 105 年的物價指數為 105，民國 106 年的物價指數為 110，民國
107 年的物價指數為 115；則下列敘述何者錯誤？
(A) 這三年的整體物價水準一年比一年高
(B) 這三年經濟體系中的每一個商品都越來越貴
(C) 民國 105 年至民國 106 年的通貨膨脹率大於民國 106 年至民國 107 年
的通貨膨脹率
(D) 民國 105 年至民國 106 年的通貨膨脹率為正，民國 106 年至民國 107 年
的通貨膨脹率也為正

【108 年公務人員普考】

( )2. 近年來鐵礦價格大漲，請問易導致下列何種狀況：（CPI 為消費者物價指
數，WPI 為躉售物價指數）
(A) 只有 WPI 上升　　　　　(B) WPI 上升；CPI 下降
(C) WPI 上升；CPI 不一定上升　(D) 只有 CPI 上升

【108 年公務人員高考】

( )3. 長期菲利浦曲線為：
(A) 正斜率　(B) 負斜率　(C) 垂直線　(D) 水平線

【108 年公務人員高考】

( )4. 當物價指數從 120 上升至 126，則物價膨脹率為：
(A) 3%　(B) 4%　(C) 5%　(D) 6%

【107 年公務人員普考】

( )5. 若實際失業率低於自然失業率，則下列何者正確？
(A)通貨膨脹率上升　(B)菲力普曲線（Phillips curve）會向左移動
(C)工資會下降　　(D)自然失業率會下降

【107 年公務人員高考】

( )6. 下列何項對失業者的敘述錯誤？
(A)目前無任何工作機會
(B)隨時可以工作
(C)有兼職但無全職工作
(D)已參加求職面試，目前在等候面試結果通知

【106 年公務人員普考】

( )7. 假設市場工資率具向下僵固性且高於均衡水準。在其他條件及民間人口數不變的情況下，失業率會隨勞動參與率的下降而：
(A)上升　(B)下降　(C)不受影響　(D)資料不足，無法判斷

【106 年公務人員普考】

( )8. 重貨幣學派之經濟學家米爾頓‧傅利曼（Milton Friedman）認為物價膨脹與失業之間的短期取捨關係來自於：
(A)物價膨脹本身　　(B)失業本身
(C)預料之外的物價膨脹　(D)預料之外的失業

【106 年公務人員普考】

( )9. 一個廠商調整價格，造成對所有其他廠商產品需求的總體衝擊，稱為什麼？
(A)菜單成本　　　　　　(B)總需求的外部性
(C)協調失敗（Coordination Failure）　(D)貨幣中立

【98.鐵路】

（　）10.「供給面經濟學」（Supply-Side，Economics）主張如何增加國民所得？
(A)增加貨幣供給　(B)增加政府支出
(C)降低通貨膨脹　(D)降低稅率

【99.身心三】

（　）11.就成本推動的通膨而言，在其他條件不變下，下列何者正確？
(A)通膨與失業率同時上升　(B)失業率上升但通膨下降
(C)通膨上升但失業率下降　(D)通膨與失業率同時下降

【99.身心三】

（　）12.有關短期菲力普曲線之敘述，下列何者正確？
(A)會因預期通膨增加而向上移動　(B)會因預期通膨減少而向上移動
(C)為水平線　　　　　　　　　　(D)為垂直線

【98.高考】

（　）13.下列有關菲力普曲線（Phillips Curve）的敘述，何者正確？
(A)實際物價膨脹率等於預期物價膨脹率加上名目利率
(B)實際物價膨脹率等於預期物價膨脹率
(C)預期物價膨脹率為零
(D)失業率等於零

【98.鐵路】

( )14. Real GDP measures

  (A) personal income adjusted for taxes paid to the government.

  (B) national output adjusted for changes in the quality of products.

  (C) national output adjusted for price level changes.

  (D) Nominal output adjusted for changes in national income because of economic booms.

  (E) national output adjusted for unemployment.

【97.成大財金、企管】

( )15. If the labor force participation rate is 52% in a population of 290 million and 23.5 million people are unemployed, the rate of unemployment is

  (A) 15.6% (B) 7.8% (C) 11.2% (D) 26.6%

( )16. The natural rate of unemployment means that there

  (A) is less than full unemployment.

  (B) are no job openings existing at the time.

  (C) is zero unemployment.

  (D) is only frictional or structural un- employment.

【93.政大金融】

( )17. Unemployment exceeds the natural rate of unemployment whenever

  (A) actual GDP is growing more slowly than potential GDP.

  (B) GDP is falling.

  (C) actual GDP exceeds potential GDP.

  (D) potential GDP exceeds actual GDP.

  (E) None of the above.

【92.政大經濟】

(　)18.物價水準持續下跌的現象稱為：

(A)通貨緊縮　(B)通貨膨脹　(C)通貨危機　(D)通貨緊張

【93 初等考】

(　)19.自然失業率的失業等於：

(A)摩擦性失業

(B)摩擦性失業加上結構性失業

(C)摩擦性失業加上結構性失業，再加上循環性失業

(D)摩擦性失業加上結構性失業，再加上循環性失業和季節性失業

【93 初等考】

(　)20.每年由於畢業進入勞動市場找工作，有些人無法立即找到工作而引起之失業稱為：

(A)摩擦性失業　(B)結構性失業　(C)循環性失業　(D)季節性失業

【93 初等考】

(　)21.下列哪一種情況將會使失業率提高？

(A)一失業者因犯案被捕入獄

(B)一職業婦女決定辭職並全心照顧家務

(C)一甫畢業的學生隨即找到工作

(D)一失業者決定遊山玩水，不再眷戀求職

【93 初等考】

(　)22.描述失業率與物價上漲率兩者間關係之曲線稱為：

(A)凱因斯曲線　(B)李加圖曲線　(C)菲力普曲線　(D)亞當斯密曲線

【93 五等特考】

( )23.總體經濟學中,所謂「痛苦指數」是指:

(A)死亡人數中罹患癌症與憂鬱症致死的比率

(B)房價變動率加上股價動率

(C)失業率加上物價膨脹率

(D)犯罪率加上失業率

【93 五等特考】

( )24.物價水準持續上升的現象稱為:

(A)通貨緊縮　(B)通貨膨脹　(C)通貨危機　(D)通貨緊張

【93 五等特考】

( )25.通貨膨脹發生之後,導致民眾所想要持有的貨幣數量減少,因而花用在交易上的額外時間或成本,在經濟學上將其稱為:

(A)菜單成本（menucost）　　(B)皮鞋成本（shoeleathercost）

(C)財富重分配成本　　　　(D)所得重分配成本

【93 四等特考】

( )26.物價膨脹發生時,會產生所得重分配現象,此時:

(A)固定薪水階段受損　(B)企業家不利

(C)債務人不利　　　　(D)債權人有利

【88 高等檢定】

( )27.導致停滯性物價膨脹之主因為:

(A)使總合供給減少之因素

(B)使總合需求減少之因素

(C)使總合供給與總合需求皆增加之因素

(D)即非膨脹總合供給之因素亦非影響總合需求之因素

【87 四等特考】

☆ 申論題

一、The country of Formosa has produced the following quantity of toys and bananas, with the price of each listed in dollar terms：

Year	Toys		Bananas	
	Quantity	Price	Quantity	Price
2002	8,000	$4	6,000	$8
2003	10,000	$3	5,000	$14

（一）Using 2002 as the base year, what is the growth rate of real GDP from 2002 to 2003？

（二）Based on the GDP price index（GDP deflator）, what is the inflation rate from 2002 to 2003？

【93.成大財金】

二、請以總合供給模型並繪圖說明，何謂停滯性通貨膨脹（Stagflation）？並解釋為甚麼政府財政政策或貨幣政策均無法解決此問題？

【97.關務三】

Chapter 17

中央銀行角色與貨幣政策工具

列寧
（Владимир Ильич Ленин,
1870-1924）

要毀滅一個國家最快速，最有效的方法就是讓該國的貨幣變成一張廢紙。

▌前言 —————————

我們常說金融貨幣是一國經濟活動的血液，而扮演管理角色的是中央銀行。當要將金融血液推送到經濟活動的各個角落時，需要依賴各種金融機構的配合，而建構與管理這些金融機構也是由中央銀行來負責。隨著金融的自由化，貨幣政策之良否影響到經濟未來走向，而執行這項任務的機關為中央銀行。本章將介紹貨幣政策的理論依據，讓讀者能夠明白政策背後的理論基礎，這將有助於了解政策的經濟目標。中央銀行的貨幣政策對金融市場之影響是舉足輕重的，同時中央銀行也扮演「銀行中的銀行」，是金融市場的「最後貸款者」，本章將說明中央銀行如何透過金融機制扮演這樣的角色。

17.1 貨幣的重要性

　　市場經濟是透貨幣完成交易過程，所以也可稱為貨幣經濟。現在的貨幣型態並非一開始就是這樣，貨幣型態可說隨著時代而改變，而且歷經相當久的時間。近年來由於半導體科技以及網路興起，貨幣也有轉變。因此，貨幣雖然歷經了長久歷史演進之後，呈現目前所使用的貨幣型態，而且尚在變化當中。然而，人類最早貨幣出現於何時，眾說紛紜沒有確切的證明論述。一般教科書都會從貨幣的功能來說明貨幣的重要性。本節首先透過貨幣功能的介紹，再來討論我國對貨幣的定義，即對貨幣的衡量標準。

17.1.1 貨幣的功能

　　從功能性來定位「貨幣」時，可以歸納貨幣具有：交易媒介、計價單位、價值儲存等三項功能。

一、交易媒介（medium of exchange）

　　亞當斯密在《國富論》（1776）中為了說明價格機制，從交易、分工推論到市場的形成。在原始的經濟社會裡，人們從生產、分配到消費都由自己來完成。有一位獵人帶著昨天晚上做好的弓箭，在破曉之前進入山中打獵，只為家中妻小的三餐溫飽。這位獵人不停不休，一天下來毫無斬獲，接近日落黃昏，帶著失望與憂鬱的心情蹣跚地走向回家之路。途中，遇見隔壁部落的另一位獵人，獵物滿載而歸。沒有獵取到任何獵物的獵人提議將剩餘的弓箭來換取另一獵人吃不完的食物，最後完成交易，兩人皆大歡喜。當時的「弓箭」與「獵物」就是扮演交易媒介的貨幣角色，但是這樣的交易形式充滿不便。生產鞋子的人想要衣服，花了相當時間後找到了，這位製造衣服的人並不想要鞋子，浪費相當長的時間後，交易還是沒有完成。因此，任何交易都需要用以物易物的方式的話，除了造成人們的不便之外，還會阻礙經濟社會的進步。

　　從上述的故事得知，社會的經濟活動會逐漸透過受到廣泛接受的商品作為交易媒介，這些媒介需具備容易分割的，且不易損壞的特質，貴金屬就是典型代表。人

類長時間以貴金屬作為交易媒介的貨幣，因為貴金屬具備稀少性、可分割性、容易攜帶與可儲存性，其中又以黃金白銀最具代表性。

二、計價單位（unit of account）

貨幣的第二項功能是做為計價單位。計價單位的功能表示對需求商品的價值與價格能夠標準的衡量，又可以作為不同商品之間的比較尺度。有了計價單位的貨幣之後，任何商品的交易就不需要透過上面所述以物易物的交易方式。想像一下，在沒有計價單位的貨幣時，經濟社會將會面臨怎麼樣的困擾呢？當一頭牛換 10 隻羊；一隻羊換 5 隻雞；一隻雞換 10 把菠菜；一條魚換$10\frac{1}{3}$把小白菜；1 把小白菜換$\frac{1}{2}$的菠菜……。當小白菜農想吃羊肉或是漁夫想吃菠菜時，在沒有計價單位做為標準衡量情況下，只靠商品之間的交換比例做為交易基準的話，街上可能最常見的景象就是吵架。因此，如果能夠制定各種商品的單位，例如公斤、磅、公尺……等，之後再以貨幣做為計價單位，那麼才能夠比較商品的價值，進而將貨幣做為經濟社會活動的價值標準。

三、價值儲存（store of value）

前面提及的原始經濟社會裡，凡事以物易物。牛、羊、雞、鴨……等禽畜處理後，只有兩三天能夠保藏；同樣地，小白菜、菠菜、空心菜……等生鮮蔬菜的保存期間也只有數日。如果以這些作為交易的貨幣的話，那人們辛苦所生產的商品將會在數日之後又得重新開始，辛苦的代價只能夠維持幾天，對社會的財富累積將會造成不利影響。

如果有了價值儲存功能的貨幣，人們就不需要急著當下交易，可以在最有力的時刻買賣。貨幣有了價值儲存功能就能夠暫時延後交易，人們可以將購買力儲存起來，個人財富得以持續累積。隨著商業更加成熟，代表財富的樣式越多元，不需要一定以貨幣持有，人們可以用房屋、土地、黃金、股票、公債……等方式作為財富。當然，經過一段期間之後，價值儲存產生延後的貨幣購買力可能會增加，也可能減少，所以存在風險。歷史上的經濟混亂所產生通貨膨脹就是害怕延後交易的貨幣購買力減少，引起大眾恐慌地拋棄貨幣，選擇其他資產。

17.1.2 我國貨幣的衡量

對於貨幣的定義，雖然國際上並沒有統一的標準，但程度上有其共通的原則。一般而言，通常貨幣內容包括通貨總量與存款總量，因為存款種類各國並不一致，所以廣義的貨幣與狹義的貨幣在定義上也會不同。美國將貨幣定義分為M_1、M_2與M_3，M_1為最狹義的貨幣供給量，包含通貨、旅行支票、活期存款、付息支票帳戶，是屬於流動性（liquidity）較大的貨幣，不需要轉為其他物品，本身就可以作為交易的媒介。M_2比M_1較為廣義的貨幣，M_2包括M_1之外，還有儲蓄存款、小額定期存款、貨幣市場的共同基金與存款帳戶……等非交易餘額（non-transactions balances）。M_3又比M_2包含更多，它涵蓋更多較無流動性的帳戶餘額，例如大額定期存款、機構性的貨幣市場共同基金與定期歐洲美元、定期附買回協議。

另一方面，我國的貨幣衡量分為M_{1A}、M_{1B}與M_2。將這三種涵蓋內容整理如下：

M_{1A} = 通貨淨額 + 企業及個人在貨幣機構支票存款及活期存款。

M_{1B} = M_{1A} + 個人在貨幣機構之活期儲蓄存款。

M_2 = M_{1B} + 準貨幣。

其中，準貨幣或準貨幣存款是指企業及個人在貨幣機構的定期存款、定期儲蓄存款、外匯存款、郵匯局自行吸收之郵政儲金總額、企業及個人持有貨幣機構之附買回交易餘額與外國人所持有的新台幣存款。貨幣定義存在差異，所以貨幣政策產生的影響需視貨幣定義的種類而有所不同。

17.2　中央銀行

現代國家的經濟體制中，人民對中央銀行（central bank）既熟悉又有點陌生的感覺。每天使用的鈔票與它有關，但是對於它的組織架構與功能性的了解又顯得很遙遠。大家最常聽到國外的中央銀行以美國的聯邦準備體系理事會（Fed），Fed 最主要的功能有：（1）執行貨幣政策、（2）公開市場操作、（3）貼現窗口貸款、（4）法定準備率設定、（5）監督與管理會員銀行、（6）監督聯邦準備銀行、（7）收集資料與預測。從這些功能來看，我國的中央銀行扮演角色與 Fed 相近。

我國依據「中央銀行法」與「中央銀行各局處室組織規程」設置理事會，監事會與中央銀行總裁（1 名）、副總裁（2 名）。中央銀行總裁由行政院長提名，總統

任命，但又不需要隨行政院院長的總辭而下台，這樣的制度設計使得我國中央銀行的獨立性曖昧不明。

　　中央銀行主要的任務為執行貨幣政策以達到經濟目標，其中有很大部分需靠「存款乘數創造」（multiple deposit creation）。所以，在下一節將介紹貨幣的創造過程。

17.2.1 中央銀行主要貨幣政策工具

　　中央銀行在執行貨幣政策上，可以運用各種方法，其中主要的政策工具有三種，分別為：公開市場操作、重貼現窗口、法定準備率。將就這三種工具分述如下。

一、公開市場操作（open market operation，OMO）

　　公開市場操作被視為最常使用的貨幣政策工具，也被認為最有效果的手段。中央銀行觀看經濟狀況與金融市場之後，判斷採取信用寬鬆或是信用緊縮時，透過國庫券、其他債券買入或賣出的公開市場操作方式，調節強力貨幣的數量。中央銀行認為景氣過熱，需要減少市場通貨的數量時，中央銀行出售債券，收回一部分流通於市場的貨幣，避免通貨膨脹或泡沫經濟的發生。反之，當景氣低迷，為了活絡經濟，決定釋放更多的貨幣時，中央銀行可利用購買債券以增加市場貨幣的流通量。

二、重貼現利率（rediscount rate）

　　中央銀行是銀行中的銀行，金融機構相當於是中央銀行的客戶，當需要資金時，中央銀行透過重貼現窗口以設定的重貼現利率，將資金借給各金融機關，以利金融市場的順利運作。中央銀行調整重貼現利率水準可以影響金融機構的成本與利潤，並可能改變市場的貨幣供給量。所以當中央銀行欲採取寬鬆貨幣政策時，可以透過調降重貼現利率水準，降低金融機構向中央銀行的借貸成本，使得金融機構降低對各戶的利率水準。反之，中央銀行採取信用緊縮時，避免資金過度操作時，調高對金融機構的重貼現利率，提高資金成本，並壓縮利潤，使得金融機構提高對客戶的利率。

三、法定準備率（required reserve rate）

中央銀行不同一般的企業，它吸收了企業以及一般大眾的資金，所以對客戶的存款需要加以管理。中央銀行要求金融機構對不同種類的存款，必須保有不同比例的最低法定存款準備率。鑑於過去的歷史教訓，制定法定準備率可以降低擠兌（bank runs）現象，以穩定金融。如果沒有落實法定存款準備率的管理，金融機構為了增加利息收入，過度放款的結果可能讓金融機構帶來流動性不足的危險。因此，中央銀行提高法定存款準備率，依規定金融機構必須提存更多的法定準備金，減少貨幣供給量流通於市場，已達到緊縮的貨幣政策。反之，降低法定存款準備率，金融機構可以釋放更多存款給企業與個人的資金運用，已達到寬鬆的貨幣政策。因此，法定準備率的制定成為中央銀行控制貨幣供給量的政策工具。

除了這三種貨幣工具之外，中央銀行還可以透過其他的方法控制貨幣量，例如，透過外匯市場的操作、郵政儲金轉存、選擇性信用管制或道德勸說等方式。下一節將介紹的貨幣供給的基礎與貨幣的創造過程裡，可以了解中央銀行執行貨幣政策如何改變市場的貨幣量。

17.3　貨幣的創造

17.3.1　貨幣供給導出步驟

在說明貨幣創造之前，先要了解貨幣的供給基礎是什麼？從先前在貨幣定義可知，狹義的貨幣是由通貨與存款所組成的，廣義的貨幣還包含了準貨幣，這些都是構成貨幣供給的基礎，任何一項產生改變，就會造成貨幣供給量的變動。

要知道構成貨幣供給的基礎，我們可以透過幾個步驟導出貨幣供給的公式。

第一個步驟：可以從中央銀行的資產負債表得出準備金的供給。

第二個步驟：可以從金融機構的資產負債表得出準備金的需求。

第三個步驟：由上述兩個步驟得出的準備金應該相等，即準備金的供給＝準備金的需求。

第四個步驟：將上述獲得的準備金加上流通市場的通貨淨額就構成貨幣供給的基礎。

17.3.2 貨幣供給公式的導出

從第一個步驟的中央銀行資產負債表中，簡化構成總資產的主要有三大項目分別為中央銀行持有的公債，國庫券，以B_C來表示；貼現窗口貸款（discount window loans），以 DEL 表示；其他資產，以 OA 表示。所以中央銀行總資產可寫成：

中央銀行總資產=B_C + DEL + OA （17.1）

另一方面，構成總負債的主要有三大項目分別為通貨淨額（currency in circulation），以 Cur 表示；中央銀行發行的總供給準備金，以TR^S表示；其他負債，以 OL 表示。所以中央銀行總資產可寫成：

中央銀行總負債=Cur + TR^S + OL （17.2）

由（17.1）式與（17.2）式之資產負債均衡式，可以寫成下式：

B_C + DEL + OA = Cur + TR^S + OL （17.3）

將（17.3）式整理後得出總供給準備金（TR^S）為：

$TR^S = B_C$ + DEL +（OA － OL － Cur） （17.4）

從（17.4）式可知，構成總供給準備金（TR^S）有中央銀行持有的債券，貼現窗口貸款與由OA － OL － Cur所構成的淨技術因素。當左邊的各項因素產生變化時，中央銀行發行的總供給準備金就會變動。例如，中央銀行增加對金融機構實施貼現窗口貸款，總供給準備金也會增加；當減少中央銀行債券的持有時，那麼總供給準備金也會減少。

（17.4）式中的總供給準備金（TR^S）又可區分為非借入準備金（Non-borrowed Reserves, NBR）與借入準備金（Borrowed Reserves，BR）金兩種。非借入準備金（NBR）是由B_C +（OA － OL － Cur）所組成，借入準備金（BR）即是DEL，所以可將（17.4）式改寫成下式：

TR^S = NBR + BR （17.5）

接下來從第二個步驟找出金融機構資產負債表中的準備金需求。準備金的需求來自銀行，而銀行所持有的總準備金需求（demand for total reserves, TR^d）又可以分成法定準備金（Required Reserves, RR）與超額準備金（Excess Reserves, ER）兩種。因此，總準備金需求可寫成（17.6）式。

TR^d = RR + ER （17.6）

又法定準備金（RR）是由法定存款準備率（rr）乘上銀行存款(D)所得出，即

RR = rr × D （17.7）

根據第三個步驟準備金的供給＝準備金的需求，所以（17.5）式與（17.7）式需相等（$TR^S = TR^d$），如下式所示。

$$NBR + BR = RR + ER \tag{17.8}$$

整理後，得（17.9）式。

$$RR = NBR + BR - ER \tag{17.9}$$

（17.9）式為銀行的總供給準備金減去超額準備金，即銀行的法定存款準備金，有時又被稱為有效準備金（effective reserves）。當以有效準備金的存款作為貨幣供給之基礎時，可以用D_r^e來表示，並將（17.7）式改成為（17.10）式、（17.11）式。

$$RR = rr \times D_r^e \tag{17.10}$$

$$D_r^e = RR \times \frac{1}{rr} \tag{17.11}$$

將（17.9）式代入（17.11）式，得出（17.12）式。

$$D_r^e = \frac{1}{rr} \left(NBR + BR - ER \right) \tag{17.12}$$

為簡化起見，我們設定狹義貨幣為貨幣供給基礎，它是由通貨淨額（Cur）與有效準備金的存款（D_r^e）所組成，因此貨幣供給的公式可寫成：

$$M^S = Cur + D_r^e \tag{17.13}$$

將（17.12）式代入（17.13）式之後，可得出貨幣供給的公式。

$$M^S = Cur + \frac{1}{rr} \left(NBR + BR - ER \right) \tag{17.14}$$

由（17.14）式可知構成貨幣供給的因素有五個，通貨淨額（Cur）、法定存款準備率（rr）、非借入準備金（NBR）、借入準備金（BR）與超額準備金（ER）。在其條件不變之下，當通貨淨額（Cur）、非借入準備金（NBR）與借入準備金（BR）增加時，將造成貨幣供給量的增加；當提高法定存款準備率（rr）或增加超額準備金（ER）將造成貨幣供給量的減少。

17.3.3 簡單的貨幣乘數

中央銀行執行貨幣政策改變了貨幣供給量，我們透過上面導出貨幣供給公式可以知道。然而，中央銀行運用政策首先改變基礎貨幣量，經過一段期間之後，在市

場上產生的貨幣變化量超過原先的變化金額，解釋這個道理可以透過存款乘數創造（multiple deposit creation）來說明。

貨幣乘數的創造需要幾個條件方可成立。中央銀行執行貨幣政策，需要有存放款業務銀行的配合，企業或個人也必須透過銀行的存款與放款從事資金的活動。如果因某種因素造成存放款活動的中斷，那麼貨幣乘數效果也會隨之停止。接下來我們先介紹存款乘數的創造過程，再進一步以資產負債表說明中央銀行公開市場操作所帶動的貨幣創造。

中央銀行透過市場從交易商購得 10 億元的債券，交易商將獲得的 10 億元的支票存入某家銀行。假設中央銀行對存款的法定準備率定為 10%時，這家銀行對這 10 億元的支票存款必須提 1 億元做為法定存款準備金，其餘的 9 億元可做為銀行的超額準備金。之後，這家銀行將 9 億元全部放款給公司、家庭與學生，這些獲得貸款者的銀行帳戶也增加了 9 億元存款，各家銀行必須提存 9 億元中的 9,000 萬元（=9 億元×10%）做為法定存款準備金，其餘的 8.1 億元（=9 億元×90%）有可作為放寬之用。以此類推，不斷的存款與放款的資金循環，銀行體系將產生 100 億元的存款。計算如下：

$$10 \text{ 億元} + 10 \text{ 億元} \times (1 - 10\%) + 10 \text{ 億元} \times (1 - 10\%)^2 + \cdots = \frac{\text{首項}}{1 - \text{公比}}$$

$$= \frac{10 \text{ 億元}}{1 - 10\%} = 100 \text{ 億元。}$$

因此，我們可以依照上式計算方法，將存款的貨幣創造寫成（17.15）式。

$$\Delta D = \Delta B_C + (1 - rr)\Delta B_C + (1 - rr)^2 \Delta B_C + (1 - rr)^3 \Delta B_C + \cdots\cdots = \frac{1}{rr} \times \Delta B_C$$

$$\Delta D = \frac{1}{rr} \times \Delta B_C \qquad\qquad (17.15)$$

其中，ΔD 為存款變化量，ΔB_C 為中央銀行操作公債量，rr 為法定存款準備率。（17.15）式中的 $\frac{1}{rr}$ 為貨幣乘數，當法定存款準備率（rr）越高時，貨幣乘數就越小，所能創造出來貨幣供給量就變小。反之，存款準備率（rr）越低時，貨幣乘數就越大，創造的貨幣供給量就越多。

接著我們從資產負債表來說明中央銀行透過公開市場操作所產生存款乘數的貨幣創造。假設中央銀行欲釋放 10 億台幣於市場上，透過公開市場操作購買 10 億元的公債以增加貨幣的供給量。原先持有債券交易商的資產負債表中，債券減少 10 億

元,但在甲銀行的資產負債表的記錄上,存款項目增加了 10 億元,這 10 億元成為甲銀行的準備金。從表 17-1 與表 17-2 的公開市場操作前後的資產負債表可以看出變化,這是第一波的存款貨幣創造。

表 17-1　公開市場操作前的甲銀行資產負債表（單位：10 萬元）

資產		負債	
準備金	+20,000	存款	200,000
放款+投資	+190,000	中央銀行借款	0
		淨值	10,000
註：			
法定準備金=	20,000		
超額準備金=	0		

表 17-2　公開市場操作後的甲銀行資產負債表（單位：10 萬元）

資產		負債	
準備金	+30,000	存款	210,000
放款+投資	+190,000	中央銀行借款	0
		淨值	10,000
註：			
法定準備金=	21,000		
超額準備金=	9000		

從表 17-2 中,甲銀行資產負債表存款增加 10 億元做為準備金,其中法定存款準備金為 1 億元(法定準備率定為 10%時),超額準備金為 9 億元。甲銀行可以將增加的 9 億元全部做為投資或放款之用,資產負債表的變化如表 17-3 所示。這是第二波的存款貨幣創造。

表 17-3　**甲銀行放款增加與存款的創造**（單位：10萬元）

資產	負債
放款+投資　+9,000	存款　+9,000
註： 法定準備金＝　　+900 超額準備金＝　　-900	

　　甲銀行將增加的超額準備金全部作為放款之後，獲得這些款項人的銀行帳戶在支票入帳之後，甲銀行的準備金與存款在資產產負債表上都產生變化，如表 17-4，表 17-5。

表 17-4　**乙銀行支票兌現後的甲銀行準備金與存款的變化**（單位：10萬元）

資產	負債
準備金　　-9,000	存款　-9,000
註： 法定準備金＝　　-900 超額準備金＝　-8,100	

表 17-5　**放款與支票兌現後的甲銀行資產負債表**（單位：10萬元）

資產	負債
準備金　　　+21,000 放款+投資　+199,000	存款　　　　210,000 中央銀行借款　　　0 淨值　　　　10,000
註： 法定準備金＝　21,000 超額準備金＝　　　0	

　　獲得9億元款項人的乙銀行帳戶，從甲銀行的支票入帳之後，乙銀行的準備金與存款在資產負債表都呈現增加的記錄，如表 17-6。

表 17-6　甲銀行支票兌現後的乙銀行準備金與存款的變化（單位：10 萬元）

資產	負債
準備金　　　+9,000	存款　+9,000

註：
法定準備金＝　　+900
超額準備金＝　+8,100

乙銀行增加 9 億元的準備金，其中可以作為超額準備金有 8.1 億元（法定存款準備率 10%），所以第三波的存款貨幣創造。

表 17-7　乙銀行放款增加與存款的創造（單位：10 萬元）

資產	負債
放款+投資　+8,100	存款　+8,100

註：
法定準備金＝　　+810
超額準備金＝　　-810

乙銀行同樣將超額準備金的 8.1 億元全部作為放款之後，資產負債表上的準備金與存款在記錄上都減少了，而丙銀行則增加了，如 17-8 表所示。

表 17-8　丙銀行支票兌現後的乙銀行準備金與存款的減少（單位：10 萬元）

資產	負債
準備金　　　-8,100	存款　-8,100

註：
法定準備金＝　　-810
超額準備金＝　-7,290

從乙銀行獲得貸款的客戶在支票兌現後，在丙銀行的資產負債表記錄上存款增加 8.1 億元的存款，這些存款必須提存 0.81 億元做為法定存款準備金（存款的 10%），其餘的 90%可以供作放款之用，如表 17-9。這是第四波的存款貨幣創造。

表 17-9　放款與支票兌現後的丙銀行資產負債表（單位：10 萬元）

資產		負債	
準備金	＋ 810	存款	8,100
放款+投資	＋ 7,290		

上述利用資產負債表來說明存款貨幣的創造與前面導出的（17.5）式呈現的道理是一樣。因此，我們知道貨幣的創造過程當中需要以下的條件配合不可。

一、須透過金融機關的存放款的資金運作。

貨幣的創造需要由金融機關扮演仲介的角色，不斷地將貨幣供給者傳遞給貨幣需求者，如果在這傳遞過程當中貨幣被儲藏起來，例如民眾將取得的貨幣放置自己家中，沒有存放於金融機關，那麼貨幣創造就會停止。

二、需有中央銀行的貨幣發行與準備貨幣的釋放。

從上述的例子可知，貨幣創造建立在基礎貨幣之上，當基礎貨幣產生改變後，透過金融機構的貨幣借貸機制方可達成。就像上面例子，中央銀行透過公開市場操作，改變了基礎貨幣的規模。以上只介紹簡單的貨幣乘數，如果將五種影響貨幣供給的因素也納入考慮時，將會更符合現狀，這在下一章做更詳細說明。

因此，中央銀行為了穩定物價、促進經濟成長以及提高就業量，透過貨幣供給量的改變作為影響企業與家庭的經濟活動。所以貨幣政策執行的背後都隱藏著政策目標，這些可以區分中期目標和最終目標。

17.4　中央銀行規劃貨幣總量的理論

中央銀行為達成政策之最終目標之前，需要規劃與控制中間目標的貨幣總量。而解釋貨幣量與物價、產量之間的關係以貨幣數量理論（quantity theory of money）最為普遍。貨幣數量理論由美國經濟學者費雪（Irving Fisher）提出的交易方程式

（equation of exchange）最為有名。接下來我們將透過貨幣交易方程式來說明貨幣總量規劃與控制的理論基礎。

17.4.1 貨幣交易方程式

利用費雪提出的貨幣交易方程式方便解釋貨幣量與與其他經濟變數的關係，方程式形式如下[1]：

$$M \times V = P \times Y \tag{17.16}$$

如果將（17.16）式寫成文字時，可表示為：

貨幣數量（M）×貨幣流通速度（V）=價格（P）×生產數量（Y）。

根據這個理論，貨幣流通速度代表貨幣的交易次數，也是使用貨幣的習慣，習慣在短時間上不會有太大的改變，是非常固定，故可以寫成$\overline{V}$。右邊的生產數量（Y），因為在短時間無法改變生產規模，生產量也是固定的，故可以寫成$\overline{Y}$。因此，將（17.16）式改寫為：

$$M \times \overline{V} = P \times \overline{Y} \tag{17.17}$$

（17.17）式左邊的貨幣流通速度（$\overline{V}$）與右邊的生產數量（$\overline{Y}$）都是不變的情況下，等式的貨幣量增加 1%時，物價水準也會提高 1%。反之，當貨幣量減少 1%時，物價水準也會下降 1%，貨幣量與物價水準呈現等比例的變動關係。一般而言，短期經濟社會的波動會反應在貨幣數量的變動上，而貨幣的變動又會反映在物價的波動，對於其他的總體變數沒有影響，這就是有些經濟學者所主張的「貨幣的中立性」（neutrality of money）。

對於貨幣交易方程式有些經濟學者並不是全部認同。凱因斯就認為貨幣流通速度（V）並不是非常穩定的，它可能隨時產生變化。凱因斯主張如果貨幣量增加了，那麼貨幣流通速度（V）會變小，結果等式右邊的價格（P）×生產數量（Y）不會有改變。換言之，凱因斯認為貨幣數量的變化對經濟波動不會有太大的作用。相較之下，另一位經濟學者費利曼就認為貨幣量增加時，貨幣流通速度（V）會跟著變快，反之則變小。所以費利曼認為貨幣政策的運用對於所得水準會產生重大影響，主張貨幣政策對經濟會產生重大的波動。

---

[1] 原先方程式是以貨幣數量(M)×貨幣流通速度(V)＝價格(P)×交易數量(T)來表示，後來將交易數量(T)轉換為生產數量(Y)來解釋貨幣與物價之間的變化關係，也就是從交易總額(P×T)轉換為生產總額（P×Y）。

17.4.2 劍橋 K 的意義

（17.16）式之貨幣交易方程式可以改寫為：

$$V = \frac{P \times Y}{M} \tag{17.18}$$

流通速度（V）代表價格（P）× 生產數量（Y）的名目所得除以名目貨幣數量（M），但並不解釋經濟行為。如果將（17.18）式顛倒過來，即名目貨幣數量（M）除以名目所得（P × Y）時，這是以貨幣數量的形式來表示名目所得的一個分數。

$$K = \frac{M}{P \times Y} = \frac{1}{V} \tag{17.19}$$

$K = \frac{1}{V}$ 是貨幣流通速度的倒數，稱之為「劍橋 K」（Cambridge K）。「劍橋 K」是流通速度的倒數，具有「時間」的單位，代表每一塊錢在大眾的口袋或帳戶停留的平均時間。舉例來說，假設貨幣數量（M）的平均水準為 9,000 億元，而名目國內生產毛額（GDP = P × Y）為 7 兆 2,000 億元時，流通速度為：

$$V = \frac{P \times Y}{M} = \frac{7 \text{兆} 2,000/\text{年}}{9,000} = 8 \text{ 次/年} \tag{17.20}$$

$$K = \frac{1}{V} = \frac{1}{8} \text{年} \tag{17.21}$$

（17.20）式代表每年平均交易 8 次，而（17.21）式則表示大眾以貨幣的形式擁有他們年所得的 $\frac{1}{6}$，也就是每一塊錢在社會大眾的口袋或帳戶內停留了 $\frac{1}{6}$ 年。

📖 應用問題

假設中央銀行為了振興經濟，想要增加社會上貨幣供給的數量。

（一）請問中央銀行可以操作哪些政策工具來達成貨幣數量增加的目標？

（二）有哪些因素可能影響中央銀行控制貨幣數量的能力？

【93 地方考】

📁 提示

（一）在 17.2.1 節中，主要將中央銀行的貨幣政策運作工具分為三種。即，（1）公開市場操作、（2）重貼現窗口與（3）法定準備率，其他還有透過外匯市場的操作、郵政儲金轉存、選擇性信用管制或道德勸說等方式。

（二）由（17.14）式貨幣供給方程式：$M^S = Cur + \frac{1}{rr}(NBR + BR - ER)$ 可以大略歸納五個因素會影響貨幣的供給量。中央銀行可運用貨幣政策來改變這五種因素。

📖 應用問題

　　試說明準貨幣與準備貨幣的內含有何差異？兩者變動對體系內貨幣供給會造成何種影響？

【99 普考】

📁 提示

（一）請參考 17.1.2 的貨幣定義。一般而言，準貨幣（quasi money）有時被稱為近似貨幣（near-money）包含企業及個人在貨幣機構的定期存款（包括一般定期存款以及可轉讓定期存單）、定期儲蓄存款、外匯存款、郵匯局自行吸收之郵政儲金總額（含劃撥儲金、存簿儲金等）、企業及個人持有貨幣機構之附買回交易餘額與外國人所持有的新台幣存款。93 年 10 月起尚包含貨幣市場共同基金，99 年 1 月起包括銀行承作結構型商品所收本金。

（二）準備貨幣（reserve money）又稱基礎貨幣、貨幣基數（monetary base）、或強力貨幣（high-powered money）請參考 17.3.2。由準備貨幣透過貨幣乘數效果會產生貨幣供給量的變化，中央銀行就是利用貨幣政策控制準備貨幣達到經濟目標。

✦ 經濟政策的解析：金融創新時代的中央銀行任務

　　本章介紹貨幣的定義可知，貨幣的內涵非常多元，而且隨著時代的變化貨幣內容也會跟著不同。近年來貨幣數位化所創造的數位金融帶來了一股風潮。這樣將使得貨幣定義的範圍更加複雜，因為數位金融將產生更多元的金融創新，這間接使得

貨幣型態應用更具彈性。這樣的金融環境增加了廣義貨幣的規模，在貨幣供給的掌握上提高不少困難度，中央銀行的任務將更加重大，對擔任角色貨幣政策執行者來說，影響貨幣供給的變數增加，這對於要達成經濟各項目標之不確定性也提高了。因此，如何建構一套數位的資訊系統因應日益複雜的金融市場已經是一項刻不容緩的課題。

完善的數位金融資訊系統技術層面非常多元，而且是跨域結合。其中包含了IOT，AI 以及大數據平台等技術之外，並需要融入金融制度以及數據分析科學家。

台灣經濟發展過程歷經多次的通貨膨脹，然而印象最深刻的是 1945 年 1950 年之間發生的惡性通貨膨脹。原因在於貨幣發行過量（淨額）引發的通貨膨脹，這在本書的第 17 章的貨幣交易方程式中，可以從貨幣量與物價之間的關係得到簡易的說明。另外，在 2021 年台灣公視轉播的戲劇──《茶金》對造成「四萬塊換一塊」的爭議解釋引發廣大社會的熱議。1950 年 6 月韓戰爆發改變了台灣與日本的經濟發展，除創造了大量的軍事需求之外，還有來自美國的經濟援助（美援）與軍事協防減輕當時的財政壓力，才緩和了惡性通貨膨脹。

▶▶ 實力測驗

☆ 選擇題

( )1. 下列何者不是指一國的通貨淨額加上存款貨幣機構的準備金？
(A)貨幣基數（monetary base）　(B)強力貨幣（high-powered money）
(C)準備貨幣（reserve money）　(D) M1

【109 年公務人員普考】

( )2. 設某經濟體原處於長期均衡狀態，但因工資上漲引發短期總供給線左移，為使經濟體回到充分就業的產出水準，則中央銀行可採取下列哪一項措施？
(A)減少貨幣供給，使物價水準恢復至原水準
(B)減少貨幣供給，但代價是物價水準會提升
(C)增加貨幣供給，使物價水準恢復至原水準
(D)增加貨幣供給，但代價是物價水準會提升

【109 年公務人員高考】

( )3. 當物價攀升的幅度超過目標通膨，中央銀行可以採行下列何者以減輕通膨壓力？
(A)購買國庫券或提高貼現率　(B)購買國庫券或降低貼現率
(C)出售國庫券或降低貼現率　(D)出售國庫券或提高貼現率

【108 年公務人員普考】

( )4. 下列何種情況會造成貨幣政策無效？
(A)政府有預算赤字　(B)流動性陷阱
(C)浮動匯率制度　(D)投資對利率具有彈性

【108 年公務人員普考】

( )5. 如果銀行大量倒閉，則：
   (A)通貨相對於存款比率增大
   (B)通貨相對於存款比率減小
   (C)通貨相對於存款比率不變
   (D)如果中央銀行不採取行動，通貨會減少

   【108 年公務人員高考】

( )6. 當我國中央銀行調高重貼現率（rediscount rate）時，在其他條件不變下，則：
   (A)貨幣乘數會下降　　(B)市場利率會下降
   (C)總合需求會減少　　(D)總合需求會增加

   【107 年公務人員普考】

( )7. 下列何者會使「貨幣乘數」增加？
   (A)央行擴大實施公開市場操作
   (B)因應企業風險增高，銀行的放款日益謹慎
   (C)央行提高應提準備率
   (D)央行調降應提準備率

   【107 年公務人員普考】

( )8. 貨幣政策的量化寬鬆效果可能會因下列哪些因素而不彰？①利率幾近於下限零　②銀行超額準備金增加　③通貨回存銀行　④對銀行超額準備金支付利息
   (A)僅①　(B)僅③　(C) ①②④　(D) ②③④

   【107 年公務人員高考】

( )9. 相較於貨幣政策，財政政策之哪一種時間落後較為輕微？
   (A)認知落後（recognition lag）　(B)決策落後（decision lag）
   (C)執行落後（execution lag）　　(D)效驗落後（impact lag）

   【106 年公務人員普考】

（　）10.假設其他條件不變。當美國聯準會宣布即將結束量化寬鬆貨幣政策時，通常臺幣相對美元會因此：

(A)升值　(B)貶值　(C)不變　(D)先升值再貶值

【106 年公務人員普考】

（　）11.某一國家正面臨到停滯性通貨膨脹。若該國政府的優先目標是降低通貨膨脹率，則該國政府應採取下列哪一項措施？

(A)公務人員加薪　(B)貨幣供給上升

(C)減稅　　　　　(D)央行調高存款準備率

【106 年公務人員普考】

（　）12.若中央銀行提供專款給商業銀行，做為低利房貸之用，此舉將會導致我國利率水準：

(A)下跌，且貨幣供給數量增加　(B)下跌，且貨幣供給數量減少

(C)提高，且貨幣供給數量增加　(D)提高，且貨幣供給數量減少

【94 地方考】

（　）13.外匯存款戶紛紛解約轉成本國活期存款，對各種貨幣總量的立即影響為：

(A) M_{1B} 上升　(B) M_{1B} 不變　(C) M_2 上升　(D) M_2 下降

【94 基層考】

（　）14.若流通在外通貨為 100 億，活期存款 320 億，銀行持有的實際準備為 40 億，則貨幣乘數為何？

(A) 10.5　(B) 8　(C) 3.2　(D) 3

【95 勞保局】

(　)15.下列會使準備貨幣增加的有幾項？央行國外資產增加、央行對政府債權
減少、央行發行國庫券、央行收受金融機構定期存款轉存款增加：
(A) 1　(B) 2　(C) 3　(D) 4

【98 高考】

(　)16.超額準備（Excess Reserves）所指為何？
(A)總準備減去貼現貸款
(B)銀行在中央銀行之存款減去庫存現金加上法定準備
(C)銀行庫存現金減去法定準備
(D)銀行庫存現金加上銀行在中央銀行之存款減去法定準備

【98 地方三】

(　)17.某國在 2008 年流通的商品包括甲商品 10 單位，價格為 100 元，乙商品 20
單位，價格為 150 元。該國中央銀行預測該年的貨幣流通速度為 5 次，而
目前流通的貨幣數量為 200，則中央銀行必須再增加貨幣發行數量多少才
合理？
(A) 600　(B) 1,000　(C) 1,200　(D) 3,000

【99 身心三】

(　)18.所謂「重貼現」是指：
(A)廠商因偶發資金周轉問題，向銀行體系申請資金融通
(B)廠商因偶發資金周轉問題，向中央銀行申請資金融通
(C)銀行體系因偶發準備不足，向其他銀行申請資金融通
(D)銀行體系因偶發準備不足，向中央銀行申請資金融通

(　)19.若中央銀行宣佈調降重貼現率，下列何者有誤？
(A)信用將緊縮　　　(B)信用將擴張
(C)利率水準將下降　(D)貨幣供給將增加

（　）20.下列有關中央銀行與商業銀行的敘述，何者正確？
（A)我國中央銀行曾透過對某些特定產業的信用管制來降低金融風險
（B)商業銀行可以調整重貼現率去改變貨幣數量
（C)我國中央銀行會賣出庫存債券，造成貨幣數量的大幅增加
（D)商業銀行可以依照自己的資金需求調整法定的存款準備率

（　）21.銀行的存款準備率中，為中央銀行所規定一定要準備比率稱為：
（A)必要準備率　　(B)臨界準備率　　(C)資本適足率　　(D)法定準備率

（　）22.在其它情況不變之下，中央銀行何種措施會使市場的貨幣供給數量上揚？
（A)降低法定存款準備　　　　　(B)進行公開市場操作賣出政府債券
（C)在外匯市場干預賣出美元　　(D)對銀行進行道德勸服

（　）23.中央銀行執行下列哪兩種政策，都會造成名目貨幣供給的增加？
（A)提高法定存款準備率、提高重貼現率
（B)提高法定存款準備率、降低重貼現率
（C)降低法定存款準備率、提高重貼現率
（D)降低法定存款準備率、降低重貼現率

（　）24.下列哪一種狀況會造成貨幣乘數上升？
（A)中央銀行買進政府債券　　(B)中央銀行賣出政府債券
（C)中央銀行調降重貼現率　　(D)中央銀行調降存款準備

（　）25.中央銀行要實施緊縮性貨幣政策時可採用：
（A)調高重貼現率　　(B)買入政府債券
（C)買入國庫券　　　(D)調降存款準備率

(   )26.中央銀行的角色不包括以下哪項？

(A)作為商業銀行的最後奧援

(B)控制貨幣供給量

(C)提供私人企業的資金借貸需求

(D)管理外匯市場，調節國際收支

(   )27.當中央銀行利用公開市場操作來增加貨幣供給時，係指中央銀行：

(A)將政府有價證券賣給社會大眾或金融機構

(B)從社會大眾或金融機構買回政府有價證券

(C)從財政部買回政府的有價證券

(D)將政府有價證券賣給財政部

(   )28.中央銀行在公開市場買進債券的動作，將使得：

(A)貨幣供給增加　(B)利率上升　(C)減稅　(D)調升重貼現率

(   )29.從央行經常發布的新聞稿中，我們可以看出目前央行控制貨幣供給時，主要是以M_{1B}及M_2的成長率為主要標的。下列哪一項不包含在M_{1B}的定義裡？

(A)通貨淨額　(B)活期儲蓄存款　(C)定期儲蓄存款

(D)支票存款　(E)以上皆包含於M_{1B}的定義範圍。

【97 台大財金】

(   )30. You deposit $4,000 in currency in your checking account. The bank holds 20 percent of all deposits as reserves. AS a direct result of your deposit, your bank will create

(A) $200 of new money.　(B) $800 of new money.

(C) $1,600 of new money.　(D) $3,200 of new money.

【97 成大財金】

( )31. If the reserve requirement is 25 percent , what is the deposit expansion multiplier？

      (A) 100.　(B) 25.　(C) 10.　(D) 4.　(E) 2.

( )32.下列何者不會使M_{1B}的貨幣乘數降低？

      (A)民眾將活存提出改以現金形式持有

      (B)銀行保有較多超額準備金

      (C)民眾將活期存款轉存定期存款

      (D)央行調降定存的存款準備率

☆申論題

一、張先生在海外經商獲利，期獲利所得換為新台幣約 2,000 萬元，將其全部存入了國內某商業銀行。已知存款準備率為 20%，商業銀行均保留存款的 5% 作為「超額準備」（Excess Reserves）。假設一般社會大眾均不持有貨幣，且所有的商業銀行均不會有「爛頭寸」，在銀行體系不斷反覆借貸的情形之下，則上述過程將增加＿＿＿元的「貨幣供給量」。又若中央銀行在公開市場中買進債券 1,000 萬元，承接上述假設，經濟體系中將再（增加或減少）＿＿＿＿元的「貨幣供給量」。

【96 台大財金】

二、何謂貨幣乘數？設法定準備率$r_d = 0.1$，通貨發行額 C=6,000 億，活期存款 D=10,000 億，超額準備 ER=100 億，請求出基礎貨幣 MB，貨幣乘數 m，貨幣供給M_1。

【89 淡江財金】

筆記欄

Chapter 18

貨幣創造理論與貨幣政策的應用

費雪
（**Irving Fisher**, 1867-1947）

一般來說，任何稱做「貨幣」的商品在交換時都必須被人接受。而在交換時可以被人們接受的任何商品，通常也應該叫做貨幣。

▌前言 ──────────

在上一章介紹了中央銀行扮演的功能，本章將更進一步探討關於貨幣的創造過程以及貨幣政策的經濟效果。在貨幣創造過程中，貨幣乘數與貨幣政策經濟效果大小有密切關聯，所以本章將利用微積分更進一步深入分析貨幣乘數，並探討各種的變數對貨幣供給量的影響方向與影響程度。然而我們知道，當貨幣定義日益複雜時，在貨幣創造過程所形成的貨幣供給量的掌握則會更加困難。如此一來，也將會影響中央銀行執行貨幣政策的困難度，無法精準控制貨幣與利率水準時，就無法達到貨幣政策的目標。

另一方面，中央銀行可以透過政策工具改變利率水準而進一步影響準備金的成本，進而對經濟體產生影響，以便達成所設定的政策目標。因此，透過貨幣政策的經濟效果有助於了解金融部門與實質部門之間的連結，對整體的經濟架構較能夠充分地掌握。受到中央銀行貨幣政策影響的實質部門以物價水準與所得水準的變化上最受矚目，本章將檢視當中央銀行的目標為貨幣總量或是利率時，所採取的因應措施。

18.1 貨幣乘數與貨幣供給的決定因素

在前一章介紹過簡單貨幣乘數，所考慮貨幣供給量的條件只局限在大眾的活期存款因素，並沒有將其他變數納入考慮。本節將納入更多的變數來探討，之後再分析貨幣供給的決定因素，較能夠符合實際狀況。

18.1.1 影響貨幣乘數的變數

在上一章介紹簡單的貨幣創造過程中，從最初的基礎貨幣（the base money），也被稱為強力貨幣（the high-power money, H）、貨幣基數（the monetary base, B）或準備貨幣（the reserve money, R）透過貨幣乘數效果，改變全體的貨幣供給量。這是由中央銀行，一般商業銀行與大眾在經濟活動時，資金運用過程中所共同創造出來的結果。本節將更進一步，將影響變數擴大，探討貨幣的創造過程。在一般公職考試，或研究所考試中，常需要利用微積分作答，所以本節將會利用微積分說明貨幣乘數。本節所計算的公式皆為可微分函數商之導數，其規則為：

$$\frac{d}{dx}\left[\frac{f(x)}{g(x)}\right] = \frac{g(x)\left[\frac{d}{dx}f(x)\right] - f(x)\left[\frac{d}{dx}g(x)\right]}{[g(x)]^2}, (g(x) \neq 0)$$

利用這個公式，我們可以得出在不同的條件之下，了解貨幣乘數與各變數之間的變化關係。

一、當 M=D，B=RR+ER 時的狹義貨幣乘數

依據最單純的貨幣乘數理論，貨幣供給量（M）與貨幣乘數（m）、基礎貨幣（B）之間的關係為：

$$M = m \times B \tag{18.1}$$

假設貨幣供給量（M）僅有活期存款（D），基礎貨幣（B）等於總準備金（TR）。其中，總準備金（TR）包含法定準備金（RR）與超額準備金（ER）時，（18.1）式可以寫成：

$$D = m \times B \tag{18.2}$$

$$m = \frac{M}{B} = \frac{D}{B} = \frac{D}{RR + ER} \tag{18.3}$$

將（18.3）式的分子與分母分別除以貨幣存款（D）時，可得（18.4）式。

$$m = \frac{1}{RR/_D + ER/_D} = \frac{1}{rr + e} \qquad (18.4)$$

（18.4）式中的 rr 為法定存款準備率，e 為超額準備率。就（18.4）式分別對 rr 與 e 偏微分，可得：

$$\frac{\partial m}{\partial rr} = \frac{-1}{(rr+e)^2} < 0 \qquad (18.5)$$

$$\frac{\partial m}{\partial e} = \frac{-1}{(rr+e)^2} < 0 \qquad (18.6)$$

（18.5）式表示在其他條件不變之下，法定存款準備率（rr）的提高（降低），將使貨幣創造乘數變小（變大），存款貨幣減少（增加）；（18.6）式表示在其他條件不變之下，超額準備率（E）的提高（降低），將使貨幣創造乘數變小（變大），存款貨幣減少（增加）。

二、當 M=D+C，B=R+C 時的狹義貨幣乘數

（一）TR=RR（無超額準備金 ER）時

上述的假設是貨幣供給量（M）僅有活期存款（D），現在將貨幣供給量（M）擴大為除了活期存款（D）之外，還包含大眾持有的通貨淨額（C）。即，M=D+C。因此，基礎貨幣（B）除了總準備金（TR）之外，還有大眾持有的通貨淨額（C）。即，B=TR+C。首先，暫時考慮總準備金（TR）只包含存款準備金（RR），沒有超額準備金（ER）時，可寫成 B=RR+C。依據（18.3）式 $m = \frac{M}{B}$，可將當 M=D+C，B=TR+C 時的貨幣乘數寫成：

$$m = \frac{D+C}{RR+C} \qquad (18.7)$$

將（18.7）式分別除以活期存款（D），可得出下列等式。

$$m = \frac{1 + C/_D}{RR/_D + C/_D} \qquad (18.8)$$

（18.8）式中的 $\frac{RR}{D}$ 為法定存款準備率（rr），$\frac{C}{D}$ 為通貨比率（C）。因此，可改寫成：

$$m = \frac{1+c}{rr+c} \tag{18.9}$$

同樣就（18.9）式分別對 rr 與 c 偏微分可以知道貨幣乘數的變動方向與影響程度。

$$\frac{\partial m}{\partial rr} = \frac{-(1+c)}{(rr+c)^2} < 0 \tag{18.10}$$

$$\frac{\partial m}{\partial c} = \frac{rr-1}{(rr+c)^2} < 0 \tag{18.11}$$

當貨幣乘數 m 對法定存款準備率 rr 偏導數得出（18.10）式的結果是小於 0，這表示貨幣乘數 m 與法定存款準備率 rr 之間的變動呈現相反方向。而 $\frac{\partial m}{\partial rr} = \frac{-(1+c)}{(rr+c)^2}$ 表示當法定存款準備率 rr 變動會對貨幣乘數 m 產生多大程度的影響。另一方面，（18.11）式，通貨比率（C）與貨幣乘數 m 之間的變動方向也呈現相反關係，如果代入 $\frac{rr-1}{(rr+c)^2}$ 式子中，即可求出貨幣乘數 m 受到多少程度的影響。當通貨比率（C）越高時，表示以現金形態的流出比例就越高，這在貨幣供給的創造過程中，會使得基礎貨幣的貨幣創造減少，貨幣乘數就會較低。

（二）TR=RR+ER（無定期存款）時

現將總準備金（TR）除了存款準備金（RR）之外，也包含超額準備金（ER），但是無定期存款時，由（18.3）式 $m = \frac{M}{B}$，當 M=D+C，B=TR+C=RR+ER+C 時的貨幣乘數可以寫成：

$$m = \frac{D+C}{RR+ER+C} \tag{18.12}$$

將（18.12）式右邊的分子與分母的各項變數除以活期存款（D），可得出：

$$m = \frac{1+C/D}{RR/D+ER/D+C/D} = \frac{1+c}{rr+e+c} \tag{18.13}$$

上式的 $\frac{ER}{D} = e$ 為超額準備率。同樣地貨幣乘數 m 對 rr、e 與 c 偏微分，可以得知貨幣乘數 m 與 rr、e、c 之間的變動關係。

$$\frac{\partial m}{\partial rr} = \frac{-(1+c)}{(rr+e+c)^2} < 0 \tag{18.14}$$

$$\frac{\partial m}{\partial e} = \frac{-(1+c)}{(rr+e+c)^2} < 0 \qquad\qquad (18.15)$$

$$\frac{\partial m}{\partial c} = \frac{rr+e-1}{(rr+e+c)^2} < 0 \qquad\qquad (18.16)$$

在（18.16）式中，因為 rr＋e＜1，故 rr＋e－1＜0，故偏微分之後的（18.14）式、（18.15）式與（18.16）式皆小於 0，表示 m 與 rr、e、c 之間的變動關係呈現相反方向。也就是說，當 rr、e、c 提高（降低）時，貨幣乘數 m 將會變小（變大）。

（三）TR=RR+ER（有定期存款）時

在這之前的基礎貨幣只有活期存款（D），並沒有包含定期存款（T）。現在將定期存款（T）考慮進來。對活期存款（D）與定期存款（T）的法定準備率的要求有別，分別為 r_D 與 r_T，所以 $TR = r_D \times D + r_T \times T$，代入 B=TR+C=RR+ER+C 後，可得：

$$B = r_D \times D + r_T \times T + eD + C，其中 ER = eD \qquad\qquad (18.17)$$

將（18.17）式代入（18.12）式，得出：

$$m = \frac{D+C}{r_D \times D + r_T \times T + eD + C} \qquad\qquad (18.18)$$

將（18.18）式的右邊分數，分子與分母除以活期存款（D），得到下式：

$$m = \frac{1+c}{r_D + r_T \times t + e + c} \qquad\qquad (18.19)$$

上式 $t = \frac{T}{D}$，為定期存款比率。利用前面的微分函數商之導數規則，將貨幣乘數 m 對 r_D、r_T、t、e 與 c 五個變數偏微分，可以分別得出這些變數對狹義貨幣乘數的影響效果。

活期存款法定準備率變動的影響：

$$\frac{\partial m}{\partial r_D} = \frac{-(1+c)}{(r_D + r_T \times t + e + c)^2} < 0 \qquad\qquad (18.20)$$

定期存款法定準備率變動的影響：

$$\frac{\partial m}{\partial r_T} = \frac{-(1+c)\,t}{(r_D + r_T \times t + e + c)^2} < 0 \qquad\qquad (18.21)$$

超額準備率變動的影響：

$$\frac{\partial m}{\partial e} = \frac{-(1+c)}{(r_D + r_T \times t + e + c)^2} < 0 \tag{18.22}$$

通貨比率變動的影響：

$$\frac{\partial m}{\partial c} = \frac{(r_D + r_T \times t + e - 1)}{(r_D + r_T \times t + e + c)^2} \begin{array}{l} < 0 \\ = 0 \\ > 0 \end{array} ， 若 \begin{array}{l} r_D + r_T \times t + e > 1 \\ r_D + r_T \times t + e = 1 \\ r_D + r_T \times t + e < 1 \end{array} \tag{18.23}$$

定期存款比率變動的影響：

$$\frac{\partial m}{\partial t} = \frac{-(1+c) r_T}{(r_D + r_T \times t + e + c)^2} < 0 \tag{18.24}$$

上面結果顯示，r_D、r_T、t、e、c 等五個變數偏微分後，除了（18.23）式通貨比率（C）變動之外，和貨幣乘數變化呈現反向關係。

到目前為止，我們都只討論狹義的貨幣供給量，可看出影響貨幣乘數的變數就極為複雜，這說明了中央銀行執行貨幣政策要達到經濟目標是充滿各種不確定的因素。另一方面，以上的偏微分都是假定在其他條件不變之下，r_D、r_T、t、e、c 五個變數的變化分別對貨幣乘數之影響，如果要探討更廣的相互影響，則可以利用全微分來說明，讀者可以自行推演。

18.2 主要的貨幣政策工具

18.2.1 公開市場操作

經濟目標的達成可以透過貨幣政策，而推動貨幣政策可以分為一般性與選擇性的執行工具。一般性的貨幣工具是以控制貨幣與銀行信用的數量，以及利率水準，主要的工具在前一章已經介紹過的公開市場操作，重貼現利率與法定存款準備率三種。而選擇性貨幣工具常被用於補助一般性貨幣工具，或是加強其他的貨幣工具效果，或是引導資金至特定產業、特定目標上。本節僅就常見的一般性貨幣工具做說明，而上述皆以數學式解釋貨幣供給，接下來我們利用幾何圖形來說明，讓讀者得以更具體了解貨幣政策效果。

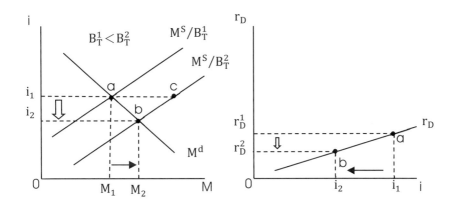

圖 18.1　公開市場操作效果

2008 年世界金融危機發生時，各國紛紛採取降低利率措施，中央銀行可以透過公開市場操作來達成。假設其他條件不變之下，中央銀行從公開市場購入債券數量 ΔB_T（$=B_T^2 - B_T^1$），釋放貨幣供應企業或個人融資之用。因流通貨幣量增加，貨幣供給曲線由 M^S/B_T^1 向右邊移動至 M^S/B_T^2。當利率水準還停留在 i_1 時，產生 $\overline{ab}$ 貨幣量的超額供給，造成市場的利率水準下降至 i_2。利率的下降，存款的機會成本降低的結果，貨幣需求者增加更多的存款貨幣，均衡點會從 a 點向右下方移動至 b 點，均衡的貨幣數量從 M_1 增加到 M_2。

另一方面，利率（i_1）的下降會帶動存款利率（r_D）的下降，但是下降的幅度會小於利率（i_1）下降幅度（正常情況下，存款利率曲線的斜率會小於45度）。圖18.1右邊的存款利率曲線上，存款利率水準 a 會沿著線的左下方移動至 b，存款利率由原來的 r_D^1 下降到 r_D^2。從圖中可知，利率下降幅度（$\Delta i = i_1 - i_2$）大於存款利率下降幅度（$\Delta r_D = r_D^1 - r_D^2$）。

上述的結果顯示，公開市場操作透過三種效應影響經濟活動，分別為

一、數量效應：公開市場操作使得銀行準備與貨幣供給量產生變化。

二、債券價格與利率效應：債券價格的變化，進而引發利率的變化。

三、預期物價效應：貨幣供給量的變化可能帶來日後物價的上漲，產生大眾通貨膨脹的預期心理。

雖然貨幣政策改變了貨幣量、利率水準與物價，但是學界對貨幣政策是否具有中立性問題，仍然是意見分歧[1]。新興凱因斯學派認為公開市場操作雖然能夠產生貨幣供給量的變化，對大眾的實質財富並沒有影響，只不過是在資產組合上產生改變而已。既然大眾的實質財富沒有變化，那麼消費就不會受到影響，但是貨幣學派並不認同這樣的主張。貨幣學派認為，當公開市場操作帶來債券價格上升時，所產生的財富效果會增加消費，同時債券價格上揚的低利率效果，也會刺激大眾對耐久財的消費。

儘管如此，貨幣政策工具中，公開市場往往被認為比較有效的方法，它存在以下的優點[2]：

一、中央銀行可以依當時經濟狀況的需要，買賣所需要的債券數量。

二、公開市場操作的金額規模，中央銀行持有控制性。相較之下，貼現利率與存款準備率的變化，還需要銀行與大眾對資金需求的配合，貨幣金額較難控制。

三、中央銀行可以視經濟實際的變化逐步實施公開市場操作，調整性較其他工具為佳。

四、公開市場操作可以連續操作，調整至所設定的貨幣準備水準，接近政策目標。

五、公開市場操作在必要時刻，隨時可以買進或賣出的反向操作，靈活性較高。

六、公開市場操作不像貼現利率與存款準備率改變時的公開宣示，較能夠低調執行貨幣政策。

而公開市場操作也有為人詬病的缺點。公開市場操作無法立刻對整體金融產生普遍的影響，有時間遞延的現象。因為，政府公開市場操作會先透過與幾家大型的銀行進行交易，在這些銀行的準備金產生變動後，再透過貨幣市場與其他金融機構有了資金往來，才將影響逐漸發揮出來。因此，公開市場操作的成功與否，需視該國是否具備一個健全、深廣度兼備的貨幣市場下，才能將效果迅速傳遞出去。

[1] 解立亞（1996）《貨幣經濟學-理論與政策》茂昌圖書，pp.430-431.
[2] 梁發進（1995）《貨幣理論與政策》華泰書局，pp.511-512.

18.2.2 重貼現利率

　　重貼現政策是指中央銀行以最後貸款者角色，對商業銀行在準備不足或配合經濟發展時，由中央銀行對商業銀行提供融資，以便銀行業務的正常運作。當中央銀行執行重貼現利率調整時，會產生成本效果與宣示效果。當中央銀行調高（低）重貼現利率時，銀行貸款的融資成本增加（降低），會減少（增加）借入準備金。所以，中央銀行透過這個政策影響市場的貨幣量，也是一種人為管理的利率。在我國的「中央銀行對銀行辦理融通作業要點」中，規定重貼現及短期融通申請人的資格，並對重貼現的合格票據有限制，必須檢附國庫券與政府公債為擔保品的本票。

　　圖 18.2 中，當政策執行前的貼現利率為d_1，市場利率的均衡水準在i_1。當貼現利率由d_1提高至d_2時，銀行持有超額準備金的機會成本（$i - d$）下降，銀行會減少借入準備金，增加超額準備金。依照前一章（17.14）式之貨幣供給公式：$M^S = Cur + \frac{1}{rr}$（$NBR + BR - ER$），貨幣供給將會減少，供給曲線由M^S/d_1向左移動至M^S/d_2。此時市場利率依然維持在i_1時，會產生$\overline{ac}$的超額需求，造成利率上升的壓力。銀行經營目標為利潤極大化，利率的上升促使銀行降低超額準備金，同時增加對中央銀行的借入準備金。由於利率上升導致的貨幣供給量增加，c 點會沿著新的供給曲線移動到 b 點，利率由i_1上升至i_2。整體而言，貼現利率的提高，市場貨幣量由M_1減少至M_2，而貼現利率上升的幅度也小於市場利率上升的幅度。

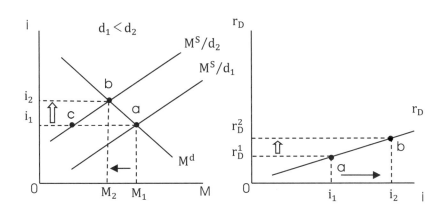

圖 18.2　貼現率的上升效果

應該注意的是，當中央銀行在貼現利率的目標上或是調整過程中存在遲緩遞延問題時，往往造成與預期相反的效果。例如，景氣過熱帶來資金需求的增加，利率上揚擴大了（i－d）的差距，增加對中央銀行的借入準備，無形中增加泡沫經濟的可能性。然而整體來說，重貼現利率做為貨幣政策的工具還是存著一些質疑，主要的內容有：

一、重貼現利率政策只能產生間接效果，政策效果大小還需視商業銀行的資金需求狀況而定。

二、重貼現利率的改變不保證能夠影響利率結構，在效果上只能產生局部性的影響。

三、重貼現利率政策無法干涉銀行的經營方式，銀行缺少積極的配合度，降低了政策效果。

18.2.3 法定存款準備率

準備金雖然是屬於銀行的資產，但是無法產生利息收入，所以保有越多的法定存款準備金，就必須負擔越多的資金成本。因此，如果中央銀行調整法定存款準備時，勢必影響到銀行的經營。

基本上，商業銀行對貨幣需求的影響往往是透過存款利率發生作用的。例如，當法定存款準備率提高時，無異就像是對銀行徵收利潤稅一樣，迫使銀行減少存款需求，降低存款利率。圖 18.3 中，當中央銀行提高法定存款準備率，由原先的rr_1提高為rr_2。法定存款準備率的提升不僅影響到貨幣供給曲線，也分別改變存款利率曲線與貨幣需求曲線。提高法定存款準備率，造成貨幣供給曲線由M^S/rr_1左移到M^S/rr_2，超額需求造成利率上升。而貨幣需求曲線由M^d/rr_1內移至M^d/rr_2則造成超額供給，帶動利率的下降。利率上升（大）下降（小），最後結果利率會偏向上升，均衡點也產生了移動（a→b）。另一方面，圖中右邊的存款利率曲線下移，利率的變化途徑為 a→c→b，利率水準和之前相比較之後還是上升了。

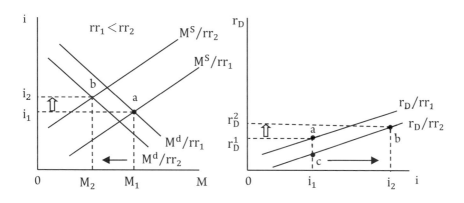

圖 18.3　法定存款準率的提高效果

法定準備作為貨幣政策工具的優點有：

一、透過法定準備金的調整，促使銀行在資產組合的改變，能夠快速影響貨幣量，利率與信用。

二、法定準備政策對各家銀行一視同仁，具備中立性性質。

三、法定準備率調整比其他的政策較具明確的訊息方向。當調降法定準備率表示將採取寬鬆的貨幣政策；反之，當調高法定準備率時，則表示將採取緊縮的貨幣政策。

但是，法定準備政策也有缺乏彈性的缺點，故不應作為短期的經濟操作。

18.3　其他的貨幣政策工具

上述為主要的貨幣政策工具，也都存在一些缺點，然而為了彌補一般政策的不足，也會運用其他的貨幣政策。例如，選擇性信用管制，直接管制與間接管制等次要工具。簡述如下：

18.3.1 選擇性信用管制

主要貨幣政策工具主要是針對全面性的問題，但是有些的金融情勢是由局部的特定部門所引起的。在選擇性信用管制（selected credit control）中常見的有：L 保證

金比率（margin requirement）、消費信用管制（consumer credit control）以及不動產信用管制（mortgage credit control; real estate control）三種。

一、保證金比率：

　　當銀行承當以證券抵押的貸款申請時，不能以該證券的時價做為貸款的金額，必須保留一部分做為保證金之用。中央銀行規定此保證金是依市場價格某個比例做為借貸基準，即所謂的保證金比例。因此，當證券市場過熱時，中央銀行可以提高保證金比例，降低證券融資；反之，當證券市場低迷時，中央銀行可以斟酌降低保證金比例，以寬鬆證券融資。

二、消費信用管制：

　　隨著金融交易技術的提升，分期付款與信用卡的使用，大幅提高交易的方便性，並擴大交易量。然而為了有效管理金融秩序，中央銀行對分期付款信用的付款條件，與管制信用卡的預借現金額度有權利調整。例如，當消費信用過度膨脹時，中央銀行可以調整提高頭期款金額，縮短分期付款的期限或是提高利率等方式，做為緊縮消費的措施。反之，亦可以使其擴張消費，以刺激景氣的活絡。

三、不動產信用管制：

　　房屋不動產的購買需要鉅額資金，所以會透過金融機構的信用借貸。不動產信用的性質與消費信用的差異有所差別。一般而言，不動產信用期限較長，受到利率的影響比較大；住宅建築與其他產業關係密切被視為產業發展的火車頭；住宅不管是興建或使用時間都比耐久財生產時間長，一旦供需失衡就較難控制。基於此，不動產信用管制方式相較於消費信用管制的效力上就顯得較大。

18.3.2　直接管制

　　直接管制（direct control）是指中央銀行對銀行的金融創造活動採取直接干涉與控制。常見的直接管制方式有[3]：

　　一、**透過信用配額（credit rationing）**：中央銀行判斷當時經濟狀況後，對銀行的信用創造採取合理配給與限制等措施，信用配給可以在信用量與用途上進行管制。

---

[3]　梁發進（1995）《貨幣理論與政策》華泰書局，pp.516-517.

二、透過直接行動（direct action）直接管制銀行信用：直接行動與信用配額限
　　制方式相近，除了直接限制信用額度之外，對銀行的活期銀行之吸收也可
　　以直接限制。並可以強制制裁銀行之不當業務，端正金融秩序。《中央銀
　　行法》第三十一條規定：「中央銀行認為貨幣及信用情況有必要時，得對
　　全體或任何一類金融機構，就其各類信用規定最高貸放限額」。

三、流動性比率（liquidity radio）：銀行除了必須提存一定的法定準備金之外，
　　還需要保留一定比率的流動性。一般而言，流動性資產有超額準備、國庫
　　券、可轉讓定期存單、銀行承兌匯票、公債、或經過中央銀行核准之證券
　　等。中央銀行欲要執行緊縮信用時，則可以提高流動性比率；反之，則降
　　低流動性比率以寬鬆信用。

四、利率上限：中央銀行觀察當時之金融及經濟形勢，可以隨時訂定銀行各項
　　存款之最高利率水準，此為利率最高之管制。透過此工具將會對貨幣市場
　　產生影響。

18.3.3 間接管制

中央銀行除了主要貨幣政策工具、選擇性信用管制與直接管制等方式之外，還
可以透過間接管制以期達到設定之經濟目標。例如，以下三點：

一、中央銀行可以透過金融檢查之職責，並與銀行間保持密切的良好關係，建
　　立貨幣政策目標的共識，以利推動政策。

二、中央銀行透過道德勸說（moral suasion），表明對各家銀行的立場，借著道
　　義影響力與說服力共同配合政府的貨幣政策。

三、中央銀行可以利用媒體、廣告等方式，公開宣導（publicity）貨幣政策立
　　場，讓工商界、金融界以及社會大眾了解貨幣政策的用意以及重要性。

18.4　貨幣政策運作目標和執行步驟

18.4.1 貨幣政策運作目標

中央銀行推動貨幣政策是為了實現最終的政策目標（goals）。簡而言之，中央
銀行的最終政策目標主要項目包含了：充分就業、經濟成長、物價穩定、國際收支

均衡、匯率穩定以及健全金融體系。中央銀行的最終政策目標並非一蹴即成，而是在貨幣政策的執行過程中，透過各種貨幣工具，影響政策運作與中間目標的達成。然後再透過金融部門影響實物部門的經濟活動到達最後的政策目標，圖 18.4 為中央銀行的貨幣政策工具與目標[4]。

圖 18.4 中可知，貨幣政策目標分成：運作目標（operating targets）、中間目標（intermediate targets）與最終目標（goals）三個階段。

一、運作目標（operating targets）

中央銀行在執行貨幣政策時，必須能夠準確地控制運作目標，才能進一步達成中間目標與最終目標。所以，對於運作目標的各項變動因子必須在短時間就能夠充分掌握，並加以調整。但是必須注意的是，運作目標與中間目標的關係要非常密切，否則很難產生影響，會降低貨幣工具的效果。

二、中間目標（intermediate targets）

透過運作目標的變數指標影響中間目標，進而影響最終目標的各種變數。中央銀行對運作目標的變化要能夠迅速調整中間目標的變數。如果中間目標能夠控制在合理的範圍之內，將會提高最終目標的達成。

三、最終目標（goals）

圖 18.4 中，達成政策的最終目標是中央銀行存在的主要目的，也是一個現代化國家經濟進步的重要象徵。然而，隨著全球化的進展，金融市場變化更加劇烈，要能夠正確地掌控經濟局勢也越來越困難。因此，中央銀行所要扮演的角色比以往更加的重要，要完成的經濟最終目標也變得越不容易了。

---

[4] 參考梁發進（1995）《貨幣理論與政策》華泰書局，p.521.

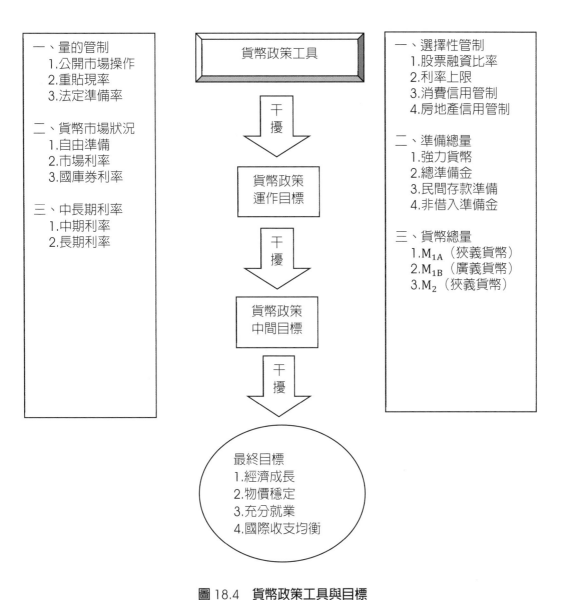

圖 18.4　貨幣政策工具與目標

18.4.2　貨幣政策的推動步驟

因為貨幣政策的執行存在著時間落後（time lags）問題，所以政策傳遞過程中需觀察各個階段的政策效果。依據一般的見解，中央銀行採取貨幣政策時，所採取的步驟如下[5]：

---

[5]　參考梁發進（1995）《貨幣理論與政策》華泰書局，p.527.

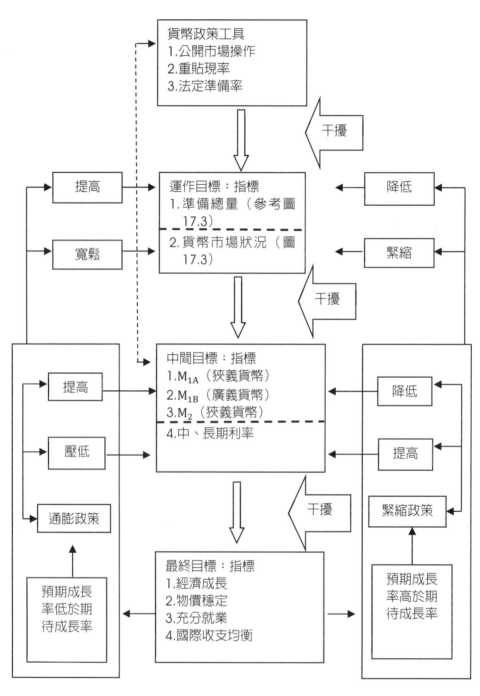

圖 18.5　貨幣政策執行過程

一、中央銀行應該先確立最終的經濟目標。

二、在確定最終目標的推定值之後，設定中間目標的適當值以利推動貨幣政策。

三、確定達成中間目標適當值所需的運作目標之數值。

四、再利用貨幣政策工具控制運作目標之數值。

五、政策執行途中觀察中間目標是否偏離，如果沒有達到中間目標的適當值時，則需要做調整。同時重新評估，並對運作目標做適當的修正。

六、調整後的中間目標與運作目標，經過一段時間必須再做確認。如果政策沒有產生原先的預期效果，那麼應該在修正中間目標，並再一次修正運作目標。

上述的貨幣政策執行步驟，可以透過圖 18.5 補充說明。圖中假設以經濟成長做為最終的經濟目標，如果預期的經濟成長率低於期待成長率時，則中央銀行的執行步驟應該推動左邊的貨幣政策，即寬鬆貨幣與通貨膨脹政策；反之，預期的經濟成長率高於期待成長率時，則中央銀行應該採取右邊的貨幣政策步驟，即緊縮貨幣與通貨緊縮政策。

18.5　貨幣政策之時間落後問題

貨幣政策目標之所以很難控制，其中很大原因來自政策效果存在時間落後的問題上。這個問題困擾著經濟學家與執政者，往往無法有效推動政策，解決當前的經濟問題。所以，一個成功的政策不僅需要知道政策最終目標的影響效果，也必須掌握政策的影響時機。當貨幣政策存在漫長且激烈變動時，會使得時間落後問題變得更加複雜，致使貨幣政策在錯誤的時間點產生作用，可能帶來更嚴重的金融危機。

政策的時間落後分成內部落後（inside lag）與外部落後或衝擊落後（outside lag or impact lag），前者又可分為認知落後（recognition lag）和行政落後（administration lag），利用圖 18.6 來說明[6]。

---

[6] 　李榮謙（2009）《貨幣銀行學》，智勝，p.465.

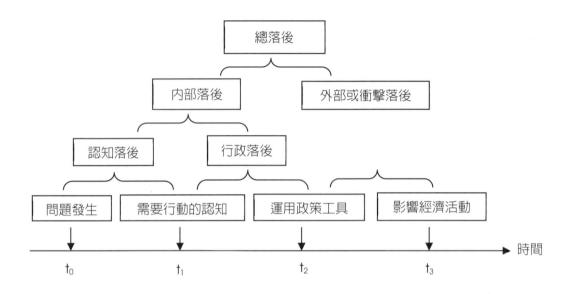

圖 18.6　貨幣政策的時間落後

　　圖中，從t_0至t_1為內部落後，由t_1至t_2為行政落後，而由t_2至t_3為外在或衝擊落後。當問題發生到相關單位體認必須採取手段時，往往需要一段時間，這樣的時間落差為認知落後（t_0至t_1）。接著中央銀行在確認應該採取措施之後，還需透過蒐集資料與分析才能研擬政策，這是屬於行政落後階段（t_1至t_2）。好不容易推出貨幣政策，政策對所得、物價、就業、國際收支產生影響時，又歷經相當的時間，這段期間為外部落後或是衝擊落後（t_2至t_3）。像這樣貨幣政策存在的時間落後問題，經濟學費利曼就認為，若是以貨幣政策做為穩定經濟的措施，可能會帶來不穩定的反效果[7]。

📖 應用問題

　　假設某國中央銀行期初發行準備貨幣 H=1,000 億元，同時規定銀行吸收存款，平均需要提存法定準備率為$\rho_r = 0.15$。此外，銀行基於營運需求，額外再保有超額準備率$\rho_e = 0.05$，而人們持有的通貨活存比率為$d = 0.1$。試回答下列問題：

　　（一）該國在期初的M_{1A}餘額為何？

---

[7]　梁發進（1995）《貨幣理論與政策》，華泰書局，p.560.

（二）面對美國次級房貸事件引發的一連串金融衝擊，促使銀行競相緊縮放款，提高保有超額準備率$\rho_e = 0.15$。另外，人們唯恐銀行發生危機，也跟著提高持有通貨存活比率為$d = 0.15$。試問該國的M_{1A}餘額將如何變化？

（三）延續（一）的期初狀況。中央銀行基於國際金融發展潮流，採取降低法定準備率至$\rho_r = 0.05$；另一方面，金融創新活動盛行，誘使人們降低持有通貨活存比率為$d = 0.05$。同一期間，中央銀行也在貨幣市場賣出可轉讓定存 50 億元，在銀行保有超額準備決策不變下，試問該國M_{1A}餘額將出現何種變化？

【97 年高考三級】

📁 **提示**

（一）參考 18.1.1 節的貨幣乘數。法定準備率為$\rho_r = \frac{RR}{D}$，超額準備率$\rho_e = \frac{ER}{D}$，通貨存活比率為$d = \frac{C}{D}$。由強力貨幣 H=C+R 與貨幣供給量$M_{1A} = C + D$可以導出貨幣乘數：

$H = C + R = d \times D + \rho_r \times D + \rho_e \times D = D（d + \rho_r + \rho_e）$。所以，$\frac{D}{H} = \frac{1}{d+\rho_r+\rho_e}$。

因為$M_{1A} = C + D = d \times D + D = D \times（1 + d）$，所以貨幣乘數$m_{1A} = \frac{M_{1A}}{H} =$

$\frac{1+d}{d+\rho_r+\rho_e}$，貨幣供給量$M_{1A} = m_{1A} \times H = \frac{1+d}{d+\rho_r+\rho_e} \times H$。將 H=1,000 億元，$\rho_r = 0.15$，$\rho_e = 0.05$與$d = 0.1$代入貨幣供給量$M_{1A}$的式子，得$M_{1A} = 3,666.67$億元。

（二）同樣將 H=1,000 億元，$\rho_r = 0.15$，$\rho_e = 0.15$與$d = 0.15$代入貨幣供給量M_{1A}的式子，得$M_{1A} = 2,555.56$億元。

（三）中央銀行在貨幣市場賣出可轉讓定存 50 億元後，強力貨幣減少為 950 億元。將 H=950 億元，$\rho_r = 0.05$，$\rho_e = 0.05$與$d = 0.05$代入貨幣供給量M_{1A}的式子，得$M_{1A} = 950 \times 7 = 6,650$億元。

新政治經濟學

📖 應用問題

假設中央銀行公布某月底的金融統計資料如下（單位：億元）（1）通貨發行毛額 500，（2）央行庫存現金 20，（3）商業銀行支存與活存餘額 1,400，（4）商業銀行持有的庫存現金 50，（5）商業銀行在央行的存款餘額 200。依據上述資料，試計算：

（一）體系內的通貨淨額。

（二）銀行保有的實際準備。

（三）央行發行的強力貨幣數量。

（四）國內的 M_{1A} 貨幣數量。

（五）國內的 M_{1A} 貨幣乘數。

【95 年身心障礙四等特考】

📁 提示

（一）通貨淨額係指將中央銀行的通貨發行額扣除銀行及郵匯局的庫存現金。依此定義計算如下：

通貨淨額（C）＝ 500 － 20 － 50 ＝ 430。

（二）銀行保有的實際準備金為銀行庫存現金加上中央銀行之準備存款。因此，銀行實際準備金（R）＝ 50 ＋ 200 ＝ 250。

（三）強力貨幣（H）＝ 通貨淨額（430）＋ 銀行實際準備金（250）＝ 680。

（四）國內的貨幣數量 M_{1A} ＝ 通貨淨額（430）＋ 商業銀行支存與活存餘額（1,400）＝ 1,830。

（五）國內的貨幣乘數 $m_{1A} = \dfrac{M_{1A}}{H} = \dfrac{1,830}{680}$ ＝ 約 2.69。

✦ 經濟政策的解析：貨幣創造理論與金融創新

中央銀行執行貨幣政策，貨幣政策的效果需要依賴貨幣量的準確控制，而貨幣量往往是透過貨幣創造過程中產生的，當貨幣創造面臨更複雜因素或是不確定因素的提升，則中央銀行對於金融市場的貨幣供給控制就會遭遇困難。這從造成 2008 年世界金融危機的金融衍生性商品的創新擾亂貨幣供給的定義，造成貨量無法估算使世界的金融系統性的金融機構彼此之間陷入不信任，相對影響資金流流通，金融機構面臨流動性不足的困境。

▶▶ 實力測驗

☆ 選擇題

( )1. 當中央銀行施行寬鬆性貨幣政策後，在其他條件不變下，下列何者不是
　　合理出現的影響或狀況？
　　(A)物價上漲　　　　　　(B)新臺幣趨貶
　　(C)市場實質利率下跌　(D)經濟成長衰退

【108 年公務人員高考】

( )2. 根據貨幣數量學說，若貨幣供給增加 10%，流通速率減少 4%，實質 GDP
　　增加 4%，則物價變動率為：
　　(A) 2%　(B) 4%　(C) 6%　(D) 10%

【107 年公務人員高考】

( )3. 從央行經常發布的新聞稿中，我們可以看出目前央行控制貨幣供給時，
　　主要是以M_{1B}及M_2的成長率為主要標的。下列哪一項不包含在M_{1B}的定
　　義裡？
　　(A)通貨淨額　(B)活期儲蓄存款　(C)定期儲蓄存款
　　(D)支票存款　(E)以上皆包含於M_{1B}的定義範圍

【97 年台大財金】

( )4. 下列何者會使貨幣基數減少？
　　(A)央行發行公債　　　(B)國庫短缺，央行給予融通
　　(C)課稅　　　　　　　(D)央行接受郵政儲金轉存
　　(E) (A)與(C)皆正確　(F) (A)與(D)皆正確

【90 輔大金融】

( )5. The Bank of Taiwan has ＄3million in deposits and ＄600,000 in reserves. If the required reserve ratio is 20%, excess reserves are equal to

(A) $300,000.　(B) $600,000.　(C) $120,000.　(D) $0.

【98 年淡江企管】

( )6. 下列何種事件會增加貨幣供給M_{1B}數量？

(A)政府為籌措資金，宣布增加發行五千億元的公債

(B)民間預期台幣貶值，紛紛轉存外幣

(C)股市交投興旺，股民將定存轉為活存

(D)中央銀行宣布調高重貼現率

【97 年中山財管】

( )7. 若流通在外通貨為 100 億，活期存款 320 億，銀行持有的實際準備為 40 億，則貨幣乘數為何？

(A) 10.5　(B) 8　(C) 3.2　(D) 3

【95 年勞保局】

( )8. 根據下述資料，求出貨幣乘數，其值為（1）通貨存款比例為 0.25 ；（2）法定準備率為 0.15 ；（3）超額準備率為 0.1

(A) 2.5　(B) 4　(C) 2　(D) 6.7

【92 年地方考】

( )9. 商業銀行體系共有貸款及準備 5,000 億，今法定準備率由 25%降低為 10%。最終貨幣供給會：

(A)增加 15%　　　(B)增加 10 倍

(C)增加 12,500 億　(D)增加 30,000 億

【89 年高考】

( )10.下列會使準備貨幣增加的有幾項？央行國外資產增加、央行對政府債權
減少、央行發行國庫券、央行收受金融機構定期存款轉存款增加：
(A) 1　(B) 2　(C) 3　(D) 4

【98 年高考】

( )11.超額準備所指為何？
(A)總準備減去貼現貸款
(B)銀行在中央銀行之存款減去庫存現金減去法定準備
(C)銀行庫存現金減去法定準備
(D)銀行庫存現金加上銀行在中央銀行之存款減去法定準備

【98 年地方考】

( )12.如果阿美將其手中保有的現金存入某銀行的一年期定存，則對貨幣量有
何影響？
(A) M1 會減少，M2 不變　(B) M1 不變，M2 會增加
(C) M1 不變，M2 不變　　(D) M1 會增加，M2 會減少

【96 年高考】

☆申論題

一、請說明中央銀貨幣政策之最終目的（goals）與中間目標（intermediate targets）
為何？在日常操作上，中央銀行實際運作的貨幣政策工具有哪些？並請比
較這些政策工具的優劣點。

【94 年地方政府四等特考】

二、是從中央銀行對「準備貨幣」及「貨幣乘數」的控制角度，說明中央銀行
對一國的貨幣供給量並無法達到完全控制。

【96 年高考三級】

筆記欄

Part 5

國際政治經濟學

Chapter

19

自由化、國際化以及全球化的國際貿易

李嘉圖
（**David Ricardo**, 1772- 1823）

在葡萄牙生產葡萄酒，一年需要八十位勞工，而生產布匹則需要九十位勞工，因此對葡萄牙而言，出口葡萄酒來交換布匹是有利的。即使葡萄牙所進口的布匹，由國內生產也比在英國生產更省成本，但這種貿易仍會發生。

▌前言

現代國家的經濟發展都與國際貿易存在著密切關係，可以這麼說，沒有國際貿易就沒有經濟發展。十八世紀重商主義（merchantilism）盛行以來，國際貿易開始盛行，歐洲大陸各國政府透過當時的貿易經濟理論用來指導政策主張。第二次世界大戰期間各國興起貿易的保護主義，對當時歐、美的經濟恐慌雪上加霜。戰後，人們記取教訓，避免重蹈覆轍，成立關稅暨貿易總協定（General Agreement on Tariffs and Trade，簡稱為 GATT）以維持國際之間的貿易秩序。並於1993 年 12 月 15 日的烏拉圭談判協議中，決定成立世界貿易組織（WTO），並於 1993 年 12 月 15 日的烏拉圭談判協議中，決定成立世界貿易組

織（WTO），取代 GATT 的角色，擴大國際之間的貿易更加自由化。台灣也在 2002 年初加入 WTO 成為國際貿易組織的一員，在此架構下從事國際經貿往來。換言之，戰後台灣的經濟發展是隨著貿易的自由化，國際化以及全球化的貿易風潮中進行的成果，在這個過程當中歷經了超過 70 年。本章將就這段過程的國際貿易特徵與過程如何透過貿易理論進行。

19.1　國際貿易的特徵

一個國家之經濟活動所生產的所有商品不單只是提供給國內企業與家庭單位使用，還會出口一部分到其他的國家，從事國際貿易工作。但是在國際之間的貿易活動中，有的現象是在國內交易活動中所沒有的特徵。例如：

一、在國際間之勞動與資本無法如同國內一般的自由往來移動。

企業在國內生產，會將資本往利潤高的產業移動，該產業的生產量增加，帶來價格的下跌，利潤率趨向平均化。但是在國際之間，無法像國內那樣地自由移動，勞動、資本受到地理因素與各國法律的相當限制。

二、各國對於進口品採取對自國有利的方式，課以關稅或設置各種非關稅障礙。

雖然大部分國家均已經加入 WTO，但是還存在很多的貿易上的限制或課以一定程度的關稅。同時，各國之間也建立一些保護國內產業的措施與法律，形成非關稅的障礙。

三、做為交易媒介的貨幣在國際貿易間，視交易國的差異而有所不同。

國際貿易往來的交易常常透過匯率市場做為彼此決算的依據水準，各國的貨幣水準反應在匯率市場上，且匯率波動幅度各國不一。因此，國際貿易存在著匯率的變動風險，增添國際貿易的不確定。

戰後國際經貿活動是依自由化、國際化與全球化的發展形式進行，它促使國際間資本流動、技術移轉與金融商業服務趨向更多元，世界也更趨於一體。儘管交通運輸的進步、科技網絡的發達，乃至金融服務的創新，但是地理距離存在的實質限制依然存在著。因此，區域經濟整合成為世界的一種新趨勢。

2002 年歐元圈的正式起跑，有很大的原因是基於以上的理由，加盟國的勞動、資本移動的自由化，匯率風險問題也隨之解除，在經濟理論上可以帶來資源更有效率的分配，並促進人力資源的有效利用。但是，金融危機發生之後，一些負面的問題也逐漸浮現，希臘、西班牙、義大利等國的財政危機與債券信評使得歐元體制面臨考驗。

19.2 國際貿易發生的原因

如果世界上的國家，各種商品的需要條件與供給條件均相同時，商品價格就不會產生差異，國際貿易就不會發生。如果相同的需要條件與相同的供給條件分別可以用相同的社會無異曲線與相同的生產可能曲線來替代時，那我們將透過圖 19.1 說明無法產生國際貿易的理由[1]。圖 19.1 中，$\widehat{T_hT_h}$、$\widehat{T_fT_f}$分別代表國內與國外的生產可能曲線，I_h與I_f分別代表國內與國外的社會無異曲線。在已知的相同知價格線之下，從兩國的生產可能曲線可知本國生產較多的 Y 商品，外國則生產較多的 X 商品，呈現生產上的差異。但同時從I_h與I_f的社會無異曲線可知本國的消費偏好傾向為 Y 商品，外國的消費偏好則為 X 商品。結果造成生產差異抵消了消費上的差異，使得兩國之間的 X 商品與 Y 商品自給自足的價格比例呈現相等，即 X 商品與 Y 商品的價格比例在兩國的市場上是相同的，價格線的斜率是一樣。在這樣的情況下，兩國不需要從事貿易往來做為人們的供需調整，自然也不會產生國際貿易。

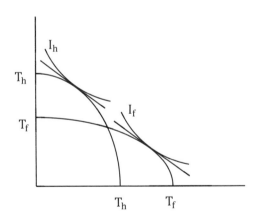

圖 19.1　兩國間商品存在相同價格比例

---

[1]　參考周宜魁（1997）《國際貿易原理與政策》，三民書局，P.56。此書中將國際間無法產生貿易條件可以歸納 5 種原因，分別為：1.所有國家之間，各種財貨之生產函數均相同；2.所有國家之間，要素稟賦比例均相同；3.各種財貨之生產函數均為線形齊次函數；4.所有國家的需要型態均相同且同質；5.沒有扭曲現象之存在。

　　兩國之間對商品或勞務有需要，就會有買賣與交易的活動，就會發生國際間的貿易關係。當一國所生產的商品能夠完全自給自足，不需要透過國際貿易的方式，則稱之為封閉性經濟（closed economy）；相反地，當一國所生產的商品無法自給自足，或是生產過剩，必須透過國際貿易時，則稱之為開放性經濟（open economy）。但是現今的國家當中，很難找到經濟活動或是生活所需的商品能夠完全地自給自足。之所以如此，可能是氣候以及地理環境的差異、或是生產原料的分布不平均、或是專業分工上的差異所致。然而，國際貿易發生最直接的原因為商品存在著價格的差異，一部分原因則是生產過多或不足所產生的貿易往來。一般而言，當同一商品價格在國外比本國高時，本國可以出口此商品而獲利；反之，當同一商品價格在國外比本國低時，本國可以進口此商品而獲利。因此，當國與國之間的商品存在差異時，國際上就會有貿易行為。

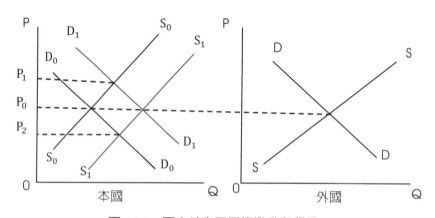

圖 19.2　國內外商品價格變動與貿易

　　圖 19.2 為國內與國外商品價格的不同，產生國際貿易活動。假定某商品的價格水準分別由兩國對此商品的供需條件所決定。如果兩國商品市場的期初價格同在P_0水準。現在假設本國因所得的提升對此商品之需求增加，使得需求曲線由$\overline{D_0D_0}$向上移至$\overline{D_1D_1}$，價格水準由P_0提高至P_1。價格的差異提供了貿易上的誘因，本國增加此商品的進口，外國則增加此商品的出口。隨著國內對此商品的進口，此商品的供給曲線由原先的$\overline{S_0S_0}$向右邊移至$\overline{S_1S_1}$，價格下跌。當價格下修至P_0水準時，貿易無法再產生利益時，廠商則會停止進口。另一方面，假設本國因技術提升，生產成本下降，供給曲線由$\overline{S_0S_0}$移至$\overline{S_1S_1}$時，價格水準由P_0下降至P_2，提高了本國廠商的國際競爭力，增加出口而獲利。

然而，國際貿易的往來，價格與成本是重要的因素，但絕非是唯一的因素。在經濟理論之中，針對貿易的主張論點以絕對利益理論（absolute advantage theory）與比較利益理論（comparative advantage theory）最為有名。

19.3 絕對利益理論與比較利益理論

19.3.1 絕對利益理論

上述說明在所有國家之間如果各種財貨之生產函數均相同時，不會產生國際貿易。接下來，本節將以兩國之間的生產函數不同的情況下，探討國際貿易的可能性。其中以亞當斯密的絕對利益理論與李嘉圖的比較利益理論兩種理論為代表。

亞當斯密在《國富論》一書中提出絕對利益的概念，做為解釋國與國之間的貿易。絕對利益理論在幾個前提假設下成立：

一、勞動力是唯一的生產要素，各國在不同財貨上的生產技術不同，各國存在勞動生產力上的絕對差異。

二、各國皆處於完全競爭市場，不存在運輸成本與關稅。

三、勞動生產要素的供給，可以在國內自由移動於各部門之間，但無法在國家之間移動。

亞當斯密認為一國應該要生產在成本上最具優勢的商品，並且出口做為交換外國其他較為便宜的商品。依據絕對利益理論認為貿易的發生是由於兩個國家在生產條件的專長不同，每個國家利用本國的專長從事生產擅長的產品，然後透過貿易活動，與外國進行交易的貿易行為。換言之，各國應該專門生產並出口具有絕對利益的商品，不應該生產絕對劣勢的商品。表 19-1 與表 19-2 分別以單位產出投入與勞動生產力說明美國和英國在絕對利益理論上的貿易選擇。

表 19-1　**絕對利益的單位產出投入**

	美國	英國
小麥（小時／每公斤）	2h	5h
布料（小時／每公尺）	4h	1h

表 19-1 中，美國與英國生產每一公斤的小麥分別需投入 2 小時、5 小時；美國與英國生產每一公尺的布料分別需投入 4 小時、1 小時。依據絕對利益理論，美國應生產小麥，英國應生產衣服。因為美國生產小麥的投入係數為 2，小於英國的 5；英國生產衣服的投入係數為 1，小於美國的 4。

表 19-2　絕對利益的勞動生產力

	美國	英國
小麥（公斤／每人小時）	2	1
布料（公尺／每人小時）	1	5

另一方面，依勞動生產力來看，美國與英國每位勞工 1 小時分別可以生產 2 公斤、1 公斤的小麥；美國與英國每位勞工 1 小時分別可以生產 1 公尺、5 公尺的布料。依據絕對利益理論，美國應生產小麥，英國應生產衣服。因為美國生產小麥的勞動生產力為 2，大於英國的 1；英國生產衣服的勞動生產力為 5，大於美國的 1。

在上述的例子裡，美國與英國分別在農產品與工業產品各具有絕對利益，兩國各自在擅長的產品上生產，而後產生國際貿易，並藉著國際貿易來達到整體效用的提升。問題是如果按照絕對利益理論才能造成貿易，那在某些國家之間可能不會發生國際貿易。例如美國、法國在農業與工業上，都是極度發展的國家，與某些發展落後國家之間，就不可能有貿易發生。因為美國與法國不管在農產品與工業產品和這些國家比較起來，均具有絕對利益的優勢。但是，美、法兩國與這些發展落後國家之間依然有貿易，顯然亞當斯密的絕對利益理論無法解釋現實的國際貿易活動。於是，李嘉圖提出比較利益理論解決這樣的疑問。

19.3.2 比較利益理論

和絕對利益理論一樣，比較利益也有幾點的前提假設，分別為：

一、勞動力是唯一的生產要素，且勞動力為固定的充分就業狀態。

二、兩個國家，只生產兩種財貨。

三、勞動可以在同一國內移動，但是在國際間則否。

四、商品市場與生產要素市場均為完全競爭市場。

五、兩國之間沒有運費與關稅的貿易障礙存在。

李嘉圖模型的比較利益理論主張是，一國從事貿易活動應全部專業並出口具有相對比較有利的產品，進口相對比較劣勢的產品，這樣能夠獲得較大的利益。換言之，李嘉圖認為一個國家應該選擇生產機會成本比較低的產品或是產業間相對生產力較高。唯有比較利益才是貿易的基礎，透過此原則進行國際分工，各國都專業化生產具有比較利益的財貨，以國際貿易的方式交換，增進每個國家的利益。和前述的絕對利益一樣，以美國和英國的例子說明。

表 19-3　比較利益的國際貿易選擇

	美國	英國	美國相對英國勞動生產力
小麥（小時／每公斤）	2	5	2.5
布料（小時／每公尺）	1	2	2
小麥機會成本	1/2	2/5	

依據表 19-3 中的資料，美國與英國生產每一公斤的小麥分別需投入 2 小時、5 小時；美國與英國生產每一公尺的布料分別需投入 1 小時、2 小時。不管是小麥或布料，美國皆處在絕對的優勢，英國則皆為絕對的劣勢。如果依照絕對利益法則，英國應從美國進口小麥與布料。但是依據李嘉圖的比較利益理論，在這兩商品之間存在著絕對利益與絕對不利益之程度上有所差別，美國在小麥的生產力相較於布料為高（2.5 大於 2）。因此，我們可這麼說美國在小麥或布料的生產均享有絕對利益，但在小麥的生產方面有比較利益存在。而另一方面，英國雖然在小麥或布料的生產條件均處在絕對不利益，但在布料的生產卻有比較利益，因為機會成本較低（0.4 小於 0.5）。

19.4　要素稟賦理論：Heckscher-Ohlin 模型

接下來我們要介紹近代有名的貿易理論，由瑞典兩位經濟學者 Heckscher 與 Ohlin 所提出的要素稟賦理論（factor endowment theory），即 Heckscher－Ohlin 模型，簡稱為 H-O 模型。要素稟賦理論可用來說明不同的國家在生產不同的商品上何以會產生

不同的機會成本，造成各國在貿易上形成各自的比較利益。此一理論影響近代國際貿易理論甚深，也主導了第二次世界大戰之後的國際貿易理論的發展。依據此理論，

一、在不同商品的生產時會有不同的要素投入比例，要素密集度不同。假設只有兩種生產要素，勞動與資本，生產兩種商品，一者為農產品，另一者為工業產品。前者資本與勞動比 K/L 較低，後者資本與勞動比 K/L 較高。

二、兩國要素稟賦不同，資本與勞動可以在不同的部門之間自由移動，但是無法在國際間移動。因此各國只能就其擁有較多的要素產生比較利益。

三、各國的商品市場與生產要素市場均設定為完全競爭市場。

四、兩國具有相同的需求型態。

五、同一種商品的生產函數在兩國間皆相同，但是不同商品的生產函數則互不相同，且設定為固定規模報酬之下從事生產活動。

六、兩國生產技術相同。

在上述的基本假設下，資本與勞動之投入係數為固定不變下，可稱為 H-O 定理。由表 19-4 來說明。

表 19-4　資本與勞動之投入係數：H-O 定理

	X 財	Y 財
資本的投入係數	a_{kx}	a_{ky}
勞動的投入係數	a_{Lx}	a_{Ly}

假設 X 為資本密集財，Y 為勞動密集財，兩商品分別的資本投入係數與勞動投入係數為a_{kx}、a_{ky}與a_{Lx}、a_{Ly}。

在商品生產過程的特性下，$\frac{a_{kx}}{a_{Lx}} > \frac{a_{ky}}{a_{Ly}}$，即$\frac{資本密集的資本投入係數}{資本密集的勞動投入係數} > \frac{勞動密集的資本投入係數}{勞動密集的勞動投入係數}$。

在上述的條件下，本國（H）與外國（F）在 X 財與 Y 才之相對價格為$\frac{P_x^H}{P_y^H} < \frac{P_x^F}{P_y^F}$，表示本國的 X 財貨之相對價格較外國 X 財貨之相對價格便宜。

由要素稟賦理論所得出之結論為：

一、每個國家在商品的要素稟賦量比例不相等，例如，低度經濟發展國家的勞動量較豐富，工資水準相對較低。高度經濟發展國家的資本量比較豐富，利率水準相對較低。

二、生產各種商品需要資本與勞動要素的投入，但式不同種類之商品縮需投入的要素數量亦不同。需要較多的勞動量的商品稱為勞動密集財（labor intensive good），需要較多的資本量的商品稱為資本密集財（capital intensive good）。

三、一般而言，當勞動力比較充足的國家，生產勞動密集財貨成本相對比較便宜，所以出口勞動密集商品較多；當資本量比較充足的國家，生產資本密集財貨成本相對比較便宜，所以出口以資本密集的商品為主[2]。

除了上述的 Heckscher-Ohlin 定理之外，主要的要素稟賦理論還有其他三個定理。分別介紹如下：

一、要素價格均等化定理（factor-price-equalization）：

生產要素價格均等化定理，X財貨與Y財貨之相對價格$\frac{P_x}{P_y}$在兩國之間，因為要素稟賦投入量比例不同而產生差異，資本量較豐富本國（H）X財（資本密集財）之相對價格較低，而勞動力比較充足外國（F）的 X 財（資本密集財）在相對價格則較高。一旦兩國之間發生貿易之後，最後當兩商品之相對價格相等（$\frac{P_x^H}{P_y^H} = \frac{P_x^F}{P_y^F}$）時，兩國的勞動力與資本的相對價格（w為工資，r為利率）也會相等（$\frac{w^H}{r^H} = \frac{w^F}{r^F}$），此乃為要素價格均等化定理。換言之，要素價格均等化定理指在生產因素無法在不同的國家之間移動的前提下，國際貿易會使兩個國家的生產要素報酬趨於均等。

二、Stolper-Samuelson 定理：

Stolper-Samuelson 定理主要說明財貨價格的變化與所得分配之間的關係。Y 為勞動密集財，當 Y 價格上升時，會使密集使用 Y 財之生產要素報酬（工資 w 水準）提高。另一方面，其他的生產要素報酬（例如利率 r 水準）則下降。同理，X 為資本密集財，當 X 價格上升時，會使密集使用 X 財之生產要素報酬（利率 r 水準）提高。而另外的生產要素報酬（例如工資 w 水準）則會下降。換言之，當國際貿易使一個國家的出口商品價格上升、進口商品的價格下降時，會使得該國密集用於生產出口商品的要素報酬上升，密集用於生產進口商品的要素報酬下降。

---

[2] 但是這樣的結論被經濟學家李昂提夫（Leontief）的研究結果所推翻。李昂提夫以美國的數據做實證分析，得出的結論與 H-O 理論相反，此稱為李昂提夫矛盾（Leontief Paradox）。

三、**Rybczynski** 定理：

Rybczynski 定理是討論生產要素稟賦量的變化與生產量變化的關係。此理論在本國的資本、勞動生產要素之中，任何一種要素投入量的單獨增加會對其產量帶來影響。現在假定，當只有資本量增加，勞動量不增加時，在兩財的價格不變的前提下，必須 X 財（資本密集財）的產量增加，而 Y 財（勞動密集財）的產量減少。

也就是說在產品價格不變的假設下，有兩種生產要素時，當一個生產要素之投入數量增加，密集使用的結果使得此生產要素生產的商品產量會因此而增加，另一個生產要素的數量不變下，密集使用此生產要素所生產的商品產量則會因此減少。

19.5　貿易條件的決定

在國際貿易發生後，各國是以國內生產的出口品來交換他國生產的進口品時，當一個單位的出口商品可以換得多少單位的進口商品，一般稱之為貿易條件（terms of trade）。換言之，國際之間的貿易條件就是本國出口商品與外國進口該種商品的交換比例。然而測量兩國貿易條件狀況可以透過商品價格（相對價格）。

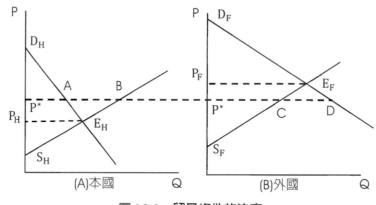

圖 19.3　**貿易條件的決定**

以圖 19.3(A)(B)說明兩國貿易條件的決定。假設兩國採用同一貨幣做為貿易的計算價格。圖 19.3(A)、(B)分別代表本國與外國的市場。假設本國的貿易商品為電子產品。在國際貿易發生前，本國電子產品市場的均衡價格在P_H，均衡點為E_H。

而貿易對手國的電子產品市場的均衡價格為P_F，均衡點為E_F。但是外國電子產品價格較本國電子產品價格高。

在國際貿易發生後，本國出口電子產品到國外，外國則開始進口電子產品。在國內的電子產品的價格因出口增加而上升；貿易對手國也因為大量進口電子產品，國外市場價格則呈現下降。當兩國在新均衡價格水準（P^*）時，表示兩國的電子產品價格必須一致，而且本國電子產品的出口量等於貿易對手國工業產品的進口量。當在P^*價格水準下，外國的電子市場會產生$\overline{CD}$的超額需求，此一超額需求的缺口將會由進口來加以填補。另一方面，本國會產生$\overline{AB}$的超額供給，此一超額供給將會以出口的方式解決國內生產過剩。透過貿易改善兩國在商品的生產與消費問題。

如果以剩餘的概念也可以比較貿易前後所產生的利益。

在國際貿易發生之前，本國社會的總剩餘（＝生產者剩餘＋消費者剩餘）為$\Delta D_H E_H S_H$面積，在國際貿易發生之後的國內社會總剩餘（＝$\Delta D_H E_H S_H + \Delta AE_H B$）會多出$\Delta AE_H B$面積。所增加的剩餘是來自消費者剩餘的減少（＝梯形$P_H P^* AE_H$）與生產者剩餘的增加（＝梯形$P_H P^* BE_H$）的差額。換言之，國際貿易的結果出口國的社會總剩餘增加，生產者剩餘也增加，但是消費者剩餘卻減少。另一方面，進口國家在國際貿易發生前，社會的總剩餘（＝生產者剩餘＋消費者剩餘）為$\Delta D_F E_F S_F$面積，在國際貿易發生之後的外國的社會總剩餘（＝$\Delta D_F E_F S_F + \Delta CE_F D$）會多出$\Delta CE_F D$面積。所增加的剩餘是來自消費者剩餘的增加（＝梯形$P_F P^* DE_F$）與生產者剩餘的減少（＝梯形$P_F P^* CE_F$）的差額。換言之，國際貿易的結果進口國的社會總剩餘增加，生產者剩餘減少，但是消費者剩餘卻是增加了。

19.6 關稅的經濟效果

儘管很多國家已經是世界貿易組織（WTO）的一員，但是還是存在各種限制與關稅的存在。而關稅的目的，不但可以帶來稅收，增加財政收入，也可以提高進口商品的價格，減少進口的數量，同時能夠緩和來自國外進口商品的強大競爭力，以保護本國產業的生存。但是，課以關稅的意義只僅於此嗎？本節將延續上一節，以社會剩餘的觀念，討論關稅的經濟效果。

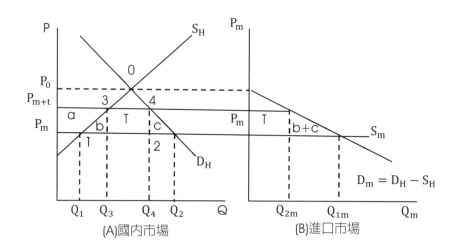

圖 19.4　關稅的經濟效果

　　小國經濟在國際市場上，影響力小，是價格的接受者（price taker），關稅的小國所面對的是進口供給曲線（即是對方出口的供給曲線），為一條水平的供給曲線，即使課徵關稅並不會影響國際市場價格，只有進口小國的國內價格會因關稅的課徵而做同額的調漲。圖 19.4 就是以小國經濟前提之下的關稅效果。

　　圖 19.4 中，國內市場在貿易活動之前，市場價格水準在P_0。市場開放之後，價格由P_0下降至P_m。在此價格之下的國內供給量為Q_1，需求量為Q_2，國內市場產生$\overline{Q_1Q_2}$的超額需求，這個部分由進口來填補國內需求。現在，假設政府欲保護國內產業，課以從量稅之方式的關稅（t），本國面對進口供給曲線（外國出口供給曲線）往上方移動，此產品的國內價格因課稅上升至$P_m + t$。課以關稅之後的國內生產量由Q_1增加至Q_3（保護效果），國內消費量則由Q_2減少至Q_4（消費效果），來自國外的進口則減少至Q_4。換言之，關稅實施之後的進口量由$\overline{Q_1Q_2}$減少為$\overline{Q_3Q_4}$（$=Q_{1m} \rightarrow Q_{2m}$，即貿易量效果）。此時，政府因為課關稅所獲得的財政稅收金額為$t \times \overline{Q_3Q_4} = T$（稅收效果）。

　　如果從福利角度來討論時，可以透過社會剩餘比較課以關稅前後所造成的影響。關稅造成國內價格線上升，價格由P_m提高至$P_m + t$造成了生產者剩餘與消費者剩餘的變化。圖 19.4 中，消費者剩餘因關稅的課徵減少了$a + b + T + c$面積，生產者剩餘則增加了 a 面積，因為政府徵得 T 面積的稅收，所以社會總剩餘$=a-$（$a + b +$

T＋c）＋T＝－b－c。因關稅課徵造成社會總剩餘的減少面積為b＋c，即圖 18.4(b) 中的 △ b＋c。

📖 應用問題

如果有一小國，它的稻米供需情形如下：

供給：$Q_S = -400 + 40P$

需要：$Q_d = 800 - 40P$

（一）在自給自足下，稻米的產量及價格為何？

（二）如果小國用每單位 10 元進口價格由世界市場進口任何數量的稻米，則小國的稻米生產及消費各為多少？進口量為多少？

（三）如果政府認為每單位 10 元的進口價格太低，為了本國稻米之生產，課徵 50% 的從價關稅，則國內價格為何？稻米之生產及消費各為多少？進口量為多少？與未課關稅做比較？

【97 身心特考】

📂 提示

可以參考 19.6 節，並依照圖 19.4 畫出圖形以利計算與說明。

（一）自給自足沒有貿易的情況下，由供給方程式：$Q_S = -400 + 40P$ 與需要方程式：$Q_d = 800 - 40P$ 解出稻米的產量及價格分別為：Q=200，P=15。

（二）當價格 P=10 時，代入方程式後，得 $Q_S = 0$，$Q_d = 400$，進口量=400－0＝400。

（三）課徵 50% 的從價關稅後，價格為 15，生產量及消費量為 200，進口量=0。

📖 應用問題

設台灣與美國生產 1 單位布及酒所需的勞動小時分別如下：

	布	酒
台灣	50	60
美國	40	30

根據以上資料：

（一）兩國比較利益各為何種產品？

（二）貿易條件（terms of trade）：酒的價格（PW）對布的價格（PC）將在怎樣的範
　　　圍內？

（三）貿易條件的決定與貿易利得（gains from trade）的分配有何關係？

【99 地方特考】

📁 提示

（一）參考 19.3.2，依據上表可以計算出台灣與美國在兩商品的機會成本和勞動生
　　　產力。

	布	酒	布的機會成本
台灣	50	60	0.83
美國	40	30	1.33
台灣相對美國勞動生產力	0.8	0.5	

　　　　　上表計算結果可知：台灣在布的商品上具有比較利益，美國則是酒較具
　　　比較利益。

（二）國際相對價格會介在兩國國內貿易之相對價格之間，即表中的0.83至1.33之間。

（三）參考 19.5，貿易條件與國內貿易前相對價格差異越大，表示所得價差就越大。

✦ 經濟政策的解析：全球化與國際貿易的擴大產生的問題

　　　前面所述，第二世界大戰之後的貿易體制在自由化、國際化以及全球化的進展
之下逐漸擴大國際之間的貿易關係，雖然帶來各國經濟繁榮卻也造成了一些問題。

　　　當國際經濟已經進入全球化時，先進國家或是多國籍企業透過海外投資掌控了
世界經濟活動時，由於各國的文化背景，經濟發展程度以及社會制度的差異，透過
貿易產生衝突。這些衝突範圍包含了勞工剝削、貿易不公等問題。很多的跨國企業
在發展中國家設廠生產過程中，需要大量原材料，過度開發大量消耗該國的自然資
源，也因為法律制度的不同，勞動力過度使用造成血汗工廠的生產體制。另一方
面，在生產過程中也排放了大量污染物，沒有經過必要的淨化處理而破壞生態環境
的境外污染。因此，全球化下的經濟政策必須考慮上述所產生的問題，這包含了國
際政治以及國際經濟的議題。

▶▶實力測驗

☆ **選擇題**

( )1. 阿明和阿嘉是兩個木工，他們只製作書櫃與衣櫃。在一個月的時間裡，
阿明可以製作 4 張書櫃或 20 個衣櫃，阿嘉可以製作 6 張書櫃或 18 個衣
櫃。下列何者正確？
(A)阿明在製作書櫃上有比較利益　(B)阿嘉在製作衣櫃上有絕對利益
(C)阿明在製作書櫃上有絕對利益　(D)阿嘉在製作書櫃上有比較利益

【109 年公務人員高考】

( )2. 假設烹飪課只要求炒菜與煮湯，已知小華炒菜具有絕對利益，小明炒菜
具有比較利益。則：
(A)小華應該既炒菜又煮湯，小明完全不用做
(B)小華應該煮湯，小明應該炒菜
(C)小華應該炒菜，小明應該煮湯
(D)小華與小明不應該合作

【108 年公務人員普考】

( )3. 開放國際貿易前臺灣玉米售價為每台斤新臺幣 100 元，玉米在國際市場上
的售價是每台斤新臺幣 60 元。假設臺灣玉米的產量很小，在國際市場上
為價格接受者，則臺灣開放玉米貿易後的影響為：
(A)玉米消費者與玉米生產者同時福利增加
(B)玉米消費者與玉米生產者同時福利受損
(C)玉米消費者福利增加，玉米生產者福利受損，整體而言，福利增加
(D)玉米消費者福利增加，玉米生產者福利受損，整體而言，福利受損

【108 年公務人員普考】

( )4. 假設甲國的秉賦，可以生產 500 輛汽車或 1,000 支手機；乙國的秉賦，可以生產 200 輛汽車或 500 支手機。請問下列敘述何者正確？

(A)乙國生產手機具有比較利益

(B)乙國生產汽車具有絕對利益

(C)甲國無法透過與乙國貿易而獲利

(D)兩國生產技術不同，故無法比較

【108 年公務人員高考】

( )5. 阿明和小芬結婚後，談論到家務分擔。阿明可以在 40 分鐘做好晚餐，20 分鐘完成拖地，小芬可以在 30 分鐘做好晚餐，10 分鐘完成拖地。根據比較利益法則，兩人的家務應如何分擔？

(A)小芬同時負責煮晚餐及拖地

(B)阿明同時負責煮晚餐及拖地

(C)阿明負責煮晚餐，小芬負責拖地

(D)阿明負責拖地，小芬負責煮晚餐

【107 年公務人員普考】

( )6. 根據國際貿易比較利益法則，自由貿易比自給自足好，是因為自由貿易可以：

(A)增加參與貿易國家加總的產出與消費

(B)降低出口部門的勞工工資

(C)同時提昇進出口部門的勞動生產力

(D)降低進出口產品的價格

【107 年公務人員高考】

( )7. 假設 H 國及 F 國擁有相同的生產資源。H 國利用此生產資源,可生產 10
公噸稻米或 5 公噸蔬菜;F 國利用此生產資源,可生產 8 公噸稻米或 3 公
噸蔬菜。根據比較利益法則,兩國開放貿易後,可能發生的結果為何?
(A) F 國稻米及蔬菜產業均不敵競爭,全數倒閉
(B) H 國之生產力較高,可以出口蔬菜及稻米
(C)兩國均可以實現生產可能線外部的消費點
(D)兩國的消費點均位於其各自的生產可能線上

【106 年公務人員普考】

( )8. 假設有一小國,在未開放國際貿易時,國內稻米價格為每公斤 20 元。若
稻米國際市場價格為 10 元,則該國開放稻米自由貿易後,下列何種情況
不會發生?
(A)國產稻米數量下降　　　　(B)由國外進口稻米
(C)國內稻米價格維持為 20 元　(D)國內稻米消費者受益

【106 年公務人員普考】

( )9. 假設某一小國國內對香蕉的需求函數為 $P=14-2Q$,供給函數為 $P=2+Q$,
其中 Q 的單位為公斤,P 為每公斤價格。若香蕉的世界市場價格為每公斤
10 元,則該國開放香蕉自由貿易後,下列何種情況會發生?
(A)由國外進口香蕉　　　　　(B)國內香蕉產量增加
(C)國內香蕉價格為每公斤 6 元　(D)國內香蕉生產者受害

【106 年公務人員普考】

( )10.下列有關比較利益法則的敘述,何者錯誤?
(A)可用以決定專業分工型態
(B)可應用至個人、公司行號之交易,以及國家間之貿易
(C)可用以決定生產數量及交易條件
(D)根據機會成本決定比較利益

【106 年公務人員普考】

( )11.加入 WTO 後，政府對完全競爭市場降低從量進口關稅，則下列對本國影
響何者正確？
(A)消費者剩餘減少　(B)生產者剩餘增加
(C)社會福利增加　　(D)關稅收入必定減少

【98 三等考】

( )12.在下列何種情況下，一個國家生產某商品將具有絕對利益？
(A)相較於他國用較少資源生產相同產量
(B)相較於他國用較少資源生產較多產量
(C)相較於他國有較低的機會成本
(D)相較於他國有較高的機會成本

【97 三等考】

( )13.黃小姐打字的速度是李小姐的 2 倍，製作圖表的速度是李小姐的 3 倍，兩
個人最理想的分工方式如何？
(A)黃小姐打字，李小姐製作圖表　(B)黃小姐製作圖表，李小姐打字
(C)黃小姐打字兼製作圖表　　　　(D)李小姐打字兼製作圖表

【97 高考】

( )14.比較利益法則隱含：
(A)最無效率的國家無法出口獲利　(B)每個國家都可由進出口中獲利
(C)最無效率的國家無法進口獲利　(D)每一個國家皆有絕對利益

【90 普考】

( )15.以下哪一個敘述與經濟上的比較優勢原則不符？
(A)國際分工的基礎　　　　　　　　(B)天生我材必有用
(C)阿財樣樣都不如我，我不要跟她合作　(D)男主外，女主內

【88 高考】

(　)16.一般而言，在其他條件不變之下，國際貿易交會引起：

(A)進口者的消費者剩餘與生產者剩餘都減少

(B)進口者的消費者剩餘減少，出口國生產者剩餘增加

(C)進口者的消費者剩餘與生產者剩餘都增加

(D)進口者的消費者剩餘增加，出口國生產者剩餘增加

【93 地方考】

(　)17.在完全競爭的米酒市場中，政府規定米酒價格每瓶 18 元。當米酒市場的供給函數與需求函數分別為 Q=10P-5P 與 Q=150-5P，其中 P 與 Q 分別為價格與數量，則應進口多少瓶米酒才能使市場上供需達到均衡？

(A) 10　(B) 20　(C) 30　(D) 60

【95 勞保局】

(　)18.假設美國人 1 天可以生產 12 單位的小麥，或 4 個單位的掃把，中國人 1 天可以生產 2 單位的小麥，或 2 個單位的掃把，當美國人與中國人進行貿易時：

(A)美國人進口小麥，而中國人進口掃把

(B)美國人出口小麥，而中國人出口掃把

(C)美國人進口掃把，而中國人出口小麥

(D)中國人進口小麥和掃把

【90 普考】

(　)19.甲、乙兩人各懂得如何生產水果與蔬菜，在兩人生產的過程中，以下敘述何者正確？

(A)具有比較利益的一方是生產的機會成本較高的一方

(B)兩人一定各有生產的絕對利益，但是不一定有比較利益

(C)其中一人可能同時有兩種生產絕對利益，但是一定只有一種比較利益

(D)如果某一人有生產蔬菜的絕對利益，也就同時有生產水果的比較利益

【91 普考】

( )20.以一單位的出口品所能換得的進口品的數量，稱為一國的：

(A)配額　(B)貿易條件　(C)匯率　(D)貿易依存度

【95 普考】

☆申論題

一、在奠定現代之國際貿易理論中，有一學派稱為「黑克歇－歐林定理」
（Heckscher-Ohlin theorem），試述此定理之內涵。

【98 身心考】

二、請輔以圖形分析，回答下述問題：

（一）何謂要素價格均等化定理（factor-price-equalization）？

（二）什麼情形下，要素價格均等化定理不成立？為什麼？

【97 普考】

Chapter 20

國際金融與金融危機的爆發

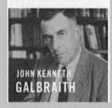

高培思
（John Kenneth Galbraith,
1908-2006）

下次投資災難的插曲（episode）
何時到來？是哪些商品？是否從
不動產，證券市場，美術品，高
爾夫球證，蔓延到古董車呢？這
是誰也無法回答的問題，但只有
一件事可以確定，那就是投資災
難會再度降臨。自古常說，愚蠢
的人遲早會喪失他的資產。可悲
的是，陶醉於樂觀氣氛，且自認
擁有金融市場洞察力的專家也淪
為同樣下場，幾世紀以來都是如
此，未來也會是如此。

▌前言

第二次世界大戰期間，歐、美各國先後發生了經
濟恐慌，同時也引發金融危機，造成大量的失
業，戰後世界經濟的重建就成為各國的首要課題，
其中以國際貨幣基金（International Monetary
Fund, IMF）的成立最具代表。然而，金融自由
化盛行於 80 年代，在英、美兩國主導下進行。
在浮動匯率體制之下，國際金融自由化不只在國
內造成泡沫經濟，也容易造成國際之間的金融危
機。本章將介紹國際金融體制與金融危機的發
生，特別是美國次級房貸所引發的金融海嘯。

20.1 國際收支

經濟學分析個人家庭、企業或政府時，可以透過收入與支出了解消費行為與經濟活動。而當要國內與國外的經濟往來關係時，則可以透過國際收支平衡表（balance of payment）。國際收支平衡表是在一定期間內，記載本國居民與外國居民經濟往來的記錄表。依據中央銀行所公布的國際收支的主要內容可分為經常帳（current account）、資本帳（capital account）與金融帳（financial account）三大項目。

表 20-1 為我國的國際收支表。由表可知，2020 年的經常帳（A）包含了商品貿易（f.o.b.）、服務、所得以及經常移轉四大項，這個部門金額為 948 億 3,600 萬美元。資本帳（B）部門有資本移轉（債務的免除、資本設備之贈與及移轉性支付）與非生產、非金融性交易（專利權、商譽等無形資產）之取得與處分，總合金額負 900 萬美元。金融帳（C）部門是一國對外的金融資產與金融負債，可區分為直接投資、證券投資與其他投資等三大項。在金融帳（C）部門的「負號」表示資本的流出或資產的增加，表中顯示 2020 年超過負 490 億美元金額的資本流出。最後，由於國際收支表採用複式簿記原則處理，因此誤差與遺漏淨額（D）各項交易的總和應為零。但是在進行統計時，資料的來源常因時間點與出處有所不同，借貸總額會產生差額，於是以誤差與遺漏淨額項的方式做調整。

表 20-1　台灣國際收支表

單位：百萬美元

	2011	2019	2020
A.經常帳	**37,914**	**65,161**	**94,836**
商品：收入（出口）	325,022	330,743	342,303
商品：支出（進口）	285,374	273,072	267,136
商品貿易淨額	*39,648*	*57,671*	*75,167*
服務：收入（輸出）	30,643	51,838	41,263
服務：支出（輸入）	41,895	56,905	37,767

商品與服務收支淨額	28,396	52,604	78,663
初次所得：收入	24,833	39,152	38,446
初次所得：支出	11,654	23,756	19,118
商品、服務與初次所得收支淨額	41,575	68,000	97,991
二次所得：收入	5,596	8,238	7,954
二次所得：支出	9,257	11,077	11,109
B.資本帳	**-36**	**-3**	**-9**
資本帳：收入	3	63	10
資本帳：支出	39	66	19
經常帳與資本帳合計	37,878	65,158	94,827
C.金融帳	**32,027**	**57,554**	**49,068**
直接投資：資產	12,766	11,787	14,240
股權和投資基金	12,669	10,760	10,939
債務工具	97	1,027	3,301
直接投資：負債	-1,957	8,240	8,800
股權和投資基金	-2,012	8,086	5,534
債務工具	55	154	3,266
證券投資：資產	19,503	54,877	36,153
股權和投資基金	2,078	-2,301	2,003
債務證券	17,425	57,178	34,150
證券投資：負債	-16,188	8,476	-22,481
股權和投資基金	-14,924	8,110	-23,193

債務證券	-1,264	366	712
衍生金融商品	-1,038	2,501	453
衍生金融商品：資產	-5,777	-15,490	-20,563
衍生金融商品：負債	-4,739	-17,991	-21,016
其他投資：資產	7,988	12,112	2,412
其他股本	—	5	5
債務工具	7,988	12,107	2,407
其他投資：負債	25,337	7,007	17,871
其他股本	—	—	—
債務工具	25,337	7,007	17,871
經常帳 + 資本帳 - 金融帳	*5,851*	*7,604*	*45,759*
D.誤差與遺漏淨額	**388**	**9,054**	**2,583**
E.準備與相關項目	**6,239**	**16,658**	**48,342**

資料來源：中央銀行。

上述的國際收支表的構成，與下一節即將介紹外匯之間的關係可以寫為：

國際收支餘額=經常帳餘額+資本帳餘額+金融帳餘額 (20.1)

=外匯供給－外匯需求 (20.2)

由（20.2）式可知，當外匯供給＞外匯需求，表示國際收支餘額＞0，國際收支產生盈餘（surplus），外匯市場存在著超額供給。

當外匯供給＜外匯需求，表示國際收支餘額＜0，國際收支產生赤字（deficit），外匯市場存在著超額需求。

當外匯供給=外匯需求，表示國際收支餘額=0，意味國際收支平衡，外匯市場達到均衡狀態。

20.2 外匯與匯率

外匯（foreign exchange）代表一國擁有可做為對外交易的支付工具與具有流動性的資產，它象徵該國對外的支付能力。匯率（foreign exchange rate）則是指國與國之間貨幣的兌換比率，它會反應一國貨幣的價值。

在 19 世紀至 20 世紀初期，因國際上採取金本位貨幣制度（gold standard system），各國貨幣價值決定於與黃金的關係，黃金連結各國貨幣與黃金兌換比率，間接構成各國的匯率。因此當時決定匯率水準是為金本位匯率決定理論，金本位匯率決定在國與國之間的鑄幣平價（鑄幣含金量之比），以鑄幣平價的黃金進出口做為調整匯率變動的制度，匯率是相對安定。由於信用貨幣制度的興起，金本位貨幣制度在第一次世界大戰之後，各國相繼紛紛放棄[1]。

第二次大戰接近尾聲中，1944 年 7 月 1 日在英、美主導下，在美國紐漢布夏州（New Hampshire）的布列敦森林（Bretton Woods）簽訂「布列敦森林協議」（Bretton Woods Agreement），決議成立國際貨幣基金 IMF，建立國際新的匯率制度，被稱為「可調整固定匯率制度」（adjusted-peg system）。此制度是建立在美元以黃金表示固定的評價基礎下，維持國際匯率的穩定，故又稱為「美元本位制」（dollar standard）。

進入 70 年代，美國的財政赤字與貿易逆差問題更加嚴重，「布列敦森林協議」下的國際「美元本位制」已經無法維持[2]。1972 年以英國為首，紛紛放棄對美元的固定平價義務，隔年更進一步改採浮動匯率制度（floating exchange rate system），當時的台灣、日本等出口為導向的國家為了因應國際貿易也跟隨採用此種制度。

20.2.1 外匯存底

判斷一個國家是否有具有對外支付能力的指標為外匯存底（foreign exchange reserves）。每隔一段時間，中央銀行就會公布我國的外匯存底的餘額。外匯存底是指「一國中央銀行（或貨幣當局）為彌補其國際收支的短絀，而可隨時變現的對外

---

[1] 第一次世界大戰期間，各國為了籌措戰費，紙幣發行量大幅增加，造成惡性通貨膨脹，迫使各國不得不暫時停止黃金兌換，以因應當時的貨幣危機。

[2] 1971 年 12 月世界各國在史密梭尼協議（Smithsonian Agreement）下，各國同意重新調整匯率。

債權」[3]。換言之,外匯存底的構成包含了外國的貨幣（現金與存款）、支票、匯票以及各種可兌換外國貨幣的有價證券,例如公債、國庫券、股票、公司債等國外資產。除此之外,外匯存底也包含了國際公認具有貨幣價值的黃金,只不過黃金無法像存款或有價證券那樣能夠產生利息,特別這幾年的國際黃金價格產生巨大的波動,對管理外匯存底是一大挑戰。

然而每個國家在經濟結構與經濟規模並不一樣,外匯存底的最適規模究竟應該為何?說法不一。一般而言,有以下幾種的衡量標準。

一、最適外匯存底為足以供給一國進口所需 3 個月的規模:

此一說法為特里芬（R. Triffin）在 1960 年代所提出的觀點,主要建議的基礎是建立在一國對外購買時的支付能力之上。但是,國際的時空背景已經產生很大的變化,加上每個國家在經濟的發展程度或經濟結構上皆可能存在極大差異。所以,以進口值3個月的水準做為最適外匯存底其實是有爭議的。從世界各國的外匯存底規模可以看出,包含我國在內都遠遠超出這個水準。

二、最適外匯存底應等於一國的短期外債規模:

主張以一年內到期的短期外債做為最適外匯存底基準的是「蓋杜蒂－葛林斯班法則」（Guidotti-Greenspan rule）。但是在國際資本移動日益普及與擴大時,以一年之內的短期外債做為外匯存底的最適規模,可能存在不少的風險。因為國際間資本移動,容易改變一國的匯率水準,匯率變得更不穩定,往往需要外匯存底做為安定匯率的工具。例如,1997 年的東亞貨幣危機就是因為泰國、印尼、韓國等國缺少外匯存底所帶來的大幅度的貨幣貶值,就是近十幾年來的最佳例子。

三、最適外匯存底應該介在該國廣義貨幣M_2的 5%至 20%之間的規模:

在貨幣的定義當中,外國貨幣被納入在廣義貨幣M_2之中。因此,將外匯存底與M_2連結所制定出的最適規模有其依據。當然,隨著外匯的流入,也會帶來國內貨幣供給量的增加,中央銀行就必須隨時提高外匯存底的規模。因此,雖然一般的見解是外匯存底的最適規模應該介在廣義貨幣M_2的 5%至 20%之間,但很多新興發展國家都超出這個標準,預防當資金外流時,才有足夠的外匯做因應。

---

[3]　李榮謙（2009）《貨幣銀行學》,智勝出版,P.165。

20.3 現行匯率制度的種類

如前所述，金本位匯率制度在第一次大戰結束後為各國所放棄。之後，固定匯率一度為各國所採用，歷經戰後 30 幾年，對一些國家的經濟發展有著重大的貢獻，也帶來世界經濟的長期穩定。但是隨美元的走貶，70 年代初期有些國家開始改用浮動匯率，國際呈現固定匯率制度與浮動匯率制度並存。然而，不管在固定匯率制度或浮動匯率制度，因各國經濟發展程度不同，實施匯率制度的實質內容也產生了差異，本節將介紹現行的匯率制度有哪些主要的種類。

20.3.1 固定匯率制度（fixed exchange rate system）

當經濟處於剛發展的階段時，為了減少貿易往來或國際投資所產生的匯率風險，很多國家都匯採取固定匯率制度。戰後的日本、台灣等國家就是建立在固定匯率制度下從事貿易活動，並以此吸引國際投資國內，可以累積外匯存底，並提升國內產業的生產技術。當時的日本以 360 日幣兌換 1 美元；台灣以 40 元新台幣兌換 1 美元作為固定匯率水準，維持將近 30 年。在 1997 年亞洲金融風暴之前，泰國、印尼等國，原先也都是採用固定匯率制度，但是外資恐慌所引發的資本快速流出，各國為了釘住美元需要投入大量的外匯存底以捍衛固定匯率制度。

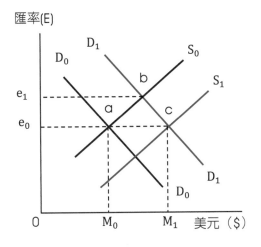

圖 20.1　固定匯率制度與外匯

圖 20.1 所示，在固定匯率制度下，某國將匯率水準訂在e_0。因某種因素當市場對美元的需求增加，需求曲線由$\overline{D_0D_0}$向右上方移至$\overline{D_1D_1}$，均衡點也由 a 點移動至 b 點。如果中央銀行不介入匯率市場，那匯率水準回由e_0上升至e_1，偏離了固定匯率。此時為了維持固定匯率水準，中央銀行進入外匯市場賣出$\overline{M_0M_1}$量的美元，使得美元的供給曲線由$\overline{S_0S_0}$向右下方移至$\overline{S_1S_1}$，均衡點再由 b 點移至 c 點，匯率水準又回到當初的e_0水準。換言之，中央銀行為了捍衛固定匯率水準e_0，必須拋售外匯存底做為代價，如果該國沒有足夠的外匯將無法維持固定匯率，可能造成資金外流的恐慌。

20.3.2 浮動匯率制度（floating exchange rate system）

如前所述，70 年代初期世界各國相繼放棄釘住美元的固定匯率制度，改採以外匯市場決定的浮動匯率制度。遭受 1997 年亞洲金融風暴的泰國、印尼等國就是因為在外匯存底不足之下無法捍衛固定匯率水準後，相繼改為浮動匯率制度。這和 70 年代日本、台灣退出固定匯率時的原因不同。

在浮動匯率制度下，如果一國經濟處於健全發展情況時，中央銀行不需要干預市場，匯率有時雖會波動，但會自動回復適當的國際匯率水準，進而促使國際收支達到均衡。

浮動匯率制度是透過國際資本移動在匯率市場決定一國的匯率水準，在正常情況下可以達到有效率的經濟成果，但是當經濟狀況出現異常時，那浮動匯率制度也可能因激烈振動帶來該國的巨大損失，對經濟產生衝擊。因此，單純的浮動匯率制度有時無法因應經濟局勢的變動，政府的介入變得必須，管理匯率就成為一些國家所採用的措施。

20.3.3 管理浮動匯率制度（managed floating exchange rate system）

介於固定匯率制度與浮動匯率制度之間的是管理浮動匯率制度：政府當局依照國內的經濟狀況判斷匯率水準是否適當，再決定是否介入匯率市場。這種制度兼具固定與浮動制度的優點，但也承擔這兩種匯率制度的缺點。管理浮動匯率制度特別應用在國際資金異常移動時，或投機「熱錢」湧進，或受到國際投機客攻擊時，此時中央銀行對匯率水準的管理就變得重要。另一方面，如果刻意低估本國貨幣，以

增加出口競爭力，長期介入匯率市場的結果，可能扭曲經濟活動，帶來更嚴重的經濟問題。因此，管理浮動匯率制度在短期操作上，可以避免國家的經濟動盪，待狀況穩定之後再由市場機制自行運作，不宜長期介入與管理，否則扭曲經濟活動與資源的分配，經濟無法健全發展。

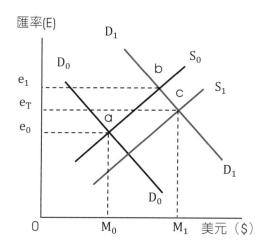

圖 20.2　管理浮動匯率制度與外匯

以圖 20.2 說明管理浮動匯率制度的操作。在 1997 年亞洲金融危機時，國際投機客看準泰國的外匯存底不足，經濟結構脆弱，預期不久該國貨幣即將大貶，於是瘋狂拋售泰國貨幣銖，重創泰國匯市。現在假設國際投資客認為台灣會受到這波金融風暴的影響而貶值，故大量購買美元，使得美元的需求曲線由$\overline{D_0 D_0}$右移至$\overline{D_1 D_1}$，造成匯率大幅提高（$e_0 \rightarrow e_1$），新台幣重貶。如果中央銀行判斷此匯率水準對國內產業與貿易會產生衝擊時，進入市場利用外匯存底賣出美元，美元供給增加的結果，供給曲線會由$\overline{S_0 S_0}$向右方移動至$\overline{S_1 S_1}$，均衡點由 b 點移至 c 點，將匯率下修至目標值e_T水準，台幣升值。

以上介紹主要三種的匯率制度，各有其優缺點，何種較為適合須視該國經濟發展成熟度而定。日本與台灣在戰後，因經濟尚在復興階段，經濟與產業的發展條件尚未成熟，無法與歐、美等國相抗衡，長期採用固定匯率制度，創造安定的生產與投資環境，才有今日的經濟基礎。一旦經濟發展至一定程度之後，固定匯率制度的必要性逐漸退色，加上國際金融的自由化，國際化與全球化的發展，浮動匯率制度或管理浮動匯率制度就更加受到各國的採用。

20.3.4 名目匯率與實質匯率

匯率可分為名目匯率（nominal exchange rate）與實質匯率（real exchange rate）。名目匯率是指一單位（一元）外國貨幣能夠交換多少單位本國貨幣的比率，有時又稱為直接匯率（direct rate），常以e表示。例如，1 美元等於 30 元新台幣的匯率為 30。當 1 美元等於 32 元新台幣時，表示匯率上升至 32，此時新台幣為貶值（depreciation）；反之，當匯率下降至 29 時，表示新台幣升值（appreciation）。

實質匯率是指外國商品與本國商品的交換比率，即兩國商品的相對價格，可由以下的等式表示：

$$E^r = \frac{eP^f}{P}$$ （20.3）

（20.3）式中的E^r為實質匯率；P^f為外國商品以外國貨幣表示之價格；P為本國商品以本國貨幣表示之價格；eP^f則是代表以本國貨幣表示外國商品之價格。一般而言，當實質匯率越高時，表示外國商品相對較貴，對我國出口較有利；反之，當實質匯率越低時，表示外國商品相對比較便宜，對我國出口較為不利，降低我國的出口競爭力。

20.3.5 有效匯率指數

有效匯率（effective exchange rate）是指本國貨幣與複數的外國貨幣為基礎的複合匯率，以一籃子外國貨幣價格的加權平均，顯示本國貨幣與貿易國之間相對強弱的變化。而一籃子外國貨幣價加權權數可表示如下：

$$W_i = \frac{X_i + M_i}{\sum (X_i + M_i)}$$ ，i：主要貿易國 （20.4）

（20.4）式之中，$X_i + M_i$（出口+進口）表示我國與 i 國的貿易總額；$\sum (X_i + M_i)$ 表示我國與一籃子國家的貿易總額。

有效匯率也可以用指數形式表示，有效匯率指數（effective exchange rate index, EERI）：

$$EERI^t = \sum W_i^t \frac{E_i^t}{E_i^0} \times 100$$ （20.5）

（20.5）式也是名目有效匯率指數（nominal effective exchange rate index, NEERI），其中$\frac{E_i^t}{E_i^0} \times 100$表示計算期（t）與基期（0）之間匯率的平均變化。當有效匯率指數（EERI）大於 100 時，表示本國貨幣有高估的情形，出口競爭力下降，所以應該貶值；另一方面，當有效匯率指數（EERI）小於 100 時，表示本國貨幣被低估的可能，出口競爭力提升，貨幣應該升值。

如果將物價變化因素納入考慮，可以算得實質有效匯率指數（real effective exchange rate index, REERI）：

$$REERI^t = \sum W_i^t \frac{RE_i^t}{RE_i^0} \times 100 \qquad (20.6)$$

（20.6）中，$RE_i^0 = \frac{E^0 P^0}{P_i^0}$，$RE_i^t = \frac{E^t P^t}{P_i^t}$，P 為本國的物價水準，$P_i$為外國物價水準。從實質有效匯率指數（REERI）將兩國之間的物價變化因素考慮進來，更能夠反映出本國產品的國際競爭力的變化。

20.4 匯率的決定理論

1916 年瑞典經濟學家卡賽爾（G. Cassel）提出購買力平價理論（Purchasing Power Parity theory, PPP），說明兩國之間的物價水準可以決定匯率的理論[4]。PPP 理論有效地說明國際匯率的形成，特別是長期的匯率變動的重要原因。此理論又可以區分為絕對購買力平價（absolute purchasing power parity）與相對購買力平價（comparative purchasing power parity），分別說明如下：

20.4.1 絕對購買力平價理論

絕對購買力平價是以兩國同類商品所構成的物價水準或一般物價水準的相對比率決定均衡匯率。換言之，透過兩國的貨幣購買力的比較決定兩國匯率水準的理論。依據 PPP 理論，當某國的貨幣購買力下降（即國內物價水準上升）時，在國際匯率市場該國的貨幣會呈現相同比例的貶值；反之，當某國的貨幣購買力上升（即

---

[4] 其實在卡賽爾之前，李嘉圖（David Ricardo, 1772-1823）在比較利益法則中就已經提出 PPP 理論的基本想法。

國內物價水準下跌）時，該國的貨幣會呈現相同比例的升值。

說明絕對購買力平價可以用下式表示。

$$E_{d/_f} = P_{d/_{P_f}}$$

（20.7）

（20.7）式中的 $E_{d/_f}$ 代表匯率，P_d 與 P_f 分別表示台灣國內與外國的物價水準。$E_{d/_f}$ 意味著一單位的外國貨幣等於多少新台幣的直接匯率。當台灣物價上揚時，台幣的購買力下降，因此台幣呈現貶值（匯率上升）；當台灣物價下跌時，台幣的購買力上升，因此台幣呈現升值（匯率下降）。當兩國物價水準相同時，即表示兩國貨幣購買力一致，所以稱為購買力平價理論。此理論是建立在一物一價的「單一價格法則」（law of one price）的主張上。此法則是假設不考慮運輸成本和稅賦之下，同一商品在兩個不同市場上的售價是相等的主張。例如，在台灣一台電腦的售價 3 萬元新台幣，而在美國一台售價為 1200 美元，匯率為 30。如果買台灣的電腦賣到美國去，那每一台可以賺得 6 千元新台幣，產生了套利空間。因為套利的行為，台灣電腦需求的增加導致價格上升；另一方面，因套利行為，美國電腦市場的供給增加產生價格的下降，最後兩國電腦的市場價格趨於一致。

雖然絕對購買力平價能夠有效說明匯率的決定機制，但是也遭受經濟學界的批評：

一、每個國家的各個商品，在國內外的交易上，商品品質與服務有所差異，不容易計算出正確或一致性的物價水準。加上各國在貿易關稅、運費、政策補貼或獎勵等措施的不同，無法反映該商品的真正價值。

二、因為非貿易財的存在，使得一般物價水準的計算產生偏差的現象。例如，已開發國家的非貿易財相對於貿易財價格較高。因為貿易財價格是透過國際市場競爭而趨於一致，但是非貿易財則無法由國際市場產生均衡價格，非貿易財價格往往受貿易財價格影響而拉高。

20.4.2 相對購買力平價理論

有別於絕對購買力平價，相對購買力平價認為兩國的均衡匯率應考慮隨物價變動而做調整。換言之，當本國物價上漲的幅度超過外國時，匯率應上升，貨幣相對貶值；反之，當本國物價上漲的幅度低於外國時，匯率應下降，貨幣相對升值。均衡匯率的變動這可以用下列等式表示之：

$$\frac{E_{d/f}^t}{E_{d/f}^0} = \frac{P_d^t/P_d^0}{P_f^t/P_f^0}$$ （20.8）

$$\Delta E_{d/f}^t = \Delta P_d^t - \Delta P_f^t$$ （20.9）

上式中的$E_{d/f}^t$表示 t 期的匯率水準，$E_{d/f}^0$表示基期的匯率水準。P_d^0與P_d^t分別代表本國在基期與 t 期的物價水準；P_f^0與P_f^t分別代表外國在基期與 t 期的物價水準。而$\Delta E_{d/f}^t$代表本國的匯率變動率應該為本國物價變動率（ΔP_d^t）與外國物價變動率（ΔP_f^t）的差。例如，假設基期的 1 美元可兌換 30 元新台幣，1 年之後台灣的物價上漲 3%，美國上漲 6%時，依據（20.9）式的均衡匯率變動結果應為負 3%，也就是說美元應貶值 3%，從先前的 1 美元可兌換 30 元新台幣調整為 1 美元兌換 29.1 元新台幣。

20.5 影響匯率的因素

匯率變動受國內外的資本移動所影響，而哪些因素會牽動這些貨幣呢？本節將從貿易面、資本移動與政策面等因素探討對匯率的影響。

20.5.1 貿易面的變化對匯率的影響

一、國內外所得水準變化對貿易的影響

國內外的所得水準變化會影響貿易量。一般而言，當國外所得提高會增加出口；當國內所得提高則會增加進口。例如，美國人民所得增加，對我國的電腦需求增加，出口的成長帶動外匯供給的增加，匯率下降，新台幣升值。反之，美國人民所得減少，對我國的電腦需求減少的結果，我國出口的萎縮使得外匯供給減少，匯率上升，新台幣貶值。

另一方面，當我國的國民所得提高時，對國外商品的需求增加，進口量的提高使得外匯需求增加，匯率上升，新台幣貶值。反之，國民所得下降，對國外商品的需求減少，進口量的降低使得外匯需求減少，匯率下降，新台幣升值。

上述國內外的所得變化會使得匯率產生變動，但是所得水準並非對貿易量影響的唯一因素。所以有時觀察的結果也可能是呈現相反方向，例如 2008 年世界金融風暴時，日幣反而呈現升值。

二、國內外物價水準變化對貿易的影響

物價水準變化也會對貿易產生影響。物價水準提高，商品變得更貴；反之，物價水準降低，商品變得更加便宜。例如，日本物價越高時，相較於外國商品變得更貴，出口競爭力下降，一部分被台灣、韓國、中國大陸所取代，日本的出口量減少，日幣貶值。而我國獲得更多的出口量，外匯供給增加，匯率下降，新台幣升值。

三、國內外貿易條件的轉變對貿易的影響

當兩國的貿易政策改變，進出口條件產生變化也會影響貿易量。例如，台灣在2002 年加入 WTO 之後，各國之間的關稅必須調降；東協與日本、韓國、中國大陸簽訂 FTA，加盟國貿易更加自由化，台灣非加盟國，所以無法使用相同的貿易條件。受到這些國際貿易條件的影響，壓縮了台灣貿易的發展空間。

20.5.2 資本移動對匯率的影響

國際資本的移動會帶來國際收支的資本帳與金融帳的變化，象徵著匯率會產生影響。其中以本國利率水準與國際之間有落差時，就會帶來國際資本的移動，也改變了資本帳與金融帳的金額。例如，當台灣債券的利率水準高於美國時，來自國外的美元資金流入台灣，購買政府發行的債券，台灣外匯供給的增加，呈現匯率下降，新台幣升值的走勢。反之，當美國債券利率水準高於台灣利率水準時，台灣資金流出做為購買美國債券的資本以賺取利差，使得台灣的外匯需求增加，呈現匯率上升，新台幣貶值。

20.5.3 經濟政策對匯率的影響

當政府實施財政政策或是貨幣政策時，對所得、利率與物價都可能產生影響。如前所述，當所得、利率與物價發生變動時，對匯率都會帶來影響。同理，當外國財政與貨幣政策改變時，也會對該國的所得、利率與物價發生變動，進而影響匯率水準。例如，台灣為因應金融風暴，企業與銀行都能夠取得較充裕的資金，採取寬鬆的貨幣政策。擴大信用產生貨幣供給增加，會帶來所得提升、利率下跌與物價的上漲。當產生這樣結果時，依據前面所述的結果，將會使得國際收支餘額下降，匯

率上升，新台幣貶值。另外，政府為解決金融風暴產生的失業問題時，採取擴大公共投資[5]。公共投資的振興方案產生所得的提升，但同時也可能產生利率的上升，造成排擠效果。如此一來，所得提升可能帶來進口增加，台灣資金流出，而利率的上升也會引進國外資金的流入。因此，匯率是上升或下降端看外匯流進或流出的規模大小而定。

20.6 金融危機的爆發

如同前述各國匯率制度的轉變，加上國際金融隨著各國金融制度的變革與貿易的發展，國際金融環境變得更加靈活，精確掌握變得更加困難。戰後，世界發生了多次的金融危機，金融動盪產生經濟的重大損失。

20.6.1 戰後金融危機

金融自由化於 80 年代在英，美兩國主導下進行。英國在第二次石油危機之後，實施外匯交易完全自由化，並在 1986 年實施證券市場的改革[6]，即通稱的「Big Bang」，引起世界各國的注目與效尤。另一方面，美國從 1987 年至 1989 年間逐步放寬銀行業與證券業的經營內容，1998 年取消銀行利率上限的規定，1999 年許可銀行子公司對證券業務的經營。這樣的金融改革不局限於英、美，就其他歐洲各國、日本，甚至台灣也在金融制度上做大幅度修改。

在浮動匯率體制下，國際金融自由化不只在本身國內造成泡沫經濟，也容易造成國際間的金融危機。從 1985 年先進國家匯率介入之後，包含日本在內各先進國的土地與住宅產生泡沫。1992 年爆發歐洲通貨危機，國際資金流入北美，引發 1994 年墨西哥通貨危機，隔年波及到中南美洲的阿根廷。資本自由化的結果，這次國際資金大量流入經濟成長快速的亞洲，亞洲金融風暴 1997 年 7 月 2 日在泰國正式引爆。亞洲金融風暴不只重創泰國貨幣，也波及到印尼、菲律賓、馬來西亞，帶來 ASEAN 各國貨幣的大幅貶值。接著 1998 年在俄羅斯發生避險基金 LTCM 的破產，國際金融陷入不

---

[5] 例如，因應 2008 年的金融風暴，政府除了實施 857 億消費券的發放外，5,000 億規模的擴大振興經濟方案，就是財政政策的一環。

[6] 這些改革包含了證券交易所交易會員權的開放，手續費自由化，股票買賣稅的減輕以及證券交易所以外交易的認可等措施。

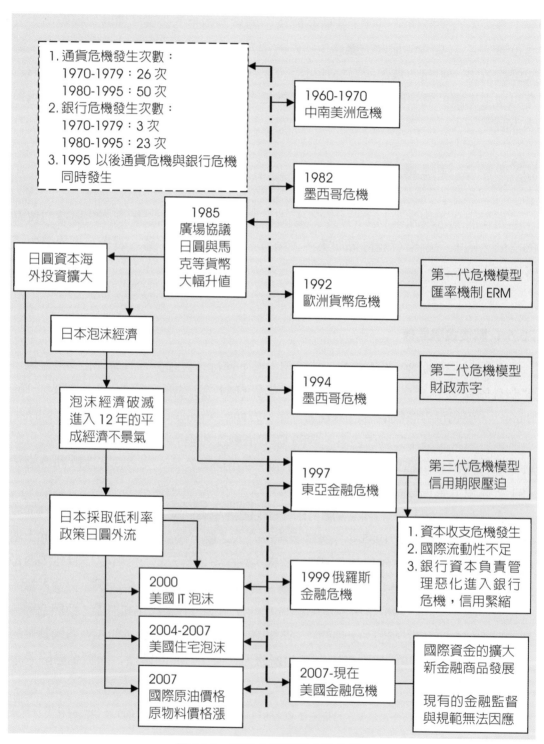

圖 20.3　戰後主要國際金融危機

穩。2000 年之後的國際金融更進一步的發展，各國在金融制度上繼續鬆綁，同時也創造出新的衍生性金融商品。國際資本的大量流入，造就美國 IT 產業的泡沫，2003 年起蔓延到住宅的投資，住宅泡沫之後就是 2007 年的次級房貸危機，揭開這次金融海嘯的序幕，圖 20.3 為戰後主要國際金融危機。

依據 Kaminsky & Reinhart（1999）研究將金融危機分為通貨危機與銀行危機，在 1970 年代通貨危機有 26 次，1980 年到 1995 年增加到 50 次。而銀行危機在 1970 年代只有 3 次，但 1980 年到 1995 年增加到 23 次。1990 年代之後的金融危機是通貨危機與銀行危機同時產生，且影響規模越來越大，印證了這次金融海嘯。而金融危機 2000 年以後之所以逐年擴大，這實與世界「金融自由化」的發展有著密切關係。

20.6.2 次級房貸引爆的金融海嘯

一、美國金融危機的背景

1990 年代世界的金融市場規模，在衍生性金融商品不斷地被創造之後，世界的金融經濟和實體經濟的比率，從 1990 年的 1.77 倍，膨脹到 2007 年的 3.45 倍，即使在金融危機爆發後的 2008 年尚有 2.78 倍。世界在這樣金融泡沫基礎之下，美國經常收支赤字也不斷地擴大，這在 2006 年時達到最高，赤字規模為 7,716 億美元，相當美國 GDP 的 6.15%。經常收支赤字擴大在於美國國內過剩消費，美國的國內民間消費部門占 GDP 比例，從 1987 年的 60%提高到目前的 70%以上，形成 1990 年代後半美國好景氣最大的貢獻部門，其中對汽車、住宅建設需求的大幅增加，可以說 1990 年代東亞各國出口大幅成長，是來自於美國過剩的國內需求。

填補美國經常收支赤字是靠國際資金的不斷流入，這些流入的資金主要來自日本、中國與原油生產國，這些回流資金也就是各國對美長期貿易的順差。加上日本的低利率政策與擴張的金融政策，配合日圓貶值匯率政策，更加速對美國的資本移動。而中國則是外匯存底大部分以美元持有，加上人民幣的低匯率政策也造成大量資本流入美國。因此，可以說 2004 年至 2006 年間的次級房貸是在國際資本的湧入之下，美國才能夠長期維持低利率，進而造成美國住宅價格的泡沫。

二、形成金融危機的本質

金融危機本質在住宅價格的泡沫，圖 20.4 是美國 HPI（House Price Index）的變化軌跡，在次級房貸危機爆發之前的指數達到最高，加州及佛羅里達州等地區的 HPI 更高達 250%以上，HPI 曲線明顯大幅偏離了長期趨勢線，住宅泡沫已經形成。

支撐住宅價格持續上升來自美國的低利率，2001 年開始 6 個月內的短期利率水準維持 2%上下，2004 年之後 1 年以內的短期利率水準大幅下降。在住宅價格不斷上漲與低貸款利率提供了美國住宅泡沫的土壤。

90 年代所發生的不動產泡沫，造成日本不景氣長達 12 年[7]，但都只停留在日本國內的影響程度，何以此次的美國住宅泡沫引起次級房貸問題波及全球經濟？問題出在金融商品的證券化，證券化再證券化的結果，是將資產債權轉化成證券形式銷售到全世界，造成全球性的金融危機。

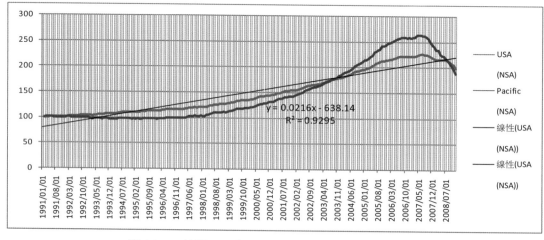

圖 20.4　美國 HPI（House Price Index）變化軌跡

資料來源：由 office of Federal Housing Enterprise Oversight 資料製成

（一）次級房貸危機（Subprime Mortgage Crisis）的基本性格

美國的住宅貸款有 Prime loan，Alt-A loan 和 Subprime loan，「Prime」是指信用優良，Prime loan 是專貸給信用指數高的客戶，Alt-A loan 是貸給比 Prime loan 信用指

---

[7] 90 年代日本泡沫經濟後陷入所謂的「平成不景氣」，長達 12 年之久，即俗稱的「消失的十年」（decade-long recession）。

數稍低的客戶，而 Subprime loan 是針對信用指數較低的貸款戶[8]，這 3 種貸款規模在 2007 年分別為 7 兆美元、1.2 兆美元、1.5 兆美元。儘管次級房貸利率較一般市場利率為高，因為 2001 年之後市場利率大幅下降，加上房屋價格不斷上揚，即使借款人期約中無法繳納，只要出售房屋還是足夠償債，同時也能夠提高債務人的信用指數。住宅貸款專業銀行（Mortgage bank）更提供前幾年優惠利息的方式[9]或只繳利息的方式，進一步擴大次級房貸的規模。

　　住宅貸款專業銀行擁有借方的住宅抵押債權，為了轉移倒帳風險以及擴大放款，將抵押債權出售給投資銀行，進入次級房貸的證券化商品組成（origination）階段。投資銀行將收購的各種住宅抵押債權組成住宅抵押貸款證券（MBS：mortgage-backed securities），經過等級評價公司（CRA：Credit Rating Agencies）的證券評等後出售給其他的投資銀行，MBS 的餘額也由 2002 年的 3.601 兆美元，上升到 2007 年的 6.483 兆美元。

　　之後，投資銀行再將 MBS 與其他金融商品重新組合，以抵押債務證券（CDO：Collateralized Debt Obligations）形式出現。投資銀行為求更進一步金融商品的保障，支付保費給金融保證專業保險公司（monoline）取得信用違約交換（CDS：Credit Default Swaps）後，增加 CDO 的保障吸引投資人。除了出售給銀行，保險機關與勞退基金之外，一部分也出售到結構式投資工具（SIV：Structured Investment Vehicle）。SIV 的成立主要來自銀行的資金提供（sponsor），因為一般銀行受資本適足率 8%的規定[10]，資產負債表的金融活動規定較證券公司嚴格，如果銀行可以透過 SIV 方式，就可以用比較低的自有資本操作資產負債表外融資（Off-Balance-Sheet Financing）的活動，SIV 可以說是具有「影子銀行體系」（Shadow banking system）的作用。SIV 一方面透過 ABCP 籌措資金，另一方面來自銀行的資金挹注從事金融運作購買 CDO 或 ABS，再以 CDO、ABS 作擔保發行 ABCP 籌措資金再投入 CDO 或 ABS，不斷延續操作金融活動賺取更高的利益。SIV 的市場規模在 2004 年只有 5 兆美元，2007 年已高達 45 兆美元，成長為原來 9 倍。SIV 以 ABCP→CDO→ABCP→

---

[8]　Subprime loan 的貸款者以低所得者、移民，或信用力較低的投資人為主要對象，在一般金融機構無法貸款或享受較低利率水準，低所得者或移民者往往抱有住宅的夢想，即使較高利率也會貸款購屋，甚至推出 NINJA（No Icome,No Job& Asset）的住宅借貸。

[9]　例如：2/28（two twenty-eight），3/27（two twenty-seven）表示 30 年的貸款，優惠 2 年或 3 年內繳的利率比基礎利率更低。

[10]　一般銀行的槓桿係數最高為 12.5，但以 SIV 形式則可擴大到 40、50 倍以上。

CDO→ABCP……的金融活動方式，改變了只有商業銀行才有可能產生的貨幣信用創造。事實上也是因為 SIV 這樣的操作手法造成這次世界規模的金融危機。

上述的住宅貸款專業銀行將住宅抵押債權出售給投資銀行之後轉成 MBS、RMBS，再出售給投資銀行。投資銀行將 MBS 切割成小額金融商品再與各種債權（例如：消費信用貸款債權，學費貸款債權或汽車貸款債權等）組成 CDO，再證券化的形成造成金融市場上衍生性金融商品的過度投資。但是證券化在資產債權→RMBS→CDO→……的創造過程中，也產生一些的不確定性，包含了資產風險所在的不確定性：原資產風險的分散，MBS 等證券化帶來風險所在及規模掌握變得更困難。價格形成的不確定性：由於對信用評價等級失去信賴，在證券化商品市場上，喪失價格機能，金融商品市場交易量大幅降低，市場流動性也急速縮小。流動性的不確定性：以短期資金從事長期投資，巧妙運用資產與負債到期日差異的投資人來說，更加曝露出流動性的風險。換言之，使用金融工學與高等統計學所發展出來的金融技術，卻帶來市場的道德危險，增添了金融市場的不穩定性。

（二）金融危機的爆發

過度發行衍生性金融商品的結果，在世界金融市場推估的規模已達到 660 兆美元，其中 CDS 有 60 兆，MBS 有 7.7 兆，CDO 有 3.3 兆美元[11]，這些金融商品不是透過市場直接交易，價格的形成也是依靠以往紀錄收益與風險。

次級房貸之所以能夠成立和低利率政策與住宅價格的不斷攀升有很大關係，一但這樣的條件不存在時，次級房貸的違約件數就會大幅增加。因為次級房貸是構成 MBS 的一部分，所以當次級房貸違約件數增加時 MBS 的評等下降，造成價格就會下跌或沒有投資人願意收購。

美國 2000 年的網路 IT 產業泡沫化與 911 的恐怖攻擊之後，短期（三個月）利率水準從 2000 年 11 月 7 日的 6.42%降到 2004 年 4 月 30 日的 0.98%，這樣的低利率水準營造次級房貸形成環境，大量資金投資住宅帶動價格上揚。但是 2004 年下半年起，FRB 改變利率政策，市場利率逐漸提高，2006 年底已超過 5%，無法繳貸款的違約數大幅增加，連動影響 MBS 的相關金融商品的需求，進而促使 MBS 價格的下跌。次級房貸違約件數增加與 MBS 價格下跌的持續延燒，直接貸款的住宅貸款專業銀行以及衍生性金融商品的構成者，投資銀行、避險基金、證券公司、SIV 以及金融保證

---

[11] 朝倉慶（2008）《大恐慌入門》，德間書店。

專業保險公司（monoline）等金融機關蒙受鉅額損失。緊接而來是 SIV 資金提供者的商業銀行因損失造成流動性不足，各種投資基金以及投資人也相繼產生巨額虧損，各金融機構何時爆發經營危機，全球陷入金融恐慌，增添彼此間的不信任感，加深資金調度的困難，信用趨於緊縮。

金融危機在 2007 年 7 月 31 日終於引爆，美國第 5 大投資銀行 Bear Stearns 的經營危機揭開序幕，10 天之後，法國銀行 BNP paribas 凍結底下 3 檔基金資產，歐洲也正式捲入，進入第一階段的金融危機（After Crisis 1）。

投資銀行 Bear Stearns 事件的發生，一開始被視為只是金融機關單純的資金流動性不足問題，以為由美國 JA morgan 購併 Bear Stearns 後就可以塵埃落定。在 2008 年 7 月 11 日，國際原油價格以每桶突破 147.27 美元創歷史新高[12]的 2 天後，美國政府發布對 FNMA（Fannie Mae）與 FHLMC（Freddie Mac）[13]支援，並於 2008 年 9 月 7 日將 FNMA 與 FHLMC 納入美國政府管轄之下，加深金融市場上的不安，進入第二階段的金融危機（After Crisis 2）。

真正體認到次級房貸對金融市場的衝擊是在 2008 年 9 月 15 日美國 Lehman Bothers 證券投資銀行的倒閉，Lehman Bothers 是美國第 4 大證券投資銀行，擁有 158 年歷史，「雷曼衝擊」（Lehman shock）的同一天，Merrill Lynch 證券被美國銀行（Bank of America）購併，幾天後美國第 1 大，第 2 大投資銀行 Goldman Sachs 與 Morgan Stanley 轉為商業銀行，至此美國前 5 投資銀行全部消失，進入第三階段的金融危機（After Crisis 3）。

金融危機最容易反映在股票市場，2008 年 9 月 29 日美國道瓊指數下跌 777 美元，為因應衝擊美國國會通過「金融安定化法案」，但還是無法贏得市場信心，10 月 13 日道瓊指數下跌 936 美元，跌幅創歷史新高。到了 2009 年 8 月 14 日存保機關 FDIC 公布到目前為止今年美國破產的銀行高達 77 家，超過 2008 年的 3 倍。

---

[12] 美國次級房貸爆發之後，一部分的國際資金轉向原物料期貨市場，造成期貨市場的盛況，原油價格從 2007 年中起，一路飆漲，衝擊世界經濟，一度帶動生產成本的攀升，進而影響民間的生活消費。關於台灣各產業物價指數的變化論文，可參考洪振義（2009）《國際原油價格波動對生產成本與消費者物價指數之影響》（working paper）。

[13] 聯邦擔保金庫 FNMA（Fannie Mae）與聯邦住宅金融擔保金庫 FHLMC（Freddie Mac）是在美國政府支援下成立的，具有公家機關的性質，提供美國住宅金融信用借貸的功能，所發行的債券的信用度也僅次於聯邦的國債。

（三）金融危機波及（contagion）途徑

金融危機震央在美國，之後的金融海嘯擴展到全世界，也有人把它形容是一顆核爆彈，可見這次金融危機殺傷力道的強大。FRB 憂慮國內通貨膨脹一連串的利率上升，在 2008 年 8 月 8 日的短期利率已達到 5.04%，引發住宅泡沫的破滅，住宅價格的下跌，更進一步連動次級房貸相關證券化商品價格暴跌，金融機構產生巨額損失。金融機構的損失，與貸款壞帳的增加，對個人或企業的貸款更加嚴格，整體金融信用趨向緊縮。全球化進展的結果，帶來損失的金融機關是跨國際的，歐洲地區影響則更為深遠。金融市場的崩壞，「負財富效應」（negative wealth effect）所引發的消費力下降，不管是先進國家或新興發展中國家的經濟正邁向景氣衰退。來自先進國家的資本回收，新興發展中國家的股市與匯市雙雙下挫，先進國家則因市場的信心不足，造成股市的積弱不振。先進國家的「負財富效應」對新興發展中國家的需求大幅度下滑，國際貿易量減少，世界經濟陷入景氣蕭條。

📖 **應用問題**

在 1997 年東南亞金融風暴時，依當時台灣經濟體系所面臨的實際狀況，如果政府要讓台幣不貶、股市不跌，則應該在匯市中拋售美元，同時在國內營造寬鬆的貨幣政策。

【96 高雄第一科大風保】

📁 **提示**

參照本章的 20.3 節中的「管理浮動匯率制度」部分，如果中央銀行透過在匯市中拋售美元，以阻擋新台幣的貶值，可以維持匯率的穩定。但是，如果「國內營造寬鬆的貨幣政策」，致使利率大幅下降時，造成預期台幣貶值的市場心理，形成投機的運作空間。因此「政府要讓台幣不貶」是以緊縮信用做為手段，那「股市不跌」就需以貨幣政策的其他手段做搭配，例如，調整利率水準。

📖 **應用問題**

一國的外匯存底是否越多越好？為什麼？目前我國的利率水準相對其他大部分國家而言處於較低水準，此種情形對經濟可能產生哪些影響？

【96 年高考三級】

提示

外匯存底水準的多寡可以參考 20.2.1 節中的最適外匯存底規模，需視各國經濟狀況而定，而利率水準高低的經濟影響可以從國內外分別探討。對國內的影響可以透過凱因斯的經濟理論說明，而與國外的關係可以參考本章的 20.5 節中的「資本移動對匯率的影響」。

經濟政策的解析：國際金融創新與金融危機

在上一章我們談到全球化的貿易，其實國際金融也產生很大的影響，特別是金融創新的衍生性金融商品的大量出現。這些衍生性金融商品不僅在該國銷售，也跨國投資吸取巨額資金。在本章已經說明衍生性金融商品的創造過程，事實上這中間存在很多的不透明性，造成了金融商品市場喪失合理的價格形成機制。加上很多相關金融監督制度無法有效管理，以至於產生 2008 年的金融危機。因此，在現今的國際金融體制下，如何建立有效的金融監督管理制度是今後實施金融政策時的重要關鍵。

▶▶實力測驗

☆選擇題

( )1. 若預期未來美元利率上升，在其他條件不變下：

(A)美元需求曲線向左移

(B)美元需求量沿美元需求曲線增加

(C)美元需求量沿美元需求曲線減少

(D)美元需求曲線向右移

【109 年公務人員普考】

( )2. 美國對進口品課徵關稅，在其他條件皆相同下，下列敘述何者正確？

(A)因進口減少，使得美元需求曲線左移，故美元會貶值

(B)因進口減少，使得美元供給曲線左移，故美元會升值

(C)因出口增加，使得美元供給曲線左移，故美元會升值

(D)因出口增加，使得美元需求曲線右移，故美元會貶值

【109 年公務人員普考】

( )3. 若經常帳餘額為出超，而官方國際準備帳餘額為零，若無統計誤差，則下列敘述何者正確？

(A)資本帳與金融帳餘額為資金淨流出

(B)資本帳與金融帳餘額為資金淨流入

(C)出口小於進口

(D)政府收支餘額為赤字

【109 年公務人員普考】

( )4. 假設過去一年我國的通貨膨脹率為 2%，美國的通貨膨脹率為 3%，則根據
相對購買力平價理論，新臺幣對美元應：
(A)升值 5% (B)貶值 5% (C)升值 1% (D)貶值 1%
【109 年公務人員高考】

( )5. 當以一單位外國貨幣兌換多少本國貨幣作為匯率的表示方式時，此匯率
上升代表本國貨幣：
(A)升值 (B)貶值 (C)不一定 (D)不受影響
【108 年公務人員普考】

( )6. 當購買力平價成立（purchasing power parity，簡稱 PPP）時，若同一籃子的
商品在臺灣的售價為新臺幣 100 元，在中國的售價為人民幣 25 元，則新
臺幣與人民幣的名目匯率為：
(A)一單位新臺幣兌換一單位人民幣
(B)四單位新臺幣兌換一單位人民幣
(C) $\frac{1}{4}$ 單位新臺幣兌換一單位人民幣

(D)介於「$\frac{1}{4}$ 單位新臺幣兌換一單位人民幣」與「四單位新臺幣兌換一單
位人民幣」之間
【108 年公務人員普考】

( )7. 若一國之國際收支有逆差，則可採取何種政策以減少逆差？
(A)降低本國利率 (B)本國貨幣貶值
(C)調高基本工資 (D)本國貨幣升值
【108 年公務人員高考】

（　）8. 經濟學人雜誌（The Economist）每年公布的大麥克指數（Big Mac Index）主要是關於哪一種匯率的統計？
(A)名目匯率　(B)實質匯率　(C)固定匯率　(D)浮動匯率

【107 年公務人員普考】

（　）9. 1946-1971年實施的布列敦森林體系（Bretton Woods System）基本上是一種什麼樣的匯率制度？
(A)固定匯率
(B)浮動匯率
(C)匯率目標區（target zone），區內匯率浮動
(D)管理浮動匯率

【106 年公務人員普考】

（　）10.一國貨幣當局用以挹注國際收支逆差時，可動用之外幣資產稱為：
(A)外匯存款　(B)外匯存底　(C)外幣準備金　(D)外幣預備金

【93 初等考】

（　）11.新台幣與其它外國貨幣，例如美元、歐元等之兌換關係稱為：
(A)物價　(B)匯率　(C)利率　(D)貼現率

【93 五等特考】

（　）12.在外匯制度方面，若主管當局放任匯價在市場上自由調整變化，此匯率制度稱為：
(A)固定匯率制度　(B)釘住匯率制度
(C)浮動匯率制度　(D)聯繫匯率制度

【93 五等特考】

( )13.當外匯買賣的簽約與交易在同一時間完成，此外匯交易稱為：
(A)即期外匯交易　(B)遠期外匯交易
(C)外匯期貨交易　(D)外匯選擇權交易

【93 五等特考】

( )14.當新台幣有升值的傾向時，常導致我國的中央銀行在外匯市場買進美元，
促使我國的外匯存底節節升高，此舉將會導致我國的利率水準：
(A)下跌，且貨幣供給數量增加　(B)下跌，且貨幣供給數量減少
(C)提高，且貨幣供給數量增加　(D)提高，且貨幣供給數量減少

【93 四等特考】

( )15.所謂貿易順差是指：
(A)出口減進口大於零　(B)出口減進口小於零
(C)出口加進口大於零　(D)出口加進口小於零

【93 四等特考】

( )16.根據 Mundell-Flemming 模型，假設國際資本完全移動，在浮動匯率制度下，
經濟體系引進自動櫃員機，對貨幣需求、所得、淨出口的影響各為何？
(A)貨幣需求增加；所得增加；淨出口不變
(B)貨幣需求增加；所得增加；淨出口增加
(C)貨幣需求減少；所得增加；淨出口不變
(D)貨幣需求減少；所得增加；淨出口增加

【98 鐵路】

( )17.在固定匯率制度下，假如本國有貶值壓力，央行為了維持固定的匯率水
準，必須如何因應？
(A)購買外國幣，外匯準備增加　(B)拋售外國幣，外匯準備減少
(C)購買外國幣，外匯準備減少　(D)拋售外國幣，外匯準備增加

【95 高考】

( )18.在浮動匯率的小型開放經濟中，下列何者會造成本國幣貶值？
(A)貨幣供給增加　(B)進口配額限制　(C)政府支出增加　(D)減稅

【96 高考】

( )19.根據 Mundell-Flemming 模型，假設國際資本完全移動，在浮動匯率制度下，若消費大眾因對未來的不確定性而減少消費增加儲蓄，則下列效果何者正確？
(A)消費與所得皆減少　　(B)消費與淨出口皆減少
(C)所得不變，淨出口增加　(D)所得與淨出口增加皆不變

【96 三等考】

( )20.若本國採取寬鬆的貨幣政策使利率下跌，本國貨幣將有：
(A)升值壓力　(B)貶值壓力　(C)先貶值後升值壓力　(D)穩定的匯率

【90 普考】

( )21.在其他條件不變之下，若本國實施固定匯率制度，且所釘住的匯率水準比均衡匯率水準為低，則會導致：
(A)本國幣值有低估現象　(B)本國有貿易順差
(C)國內物價提高　　　　(D)本國貿易條件改善

【95 身障特考】

( )22.在其他條件不變之下，若本國實施浮動匯率制度，則下列何者會導致國幣升值？
(A)本國通貨膨脹率大於外國通貨膨脹率
(B)本國通貨膨脹率小於外國通貨膨脹率
(C)本國的利率下降
(D)外國的利率上升

【93 普考】

( )23.就浮動匯率制度而言，下列敘述何者是正確的？

(A)本國出口供給增加，會造成台幣貶值

(B)本國進口需求增加，會造成台幣升值

(C)外商增加至台灣投資，台幣升值

(D)本國人出國旅遊增加，台幣會升值

【96 身障特考】

( )24.在匯率完全自由浮動的體制下，下列何種現象可能使其金融帳餘額增？

(A)該國國民買更多的澳洲羊毛衣　(B)外資競相匯入資金投資該國股票

(C)該國進口更多的日本車　　　　(D)以上皆有可能　(E)以上皆非

【96 輔大金融】

☆**申論題**

一、2008 年金融海嘯

（一）請說明其形成的原因；

（二）請說明為何到 2008 年底美金的走勢相對於歐元、英鎊及其大部份的貨幣都是升值？但對於日圓是貶值？

【98 台大商研】

二、假設於今年年初，1 美元兌換 120 日幣（$1=￥120），日本與美國今年全年的通貨膨脹率分別為 5%與 10%。如果於年底時，匯率為 1 美元兌換 130 日幣（$1=￥130），試問日幣被高估？還是低估？請解釋之。

【98 地方特考】

政治經濟思潮的考察：從古典學派到凱因斯革命

亞當斯密
（Adam Smith, 1723-1790）

勞動分工是增進公共財富的主要原因。公共財富總是和人民的產業成比例，若認為財富只是金銀的累積，那是個愚蠢的想法。

▍前言

經濟學說史是時代變遷的產物，本書介紹了古典經濟學與近代經濟學是由眾多的政治經濟學者所提出的各種理論，從他們的政治經濟思想出發到理論的完成，窮盡一生的研究與努力所獲得的成果。在大學經濟系的課程中，有一門「西洋經濟思想史」，這一門課貫穿經濟理論背後經濟學家的生涯，以及思想形成的過程。修過這門課的學生，對經濟理論往往能夠更深層理解經濟問題的本質，加深對經濟問題內涵的理解，有助於提高經濟理論上的學養。

有些教科書會把這一章放在前面，而本書則編輯在最後一章，主要是希望讀者先有經濟學初步的基礎後，具備較完整經濟學的理論架構，更能掌握思想其中的涵義。經濟思潮的變遷包含了歷史，理論與統計的經濟學故事，從學校、公職等各種考試的趨勢上，以及碩士、博士論文的研究方法，普遍的運用計量模型，感受到經濟學的教育過度使用數理做為解釋與測驗的方式。結果造成所訓練出來的學生無法解讀真實經濟社會的變化，與變化邏輯的推論。本章希望對經濟理論做「性質」的探討，以別於「剛性」的數理分析。

政治經濟思潮的變遷說明經濟理論的修正，它也反映出時代的背景，也說明環境變化之後的理論調整。在這樣的理解下，各學派經濟思潮代表對經濟社會的不同主張，不管是「對」或是「錯」的經濟理論，都是說明經濟學家診斷當時經濟社會之後，所開出的經濟處方箋。本章希望讀者能夠透過對「過去」經濟理論的主張，進而觀察「現在」，並朝向「未來」，對經濟學的印象與認知不再只是「純理論」，也不再只是「純數理」。

本章將依時間之遠近介紹整體政治經濟思潮的發展輪廓，並分別探討主要政治經濟學家的經濟思想。

21.1 古典學派形成之前的政治經濟學

經濟學的起源應該從什麼候開始算？經濟學說史並沒有一致的見解。如果用經濟理論比較有體系的形成來劃分，那麼一般上的見解會以亞當斯密作為出發點，也就是從古典學派介紹起。但是，在這之前的經濟主張事實上也已經存在，經濟理論發展有其承先啟後的過程，因此有必要先簡單地介紹古典學派之前的經濟論點，再來討論古典學派的經濟理論。

經濟主張脫離不了與政治之間的關係，經濟學也有人喜歡稱它為「政治經濟學」（political economy）。所以，古典學派之前的經濟思想與西方的民族國家之興起有著密切的關係，而民族國家的抬頭帶動了布爾喬治亞社會（bourgeois society）與資本主義的發展。因此，當時資本主義的經濟活動大部分受到國家的管制下所建立，某種意義上來說，當時並沒有一套的經濟理論，只有國家的經濟政策。有關於這些經濟問題的思想在經濟學史上稱為「重商主義」（merchantilism），大約存在於15世紀末至18世紀中葉之間。在重商主義時代裡以布但（Jean Bodin, 1530-1596）、孟恩（Thomas Mun, 1571-1641）等人最具代表，他們關心的經濟問題為貨幣，認為貨幣是財富的代表，而貴金屬又是最具代表性。因此，有些經濟學者將重商主義稱為重貴金屬主義，因為通商的目的就是獲取財富，財富=貨幣=貴金屬。重商主義認為財富的象徵就是貨幣，貨幣累積越多，國家就越富有，這樣的主張後來受到亞當斯密的強烈攻擊。亞當斯密認為貨幣只不過是交易的媒介，並非財富本身。

重商主義的政策目標以貿易差額乃至國際收支的順差最具代表，認為充分的貨幣供給是促使貿易與國內產業發展的基本條件。孟恩更認為「貨幣產生貿易，貿易增加貨幣」，貨幣是推動經濟的潤滑劑，熊彼德稱它是「生產力創出效果」。但是，如果只求貿易收支的順差，金銀流入增加招致物價上漲更不利出口，不認為如此的論者也大有人在，引發重商主義的熱烈爭論。

對重商主義主張的學者主要有休謨（David Hume, 1622-1704）、康特侖（Richard Cantillon, 1680-1734）。休謨對經濟活動的自動調節機制上，提出明確的邏輯思考，在貨幣理論上，也詳加敘述貨幣供給對經濟影響效果。他接受貨幣逐漸增加帶來物價上漲之前的產業發展。但是，如果工資與物價也跟著上漲時，就失去意義了，這就是他有名的貨幣數量學說。

另一方面，休謨在貿易與黃金之間的見解還是建立在自動調節的機制上，他認為大家不必為進口增加所產生黃金外流而擔憂，因為黃金外流，造成國內物價的下跌也會促使出口的增加，帶來黃金的流入。換言之，休謨認為經濟能夠正常地運作，不用特意介入，貿易會自動回到均衡狀態。像這樣的貿易論述對重商主義的貿易保護論是重重的一擊，之後重商主義逐漸沒落，休謨的「自動調節」概念也深深影響古典學派的中心思想。

在古典學派形成之前，重農學派（physiocrats）的經濟思想扮演重要的角色。重農學派源自重農主義（physiocracy）一詞，意味「自然支配」、「自然秩序」或是「遵循自然法則」，認為自然的優越性存在於土壤之中，農業才是財富之母。重農學派的代表人物為甘納（Francois Quesnay, 1694-1774），他是法王路易十五的御醫，也是經典經濟名著《經濟表》（1758）的作者。《經濟表》以圖解形式比喻一個國家的經濟循環宛如身體的血液一般，認為一個國家財富的根源來自農業，也就是純生產物，農民是「生產階級」。農民生產時扣除各項成本之後，可以從中獲得利潤。相較之下，工業製造品的生產看不見財富的增加，因為工業產品的價值增加只不過是這些產品價格上升而已，真正財富並沒有增加，所以從事工業製造者是屬於「非生產階級」。

然而，重農學派對之後經濟理論的影響在於「史上最早明確傳達經濟均衡本質觀念的方法」，《經濟表》的流程圖解分析「方法」被認為是近代計量經濟學的先驅。同時，甘納透過「自然權」闡述「自由」的基本價值與重要性，強調「自然權」的享受與權利行使的「自由」是不可分的。如此，社會眾人為了獲得利益，自由從事經濟活動，創造出豐富的農業產量，對社會上來說就是最好的結果。難怪經濟學家熊彼德評價甘納時說：「在完全競爭的極大化理論上，被引用的祖父級眾學說當中，最重要的靈魂人物」，是將快樂（功利）主義這件衣裳披在極大化原理的關鍵者。這些觀念與方法影響著亞當斯密的經濟思想，也成為古典經濟學派的理論基礎。

21.2 古典學派的政治經濟學

21.2.1 古典學派的開端：亞當斯密的經濟體系的建立

　　18 世紀的歐洲醉心於天文學、物理學、生物學等自然科學的研究。科學研究的重要特徵是實驗、數學方法以及從權威轉為自由的思想，這些特徵反應在經濟學及其他社會問題的各種著作之中。當時很多的作者導入物理學觀點，開始思考可以從中發現社會的真理。但是，社會的事實無法透過實驗有別於自然科學。儘管如此，還是很多學者認為社會問題研究可以透過觀察提出法則，再觀察之後再做修正，這樣的研究方法就是科學。

　　亞當斯密（Adam Smith, 1723-1790）被稱為「經濟學之父」，是古典學派最具代表的經濟學家，是《國富論》（*An Inquiry into the Nature and Causes of the Wealth of nations*, 1776）的作者。亞當斯密 14 歲進入格拉斯哥大學，之後獲得牛津大學獎學金。亞當斯密在牛津大學的學習並不滿意，他說：「在牛津，大半的教授連假裝教書的樣子都嫌麻煩」。1748 年亞當斯密回到母校格拉斯哥大學教授邏輯學，之後又接替他的老師哈奇森（Francis Hutcheson, 1694-1746）的道德哲學。亞當斯密在學生時代就受哈奇森理論的影響，當時哈奇森言論是較為激進的，例如「道德標準在於促進他人的幸福」、「即使不認識上帝，人們仍然可以明辨是非」，他全心全力爭取學術的自由。成為道德哲學教授的亞當斯密，在當時並沒有經濟學這門學科，經濟問題是附屬在哲學內做討論，亞當斯密將經濟思想濃縮在法學課程之中來講。在大學教書時期，亞當斯密出版了《道德情操論》（1759），並將其教學講義編撰成《法學講義》（1763），這些都是在《國富論》之前的著作。

　　1764 年亞當斯密辭去大學教職，擔任巴克勒公爵兒子的家庭教師，待遇優渥足以讓亞當斯密過著安逸的生活。亞當斯密帶著公爵之子周遊歐洲，參加豪華的宴會，在日內瓦認識伏爾泰，在巴黎遇見富蘭克林等世界名人。在巴黎期間亞當斯密也接觸了重農學派，也感受到重農學派「自然規律」的思想精髓，這也影響之後在經濟學上的思考。1766 年亞當斯密告別公爵的家庭教師，回到故鄉專心寫作，10 年之後出版了經濟學史上的曠世巨著《國富論》。1776 年是美國脫離大英帝國的獨立建國，同樣這一年，《國富論》是經濟學家的獨立宣言。在這之前的經濟理論較為零散，局限在個別的經濟議題上，欠缺整體的經濟論述。而《國富論》所展現的是

體系性的經濟架構思維，探討議題是活生生的社會經濟活動現況，可貴的是有著嚴密的理論邏輯做為支撐，經濟學終於能夠獨自行走，不需依附於哲學之下。

《國富論》被稱為是「不僅僅是出自一個偉大的心靈，而且也是一整個時代的結晶」。為何能夠引起社會共鳴？《國富論》為何是一部歷久不衰的經典作品？接下來透過這本書的主要內容，一窺古典學派的思想體系。

亞當斯密的《國富論》建立了生產與分配的理論架構，並且提出競爭市場的經濟過程機制。簡單而言，《國富論》的主要貢獻可分為三個部分，即：價值＝價格、分配，以及經濟成長理論。

亞當斯密在價格與市場的關係上，首先提出商品的「自然價格」與商品的「市場價格」概念。「自然價格」就是商品的要素價格，也就是工資、利潤、地租的自然率為前提的商品價格。「市場價格」是由商品的供給與願意以「自然價格」支付的需要共同決定的價格，即「有效需求」。當供給低於「有效需求」時，價格上升；當供給高於「有效需求」時，價格下降。換言之，亞當斯密認為商品的供給量透過「自然」方式與「有效需求」量在市場上會做有效率的調整。「自然價格」是由商品的市場價格透過變動與調整之後，逐漸收斂而成的均衡價格。然而，供需調整如何運作？亞當斯密提出一個前提，那就是在「自由」完全競爭市場假設之下完成的，這是亞當斯密在價值論上最大的貢獻。

亞當斯密的供需調整與價格變動也改變了生產要素之間的移動。價格機能的推動，隨著商品供需均衡，部門之間達到最適的資源分配狀態。

亞當斯密論述商品價格、分配之後，接著對經濟成長有深入的論述。眾所周知，重商主義以來的經濟學目標主要放在如何增加國家的財富，而亞當斯密則將重心均衡地放在「增加人民與主權者的財富」上。因此，國家‧人民財富的增加等同於經濟進步，這也是《國富論》的基本課題。在《國富論》當中，亞當斯密透過「利己心」、「交換」、「分工」、「生產性」等概念，勾畫出經濟進步的推動元素。

人的內心當中常常存在兩種心理，一種是「利己心」，另外一種是「利他心」，前者是自私心，後者是慈悲心。但是這兩種狀態存在的力量並不相等，往往「利己心」會大於「利他心」，當面臨抉擇時，「利己心」的力量會牽引著人們的行為。在「利己心」的驅使之下，社會上有了「交換」＝「交易」行為，進而促使社會各產業有了「分工」體制。亞當斯密這樣描述：「我們所期待的三餐，並非來自於肉商、酒商與麵包商的慈悲心（benevolence），而是基於自己本身的利

益……」。換言之，分工體制是建立在「利己心」之下所建立的，各行各業有了分工，專注生產得意商品，提高了勞動生產性。亞當斯密運用邏輯與例子論述勞動分工，舉別針工廠生產過程，在經濟思想裡非常經典的段落。他說：

> 一個沒有學過製作別針的工人，可能一天頂多做出一枚別針，而他一天絕對做不到二十枚。但是現在這產業的運作方式，是把生產分成不同的部門。第一人抽鐵絲，第二人將鐵絲打直，第三人切割，第四人削尖，第五人碾磨。做一枚針頭還需要兩、三個工序，此外還要接合、漂白、包裝等等。這個生產過程的重點，在於把工作分成大約十八個不同的工序，有些製造商甚至是由不同的人手來操作不同的工序。我曾經見過一個像這樣的小工廠，僅僅雇用十個人，但是平均每人億天可以生產四千八百枚別針。如果要這些人獨自作業，不加以訓練，他們一天絕對做不了二十枚，搞不好連一枚別針都做不出來。[1]

勞動分工之所以能夠大大地提升生產，亞當斯密也提出具體的解釋。他認為勞動分工可以帶來以下的優點：

一、勞動者每天專注於一項工作，可以讓技術更加成熟。

二、同樣的工序，不需要改變工具或移動場所，節省時間。

三、勞動者每天不斷地從事相同的工序，可以激發機械的發明。

勞動分工所產生的各項優點，帶來各行各業的勞動生產性大幅提高，也促進整個社會經濟的發展，並隨著人口的增加，再度擴大市場，更進一步帶動經濟的進步。

亞當斯密從「利己心」出發，中間經過「交換」、「分工」、「生產性」到經濟進步的邏輯思維，建構了資本主義未來的發展藍圖。所以亞當斯密說：

> 他既沒有想到要促進公共利益，也不知道自己已經促進了多少的公共利益……他只盤算著自己的獲利，在各種情況之下，由一隻看不見的手帶領，促進了公共利益，達成了完全不是他原先刻意要做的事。[2]

---

[1] Todd G. Buchholz (1989) *New Ideas from Dead Economists*, Penquin Group.（馮勃翰，2000，《經濟大師不死》，先覺出版社），PP.44-45.

[2] 參考文獻同上，P42.

亞當斯密所說的「一隻看不見的手」（invisible hand）就是深藏於人內中的「利己心」，人的自私自利不需要教導，它是與生俱來的心理，透過「交換」與「分工」的市場機制（價格機能），最後竟是帶動經濟進步的大功臣。亞當斯密對於「利己心」與經濟進步因果關係的「逆向命題」，一般認為是受到曼德維爾（Bernard de Mandeville, 1670-1733）的影響。曼德維爾是荷蘭醫生，後來歸化英國籍。他寫了一本曠世奇書《蜜蜂的寓言》（*The Fable of the Bees*），用詩詞的形式諷刺當時的經濟社會，引起很大的爭議。這本著作不僅影響亞當斯密的經濟思維，日後對馬爾薩斯、馬克思與凱因斯的經濟理論都有重要的影響。

21.2.2 古典學派的確立與發展

亞當斯密開啟了古典經濟學，而李嘉圖（Ricardo David, 1772-1823）則是扮演確立者的角色。

在 1760 年代左右，李嘉圖父親從荷蘭搬遷英國定居，李嘉圖在猶太人的家庭中成長。李嘉圖父親是一位仲介商，也是倫敦股票交易所的會員，14 歲時的李嘉圖就跟著父親學習股票的買賣。之後，李嘉圖自己也成為股票仲介商，累積巨額資產，在經濟學界靠投資賺大錢的例子，只有凱因斯能夠與他相提並論。

李嘉圖對經濟學的興趣很偶然，在一次的旅遊中，泡溫泉時看到亞當斯密的《國富論》，在這之前，李嘉圖並沒有經過學校正式經濟學訓練，經濟的知識只局限於實務面。但是，李嘉圖是一位天生的推論家，根據已知的假設，就能夠演繹出許多獨特見解，這在經濟學史上很少人具備這樣的能力。

李嘉圖的經濟理論以「勞動價值論」最具代表。因為亞當斯密在「價值」與「價格」上並沒有明確的區分，引起眾多爭論與批評，李嘉圖運用勞動價值的論述試圖解決生產要素的成本問題。對於生產要素價格，即生產成本，在這之中，李嘉圖將土地與資本歸納在勞動成本之內，也就是說土地與資本的價值皆由勞動所引伸出來。這樣一來，商品的價值都是建立在勞動價值上，將各種不同要素的價值，歸納只有一個勞動做為生產成本是李嘉圖的獨創之見。這就是勞動價值論的基本想法。

李嘉圖差額地租理論也是非常具有特色的見解。李嘉圖拋出一個疑問，社會當中，為何會產生地租？和上述的勞動價值又有何關聯？這兩者之間的聯繫是李嘉圖經濟學的重點，這和利潤理論構成一個完整的經濟體系。李嘉圖的地租理論與當時穀物市場所引發的價格波動有關。當時英國因拿破崙戰爭中斷了穀物進口，造成穀

物價格上升，耕地擴大。戰爭結束後，再度進口，加上國內穀物豐收又造成價格暴跌，於是英國制定了《穀物法》。《穀物法》引起國內贊成、反對的論戰，在這樣背景下，李嘉圖展開他的地租理論。

李嘉圖的地租理論建立在馬爾薩斯的收穫遞減法則前提下成立。認為如果擴大耕地（較不肥沃或較遠的農地）的種植，農產物的收穫呈現遞減，也會引起生產成本的增加。因此，以比較肥沃或較近的農地，相對之下的成本就會比較低，這時穀物市場價格將會以成本最高的土地為基準，否則不會有人願意生產。所以李嘉圖認為地租不是價格形成的一個因素，而是超出成本的剩餘。換言之，李嘉圖認為地租是從價格中引伸出來的，也是勞動所創造的。[3]

另一位經濟學家為馬爾薩斯（Thomas Robert Malthus, 1766-1834），與李嘉圖是同時代古典學派的代表人物。一般人對馬爾薩斯的印象會停留在《人口論》（*Essay on Population*, 1798），對他在經濟學的成就反而被人忽略了，直到凱因斯評價馬爾薩斯是有效需求理論的先行者之後，再度受到世人的重視。

受到《人口論》影響的範圍非常廣，當時對馬爾薩斯評價也很偏激，這可以從研究馬爾薩斯的英國學者柏納（J. Bonar）在《馬爾薩斯與其功績》書中所描述的這一段話得知。

> 亞當斯密受到萬人讚賞，卻留下誰也不看的書；而馬爾薩斯留下的是誰也沒看，卻是萬人臭罵的書。

如前所述，《人口論》除了影響李嘉圖之外，彌爾（John Stuart Mill, 1806-1873）、馬克思（Karl Marx, 1818-1883）與凱因斯（John Maynard Keynes, 1883-1946）最廣為人知。《人口論》的要旨很簡單，基於人類的性欲本能，如果放任不管，人口會以幾何級數的增加。但是，基於耕地面積的限制與收穫遞減法則，糧食只能以算數級數的增加。一旦人口增加到超過供給糧食時，因飢餓、貧困、戰爭將會縮小到食物扶養可能的界限。所以，馬爾薩斯主張調整人口與糧食均衡的最好方法就是降低出生率與婚姻的延後。

馬爾薩斯在《政治經濟學原理》（*Principle of Political Economy*）強調儲蓄如果推動過分，將對生產動機將帶來傷害，因為儲蓄行為會減少過去投資所生產物品的

---

[3] 施建生（1996）《現代經濟思潮》，大中國圖書公司，p18。

需求。同時，馬爾薩斯認為即使提高工資也無法解決儲蓄過多所帶來的惡果，那只會帶動生產成本的提升，讓銷售與出口更加困難，也會減少就業機會。換言之，消費減少所產生的有效需求不足，最後造成失業是馬爾薩斯所提出的警告。馬爾薩斯對此也提出解決之道，他認為在不影響生產成本與價格情況下，可以透過富人更多的消費（特別是地主階級）或是政府增加公共支出。這樣的思維，與凱因斯的經濟理論相當一致，即使現在很多國家遭遇經濟不景氣時，往往也都是透過減稅使人多消費，或是公共投資的擴大增加就業，馬爾薩斯經濟學是具有相當的前瞻性。

李嘉圖與馬爾薩斯是生涯中的好朋友，但在經濟學上的觀點則有很大差異，永不停止的一生爭辯。首先，馬爾薩斯對農業採取保護立場，反對李嘉圖的自由貿易；否定賽伊的市場法則（供給創造需求），強調過剩生產的可能性。馬爾薩斯主張生產的主要力量不是來自土地的收穫，而是地主的消費能力。一旦地主克制了消費支出會妨害正常的經濟循環的運作，這個觀點也是重農學派的甘納的一貫主張。相較之下，李嘉圖認為賽伊的市場法則是長期的經濟成長，是在儲蓄＝投資的調節作用下成立的，他贊成這樣的前提假設。

21.2.3 古典學派的集大成階段的完成

將古典派的經濟理論集大成的是約翰・司徒・彌爾（John Stuart Mill, 1806-1873）。彌爾從小在父親的嚴格教育下，13 歲就已經讀完李嘉圖的經濟學，16 歲接觸邊沁（Jeremy Bentham, 1748-1832）的功利主義，18 歲發表論文，20 歲即陷入精神障礙的危機，這可能來自父親教育方式與邊沁的思考所產生的自立性苦惱所致。1843 年出版《論理學體系》，將推論分成歸納、推理與檢證三類。彌爾將這樣的思考更進一步應用在經濟學的研究上，1848 年出版《經濟學原理》，以科學論→經濟學方法論→經濟學的研究架構，使他的著作在研究的歷史上成為經典作品。

彌爾將科學分為實驗科學與演繹科學，當中演繹科學的方法又區分為三種，即「論證的方法」（demonstrative method）、「具體演繹法」（concrete deductive method）與「假說的方法」（hypothetical method）。「論證的方法」是以少數的定理或定義以獨自演繹方式證明結論的方法；「具體演繹法」是面對複雜的各種原因所合成現象時，以歸納形成前提，並更進一步依事實，從中檢視所推理結論的方法。「假說的方法」欠缺歸納的演繹前提，只有假定作為前提。換言之，「假說的方法」可能是違反事實的假定，所以在結論之檢證上，完全的歸納被視為必要。彌

爾試圖將自然科學的方法帶到道德科學。而道德科學是屬於人文科學，它包含了個人層級的心理學和性格形成學，而社會心理學就是以個人做為基礎，社會即是個人的總和。經濟學是社會科學的一部分，彌爾以社會科學的方法為前提，採用「假說的演繹方法」做為經濟學的方法論。

彌爾在《經濟學原理》一書中，從生產開始論起，價值論是交換理論的一部分，認為價值幾乎和生產與分配沒有關係，價值法則只適用在競爭的情況下成立。彌爾價值論的主要貢獻在於展開供給與需求的分析，將需要視為價格的函數。另一方面，彌爾在分配論上，認為分配法局限於制度的要因，這些要因是人為的產物，所以能夠加以修正，例如私有財產制度。

21.3　馬克思學派：政治經濟學的旁流

在西方世界，將亞當斯密、馬克思與凱因斯視為三大經濟學家。在台灣，對一般學生而言，對凱因斯經濟學最熟悉，對亞當斯密經濟學的理解大約停留在「一隻看不見的手」價格機能上的認知，而對馬克思經濟學則呈現一張白紙狀態，政治系的學生可能還了解多一點，但可能把他定位成一位對當時社會極度不滿的偏激份子。像這樣對世界上三大主流的經濟學理論的認知貧乏，只能說是台灣的另一項奇蹟。

馬克思（Karl Marx, 1818-1883）出生於律師為職業的猶太人家庭，生活相當富裕。從柏林大學畢業之後，一開始將大學教授做為人生的志業。但是思想過於激烈，不久便失去報社的編輯工作，移居巴黎，最後流亡倫敦，在 1883 年窮困潦倒中病逝。這一年經濟學界喪失一位大師，同時誕生了兩位經濟學的天才，他們是凱因斯與熊彼德。

馬克思在英國倫敦度過 30 年的歲月。想像一下，在 1850 年的倫敦，有一位坐在圖書館昏暗燈火的小角落，每天翻閱龐大資料，邊啃著黑色蕎麥麵包的貧困學者，他握著羽毛尖筆在泛黃紙張上書寫，再裝訂成冊，名為《資本論》（*Das Kapital*, 1867）。這本書深奧難懂，儘管內容遭受眾多批評，但是無法阻擋年輕人對馬克思與《資本論》的崇拜，因為馬克思理論代表著「對社會的正義要求」與「浩大理論體系的魅力」。接下來介紹馬克思的經濟理論。

亞當斯密在勞動價值論上，並沒有很明確區分是由投入的勞動量或支配的勞動量決定商品價值，李嘉圖則是一貫地主張投入勞動量。馬克思經濟學的核心是勞動價值論，是從李嘉圖的經濟理論中習得，並建立更龐大的經濟體系。古典學派就強

調價值產生是透過市場的交換為前提，而什麼是決定商品的交換比率呢？馬克思認為是製造商品時必須使用的勞動時間來決定該商品的價值。也就是說由勞動量大小決定商品價值。另一方面，如果勞動力也被視為是一種商品，此時勞動力的價值和其他商品的價值一樣，是由勞動力的生產時必要的勞動時間來決定的。如果生產某種商品所需要的勞動量決定此商品的話，那麼將面臨一個問題。例如，生產一件衣服，甲技術好，只需 5 小時就完成，乙技術差需要花 10 個小時，那麼這件衣服的價值決定是甲的 5 小時？還是乙的 10 小時呢？馬克思提出「社會必要的平均勞動量」做為回答這個問題。依據「社會必要的平均勞動量」，只要是社會所必要的勞動就能夠產生價值，一旦超過，勞動變得毫無價值，自然無法決定商品的價值。這樣一來，對於商品的需要成為價值形成的原因，這是馬克思經濟理論的獨到之處，將商品價值→勞動量→商品需要連結所建構的勞動價值論。

馬克思進一步提出「剩餘價值」的概念。在馬克思的認知裡，勞動力價值與勞動時間是不一樣的東西。勞動者消費他生活上所需要物品的多寡決定了勞動力價值。現在有家工廠一小時的勞動生產 1,000 元價值的商品，這家公司購買 5,000 元的原材料，並雇用勞動者 10 小時從事生產，工資 6000 元（生活最起碼的必要勞動），生產出價值 15,000 元的商品。這樣的過程中，馬克思解釋 6000 元購入勞動力「商品」，購買了 5,000 元的原材料，創造價值 10,000 元（＝1,000 元×10 小時）的商品，只有勞動力「商品」產生了增值（6,000 元→10,000 元）。馬克思又將勞動時間（10,000 元）分為必要勞動（6,000 元）與剩餘勞動（＝10,000 元減去 6,000 元），4,000 元的「剩餘價值」就是由剩餘勞動所產生的價值。但是這些「剩餘價值」全被資本家所掠奪，勞動者一毛也得不到，馬克思認為這些利潤是資本階層榨取勞動階層，只要資本主義持續下去，勞動者將會不斷地被剝奪下去。

而馬克思的勞動價值理論主要也是延續李嘉圖的投入勞動力學說，並改造李嘉圖的勞動力理論，進而區分為具體的勞動與抽象的勞動，以此建立剩餘的勞動價值，提出獨特利潤本質的論點。亞當斯密與李嘉圖並沒有就超額利潤的產生來自何處作明確的解釋，馬克思則認為資本主義社會的利潤來自於剩餘勞動力所創造的，這些利潤絕大部分為資本家所有，資本家榨取勞工所創造的一切利潤，勞動榨取理論明白說明資本家所獲得的利潤是不正當的掠奪，馬克思這樣的論調普遍無法為當時學界與各國接受，才輾轉流亡於歐洲各國，最後落腳英國，幸有好友恩格爾的生活資助，得以完成經典巨著《資本論》。

資本累積論是馬克思經濟學的另一個核心論點，認為資本家榨取勞動者累積財富，再轉化成資本，建立更龐大的財富。資本家相互競爭的結果，資本家引進生產機械設備，人力勞動對機械的使用比重逐漸下降。隨工人被機械所取代，工資大幅下降，最後失去工作。在這樣的資本主義體制之下，唯有勞工群起反抗才能解放自己的命運。馬克思認為資本家與勞工之間充滿矛盾，資本主義瓦解是必然的結果。此時，歐洲已經逐漸浮現資本主義發展的弊病，財富分配不均的問題在資方與勞方之間激起社會的對立。

21.4　邊際效用革命：新古典政治經濟學的誕生

1870 年代初期，古典學派的勞動價值論分析市場的觀點有了改變。吉逢斯（William Stanley Jevons, 1835-1882）、孟格（Carl Menger, 1840-1921）與華爾拉（Leon Walras, 1834-1910）三人幾乎在同一個時期發表了新的價值理論，經濟學史上稱為「邊際革命」（Marginal Revolution）。

以往的古典學派理論幾乎支配當時的經濟思潮，但是隨著資本主義的發展，理論與實際之間的矛盾逐漸浮現，漸漸受到一些經濟學者的批判與質疑。其中以古典學派從生產面建立的價值論，和在價值論基礎上所成立的分配論最受到議論。「邊際革命」就是從古典學派的生產→勞動→價值的勞動價值論轉為以邊際效用概念樹立「主觀的價值論」。換言之，即從供給面的價值（價格）形成轉移對消費需求面的重視。邊際效用理論所運用的邊際原理（marginal principle）並不止於價值論，以同樣的方法擴充至生產與分配理論上的分析。以下，我們分別介紹吉逢斯、孟格與華爾拉如何以邊際效用理論應用在經濟學上。

吉逢斯出生於英國，大學時代從論理學、數學的學習再到經濟學，並在曼徹斯特大學擔任 13 年的經濟學老師。之後，轉教於倫敦大學。可以從他的著作當中看出吉逢斯在學術上是論理學的學者，也是經濟學者。吉逢斯以數學的原理說明經濟理論，假定商品數量具有連續的數學函數前提下，成功解釋效用率為商品的減少函數。吉逢斯將經濟學導向為數理科學，以此為基礎，從快樂與痛苦導出效用理論，以效用（utility）推論商品價值與勞動供給，明顯是受到功利主義的影響。

主張勞動本身是痛苦的，吉逢斯對勞動價值論為前提的假設提出反駁，說明交換理論，並連結生產理論與交換理論之間的關係。為了能夠將微積分應用於效用理論，吉逢斯假定效用具有連續性，快樂與痛苦分別以「正量」和「負量」做為對

應，導入正效用、負效用等概念。效用程度會隨財貨量而變動，效用到達一定程度之後隨財貨量的增加逐漸下降，一般稱為「邊際效用遞減法則」。

孟格是奧地利學派的創始者，1871 年出版《國民經濟學原理》，1879 年為維也納大學教授。孟格在《國民經濟學原理》認為，理論上：一、不是以代數，而是透過自己設定實數表，展開低次財（消費財）的邊際效用價值理論。二、由低次財（消費財）的預期價格，展開高次財（生產財）的價值決定論述。三、並以土地，勞動與資本的投入價格，即地租、工資與利息之高次財（生產財）的價值決定。孟格以典型的基數效用與邊際效用遞減的基礎下，失去財貨的效用減少與獲得財貨的效用增加決定了交換比率。以此觀點，更進一步說明，從消費財所引發的需要對生產財的購買，生產財的價格由消費財的預期價格所決定。

「邊際革命」的另一位主角為華爾拉，他的學術成就除了效用理論的創見之外，還有在一般均衡理論的分析，對現代的經濟理論影響甚深。華爾拉求學於巴黎的礦山學校，在這個時期與經濟學並無直接的關係。在 1858 年父親奧古斯特（Antoine Augusts Walras, 1801-1866）的建議下，華爾拉開始對經濟學的研究，1870 年獲得瑞士洛桑大學的教職。華爾拉的父親也是一位經濟學家，是邊際效用理論的先驅，在這基礎之下，華爾拉的展開稀少性的經濟理論。

華爾拉和其他兩人在邊際效用或稀少性的經濟論述上，有很大的不同。華爾拉將稀少性當做市場均衡的分析工具，扮演著一般均衡架構形成的黏著劑，使得一般均衡體系在華爾拉→柏雷托（Pareto, V.）→維克賽爾（Wicksell, K.）等人建立起今日的經濟理論基礎。

華爾拉在 1874 年出版《純粹經濟學要論》。序文裡華爾拉這樣寫：

> 我的經濟學基本原理借用父親（Antoine Augusts Walras），而為了解釋本理論，採用了庫諾（Augustin Cournot, 1801-1877）函數計算的基本原理。

也就是說，華爾拉的研究，一方面繼承父親稀少性為價值泉源的效用原理，另一方面，採用數理經濟學家庫諾的數學方法。華爾拉以某商品的需求曲線出發，再導出另一商品的供給曲線，在同一商品的需求曲線與供給曲線的交點決定均衡價格，並以效用函數說明需求曲線，稀少性為消費量的減少函數。

「邊際革命」或是「邊際效用革命」的意義上，說明了決定價格的因素已經不是由供給面單獨所能決定，需求面才是價格決定的關鍵因素。同時，價格的內涵也

從客觀的成本轉換為主觀的效用（滿足）。以上介紹三位經濟學家，雖然最終研究目標不同，但是都是以效用或稀少性做為分析經濟理論，在經濟學說史上的確是理論發展的一大進步。

21.5 新古典學派的確立與發展

「新古典經濟學」（neoclassical economics）這個名詞是由美國制度學派范伯倫（Thorstein Bunde Veblen, 1875-1929）創造出來的，一般上的認知是指英國劍橋學派馬夏爾所使用的名稱，在經濟學上也成為慣用的稱號。

新古典學派的代表人物為馬夏爾（Alfred Marshall, 1842-1924），生長在福音派宗教濃厚的家庭，從小家庭教育嚴格，父親將他送到牛津大學，朝向牧師之路。但是馬夏爾醉心於數學和物理學，在父親的反對下，轉學到劍橋大學，起先學習物理，之後又轉為倫理學。劍橋大學畢業後，才真正開始研究經濟學。1885 年馬夏爾就任劍橋大學的經濟學教授，先後出版《經濟學原理》（*Principles of Economics*, 1890），《產業與商業》（*Industry and Trade*, 1919）等名著，成為當時經濟學的必讀書籍。

馬夏爾從數學轉為倫理學，之後進入經濟學領域，所以在經濟學研究的性格上，殘留很多這些領域的痕跡。馬夏爾喜歡數學，但並沒有將數學的分析廣泛應用在經濟學上，因為他認為數學抽象的論理不適合於經濟學的分析。因此，馬夏爾主張經濟學的分析以其說是物理學，還不如說是生物學來的恰當。同時，從倫理學再延伸至經濟學的馬夏爾，經濟學中充滿福音傳教者的性格。其中最廣為人知的就是在教授就任的演講中，勉勵劍橋學生的那句話：「冷靜的頭腦，溫暖的心」（cool head, but warm heart）。

馬夏爾出生於 1842 年，產業革命以來，這是資本主義發展的最盛時期。資本主義如亞當斯密所期待，經濟發展帶來國家人民財富的增加，但同時也帶來社會財富分配不均，勞動的貧窮階層卻過著悲慘的生活。當馬夏爾走訪倫敦的平民窟之後，立志研究如何解決貧窮的經濟學，他希望為了公共的福祉，期待富人夠運用自己財富為窮人做些社會的改革，這種稱為「經濟的騎士道」精神。

在經濟學上馬夏爾的經濟主張具有折衷的特質，當古典經濟學的勞動價值論與邊際革命的效用理論，爭執於究竟是供給面或需要面決定商品價值時，馬夏爾舉出有名的「剪刀論述」。在《經濟學原理》中這麼說：

價值是受生產費支配呢？還是受到效用支配呢？問到這個問題，這和剪紙張是同樣的道理，到底是用剪刀的上刃剪的呢？還是剪刀的下刃剪的呢？……一般而言，所舉的時間越短，勢必重視在需要面對價值的影響不可；如果時間越長，勢必重視在生產費對價值的影響不可。……

馬夏爾認為社會經濟是漸進的，自然界不是飛躍的（natura non facit saltum），是有機的成長（organic growth）過程。所以將均衡價格的決定導入了短期與長期的概念，這是馬夏爾在經濟學上的重要貢獻。短期上，對應著需要的變動，雖然商品的供給量會有所變化，但是無法改變生產設備，經濟規模無法變更。所以，在短期，效用和需要價格就成為價格決定的支配要素。另一方面，長期上，可以改變生產設備，經濟規模是可以變動的，生產費與供給價格就成為價格決定的支配要素。

在邊際革命介紹過的華爾拉是提出一般均衡理論的經濟學家。相較之下，馬夏爾的經濟分析手法是屬於部分均衡，「在其他條件不變的情況下」（other things being equal），忽略現實經濟相互影響的各種因素，分析市場的均衡理論。馬夏爾經濟學贊成短期均衡價格決定的邊際效用理論，長期均衡則支持古典經濟學的生產費為價格決定的關鍵因素，所以被視為具有「古典派」精神，同時又兼具邊際革命的新經濟理論，故稱之為「新古典經濟學」。

21.6 凱因斯革命：總體政治經濟學的開啓

誰是 20 世紀最偉大的經濟學者？凱因斯（John Maynard Keynes, 1883-1946）是大多數人會同意的答案。凱因斯掀起總體經濟理論的政策主流，代表這股潮流的著作就是《就業‧利息以及貨幣的一般理論》（*The General Theory of Employment Interest and Money*）。

凱因斯出生在經濟學者的家庭，父親約翰‧納維爾‧凱因斯（John Neville Keynes, 1852-1949）是一位經濟學家，與馬夏爾教授經常往來。母親是一位才德兼具的女性，當過劍橋市的市長。從小凱因斯就在充滿學術氣息與優渥家庭中成長。14 歲的凱因斯進入著名伊登（Eton）公學，19 歲以優異的成績進入劍橋大學的帝王學院（King's College, Cambrigde）專攻數學，但是他對其他學問廣泛涉獵，涵蓋文學、哲學、藝術、政治等，因為他加入了一個不對外公開的社團「使徒」（the

Apostles）。「使徒」這個組織是由一群劍橋最優秀與背景顯赫的學生所組成，主要探討哲學，美學與他們自己。大學畢業後，短暫的公職生活，再度回到劍橋大學擔任經濟學講師，這是凱因斯進入學術界的開始。早期凱因斯的著作有 1913 年出版《印度的通貨與金融》（*Indian Currency and Finance*），1921 年的《機率論》（*A Treatise on Probality*），而真正的經濟學著作為 1919 年《和平的經濟後果》（*The Economic Consequences of the Peace*），1923 年《貨幣改革論》（*A Tract on Monetary Reform*），1930 年《貨幣論》（*A Treatise on Money*）等。在這時期凱因斯的經濟思想還是脫離不了古典經濟學的觀點，引起世界注目的「凱因斯革命」（Keynesian Revolution）是指 1936 年出版的《就業‧利息以及貨幣的一般理論》之後，所引起的經濟理論革新。

凱因斯的經濟理論在「IS-LM 模型」與「AD-AS 模型」中已經做過介紹，在此不做贅述，僅以經濟思想核心補充說明。經濟學者哈洛德（Roy Forbes Harrod, 1900-1978）認為凱因斯的《一般理論》理論架構有：一、有效需求理論，二、消費與所得關係的心理法則（psychological law），三、資本的邊際效率（marginal efficiency of capital），四、流動性偏好理論（liquidity preference）。

有效需求理論是以社會全體雇用量水準的決定理論。古典經濟學的理論核心是賽伊法則：「供給創造需求」，但是凱因斯認為經濟的問題在有效需求的不足，這來自馬爾薩斯的啟示，他認為應該是「需求創造供給」，否定了賽依法則，這是「凱因斯革命」的第一步。

在消費與所得之間的關係，凱因斯提出「消費傾向」說明消費函數為社會所的所得函數，並以邊際儲蓄傾向（marginal propensity to save）補充說明，認為全體社會的所得是事後的概念。

凱因斯的投資理論以資本的邊際效率和利率做為基礎，投資受到企業所期待的預想收益率與利率之間的影響，當利率下降，投資增加；利率上升，投資減少。另一方面，流動性偏好理論是凱因斯經濟學的一大特色，這個概念對日後的投資組合的理論發展有重大的影響。流動性偏好理論由投資函數，儲蓄函數與投資‧儲蓄均衡（I=S）所構成，請讀者翻閱前面章節的「IS-LM 模型」有詳細說明。

另外，在勞動市場的認知上，古典學派認為經常是處在充分就業水準之下，偶爾有失業是一時性的現象，但凱因斯的主張剛好相反，認為社會經常存在著非充分的就業狀態，「非自發性的失業」（involuntary unemployment）到處可見，充分就業反而是異常的現象，這等於否定了賽依法則（工資具有彈性）。

　　凱因斯經濟學所引起的風潮，像傳染病一樣，雖然 50 歲的人以上可能具有免疫能力，不受凱因斯經濟理論影響，但當時眾多的年輕學子醉心於凱因斯經濟學是不爭的事實，日後這些人幾乎成為當今舉足輕重的經濟學家。

21.7　政治經濟學的未來：新政治經濟學的到來

　　各種政治經濟理論的出現都與當時的時代背景相關，然而近年來政治經濟的環境有了改變，其理論也開始受到影響。最明顯的改變是受到高科技發展與網路世界技術的創新，這些的變化改變了過去的生產，消費以及分配模式，這將使得過去的政治經濟理論也必須做適度的調整，而政治經濟政策的傳統觀點也被迫提出修正，過去將近 2 年的 COVID-19 大流行印證了這樣的轉變。

　　經濟思想的影響是深遠的，借用《就業．利息以及貨幣的一般理論》的最後一段作為本章的結語：

　　……經濟學家與政治哲學家的思想，不論當他是對的時候，還是錯的時候，其所具的力量都要比一般所了解大得多。（...the ideas of economists and political philosophers, both when they are right and when they are wrong, are more powerful than is commonly understood.）

　　的確，這個世界實在很少受到其他事物的控制。從事實際工作的人以為自己可以不受任何學術思想的影響，但實際上卻常常是已故經濟學家的奴隸。（Practical men, who believe themselves to be quite exempt from any intellectual influences, are usually the slaves of some defunct economist.）掌握大權的狂人們，只聽從空中傳來的聲音，但卻常引用學術界一些三流角色不久以前所發表的言詞來支持自己的狂妄。我可以肯定地說，如與觀念逐漸入侵的力量對比起來，既得利益者的力量就要小得多了。當然這些觀念不會立即發揮力量的，總要經過一段時間之後才會發揮。因為在經濟學與政治哲學的領域中，過了 25 歲或 30 歲而仍會受理論之影響的人並不多，這樣一般公務人員、政治人物，乃至煽動家們，對於當前問題所應用的理論都不會是最新的。

　　但是，不管對於將來的影響是好是壞，具有危險性的終究是思想，不是既得權益。（But, soon or late, it is ideas, not vested interests, which are dangerous for good or evil.）

索引

PF0307

 新政治經濟學：理論與政策的解析

編 著 者	林佳龍、洪振義
責任編輯	姚芳慈、尹懷君
圖文排版	黃莉珊
封面設計	劉肇昇

出版策劃	釀出版
製作發行	秀威資訊科技股份有限公司
	114 台北市內湖區瑞光路76巷65號1樓
	電話：+886-2-2796-3638　傳真：+886-2-2796-1377
	服務信箱：service@showwe.com.tw
	http://www.showwe.com.tw
郵政劃撥	19563868　戶名：秀威資訊科技股份有限公司
展售門市	國家書店【松江門市】
	104 台北市中山區松江路209號1樓
	電話：+886-2-2518-0207　傳真：+886-2-2518-0778
網路訂購	秀威網路書店：https://store.showwe.tw
	國家網路書店：https://www.govbooks.com.tw
法律顧問	毛國樑　律師
總 經 銷	聯合發行股份有限公司
	231新北市新店區寶橋路235巷6弄6號4F
	電話：+886-2-2917-8022　傳真：+886-2-2915-6275

出版日期	2022年1月　BOD一版
定 價	800元

新政治經濟學：理論與政策的解析 / 林佳龍, 洪振
義編著. -- 一版. -- 臺北市：釀出版, 2022.01
　　面；　公分
BOD版
ISBN 978-986-445-591-1(平裝)

1.政治經濟學

550.1657　　　　　　　　　　　110020656

國家圖書館出版品預行編目